中国教师发展基金会教师出版专项基金资助

多源水利信息快速获取与处理

李茂堂　崔瑞玲　姜永生
高广利　耿丁蕤　曾桂菊　编著

海洋出版社
2013年·北京

图书在版编目（CIP）数据

多源水利信息快速获取与处理/李茂堂等编著. —北京：海洋出版社，2013.9

ISBN 978-7-5027-8634-2

Ⅰ. ①多… Ⅱ. ①李… Ⅲ. ①水利调查－信息获取②水利调查－信息处理 Ⅳ. ①TV211

中国版本图书馆CIP数据核字（2013）第192500号

责任编辑：苏 勤
责任印制：赵麟苏

海洋出版社 出版发行

http://www.oceanpress.com.cn
北京市海淀区大慧寺路8号 邮编：100081
北京华正印刷有限公司印刷 新华书店发行所经销
2013年9月第1版 2013年9月北京第1次印刷
开本：787mm×1092mm 1/16 印张：15.75
字数：400千字 定价：60.00元
发行部：62147016 邮购部：68038093 总编室：62114335

前　言

信息快速获取与处理技术是指采用各种技术手段获得目标或物体信息，并对信息进行快速存储、统计、管理和传输的技术。信息获取的技术手段主要是各种航天航空遥感、全球定位系统、地面自动采集系统等构成的天地一体化的现代高新技术手段；处理技术主要是对各种遥感图像的处理与信息提取、GIS 分析与处理、各种形式（声音、文字、图像等）信息的传输（网络、通信卫星、电话、微波等）。信息获取与处理技术的最终目标是为各种不同层次的用户提供多种形式的信息，用于指导决策。

信息的快速获取与处理技术是当前国际上正在迅速发展的一门学科，它是在自然科学范畴内研究被测对象的信号转换、数据融合和信息提取机理与规律的一门涉及遥感、航天、水利、地震、电子、材料、控制、仪器与机械、人工智能等多学科的新兴交叉学科，加强该领域的研究对于水资源管理、水利空间工程、航天工业、反恐、促进国民健康和生产安全、防治重大灾害和环境污染等都有着极其重要的作用。

近几十年来，随着我国工农业生产的迅猛发展和气候条件的变化，我国的水灾旱灾频繁发生，江河、湖泊和海域受污染面积和程度呈增加趋势，直接威胁人类可持续发展的生存环境和工农业生产的可持续发展。本书正是为研究和解决这些问题而编写。全书共分 6 章：第 1 章为“信息论初步”，主要介绍了信息、信息论、信息量与熵等基本概念。第 2 章为“信息快速获取与处理技术概述”，主要介绍了信息获取与快速处理技术的手段与方法。第 3 章为“多源水利信息的概念与内涵、数据类型与用途”，主要介绍了水利信息学、水利信息化的概念与内涵以及水利信息的数据类型、种类与用途。第 4 章为“多源水利信息的快速获取技术”，主要介绍了多源水利信息获取的技术手段与方法和水利信息通信传输的技术手段与方法。第 5 章为“多源水利信息处理技术”，主要介绍了多源水利信息的融合技术，多源水利信息的共享技术，多源水利信息视频数据的压缩和传输技术，基于遥感的水质信息提取与监测技术，基于陆地卫星遥感图像数据的水质参数反演与监测及基于多源水利信息的水污染评价与模拟仿真技术等。第 6 章为“多源水利信息快速获取与处理应用实践”，主要介绍了近年来水利领域水利信息快速获取与处理应用成果。

该书由李茂堂、崔瑞玲、姜永生、高广利、耿丁蕤、曾桂菊编著，其中姜永生还对全书内容进行了审核、曾桂菊还对全书内容进行了校对。

在该书的编写过程中，得到了水利部遥感中心李纪人、路京选、黄诗峰、潘史兵、辛景峰、程先云、庞治国、李琳、付俊娥，航天控制指挥中心刘博扬，煤炭科学研究总院孙庆先，国家专利局齐慧峰，北京工学院刘晓燕，沈阳农业大学张婷婷等专家和学者的支持，在此一并表示感谢。

由于本书涉及内容广泛、时间紧，书中难免有不妥当之处，敬请指正。

目 录

第1章 信息论初步

1.1 信息与信息技术

1.1.1 信息与信息技术

当今社会是一个飞速发展的社会，伴随着各种高新技术的不断出现与发展，新的名词术语层出不穷，并不断被赋予新的内容。今天，我们已经进入到了“信息时代（Information Epoch）”，信息成为国民经济与建设和人们日常生活中不可或缺的重要资源。冰消雪融、草木发芽，这是自然带给我们季节变换的信息；新闻报道、商品广告，这是社会带给我们的信息；闹钟的铃声把我们从睡梦中叫醒，这是生活中的信息。我们无时无刻不与信息有联系。

信息是一个比较抽象的概念。信息的定义是一个值得进一步探讨的问题，有关信息的数学模型也处于不断深入研究之中。

《辞海》对信息作了如下解释，信息即通信系统传输和处理的对象，泛指消息和信号的具体内容和意义。通常须通过处理和分析来提取。信息、物质和能量被称为系统的三大要素。信息和物质的量值与信息的随机性有关，如在接收端无法预估消息或信号中所蕴含的内容或意义，即预估的可能性越小，信息量就越大。

控制论的创始人之一——美国科学家维纳（N.wiener）在1948年出版的奠基性著作《控制论——动物和机器中的通信与控制问题》一书中指出：信息就是信息，不是物质，也不是能量。他的这个论断，在信息与物质和能源之间划了一条界线。后来，他又在《人有人的用处》一书中提出了新的看法：“信息是人和外界互相作用的过程中互相交换的内容的名称。”

1948年，信息论的奠基人，美国科学家香农（C.E.shannon）在《通信的数学理论》一文中，把信息定义为“熵的减少”。换句话说，他把信息定义为“能够用来消除不定性的东西”，因为熵是不定性程度的度量，熵的减少就是不定性的减少。

前苏联学者别尔格（A.Be.Dr）在1971年出版的《控制论的方法论观点》一书中指出，“信息作为自然界客观现象的一个方面，是在整个世界，整个宇宙中无所不存在的”，进而，他又认为，经典物理学的物质、运动、能量、空间、时间等基本概念，已不足以描述实在世界了……人们在研究能量场（引力、电、磁场……）的特点和属性时，也应考虑到这些场都是信息的负载者。

意大利学者朗格（G.Longe）在1975年出版的《信息论：新趋势和未决问题》一书中，也提出了一种定义：“信息是事物之间的差异，而不是事物本身。”

目前，国内外关于信息的各种定义已达近百种，作为一个科学名词，如何来定义信息呢？从最本质的意义上来说，信息是人们对客观事物运动规律及其存在状态的认识结果。小到一条最简单的消息，大到宇宙的基本定律都是信息，它们都是人们对客观事物变化或存在方式的认识和描述。

上述的描述及定义抓住了信息的本质，是比较科学和客观的。把信息定义为事物运动的状态和方式，不仅从正面回答了“信息是什么”的问题，而且统一了前面所提出的各种定义，同时还为定量描述信息奠定了基础。在这里，“事物”是泛指一切范畴的事物，既包括一切形式的物质，也包括精神，而“运动”也是最广义的运动，即哲学意义下的运动，宇宙间一切事物都在运动，绝对静止的事物是没有的。“状态”和“方式”是事物运动的两个基本侧面，状态反映运动的相对稳定的一面，方式则反映运动的变化的一面。

1.1.2 信息的社会作用

1.1.2.1 物质、能量、信息三者的关系

现代科学认为，物质、能量、信息是物质世界的三大支柱，是科学史上三个最重要的概念，这三者之间存在着密切的联系。

物质、能量、信息三者是统一的、不可分割的，它们是同一客观存在的三个方面，是组成任何系统乃至整个世界的三大要素。能量是信息流通的动力，物质能量是信息的载体，而信息是物质能量在时空中存在的秩序，是关于物质运动状态的特征，只要有运动的事物，就需要有能量，也就会存在信息。信息是普遍的，它无时不有，无处不存。

物质、能量和信息，作为物质世界的三种资源，具有三位一体相辅相成的关系。例如，一个现代化的自动防空体系，雷达监视着空间的特定区域，一旦发现目标，就立即发出信号，把目标物的运动状态和方式，以无线电波的一系列参数形式，通过通信系统传递给计算中心。计算中心对所收到的信号作分析处理，估计出目标物的坐标、方位、仰角、运动速度、加速度等参数，并计算出拦截目标时导弹的发射参数。然后，控制系统根据这些参数控制武器的发射，发射出导弹以后，雷达系统又监视着导弹与目标物之间的误差关系，并把这一误差信息再由通信系统传送给计算中心，经过计算及时调整导弹的飞行参数，并由控制系统指挥导弹，直到拦截击毁成功为止。在这个防空体系中，如果没有材料，就不存在雷达、计算机、导弹；如果没有能量，计算机、控制系统就不能工作。然而，在这三者之中，驾驭全局的是信息。物质使系统具有形体，能量使系统具有力量，而信息则使系统具有了“灵魂”。

1.1.2.2 信息是一种资源

正像物质和能量是人类生存和发展所必需的资源一样，信息也是一种不可缺少的资源，是现代经济社会发展的重要支柱。物质提供各种各样有用的材料；能源提供各种形式的动力；而信息向人类所提供的则是无穷无尽的知识和智慧。人类生存没有必需的材料和动力不行，没有信息更不行。其他各种生物也是如此。生物进化论的一条重要法则是“适者生存”。环境总在不断地变化，任何生物如果不能从变化着的环境中获得对它的生存直接有关的信息——环境有关因素的运动状态和方式，它就不能适应环境的变化，更不能生存下来。

人类社会的早期，人们只能利用大自然给予的器官及功能来进行信息的简单处理。

信息处理手段的第一次飞跃应当说是文字的产生与使用，包括纸张的产生与印刷术的进步。文字的出现、纸张与印刷术的发明使人们在信息的存储方面有了重大的突破。同样，从古代的筹算到流传至今的算盘，是早期信息处理技术的典型例子；遍布全国的烽火台系统和驿道系统同样表现出我们的祖先为加快信息传递速度而做出的巨大努力；我国古代发明的指南针则是原始的感测技术和显示技术。这个阶段可以称为信息处理的手工时代。

以蒸汽机的出现为标志，工业革命在物质和能量的使用方面开创了一个全新的时代。在信息处理方面，工业革命的思想与技术同样产生了一系列成果。例如，帕斯卡发明的机械计算机，这种设备可以在一定程度上帮助人们从事大量数据的累加、乘、除等运算。以其为原形发展起来的手摇计算机直到 20 世纪 60 年代初还在许多地方使用。在信息的加工与传递上，由于电的使用，人类又发明了一系列新的技术，如电报（包括有线的与无线的）和电话。这些技术与设备使人类在信息处理方面有了进一步的提高。这个时期可以称之为机械与电气为主要手段的机电时代。

20 世纪中叶，由于生产社会化程度的空前提高，人类在信息处理方面也进入了一个全新的阶段，我们可以称之为信息处理的现代阶段，或信息处理的电子时代。所谓现代信息技术，就是指在这几十年内迅速发展起来并且迅速普及的一系列技术，正是这些技术构成了现代信息处理的基础。

现代信息技术的核心是电子计算机和现代通信技术。作为信息处理的设备电子计算机，无论在信息量的存储方面，还是在信息处理加工速度方面都有长足的发展。电子计算机的价格大幅度下降，性能大幅度提高，这些都为电子计算机广泛应用于信息处理提供了可能。现代通信技术主要包括数字通信、卫星通信、微波通信、光纤通信等。通信技术的普及应用，是现代社会的一个显著标志。通信技术的迅速发展大大加快了信息传递的速度，使地球上任何地点之间的信息传递速度缩短到几分钟甚至更短，加上价格的大幅度下降，通信能力的大大加强，多种信息媒体（数字、声音、图形、图像）的传输，使社会生活发生了极其深刻的变化。除了以上最主要的技术外，现代信息技术还包括了现代办公设备、轻印刷设备、缩微技术、遥测技术等方面的内容，它们同样对人类信息处理水平的提高发挥了巨大的作用。

当今社会已进入信息时代，信息革命深刻改变着生产生活方式。在信息社会里，信息资源被空前提到重要的战略资源的高度。通过信息资源的交互，把物质资源和能量资源以最大的量、最恰当的路径配置到最恰当的地方，从而实现社会资源的最优化配置，大大提升社会资源的利用效率。通过信息技术创造先进的智能工具，提高物质能量开发利用水平，开发新资源，改善产业结构，提高社会效率，降低环境污染，使许多悲观难题迎刃而解。专家指出，信息经济倡导三个最大化：最大限度地优化配置自然资源；最大限度地提高自然资源利用效率；最大限度地提高自然资源的利用效益。信息社会的价值不仅仅体现在信息技术对社会经济发展的强大的创造力，更重要的是在于信息资源对物质资源和能量资源所起的调控作用。

人类社会文明进化本质是信息化，是信息数量积累和质量提高的过程，信息开发利用程度决定社会形态。

1.1.2.3 信息的基本性质

（1）未知性或不确定性。这是信息的最基本属性，否则就不是信息。

（2）由不知到知，为不确定性的集合的元素的减少。这样，就可以基于集合论和概率论来描述信息的传输。

（3）可以度量，这是信息论的基础，使得信息可以比较大小、价值等。

（4）可以产生和消失。信息既有物质的某些属性，但又不同于物质，物质具有不灭性，只能转化形式，而信息可以产生和消失。

（5）可以识别，可以转化形式。信息可以通过人的感官直接识别，也可以通过各种探测器间接识别。信息可以从一种形态转换成另一种形态，如语言、文字、图像、图表等信号形式；也可以转换成计算机代码及广播、电视等电信号，而电信号和代码又可以转换成语言、文字、图像等。

（6）可以存储和传递。人用脑神经细胞存储信息（称作记忆）；计算机用存储器和数据库存储信息：录音机、录像机用磁带存储信息等。人与人之间的信息传递依靠语言、表情、动作；社会信息的传输借助报纸、杂志、广播；工程中的信息则可以借助机械、光、声、电等传输。

此外，信息作为一种资源，还具有可共享性、永不枯竭性和时效性。即信息经过传播可以成为全人类的财富。信息作为事物运动的状态和方式，是永不枯竭的，只要事物在运动，就有信息存在。有些信息如果不能及时得到，就会失去其原有的利用价值，不能发挥其原来的作用，如台风预报、水旱灾害预报等。由于信息具有这些性质，因此它对于人类和人类社会具有十分重要的意义。

1.1.3 信息科学

1.1.3.1 信息科学的概念

信息科学是以信息为主要研究对象，以信息的运动规律和应用方法为主要研究内容，以计算机等技术为主要研究工具，以扩展人类的信息功能为主要目标的一门综合性学科。它包括两个方面的内容：一是信息本身的有关规律；二是有关利用信息方面的规律。因此，也可以说，信息科学是关于如何认识信息以及如何利用信息的科学。

以信息作为主要的研究对象，这是信息科学区别于一切传统科学的最根本的特征。虽然在自然界、人类社会和人的思维领域存在大量的信息现象、信息问题和信息过程，信息对于人类社会的生存和发展是那样重要，但是传统科学却没有把信息问题作为基本的对象来研究，它的基本注意力放在物质和能量方面。物质和能量是传统科学的中心概念。

信息科学是研究如何认识信息和利用信息的。在认识信息方面，包括进一步探讨信息的本质，建立信息问题的完整的数学描述方法和度量方法，探明信息是怎样产生的，怎样识别、提取、变换、传递、检测、存储、检索、处理和分析信息，研究在这些过程中的基本规律和关系；在利用信息方面，主要研究利用信息来进行有效控制和组织最优系统的一般原理和方法。显然，认识是基础和前提，而利用则是结果和目的，认识和利用，两者密切关联，是一个统一的有机整体。

1.1.3.2 信息科学的目的和任务

人类认识世界和改造世界的全部活动，信息贯穿其始终，而且，人的一生也一直都在同信息打交道，把人同信息打交道的本领（主要包括获取信息、传递信息、处理信息和产生信息的本领）称为人的信息功能。然而，人的信息功能主要是由他的一系列信息器官来承担的。那就是，感觉器官主要承担信息提取、信息变换和检测的功能；神经系统主要承担信息传递和某些信息处理的功能；大脑主要承担信息存储、分析和产生（决策）的功能等。而信息科学的目的和任务，就是在分析、探索和掌握这些功能的机制的基础上，运用信息科学提供的原理和方法以及各种技术（包括机械、电子、激光、生物等），来延长、增强、补充和扩展人的信息器官的功能，提高人的创造力、逻辑和辩证思维能力。

1.1.4　信息技术

1.1.4.1　信息技术的概念

信息技术（Information Technology）从广义上讲，是指可以扩展人的信息功能的技术，也就是人类获取、加工存储、提取、传递和利用信息的技术。从狭义上讲：信息技术是指利用电子计算机和现代通信手段获取、传递、存储、显示信息和分配信息的一门新技术。

信息技术的主体内容包括传感技术、通信技术和计算机技术。传感技术主要包括信息的识别、检测、提取、变换以及某些信息处理技术，它是人的感官功能的扩展和延伸；通信技术包含信息的变换、传递、存储、处理以及某些控制与调节技术，它是人的信息传输系统（神经系统）功能的扩展和延伸；计算机技术主要包括信息的存储、检索、处理、分析、产生（决策或称指令信息）以及控制等，它是人的信息处理器官（大脑）功能的延伸。以上所述的几类信息技术是一个整体，其中通信技术与计算机技术是核心，感测技术和控制技术是核心与外部世界的接口。通过逻辑的综合分解可以形成各种各样的信息技术应用系统，如管理信息系统、自动护理系统、医疗专家系统、远程医疗会诊系统等。传感、通信和计算机技术三者是相辅相成的，它们构成了信息技术的核心，又被称为“3C”技术，即信息采集、通信和计算机（Collection，Communication and Computer）技术。信息技术是现代高科技技术中的代表性技术，是人类文明的技术基础，也是人类开发利用信息资源的主要手段，即信息管理的技术基础。

1.1.4.2　信息技术与新技术革命

信息技术、新材料技术和新能源技术，它们共同构成了科学技术的和谐结构。微电子技术是由新材料和信息技术派生出来的一门新技术；激光技术是新能源和信息技术派生出来的新技术；而生物、海洋和空间技术则是新材料、新能源和信息技术派生出来的三门新技术。至于光纤通信和计算机技术则是信息技术的分支。

人类历史上经历了五次信息技术革命，每次信息技术革命都带来了新技术的革命。

第一次信息技术革命是语言的使用，这次信息技术革命使人类之间和其他生物之间的交流发生了新的革命。

第二次信息技术革命是文字的使用（大约在公元前 3500 年），这次信息技术革命使人类对信息的保存和传播取得重大突破，较大地超越了时间和地域的局限。

第三次信息技术革命是印刷技术的应用（大约公元 11 世纪），大约在公元 1040 年，我国开始使用活字印刷技术，大约在 1451 年，欧洲人开始使用印刷技术。印刷术的发明和使用，使书籍、报刊成为重要的信息储存和传播的媒体。

第四次信息技术革命是电报、电话、广播、电视的应用（从19世纪中叶至20世纪40年代）。在电报、电话、广播、电视的应用以前，人们传递信息主要靠烽火台、飞鸽、马匹及人力传输。比如马拉松消息传递事件就是典型的信息传输事件。马拉松是希腊的一个地名，公元前490年，希腊在马拉松河谷与波斯皇帝派来的大军展开了激烈的战斗，雅典军队在外无救兵的情况下，团结一心，运用正确的战术技巧，以少胜多，打败了波斯侵略军，取得了辉煌的胜利。当时担任传令兵的菲迪皮得斯奉命将这一胜利消息尽快告诉雅典居民，让受难同胞早些分享这胜利的喜悦。他顾不得路途遥远，一口气从马拉松跑到雅典，到达雅典时他已累得精疲力竭，只说一句“我们胜利了”就倒在广场，闭上了双眼。为了纪念此事，1896年雅典第1届奥运会设立了马拉松跑项目。1837年，美国人莫尔斯研制了世界上第一台有线电报机。电报机利用电磁感应原理（有电流通过，电磁体有磁性，无电流通过，电磁体无磁性），使电磁体上连着的笔发生转动，从而在纸带上画出点、线符号。这些符号的适当组合（称为莫尔斯电码），可以表示全部字母，于是文字就可以经电线传送出去了。1844年5月24日，人类历史上的第一份电报从美国国会大厦传送到了40英里外的巴尔的摩城。1864年英国著名物理学家麦克斯韦发表了一篇题目为《电与磁》的论文，预言了电磁波的存在。1876年3月10日，美国人贝尔用自制的电话同他的助手通了话。1895年俄国人波波夫和意大利人马可尼分别成功地进行了无线电通信实验。1894年电影问世。1925年英国首次播映电视。电话、广播、电视的使用，使人类进入利用电磁波传播信息的时代。

第五次信息技术革命是以计算机的应用与数据处理技术与新一代通信技术的有机结合为开端的，始于20世纪60年代。近几十年来，在计算机技术的支持下，微波通信（包括卫星通信）、移动通信、天空地一体化的接力通信，逐步光纤化的全球网络通信等通信技术得到了飞速的发展。利用分布式等先进技术集多台高速计算机于一体的多维数据融合与信息快速提取技术、大容量的虚拟计算技术和云计算技术也得到了迅速发展，以通信网络为主体的数字化、网络化、可视化和智能化技术更是日新月异地飞速发展。

信息技术向人类提供了各种有用的知识，是现代技术的智慧和灵魂，在新的技术革命中扮演主要的角色。

1.2 信息论、信息量与熵

1.2.1 信息论的基本概念

信息论是关于信息的本质和传输规律的科学理论，是研究信息的计量、发送、传递、交换、接收和储存的一门新兴学科。

信息论作为一门科学始于20世纪40年代。1948年，美国贝尔电话研究所的数学家香农（C.E.Shannon，1916—2001）为解决通信技术中的信息编码问题，突破常规，把发射信息和接收信息作为一个整体的通信过程来研究，提出了通信系统的一般模型，同时建立了信息量的统计公式。他的研究成果集中发表在《贝尔系统技术》杂志中的“通信的数学理论”一文中，该文成为信息论诞生的标志。在同一时期维纳发表了关于噪声理论，信号滤波和预测、统计、检测与估计理论，调制以及信息处理理论等。这些理论的特点在于，运用概率测度和数理统计的方法系统地讨论了通信的基本问题，得出了一些重要而带有普通意义的结论，并由此奠定了现代信息论的基础。

信息论源于通信工程，其发展的背景是关于通信系统中的以下有关研究：

（1）信息传输的效率；

（2）信息传输的准确性；

（3）信息传输中的噪声干扰；

（4）信道频率特性。

因此，一些人往往认为，信息论与通信（communication）理论是同义语，实际上信息论范畴更广，而通信理论只是信息论中与通信有关的一部分。

对于信息论通常有以下三种理解。

（1）狭义信息论。主要研究信息的测度、信道容量以及信源和信道编码理论等，这一部分即香农信息基本理论，因此又称为香农信息论。

（2）一般信息论。也是主要研究通信问题，但包括噪声理论，信号滤波与预测，信号调制与信号处理等。这一部分理论的代表人是维纳和前苏联科学家卡尔莫格洛夫（A.Колмогороц）。

（3）广义信息论，不仅包括上述内容，而且包括与信息有关的领域，如心理学、遗传学、神经生理学、语言学，甚至包括社会学中有关信息的问题。

现代信息理论在科学技术上的重要性，早已超越了狭义的通信工程的范畴。广义信息论不仅仅研究通信中的信源、信道、干扰噪声、信号调制、滤波等问题，而且广泛地渗透于其他科学技术领域。广义通信系统是泛指所有信息流通的系统，诸如生物有机体的神经系统、人类社会的管理系统、工程物理系统等。

1.2.2　离散信源模型与自信息

众所周知，自然科学通常都应作定量的描述，定性描述只能解释一些现象，即使认为能作直观理解，也是悬而未决的，尚未上升到学术水平。由于要从理论上研究信息，就必须对信息大小作定量描述。信息被定义为事物运动的状态和方式。那么，用什么方法来定量地描述信息呢？香农信息论的贡献就在于运用概率论与数理统计学方法，对信息给予了数学描述，从而使信息论作为一门科学建立起来。

为了给出度量信息的定量方法，首先从讨论信源的特征入手。为此，需要讨论代表性的信源。

1.2.2.1　信源

信源即信息产生的源。信源一般是以符号（或信号）的形式发出信息。信源的内部结构往往是很复杂的，例如，人发出信息，是通过大脑的思维活动，指挥口腔或手以语言或文字的形式表达出来的，这是相当复杂的过程，因此，一般只研究它的输出，即语言或文字等。语言文字是一种表达信息的符号，是物理性的。语言是声信号，而文字是光信号。同一件事情，可用不同语言表达，也就是同一信息可用不同的编码方式转换成符号。

信源的输出是不确定的，因为，如果事先已经知道信源的输出，那么就无信息可言。正如所研究的物理过程，它应是未知的，这时才有研究的价值。信源的输出常用随机变量或随机矢量来描述，或者说用概率空间来描述信源。从随机变量出发来研究信息量，是香农信息理论的基本假设。从概率论可知，随机变量可取值于某一离散集合，也可取值于某一连续区间，相应的信源称为离散信源及连续信源。

1.2.2.2　离散信源模型

离散信源的数学模型是离散型概率空间，即：

$$[X,P]=\begin{bmatrix} x_1 & x_2 & \cdots & x_N \\ P(x_1) & P(x_2) & \cdots & P(x_N) \end{bmatrix} \tag{1-1}$$

该式要满足条件，

$$\sum_{i=1}^{N} P(x_i)=1 \tag{1-2}$$

其中，N 为自然数。

集合中的元素 x_1，x_2，…描述了信源输出的可能状态，其概率 $P(x_1)$，$P(x_2)$，…描述了各个状态出现的可能性，状态的出现往往是不相容的。如掷硬币这个过程，在未抛下之前，不能确定是正面还是反面，抛下之后，必须是正、反两种状态之一，其信源模型为：

$$[X,P]=\begin{bmatrix} x_1 & x_2 \\ 0.5 & 0.5 \end{bmatrix}$$

其中，$P(x_1)=P(x_2)$ =0.5，表明该系统是 $\sum_{i=1}^{2} P(x_i)=1$ 等概率事件。本例概率为先验概率，与人们对该事物的认识有关，是根据历史或知识的积累而分析判断的。

1.2.2.3　自信息

一个事件可能存在多种状态，其出现的状态是随机的，不确定的，这种不确定性客观存在。但是，信源输出之后，经过变换、传输、处理而到达信宿，被人们所理解，就消除了事件的不确定性，并获得了信息。我们知道，如果信源中某一状态发生的先验概率很小，那么，一旦出现这种状态，人们获得的信息量就多。反之，如果信源中某一状态发生的先验概率很大，则人们获得的信息量就少。例如，一台机器有正常工作和发生事故两种状态，如果两种状态出现的概率分别为 $P(x_1)$ =0.99 和 $P(x_2)$ =0.01，则可认为这台机器一般处于正常工作状态。

由上述可知，事件发生的不确定性与事件发生的概率是有关的。如果事件发生的概率越小，人们猜测它有没有发生的困难程度就越大。而如果事件发生的概率越大，人们猜测这件事件发生的可能性就越大，也就是不确定性越小。对于发生概率等于 1 的必然事件就不存在不确定性。因此，某事件发生所含有的信息量，应该是该事件发生的先验概率的函数，即：

$$I(x_i)=f[P(x_i)] \tag{1-3}$$

其中，$P(x_i)$ 是事件 x_i 发生的先验概率；$I(x_i)$ 表示事件 x_i 发生所含有的信息量。根据客观事实和人们的习惯概念，$I(x_i)$ 应满足以下 4 个基本条件，如图 1-1 所示。

（1）$I(x_i)$ 是先验概率 $P(x_i)$ 的单调递减函数，$P(x_i)$ 越大，$I(x_i)$ 越小；$P(x_i)$ 越小，$I(x_i)$ 越大；

（2）$P(x_i)=1$ 时，$I(x_i)=0$，即，必然事件信息量为零。

（3）$P(x_i)=0$ 时，$I(x_i)=\infty$，不可能发生的事件发生了，其信息量为无穷大。

（4）两个独立事件的联合信息量，应等于它们各自信息量之和，即，$I(x,y)=I(x)+I(y)$。

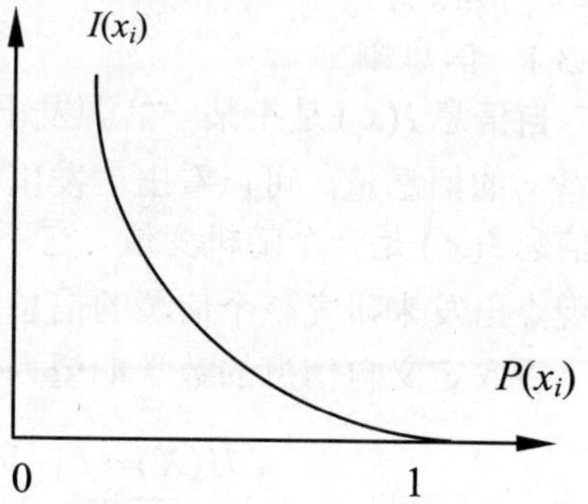

图 1-1　$I(x_i)$与 $P(x_i)$关系

根据泛函分析理论，满足条件（1）、条件（2）、条件（3）时，应取信息量为先验概率 $P(x_i)$ 的倒数；满足条件（4）时的方法是用对数来定义信息量。因此，根据上述条件，这种函数形式应是对数形式，即：

$$I(x_i)=\log_{10}\frac{1}{P(x_i)}=-\log_{10}P(x_i) \tag{1-4}$$

$I(x_i)$ 的含义为事件 x_i 发生时，该事件所含有的信息量。因为它描述的是事件 x_i 发生时的信息量，故又称为自信息。

自信息采用的测度单位取决于所取对数之底。

以 2 为底，$I(x_i)$ 单位为比特（bit 是 binary unit 的缩写）；

以 e 为底，$I(x_i)$ 单位为奈特（nat 是 nature unit 的缩写）；

以 10 为底，$I(x_i)$ 单位为哈特（Hart 是 hartley 的缩写）。

根据对数换底关系有：

$$\log_a^X=\frac{\log_b^X}{\log_b^a} \tag{1-5}$$

可得：1 奈特=1.44 比特，1 哈特=3.32 比特。

一般都采用以 2 为底的对数，因为当 $P(x_i)=1/2$ 时，$I(x_i)=1$ 比特，所以，1 比特信息量就是两个互不相容的等可能事件之一发生时，所提供的信息量。

例如，英文字母出现的概率如下表 1-1 所示，根据表中英文字母出现的概率，得到字母 e 和 q 的信息量。

$$I(e)=-\log_2 P(e)=-\log_2 0.0105=3.24(\text{bit})$$
$$I(q)=-\log_2 P(q)=-\log_2 0.001=9.97(\text{bit})$$

表 1-1　英文字母出现的概率

符号	概率	符号	概率	符号	概率
空格	0.2	s	0.052	y，w	0.012
e	0.105	h	0.047	g	0.011
t	0.072	d	0.035	b	0.010 5
o	0.065	i	0.029	v	0.008
a	0.063	c	0.023	k	0.003
n	0.059	f，u	0.022 5	x	0.002
l	0.055	m	0.021	J，q，z	0.001
r	0.054	p	0.017 5		

1.2.3 信息熵

1.2.3.1 信息熵

自信息 $I(x_i)$ 是指某一信源发出某一消息发生时所包含的信息量，描述了信源中单一消息 x_i 的信息量。可以看出，发出的消息不同，它们所含有的信息量也是不同的。所以自信息 $I(x_i)$ 是一个随机变量，它不能用来作为整个系统的信息的量度。于是，应从宏观的观点出发来研究整个信源的信息量，即平均信息量。

香农定义自信息的数学期望为信息熵，即信源的平均信息量：

$$H(X)=E[-\log_{10}P(x_i)]=-\sum_{i=1}^{N}P(x_i)\log_{10}P(x_i) \tag{1-6}$$

此处，H（X）表示随机变量 X 的熵，是一个符号，而不表示 X 的函数。

信息熵表征了信源整体的统计特征，是总体的平均不确定性的量度。对某一特定的信源，其信息熵只有一个，因统计特性不同，其熵也不同。例如，两个信源，其概率空间分别为：

$$[X,P(x_i)]=\begin{bmatrix} x_1 & x_2 \\ 0.99 & 0.01 \end{bmatrix} \quad [Y,P(y_i)]=\begin{bmatrix} y_1 & y_2 \\ 0.5 & 0.5 \end{bmatrix}$$

则信息熵为：

$$H(X)=-0.99\log_{10}0.99-0.01\log_{10}0.01=0.08 \quad [\text{bit}/\text{事件}]$$

$$H(Y)=-0.5\log_{10}0.5-0.5\log_{10}0.5=1 \quad [\text{bit}/\text{事件}]$$

可见，H（Y）>H（X），说明信源 Y 比信源 X 的平均不确定性要大，即在事件发生之前，分析信源 Y，由于事件 y_1，y_2 是等概率的，难以猜测哪一个事件会发生；而信源 X，虽然也存在不确定性，但大致可以知道，x_1 出现的可能性要大。正如两场足球赛，其中一场，双方势均力敌；而另一场双方实力悬殊很大。当然，人们希望看第一场，因为胜负难卜，一旦赛完，人们获得的信息量大。

也可以这样理解，信息熵 H（X）表征了变量 X 的随机性。在上例中，变量 Y 取 y_1 和 y_2 是等概率的，所以其随机性大；而变量 X 取 x_1 比 x_2 的概率要大得多，这时变量 X 的随机性就小。因此，熵是变量随机性的反映，也是表征随机变量统计特性的一个特征参数。

1.2.3.2 信息熵的基本性质

（1）非负性

即 $$H(X)\geqslant 0 \tag{1-7}$$

随机变量 X 熵的计算公式为 H（X）$=-\sum P_i\log_{10}P_i$，其中，P_i 为随机变量 X 的概率分布，通常 $0<P_i<1$，对于大于 1 的对数底，显然 $\log_{10}P_i<0$，即有 $-\log_{10}P_i>0$，因此，H（X）>0。当信源 X 为确定事件时，即某事件出现的概率为 1 时等号成立，熵才等于零。

随机变量 X 的所有取值的概率分布为 $0<P(x_i)<1$。

（2）确定性

如果信源的输出只有一个状态是必然的，即 $P(x_1)=1$，$P(x_2)=P$（x_3）$=\cdots=0$，则信源的熵：

$$H(x)=-[1\times\log_{10}1+\sum_{i=2}^{N}0\times\log_{10}0]=0 \tag{1-8}$$

上式表明，信源的输出虽有不同形态，但当其中一种是必然的，则意味着其他状态不可能出现。那么，这个信源是一个确知信源，其熵为零。这个性质说明信源的熵反映的是信源的总体不确定性，若信源的确定性很大，则其熵值就非常小。

（3）对称性

当概率空间中 $P(x_1)$，$P(x_2)\cdots$的序任意互换时，熵值不变，例如下面两个信源空间：

$$[X,P(x_i)]=\begin{bmatrix}x_1 & x_2 & x_3\\ 1/3 & 1/6 & 1/2\end{bmatrix}$$

$$[Y,P(y_i)]=\begin{bmatrix}y_1 & y_2 & y_3\\ 1/6 & 1/2 & 1/3\end{bmatrix}$$

其信息熵 $H(X)=H(Y)$。该性质说明，熵只与随机变量的总体结构有关，同时也说明所定义的熵有其局限性，它不能描述事件本身的主观意义。

（4）可加性

对统计独立信源 X 和 Y，有：

$$H(XY)=H(X)+H(Y) \tag{1-9}$$

即，对于独立信源，它们的联合信源的熵等于它们各自的熵之和。

式（1-9）的证明用到了统计独立事件概率的性质 $P(ab)=P(a)P(b)$，具体过程不复杂，本书从略。

可加性是熵函数的一个重要特性，正因为有可加性，所以可以证明熵函数的形式是唯一的。

（5）极值性

信源各个状态为零概率分布时，熵值最大，并且等于信源输出状态数，因为当 $P(x_1)=P(x_2)=\cdots=P(x_N)=1/N$ 时，

$$H(X)=-\sum_{i=1}^{N}\frac{1}{N}\log_{10}\frac{1}{N}=\log_{10}N \tag{1-10}$$

例如，信源有两种状态时，概率空间为

$$[X,P(x_i)]=\begin{bmatrix}x_1 & x_2\\ P(x_1) & 1-P(x_1)\end{bmatrix}$$

其 $H(X)-P(x_i)$ 关系如图 1-2 所示：

当 $P(x_1)=1/2$ 时，熵有最大值。以上分析表明，对于具有 N 个状态的离散信源，只有在信源 N 个状态等概率出现的情况下，信息熵才能达到最大值。这也表明，等概率分布信源的平均不确定性最大，这是一个很重要的结论，称为最大离散熵定理。

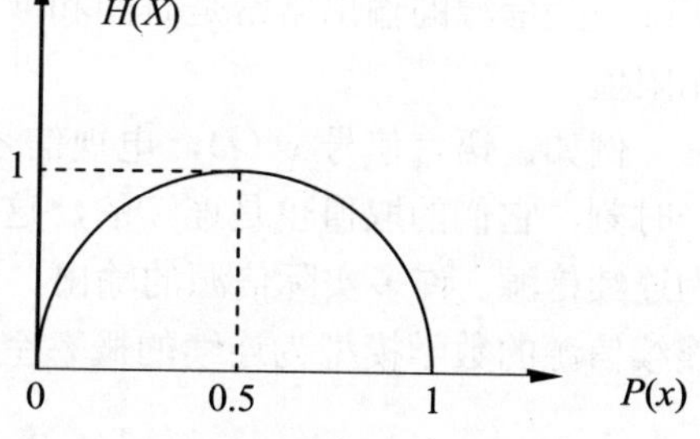

图 1-2　$P(x_i)$和 $H(X)$关系

图 1-2 还进一步说明，如果二进制信源输

出是确定的，即 $P(x_1)=1$，则 $H(X)=0$，此时表明该信源不提供任何信息；反之，当信源输出为等概率发生时，信源的熵达到最大值，等于 1bit 信息量。

（6）扩展性

即
$$\lim_{\varepsilon\to 0}H(P_1,P_2,\cdots,P_q-\varepsilon,\varepsilon)=H(P_1,P_2,\cdots,P_q) \tag{1-11}$$

此性质不难证明，因为 $\lim\limits_{\varepsilon\to 0}\varepsilon\log_{10}\varepsilon=0$。

它说明当信源中增加小概率事件后，对信源总的平均不确定性几乎没有影响，尽管小概率事件本身的自信息量很大。这正是熵概念的总体平均性的一种体现。

1.2.3.3　信息熵与热力学熵

熵（Entropy）本为物理学单位，最早来源于统计热力学。18 世纪的化学研究发现，物质即便在化学变化时，其总质量（气体的、液体的、不同化学成分的）也是不变的，这引入了质量守恒定律。19 世纪中叶发现了另外一个物理量——能量，也是守恒量，它也被称为热力学第一定律。物理学还发现了其他的守恒量。在热学研究中就发现，对于一定的物质进行一系列的所谓可逆的热力学循环过程又回到初始的热力学状态（温度、压力等回到原值）时，还有另外一个计算（不是直接测量）出来的物理量也回到了初始值，即它在上述过程中也是一个守恒量。克劳修斯为这个性质良好的物理量取了一个与能量类似的名称——熵，现在经常用 S 表示。熵的中文意义是热量被温度除所得的商，在相同热量条件下，温度高则熵小，温度低则熵大。

在通信系统中，信源的信息熵的定义和热力学熵的定义在表达形式上是相同的，两者在物理概念上有一定的联系。

广义地讲，热力学的熵是物理系统无序状态的描述，是紊乱程度的测度。热力学熵总是增大的，此即热力学熵不减原理。

信息熵也可以认为是信源紊乱程度的测度，亦可用来表征物理系统运动状态的不确定性（无序性），通过通信收到信息后，消除了这种不确定性，就获得信息。例如，当消息通过系统传输到收信者后，信源的熵要改变，在信息论中，信息熵只会减少，不可能增加，这就是信息熵不增原理。

1.2.4　连续信源的熵与最大熵定理

1.2.4.1　连续信源的熵

以上介绍的是取值为有限或可数的离散信源，它们输出的状态（或消息、符号）是属于时间离散、取值有限或可数的随机序列，其统计特性可用联合概率分布来描述。而实际一些信源的输出常常是时间和取值都是连续的信息，即可能出现的状态是不可能的无限值。

例如，语言信号 x（t），电视信号 x（x_0，y_0，t）等，都是时间的连续函数，而且任一时刻，它们的取值也是连续的，这时可用连续随机变量来描述这些状态，这种信源称为连续信源。许多实际信源的输出，诸如力、位移、加速度、温度等常常是时间的函数。连续信源的数学模型为连续的概率空间，即：

$$[X,P(x)]=\begin{bmatrix}(a,b)\\p(x)\end{bmatrix}\text{或}\begin{bmatrix}R\\p(x)\end{bmatrix} \tag{1-12}$$

该式要满足条件：

$$\int_a^b p(x)\mathrm{d}x = 1 \text{ 或 } \int_R p(x)\mathrm{d}x = 1 \tag{1-13}$$

其中，R 或（a，b）表示数集区间，而 $p(x)$ 是随机变量 X 的概率密度函数。

例如图 1-3，它表示了一般连续信号的时域和幅值域图形，图中（a）表示信号 x（t）的时域。

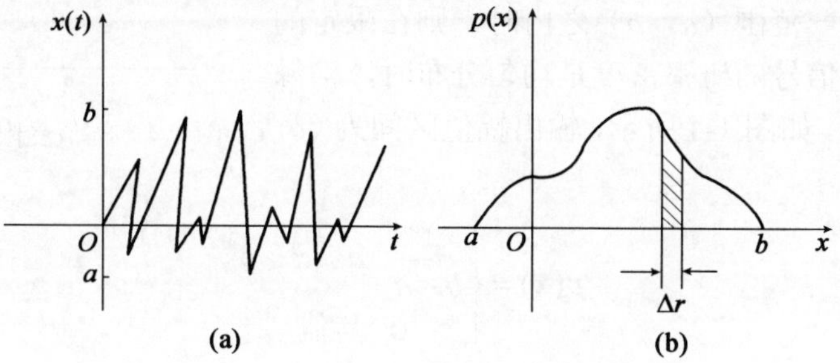

图 1-3　工程信号的时域、幅值域图形

波形，其幅值（纵坐标）分布区间为（a，b）；图中（b）表示该信号的概率密度函数，其幅值区间（a，b）在横坐标上。

连续信源的信息测度可以用离散信源的信息测度来逼近。

假定随机变量 X 的概率密度函数如图 1-3（b）所示，将取值区间（a，b）分成 n 个小区间，任一区间的概率为：

$$P(x_i) = p(x_i)\Delta x \tag{1-14}$$

这时离散信源的熵：

$$\begin{aligned} H_n(X) &= -\sum_i P_i \log_{10} P_i = -\sum_i p(x_i)\Delta x \log_{10} p(x_i)\Delta x \\ &= -\sum_i p(x_i)\Delta x \log_{10} p(x_i) - \sum_i p(x_i)\Delta x \log_{10} \Delta x \end{aligned} \tag{1-15}$$

当$\Delta x \to 0$，$n \to \infty$时，若极限存在，即得到连续信源的熵：

$$\begin{aligned} \lim_{n\to\infty} H_n(X) &= -\lim_{\Delta x\to 0}\sum_i p(x_i)\Delta x \log_{10} p(x_i) - \lim_{\Delta x\to 0} \log_{10} \Delta x \sum_i p(x_i)\Delta x \\ &= -\int_a^b p(x)\log_{10} p(x)\mathrm{d}x - \lim_{\Delta x\to 0} \log_{10} \Delta x \end{aligned} \tag{1-16}$$

一般情况下，上式的第一项是定值，而当$\Delta x \to 0$ 时，第二项趋于无限大。所以避开第二项，定义连续信源的熵为：

$$h(x) = -\int_R p(x)\log_{10} p(x)\mathrm{d}x \tag{1-17}$$

x 泛指连续的随机变量，至于积分限，一般设变量 x 从负无穷大到正无穷大。$p(x)$ 是变量 x 的概率密度分布函数，即 x 每增加单位值时，对应的概率的增加值。这样定义的连续信源的熵，在形式上与离散信源的熵相似，但不是实际信源的绝对熵，因为忽略一个无限大项，这样定义的熵具有相对性，所以有时称为相对熵或差熵。

1.2.4.2　最大熵定理

由公式（1-17）可知，熵 $h(x)$ 是概率密度函数 $p(x)$ 的函数。在信息处理过程中，常常希望求得最大熵，即找出 $p(x)$ 是什么样的函数时能使连续信源的熵具有最大值。

在离散信源中，已经证明，当信源的输出状态是等概率分布时，信源的熵取最大值；在连续信源中，当各约束条件不同时，信源的最大相对熵值不同，有如下两种情况。

（1）峰值功率受限条件下信源的最大熵

当信源输出信号的峰值功率受限，即信号的取值区间被限定在某一范围（a，b）之内时，则在限定的范围内，当输出信号的概率密度是均匀分布时，信源具有最大相对值。如图 1-4 所示，输出幅值区间为（a，b），概率密度：

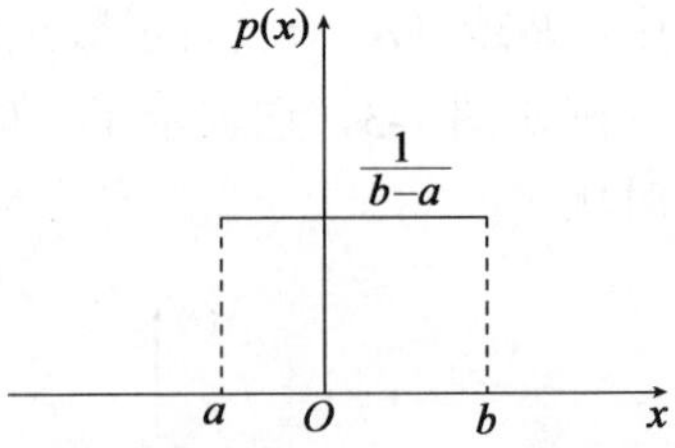

图 1-4　幅值受限信号的等概率分布

$$p(x)=\begin{cases}\dfrac{1}{b-a}, & a\leqslant x\leqslant b\\ 0, & 其他\end{cases}$$

则

$$h(x)=-\int_a^b \frac{1}{b-a}\log_{10}\frac{1}{b-a}\mathrm{d}x=\log_{10}(b-a)$$

此式表明，熵是幅值区间（a，b）的函数，即在峰值功率受限条件下，幅值区间越大，则幅值越大，这也说明，信号的波动范围越窄，则系统的不定性程度越大。

（2）平均功率受限条件下信源的最大熵

若一个信源输出信号的平均功率有限，则其输出信号幅度的概率密度分布是高斯分布时，信源有最大熵。

一维随机变量 X 的概率密度分布为：

$$p(x)=\frac{1}{\sqrt{2\pi\sigma^2}}\exp(\frac{(x-m)^2}{2\sigma^3})$$

其中 m 是 X 的均值，σ^2 是 X 的方差。这个连续信源的熵为：

$$\begin{aligned}h(x)&=-\int_{-\infty}^{\infty}p(x)\log_{10}p(x)\mathrm{d}x\\&=-\int_{-\infty}^{\infty}p(x)\log_{10}\left[\frac{1}{\sqrt{2\pi\sigma^2}}\exp\left(-\frac{(x-m)^2}{2\sigma^2}\right)\right]\mathrm{d}x\\&=-\int_{-\infty}^{\infty}p(x)\left(-\log_{10}\sqrt{2\pi\sigma^2}\right)\mathrm{d}x+\int_{-\infty}^{\infty}p(x)\left[\frac{(x-m)^2}{2\sigma^2}\right]\mathrm{d}x\log_{10}e\\&=\log_{10}\sqrt{2\pi\sigma^2}+\frac{1}{2}\log_{10}e=\frac{1}{2}\log_{10}2\pi e\sigma^2\end{aligned}$$

其中，

$$\int_{-\infty}^{\infty}p(x)\mathrm{d}x=1 \qquad \int_{-\infty}^{\infty}(x-m)^2\,p(x)\mathrm{d}x=\sigma^2$$

可见，如果连续信源呈正态分布，其熵与数学期望 m 无关，只与其方差 σ^2 有关。当

m=0 时，X 的方差 s^2 就等于信源输出的平均功率。显然，这一条件下的平均功率受限，就是方差 σ^2 受限。可证明，当连续信源的方差 s^2 受限时，任意概率密度分布的信源的熵，都小于正态概率分布信源的熵。

这一结论说明，当连续信源输出信号的平均功率受限时，只有信号的统计特性与高斯噪声的统计特性一样时，才会有最大的熵值。从物理意义上解释是合理的，因为噪声是一个最不确定的随机过程，而最大的信息量只能从最不确定的事件中获得。

此外，在平均功率受限的条件下，正态分布信源的熵最大的原因可作如下解释：当限制平方平均值时，由于大的幅值 x 平方后变得更大，因此出现的次数不可能太多，所以 X 值越增大，出现的概率就越小，而且对于 x 的正负值是对称的。

若 x 较小，则概率尽可能相同时，熵变大，在接近 x=0 时，变得接近于平均的均匀分布，故有正态分布形式。

1.2.5　信息与熵的守恒定律

熵描述了系统的不确定性程度，而信息则是消除了系统不确定性（或事件发生以后）而得到的东西。因此，熵与信息通过一个简单的守恒定律相联系，即一个体系的信息与熵的和保持恒定，并等于该体系在给定条件下所能达到的最多信息或最大熵。

在数学上可以表达为：

$$H + I = const$$

或

$$H + I = H_{\max} = I_{\max} \tag{1-18}$$

式中，H——熵；

I——信息的实际值；

$H_{\max}$——系统熵；

$I_{\max}$——信息的最大可能值。

根据这一守恒定律，可以得到对系统观测前后的熵与信息的关系：

$$I = H_{\max} - H \tag{1-19}$$

式中，I——对系统观测后所获得的信息；

$H_{\max}$——系统的原始熵；

H——观测以后系统仍具有不确定性所具有的熵。

从式（1-19）可理解信息为什么又称为“负熵”。

信息与熵的守恒定律表明，信息有所得，则熵必有所失，而且得失相抵。

以掷硬币为例来解释这一守恒的物理意义。在掷下之前，出现正面与反面的可能性是未知的，系统存在着不确定性，其概率空间为：

$$[X,P]=\begin{bmatrix} x_1 & x_2 \\ p(x_1) & p(x_2) \end{bmatrix}$$

在未掷之前，先验概率 $P(x_1) = P(x_2)$ =0.5，故有先验概率空间：

$$[X,P]=\begin{bmatrix} x_1 & x_2 \\ 0.5 & 0.5 \end{bmatrix}$$

此时，系统的原始熵 $H_{\max}$=1。当硬币掷下以后，则其后验概率空间：

$$[X,P]=\begin{bmatrix} x_1 & x_2 \\ 1 & 0 \end{bmatrix}$$

此时，已消除了系统的不确定性，其熵 $H=0$。因此观测后实得信息应是两个概率空间变化量，即：

$$\begin{bmatrix} x_1 & x_2 \\ 0.5 & 0.5 \end{bmatrix} \Rightarrow \begin{bmatrix} x_1 & x_2 \\ 1 & 0.5 \end{bmatrix}$$

$$\mathrm{I}=1-0=1$$

参考文献

方裕. 1999. 地理信息系统（GIS）的技术与发展[J]，计算机与通信，（7）：124.

李德仁. 1996. 对地观测新技术与社会可持续发展，《遥感在中国》，北京：测绘出版社.

李德仁，李清泉. 1997. 一种三维 GIS 混合数据结构研究[J]. 测绘学报，26（2）：128-133.

李纪人. 2001. 遥感与地理信息系统在防洪减灾中的应用[A]. 中国遥感奋进创新二十年学术论文集[C]. 北京：气象出版社.

李茂堂，李保铨，乔成斌. 2001. 双向实时数据和图像卫星传输系统[C]. 中国遥感奋进创新二十年学术论文集，北京：气象出版社.

瞿继双等. 2002. 基于数据融合的遥感图像处理技术[J]. 中国图像图形学报，（10）.

宋关福，钟耳顺. 组件式地理信息系统研究与开发[J]. 图形图像学报. 1998（4）.

田国良. 2003. 我国遥感应用现状、问题与建议. 遥感信息，2：2-5.

童庆禧，李德仁. 1997. 精细农业. 国家科委国家遥感中心专家委员会会议.

王军. 1999. 全球卫星定位系统[J]. 空间电子技术，（02）.

吴信才. 2000. 地理信息系统原理、方法及应用[M]. 武汉：中国地质大学出版社.

乔成斌，李茂堂，李保铨. 2001. 航空 SAR 图像与 GPS 复合数据的实时卫星地面接收与传输系统[C]. 第十三届全国遥感技术学术交流会论文摘要集.

张健挺. 1998. 地理信息系统集成若干问题探讨[J]. 遥感信息，（1）.

郑立中，陈秀万. 2001. 中国卫星遥感和定位技术应用的现状和发展[A]. 中国遥感奋进创新 20 年[C]. 北京：气象出版社.

朱振海，黄晓霞，等. 2002. 中国遥感的回顾与展望，地球物理学进展. 17（2）：148-149，48.

Bassire S，Hajj G A. 1993. Higher-order ionospheric effects on the global positioning system observables and means of modeling them. Manuscripta Geodaetica，18（6）：280-289.

Breunig M. 1996. Integration of spatial information for geo-information sys tems[M]. Berlin Heidelberg：Springer-verlag.

Brunner F K，Gu M. 1991. An improved model for the dual frequency ionospheric correction of GPS observations. Manuscripta Geodaetica，16：205-214.

Feess，W A，Stephens S G. 1987. Evaluation of GPS ionospheric time-delay model. IEEE Transactions on Aerospace and Electronic Systems，23（3）：332-338.

Goodman J M.，Aarons J. 1990. Ionospheric effects on modern electronic. Proceedings of the IEEE，78：512-528.

Li Rongxing，Xu Changshi. 1995. An algorithm for searching boundary octants in 3-D geological subsurface modeling[J]. Geographic Information Sciences，1（1）：23-33.

Parkison B W. 1996. Global positioning System：Theory and Applications.

Pflug R，Klein H，Ramshorn C H, et al. 1992. 3D visualization of geological structures and processes[A]. //Lecture Notes in EarthSciences 41[C]，Berli nSpringer，29-39.

Raper J F. 1992. Key 3D modelling concepts for geoscientific analysis[A]. //Turner A K （ed），Three-Dimensional Modeling with Geoscientific Information Systems[M]，NATO ASI 354，Dordrecht，Kluwer Academic Publishers，215-232 .

Turner A K. 1992. Three-dimensional modeling with geoscientific information sy stems[M]. NATO ASI 354，Dordrecht：Kluwer Academic Publishers.

第 2 章　信息获取与快速处理技术概述

2.1　信息获取与快速处理技术

信息获取与快速处理技术是指采用各种技术手段获得目标或物体信息并对信息进行快速存储、统计、管理、传输的技术。信息获取的技术手段主要是各种航天航空遥感、GPS 定位、地面自动采集系统等构成的天地一体化的现代高新技术手段；处理技术主要是对各种遥感图像的处理与信息提取、GIS 分析与处理、各种形式（声音、文字、图像等）信息的传输（网络、通信卫星、电话、微波等）。信息获取与处理技术的最终目标是为各种不同层次的用户提供多种形式的信息，用于指导决策。

信息的快速获取与处理技术，是信息技术领域的四大主题之一。从整体上来说是信息发展的基础技术，是人类科学技术发展的结晶，是人类极其重要的知识宝库。信息的快速获取与处理技术是当前国际上正在迅速发展的一门学科，它是在自然科学范畴内研究被测对象的信号转换、数据融合和信息提取机理与规律的一门涉及遥感、航天、水利、地震、电子、材料、控制、仪器与机械、人工智能等多学科的新兴交叉学科，加强该领域的研究对于水资源管理、水利空间工程、航天工业、反恐、促进国民健康和生产安全、防治重大灾害和环境污染等都有着极其重要的作用。国家“863”计划也将信息获取与处理技术列为研究主题。

由于计算机科学、通信与网络技术、自动化科技的迅速发展，已使信息的获取、处理、传输和应用无所不在，成为推动社会进步的重要因素。特别是水利空间信息获取与快速处理技术在洪涝、泥石流、山体滑坡、突发性水污染等灾害中具有重要的应用价值。但是，我国水利空间信息获取的理论、方法和手段还处于相对落后的状态，成为制约 21 世纪水利空间信息科学技术发展的瓶颈。因此，开展信息获取与快速处理技术研究，将使传统的传感技术、检测技术在信息化时代得到学科的升华。这是一个极具潜力的研究方向，数年后在水利部门必将出现信息获取无所不在的局面。开拓水利空间信息获取与快速处理技术的“新疆土”，将是我国在世界信息科学技术领域占有一席之地的重要举措。

图 2-1 所示为信息获取与快速处理技术的基本构成和信息流程，是针对典型应用的实例，它代表了信息获取技术的基本原理。信息获取与快速处理技术涉及的应用领域广泛、系统组成部分及其信息处理的方式种类繁多、得到的信息的形式多种多样，但基本过程和基本功能都是相同的。

每个国家的社会发展和经济持续增长必然对信息资源有空前巨大的需求，只有不断提高信息获取与快速处理技术的能力才能满足人类的需求。信息获取与快速处理技术是世界性的高技术门类。我国在“十五”期间，国家高技术计划“信息获取与处理技术”主题围绕着我国建立对地观测和对空监视两大空间信息获取与应用系统，开展多项关键技术研究，在信息获取与快速处理技术领域一系列关键性的应用技术上都取得了突破性进展。为了进一步缩短与世界先进国家的差距，国家在“十一五”和“十二五”高技术发展计划中，将空间信息技术、特别是遥感对地观测与导航技术作为重要的发展目标，主要表现在：高分辨率对地观测系统，包括建立全色和多光谱的卫星遥感系统，国产化遥感卫星地面接收与处理系统；研制高分辨率光学航空相机、多光谱航空相机、高分辨率合成孔径雷达、实用型模块化成像光谱仪及推扫式超光谱成像仪系统等；建设基于通信卫星的区域导航系统；完成中欧伽利略计划合作；建成兼容 GPS/Glonass/Galileo 及自主系统多种信号的多模增强系统。另外，在信息获取与快速处理技术领域，国家将给予以下几个方面极大的关注。

（1）信息处理技术方面，除了微电子与光电网格外，在先进计算技术、空间信息的处理与传输；信息安全与先进传感器多方面将是研究的重点。

（2）城镇化与城市发展领域，将以空间遥感作为主要的信息源，开展数字城镇信息平台和数字城镇信息更新的研究，以促进城镇化和信息化的发展。

（3）资源环境技术领域，包括重点城市群大气复合污染综合防治技术与示范，水资源合理调配与利用重大关键技术研究，遥感与空间信息的处理在这一领域中有重要作用。

（4）海洋技术领域，以空间信息为支撑的“台湾海峡及毗邻海域海洋动力环境实时立体综合监测系统”，将是一个重要的研究方向。

（5）综合智能交通技术集成应用示范，将实现交通信息服务的个性化、交通控制和运输组织的智能化。重点研究内容包括特大城市智能交通应用系统；建立城市道路交通信息采集、处理、发布示范系统。

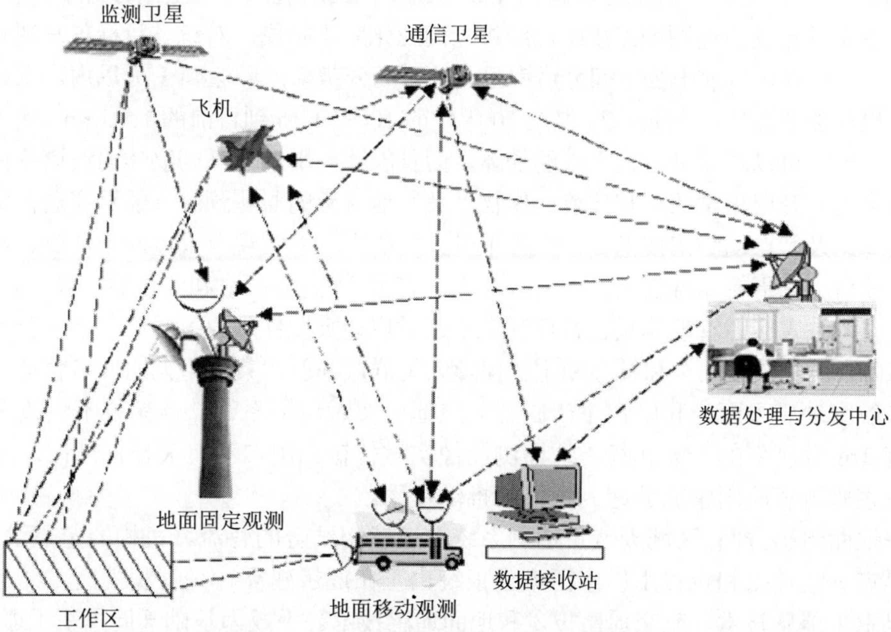

图 2-1　信息获取与处理在水利中的应用示例

2.2 3S技术及空间信息科学

2.2.1 3S技术及其集成

“3S”技术是指遥感（Remote Sensing，简称RS）、地理信息系统（Geographic Information System，简称GIS）与全球定位系统（Global Positioning System，简称GPS）。它们均在20世纪60—70年代产生。GIS，GPS，RS在空间信息管理上各具特色，均可独立完成自身具有的功能，同时相互之间又有许多关联，三者的结合与集成已成为空间科学的发展方向和必然趋势。将上述三种对地观测新技术及其他相关技术有机地结合在一起，这种综合称为一体化或集成。3S技术已成为环境监测、减轻自然灾害、管理自然资源和使其持续发展必不可少的工具，并成为跨学科的应用技术。

传统的主要依靠地面定点监测和人工数据统计获得信息的方法已经在各个应用领域的发展中起到了积极的推动作用，但是随着遥感技术、通信技术、计算机技术、GIS技术和全球定位系统的发展，人们越来越重视以3S技术为基础，并且结合通信技术、计算机技术于一体的信息获取、快速处理与应用的研究。近年来，遥感技术已得到了迅速的发展，卫星遥感、航空遥感、地面遥感技术已应用到各个领域，例如Google Earth基于遥感的软件可以清楚地辨别出地面的一切物体和方位。遥感技术已经为水利信息化开辟了一条广阔的应用前景。

在发达国家，利用卫星遥感途径获取信息已成为快速获得空间信息的一种最重要的途径，随着遥感卫星、计算机技术的发展，遥感数据的时间、空间、波段精度均在大幅度提高。高于0. 5m分辨率的卫星遥感已经成为新一代民用遥感卫星空间分辨率的基本指标；高于0. 5m的自动快速测图卫星也已经进入商业化应用阶段。对统一目标重复观测的时间分辨率迅速提高，目前中等空间分辨率卫星的时间分辨率已经达到1天以内。卫星的光谱分辨率也在加速提高，已经从20世纪70年代的10～50μm到目前的1～5μm，使人类大大拓宽了视野，可以观测可见光之外的物体，而且能够利用地球不同物体的波谱特征，分辨不同的事物，开展科学探索和环境、作物以及其他目标的监测预测。能够穿透云层和植被的微波遥感及其自动测图技术，使人类不受天气的影响，实现全天候对地观测、对地面模型的快速自动化更新和对重大自然灾害的快速监测。提高多源水利信息的获取和处理能力，对于完善水灾害应急管理体系、合理制定并适时启动突发性水灾害的应急响应预案、主动防范风险、维护国家安全和社会稳定、保障人民群众利益，具有重大的战略意义。

在航空遥感方面，我国自主研制了航空遥感实时传输系统，该系统不断改进，可以将具有1m分辨率的合成孔径雷达监测图像实时传输到用户和有关指挥部门。这在我国洪涝灾害监测和应用中能够起到积极的推动作用。

在地面遥感方面，区域天气雷达网系统和遥感相结合的各流域机构的定点洪水预报、定点旱灾灾情预报和定点水质水污染预报统也正在逐步建立、完善和提高。

以卫星遥感技术、航空遥感技术和地面遥感技术等手段为基础开展“基于遥感的天-空-地水旱灾害监测、预警与评估系统”的研究，对水旱灾害进行监测、预警和应急反应，为中央和国家防汛抗旱总指挥办公室有关部门提供持续不断的空间信息服务，为国家的可持续发展提供科学依据，是实现科学发展观和建设和谐社会的基本要求，并且具有重大的现实意义和应用价值。

2.2.2　地球空间信息科学

当前，人类已经进入到了信息时代，知识、信息、信息技术是社会进步和经济发展的主要动力。计算机技术、信息网络技术、3S 技术和空间科学的发展，推动着地理学、测绘学及相关各学科相互综合，形成了地球空间信息科学。

地球空间信息科学（Geo-Spatial Information Science）是 3S 等空间信息技术为主要内容，并以计算机技术和通信技术为主要技术支撑，用于采集、量测、分析、存储、管理、显示、传播和应用与地球和空间分布有关的数据的一门综合和集成的信息科学和技术。

地球空间信息科学是面向 21 世纪信息时代崛起的崭新学科，是自然科学和社会经济、高新技术发展与交叉的必然产物，是面向 21 世纪信息时代的新兴学科，是融合了地理信息系统、全球定位系统、遥感、信息网络等多学科的理论与技术，综合研究地球科学复杂系统的新领域。

地球空间信息科学产生与发展的一个主要因素就是 RS、GIS 和 GPS 技术的发展和相互结合，地球空间信息科学是以 3S 技术为代表，包括通信技术、计算机技术、信息快速处理技术的新兴学科。它是地球科学的一个前沿领域，是地球信息科学的重要组成部分，是数字地球的基础。

随着社会和经济的迅速发展，人类活动引起的全球变化日益成为人们关注的焦点。从最近几个世纪的历史看，人类活动对生态环境的影响主要是向变坏的方向发展。随着世界人口的急剧增加，造成资源的大量消耗、生态环境恶化也成为有目共睹的事实。地球及其环境是一个复杂的巨系统，为了解决上述问题，要求以整体的观点认识地球。随着人类社会步入信息时代，有关地球科学问题的研究需要以信息科学为基础，并以现代信息技术为手段，建立地球信息的科学体系。地球空间信息科学作为地球信息科学的一个重要分支学科，将为地球科学问题的研究提供数学基础、空间信息框架和信息处理的技术方法。地球空间信息广义上指各种空载、星载、车载和地面测地遥感技术所获取的地球系统各圈层物质要素存在的空间分布和时序变化及其相互作用的信息的总体。地球空间信息科学作为信息科学和地球科学的边缘交叉学科，它与区域乃至全球变化研究紧密相连，是现代地球科学解决社会可持续发展问题的一个基础性环节。

地球空间信息科学通过对地球圈层间信息传输过程与物理机制的研究来揭示地球信息机理，它是地球信息科学的重要理论支撑。以对地观测系统、地理信息系统、电子地图与信息高速公路所构成的以地理信息系统为核心的集成化技术体系，由于实现了地球信息的获取、分析与传播，因而形成了地球空间信息科学的重要技术框架。全球变化与区域可持续发展则是地球空间信息科学的重要应用领域。

空间定位技术、航空和航天遥感、地理信息系统和互联网等现代信息技术的发展及其相互间的渗透，逐渐形成了地球空间信息的集成化技术系统。近二三十年来，这些现代空间信息技术的综合应用有了飞速发展，使得人们能够快速及时和连续不断地获得有关地球表层及其环境的大量几何与物理信息，形成地球空间数据流和信息流，从而促成了“地球空间信息科学”的产生。

地球空间信息科学不仅包含现代测绘科学的所有内容，而且体现了多学科的交叉与渗透，并特别强调计算机技术的应用。地球空间信息科学不局限于数据的采集，而是强调对地球空间数据和信息从采集、处理、量测、分析、管理、存储，到显示和发布的全过程。这些特点标志着测绘学科从单一学科走向多学科的交叉；从利用地面测量仪器进行局部地面数据的采集到利用各种星载、机载和舰载传感器实现对地球表面及其环境的几何、物理等数据的采集；从单纯提供静态测量数据和资料到实时/准实时地提供随时空变化的地球空间信息。将空间数据和其他专业数据进行综合分析，其应用已扩展到与空间分布有关的诸多方面，如环境监测与分析、资源调查与开发、灾害监测与评估、现代化农业、城市发展、智能交通等。推动地球空间信息科学发展的动力有两个方面：一方面现代航天、计算机和通信技术的飞速发展为地球空间信息科学的发展提供了强有力的技术支持；另一方面全球变化和社会可持续发展日益成为人们关注的焦点，而作为其主要支撑技术的地球空间信息科学必然成为优先发展的领域。表现为：地球空间信息科学理论框架逐步完善，技术体系初步建立，应用领域进一步扩大，产业部门逐步形成。

2004 年 1 月，在英国《自然》杂志发表一篇题为《Mapping Opportunities》的论文中认为，地球空间信息科学与生物科学和纳米技术三者一起被认为是当今世界上最重要的、发展最快的三个领域。地球空间信息科学是在 20 世纪八九十年代形成的，随着信息技术、通信技术、航天遥感、导航定位技术的发展，地球空间信息学将形成海陆空天一体化的传感器网络并与全球信息网格相集成，从而实现自动化、智能化和实时化地回答何时（When）、何地（Where）、何目标（What Object）发生了何种变化（What Change），并且把这些时空信息（即 4W）随时随地提供给每个人，服务到每件事（4A 服务——Anyone，Anything，Anytime and Anywhere）。

地球空间信息学的未来发展方向是“四化”，即“时空信息获取的天地一体化和全球化”、“时空信息加工与处理的自动化、智能化与实时化”、“时空信息管理和分发的网格化”以及“时空信息服务的大众化”。

空间信息技术在国家科技发展战略中具有十分重要的地位。可以预期，在未来的发展中，国家对信息领域以及相关领域与信息技术的结合方面，特别是地球空间信息科学中遥感对地观测与导航将给予巨大的关注，这些无疑是对我们从事地球空间信息科学研究的工作者来说是前所未有的发展机遇。

2.3 电磁波谱及地物波谱特征

2.3.1 电磁波谱与电磁辐射

遥感就是在不直接接触的情况下，对目标或自然现象远距离感知的一门探测技术。遥感技术是建立在物体电磁波辐射理论基础上的。由于不同物体具有各自的电磁波反射或辐射特性，才可能应用遥感技术探测和研究远距离的物体。理解并掌握地物的电磁波发射、反射、散射特性，电磁波的传输特性，大气层对电磁波传播的影响是正确解释遥感数据的基础。

2.3.1.1 电磁波与电磁波谱

（1）电磁波

一个简单的偶极振子的电路，电流在导线中往复振荡，两端出现正负交替的等量异种电荷，类似电视台的天线，不断向外辐射能量，同时在电路中不断的补充能量，以维持偶极振子的稳定振荡。当电磁振荡进入空间，变化的磁场激发了涡旋电场，变化的电场又激发了涡旋磁场，使电磁振荡在空间传播，这就是电磁波。电磁波是一种物质存在形式。电磁波是一种横波，图 2-2 为电磁波示意图，它还可以用方程组表示：

$$\begin{cases} \dfrac{\mu}{c}\dfrac{\partial H}{\partial t}=-\dfrac{\partial E}{\partial x} \\ \dfrac{\varepsilon}{c}\dfrac{\partial E}{\partial t}=-\dfrac{\partial H}{\partial x} \end{cases}$$

式中，ε——介质的相对介电常数；

μ——相对导磁率；

c——光速。

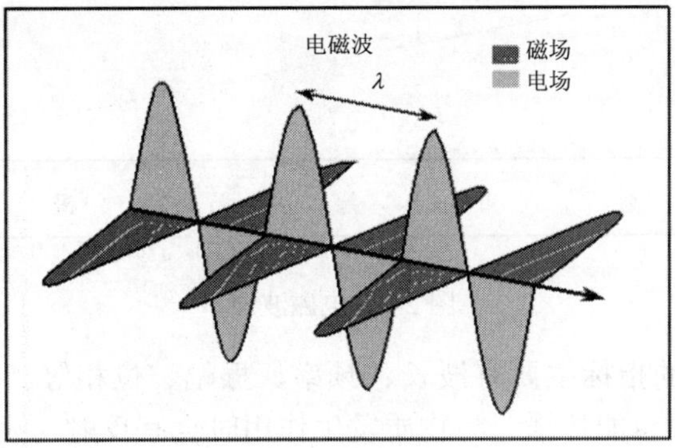

图 2-2　电磁波

（2）电磁辐射

电磁辐射是指能量以电磁波形式由源发射到空间的现象，或解释为能量以电磁波形式在空间传播，人们还称其为“电子烟雾”。1887 年德国物理学家赫兹由两个带电小球的火花放电实验，证实了电磁场在空间的直接传播，验证了电磁辐射的存在。科学研究表明，只要有电，电磁波就无处不在。各种电子设备，包括电脑、电视机、空调机、手机、电视机、微波炉等，在正常工作时都会产生各种不同的波长和频率的电磁波。装载在遥感平台上的遥感器系统，接收来自地表、地球大气物质的电磁辐射，经过成像仪器，形成遥感影像。

（3）电磁波谱

为了对各种电磁波有个全面的了解，人们按照波长或频率的顺序把这些电磁波排列起来，这就是电磁波谱。按照波长从小到大排列，依次是：γ 射线、X 射线、紫外线、可见光、红外线和无线电波（微波、短波、中波、长波和超长波等）。它们的详细情况如图 2-3 所示，目前遥感技术中通常采用的电磁波位于可见光、红外和微波波谱区间，只是整个波谱区间很小的一部分。可见光区间辐射源于原子、分子中的外层电子跃迁。红外辐射则产生于分子的振动和转动能级跃迁。无线电波是由电容、电感组成的振荡回路产生电磁辐射，通过偶极子天线向空间发射。微波由于振荡频率较高，用谐振腔及波导管激励与传输，通过微波天线向空间发射。由于它们的波长或频率不同，不同电磁波又表现出各自的特性和特点。可见光、红外和微波遥感，就是利用不同电磁波的特性。电磁波与地物相互作用特点与过程，是遥感成像机理的主要内容。

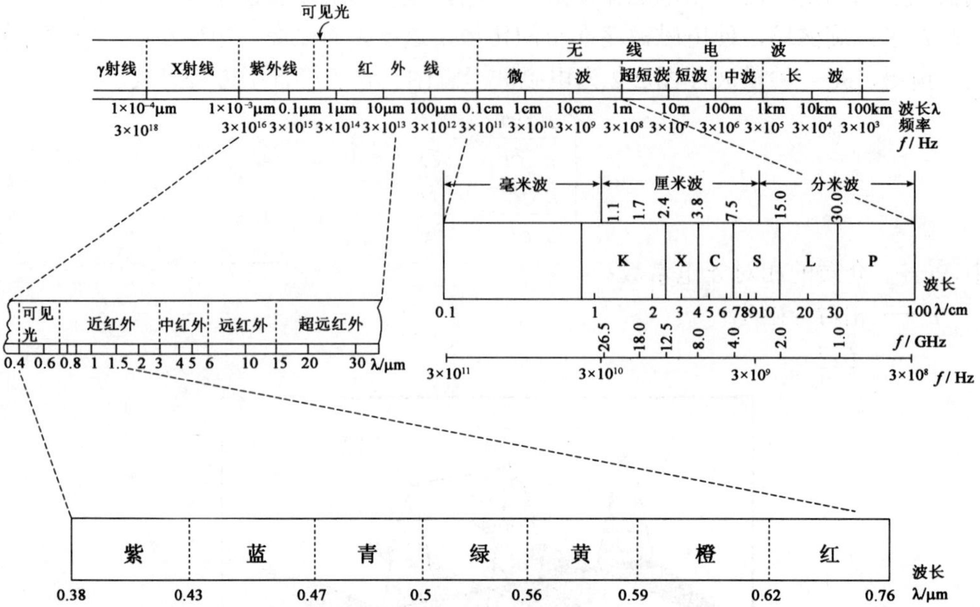

图 2-3　电磁波谱

描述电磁波特性的指标主要有波长、频率、振幅、位相等。电磁波的传播速度为 3×10^8m/s，不需要媒质也能传播。与物质发生作用时会有反射、吸收、透射、散射等，并遵循同一规律。电磁辐射在传播过程中具有波动性和量子性两重特性。

2.3.1.2　关于电磁辐射的物理量

自然界中的一切物体过程都以电磁波的方式向四周放射能量，这种传播能量的方式称为辐射。遥感信息是从遥感器定量记录的地表物体电磁辐射数据中提取的。为了测量从目标地物反射或辐射的电磁波的能量，以伽马射线到电磁波的整个波段范围为对象的物理辐射量的测定，其度量单位如表 2-1 所示。

表 2-1　电磁辐射的物理量

物理量	概　念	公　式	单　位	备　注
辐射量 Q	通过辐射传播的能量		焦耳（J）	
辐射通量 Φ	单位时间内通过任意面积的辐射能量	$\Phi = \mathrm{d}Q/\mathrm{d}t$	瓦特 W（J/s）	Φ 为波长的函数，总辐射通量应该是各谱段辐射通量之和或辐射通量的积分
辐射通量密度 W	单位时间内通过单位面积的辐射能量	$W = \mathrm{d}\Phi/\mathrm{d}S$	W/m^2	
辐射强度 I	点源辐射在单位立体角内发出的辐射通量	$I = \mathrm{d}\Phi/\mathrm{d}\omega$	W/sr	
辐射亮度（辐射度）L	扩展源表面法线方向单位面积、单位立体角的辐射通量	$L=\mathrm{d}\Phi/(\mathrm{d}\omega, \mathrm{d}S)$	W/sr · m^{-2}	一个立方角的含义：用来描述辐射能向空间发射、传输或被某一表面接收时的发射或会聚角度

（1）物体对辐射的反射、吸收与透射

自然界中的任何物体都具有不断辐射、吸收、发射电磁波的本领。

物体所吸收的辐射与投射到该物体表面上的总辐射之比为物体对辐射的吸收率。即 α=吸收光能/入射光能。

物体所反射的辐射与投射到该物体表面上的总辐射之比为物体对辐射的反射率。即 γ=反射光能/入射光能。

透过物体的辐射与投射到该物体表面上的总辐射之比为物体对辐射的透射率。即 d=透过光能/入射光能。

物体的吸收率、反射率和透射率的关系：$\alpha+\gamma+d=1$。

物体的吸收率、反射率和透射率大小随辐射的波长和物体的性质而改变。绝大多数地物对可见光没有透射力，红外只对半导体特征的地物具有一定的透过率，微波有明显的透射率。

（2）黑体辐射

黑体辐射即为热辐射，是物体由于自身温度高于环境温度而产生的向外辐射电磁波的现象。

①绝对黑体

如果一个物体对于任何波长的电磁辐射都全部吸收，即没有反射和透射发生，则该物体是绝对黑体（Blackbody）。显然，绝对黑体的吸收率为 1，反射率＝0，透射率＝0，与温度和波长无关，达到最大的吸收，最大的发射。自然界不存在绝对黑体，黑色的烟煤、恒星、太阳接近绝对黑体，试验中的黑体是人工方法制成的。当电磁波入射到一个不透明的物体上，在物体上只出现对电磁波的反射和吸收现象时，物体的光谱吸收系数和反射系数之和恒等于 1。实际物体的温度不同或入射电磁波的波长不同，都会导致不同的吸收和反射。

②黑体辐射规律

a. 普朗克（Planck）公式

$$M_\lambda = \frac{2\pi hc^2}{\lambda^5} \cdot \frac{1}{e^{ch/\lambda KT}-1} \tag{2-1}$$

式中，M——辐射出射度；

C—— 真空中的光速，3×10^{10}cm/s；

k—— 波尔兹曼常数，1.38×10^{-23}J/K；

h—— 普朗克常数，6.63×10^{-34}Js；

λ—— 波长，单位μm；

T—— 绝对温度，单位 K。

普朗克公式表明，每一温度均有一条能量分布曲线，在指定的温度下，黑体辐射各种波长的能量是不同的。当温度不太高时，辐射能主要集中在波长为 0.8～10μm 的范围内，如图 2-4 所示。

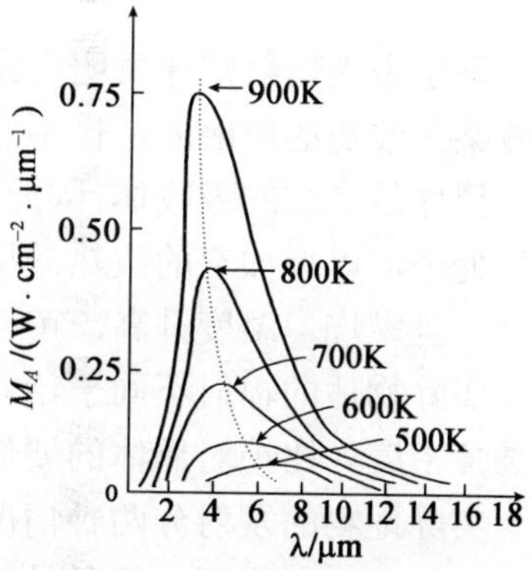

图 2-4　黑体的单色辐射能力随温度及波长变化的分布规律曲线

b. 斯蒂芬-玻尔兹曼定律（Stefan-Boltzmann's Law）

该定律揭示了绝对黑体总辐射出射度随温度变化的定量关系。整个电磁波谱的总辐射出射度 M，可以用某一单位波长间隔的辐射出射度 M_λ 对波长 λ 由 0 到无穷大的整个电磁波段积分，用普朗克公式对波长积分，得到斯蒂芬-玻尔兹曼定律，即绝对黑体的总辐射出射度与黑体温度的四次方成正比，如式 2-2 所示。

$$E_b = \sigma_0 T^4 = C_0(\frac{T}{100})^4 \tag{2-2}$$

式中，σ_0——黑体的辐射常数，其值为 5.67×10^{-8}W/（$m^2 \cdot K^4$）；

C_0——黑体的辐射系数，其值为 5.67×10W/（$m^2 \cdot K^4$）。

c. 维恩位移定律（Wien's Displacement Law）

对普朗克函数求波长曲线极值，可以得到：

$$\lambda_{max} \cdot T = b \tag{2-3}$$

式中，$b=2.898\times10^{-3}$m·K。

维恩位移定律指出，黑体的光谱辐射出射度极值对应的波长与温度 T 成反比的规律。实验发现，当绝对黑体的温度升高时，单色辐射出射度最大值对应的波长向短波方向移动。黑体辐射光谱中最强辐射的波长与黑体绝对温度成反比。如果辐射最大值落在可见光波段，物体的颜色会被看到。随着温度的升高，波长逐渐变短，颜色由红外到红色再逐渐变蓝变紫。蓝火焰比红火焰温度高，就是这个道理。

③实际物体的辐射

对于一般物体而言，需要引入发射率（热辐射率、比辐射率），表明物体的发射本领。

$$\varepsilon(\lambda,T) = M(\lambda,T) / M_b(\lambda,T) \tag{2-4}$$

即，物体的发射率为非黑体的辐射通量密度与同一温度下黑体辐射通量密度比。发射率是一个数字，其值介于 0～1 之间，作为比较某一辐射源接近黑体的程度。不同地物有不同的 ε，同一地物在不同波段的波谱发射率也不同。发射率与物质种类、表面状态、温度等有关，还与波长有关。

基尔霍夫辐射定律（Kirchhoff's Law）：给定温度下，任何地物的辐射通量密度 M 与吸收率 α 之比是常数，即等于同温度下黑体的辐射通量密度。

$$\alpha(\lambda,T) = M(\lambda,T) / M_b(\lambda,T); \quad \alpha = \varepsilon \tag{2-5}$$

基尔霍夫辐射定律表明：发射率等于吸收率。好的吸收体也是好的发射体，如果不吸收某些波长的电磁波，也不发射该波长的电磁波。

黑体是完全的吸收体，因此也是完全的辐射体。散热器件通常都要对其表面进行“发黑”处理，以增加它的散热效果。黑色烟煤在常温下是黑色，说明它发射很弱，反射极少。一旦燃烧，温度升高，可以达到很强的发射，因而十分明亮，性质也越接近黑体。

实际物体的辐射不同于绝对黑体的辐射，在相同温度下，实际物体的辐射出射度（辐射通量密度）比绝对黑体的要低。

实际地物的发射分两种情况：一是选择性辐射体，在各波长处的发射率不同；二是灰体，在一定温度下，其各处的发射率相等。按发射率变化情况，将地物分为以下几个类型：绝对黑体、灰体、选择性辐射体和理想反射体。

2.3.2　太阳辐射及大气对辐射的影响

2.3.2.1　太阳辐射

被动遥感的辐射源主要来自与我们人类最密切相关的两个星球，即太阳和地球。其中太阳是最主要的辐射源。

（1）太阳常数

太阳是太阳系的中心天体，在太阳系空间，布满了从太阳发射的电磁波的全波辐射及粒子流，地球上的能量主要来自太阳。太阳常数指不受大气影响，在距离太阳一个天文单位（日地平均距离，149 597 870×10^3m）的区域内，垂直于太阳辐射方向上单位面积和单位时间黑体所接收到的太阳辐射能量，可以认为是在地球大气顶端接受的太阳能量，$I_{\odot}$=1.360×10^3W/m^2，这可以认为太阳常数是在大气顶端接受的太阳能量。

（2）太阳光谱与太阳辐射

太阳辐射指太阳发出的电磁波辐射，习惯上称为太阳光。太阳辐射在从近紫外到中红外这一波段区间内能量最集中而且相对来说最稳定，太阳强度变化最小。太阳辐射接近于温度为 6 150K 的黑体辐射，太阳的电磁辐射主要集中在波长较短的部分，即从紫外、可见光到近红外区段。太阳最大辐射的对应波长 λ_{max}＝0.47μm。就遥感而言，被动遥感主要利用可见光、红外波段等稳定辐射，而主动遥感则利用微波，使太阳活动对遥感的影响减至最小。太阳光谱能量各波段所占比例不同，太阳能量约 99%集中在 0.2～4μm 间，近紫外、可见光、近红外和中红外部分约占太阳总辐射的 84.62%，可见光部分约占太阳能量的 38%，X 射线、伽马射线、远紫外及微波波段的总能量不到 1%，如图 2-5 所示。

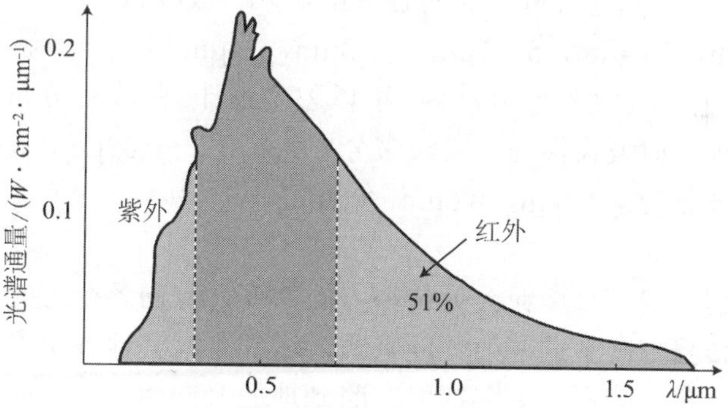

图 2-5　太阳能量分布

2.3.2.2　大气吸收

（1）大气层次与成分

地球被大气圈所包围，大气圈上界无明显界线，离地面越高大气越稀薄，逐步过渡到太阳系空间。一般认为大气厚度约 1 000km，且在垂直方向自下而上可分为对流层、平流层、电离层、外大气层。这些层中对太阳辐射影响最大的是对流层和平流层。

对流层：高度在 7～12km，温度随高度而降低，天气变化频繁，航空遥感主要在该层区域内，遥感侧重研究该层内电磁波的传输特性。

平流层：高度在 12～50km，底部为同温层（航空遥感活动层），同温层以上，温度由于臭氧层对紫外线的强吸收而逐渐升高。

电离层：高度在 50～1 000km，大气中的 O_2、N_2 受紫外线照射而电离，对遥感波段是透明的，是陆地卫星活动空间。

大气外层：1 000km 以外的星际空间，该空间空气极稀薄，对卫星基本上没有影响。

大气的主要成分有氮、氧、氩、二氧化碳、氦、甲烷、氧化氮、氢（这些气体成分在 80km 以下相对比例保持不变，称为不变成分）、臭氧、水蒸气、液态和固态水（雨、雾、雪、冰等）、盐粒、尘烟（这些气体的含量随着高度、温度、位置而变，称为可变成分）等。

太阳辐射通过地球大气照射到地面，经过地面物体反射又返回，再经过大气到达航空或航天遥感平台，被安装在平台上的传感器接收。这时传感器探测到的地表辐射强度与太阳辐射到达地球大气上空时的辐射强度相比，已有了很大的变化，这种变化主要受到大气主要成分影响。大气主要成分可分为二类：气体分子和其他微粒。分子中氮和氧占 99%，臭氧、二氧化碳、水分子及其他（NO_2，CH_4，NH_3 等）约占 1%；颗粒主要有烟、尘埃、雾、小水滴和气溶胶。气溶胶是一种固体、液体的悬浮物，有一个固体的核心，如尘埃、花粉、微生物、海上的盐粒等，在核心以外包有一层液体，直径为 0.01～30μm，多分布在高度 5km 以下。它们对电磁辐射具有折射、反射、吸收、散射作用。

（2）大气对辐射的吸收作用

太阳辐射穿过大气层时，大气分子对电磁波的某些波段有吸收作用，吸收作用使辐射能量变成分子的内能，引起这些波段的太阳辐射强度衰减；严重影响传感器对电磁辐射的探测，导致太阳辐射强度衰减；吸收作用越强的波段，辐射强度衰减越大，甚至某些波段的电磁波完全不能通过大气，形成了电磁波的某些吸收带。主要吸收带介绍如下。

水：吸收太阳辐射能量最强的介质。到处都是吸收带。主要的吸收带处在红外和可见光的红光部分。因此，水对红外遥感有极大的影响。吸收带分布为：0.94μm，1.38μm，1.86μm，2.5～3.0μm，3.24μm，5～7μm，7.13μm，24μm 以上（微波）；

二氧化碳：吸收作用主要在红外区内。可以忽略不计。吸收带分布为：2.8μm，4.3μm；

臭氧：数量极少，但吸收很强。吸收带分布为：0.2～0.32μm，0.6μm，9.6μm；

氧气：吸收带分布为：0.2μm，0.6μm，0.76μm。

2.3.2.3　大气散射

辐射在传播过程中遇到小微粒会使传播方向改变，并向各个方向散开，称为散射。散射的作用使在原传播方向上的辐射强度减弱，增加了向其他各个方向的辐射，尽管强度不大，从遥感数据角度分析，太阳辐射在照到地面又向回反射到航空或航天传感器的过程中，二次通过大气。在照射地面时，由于散射增加了漫入射的成分，使反射的辐射成分有所改变；返回到传感器的时候，除反射光外还增加了散射光进入传感器。通过二次散射影响，增加了信号中的噪声成分，造成遥感图像的质量下降。散射现象的实质是电磁波传输中遇到大气微粒产生的一种衍射现象。因此，这种现象只有当大气中的分子或其他微粒的直径小于或相当于辐射波长时发生。大气散射集中在太阳辐射能量最强的可见光区。因此，散射是太阳辐射衰减的主要原因。散射的方式随电磁波波长与大气分子直径、气溶胶微粒大小之间的相对关系而变，主要有以下 3 种情况。

（1）瑞利散射（Rayleigh-scattering）

当大气中粒子的直径小于波长 1/10 或更小时发生的散射，由大气中原子、分子，如氮、二氧化碳、臭氧和氧分子等引起。特点是散射强度与波长的四次方成反比，如图 2-6 所示。瑞利散射对紫外、紫、蓝光散射量很大，而对红光、红外散射量极小。这是晴朗无污染天气天空呈蓝色的原因，也是清洁水发蓝的原因。

（2）米氏散射（Mie-scattering）

当大气中粒子的直径大于波长 1/10 到与辐射的波长相当时发生的散射，由烟、尘埃、小水滴及气溶胶等引起。米氏散射的散射强度与波长的二次方成反比，且散射光的向前方向比向后方向的散射强度更强，方向性较明显。云、雾的粒子大小与红外线（0.76～15μm）的波长接近，所以云雾对红外线的散射主要是米氏散射。因此，潮湿天气米氏散射影响较大。

（3）无选择性散射（Non-selective scattering）

当大气中粒子的直径大于波长时发生的散射，如图 2-7 所示。人们看到云和雾是白色的，就是非选择性散射的结果。这种散射的特点是散射强度与波长无关，任何波长的散射强度相同，因此称为无选择性散射。

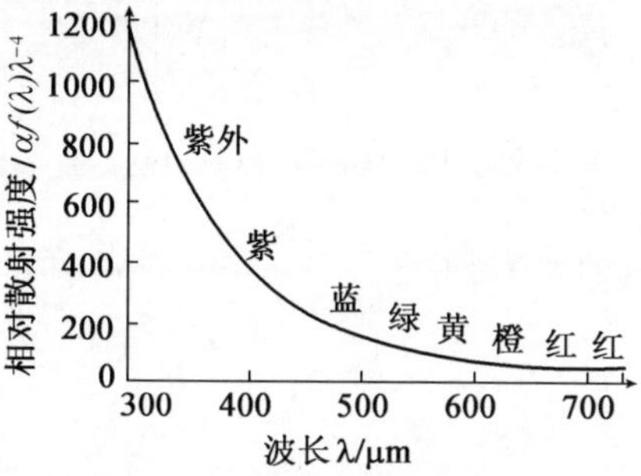

图 2-6　瑞利散射与波长的关系

图 2-7　无选择性散射

由以上分析可知，散射造成太阳辐射的衰减，但是散射强度遵循的规律与波长密切相关。而太阳的电磁波辐射几乎包括电磁辐射的各个波段。因此，在大气状况相同时，同时会出现各种类型的散射。对于大气分子、原子引起的瑞利散射主要发生在可见光和近红外波段。波长超过 1μm 后，瑞利散射的影响则大大减弱。对于大气微粒引起的米氏散射从近紫外到红外波段都有影响，当波长进入红外波段后，米氏散射的影响超过瑞利散射。对于大气中的云层，小雨滴的直径相比大气中的其他微粒最大，对于可见光而言只有无选择性散射发生，云层越厚，对可见光的无选择散射越强；而对微波而言，微波波长比粒子的直径大很多，则属于瑞利散射的类型，散射强度与波长四次方成反比，波长越长，散射强度越小，所以在这一条件下，微波可能有最小散射，最大透射，而被称为具有穿云透雾的能力。

2.3.2.4　大气吸收作用

大气吸收电磁辐射的主要物质是水、二氧化碳和臭氧。水汽吸收电磁波辐射的波段范围比较宽，从可见光、红外直至微波波段，都有水汽的吸收波带。液态水的吸收更强烈，主要在长波波段。二氧化碳吸收主要集中在红外区，1.35～2.85μm 为弱吸收带，2.7μm、4.3μm 和 14.5μm 为强吸收带。臭氧主要吸收紫外线波段。15μm 以下的红外、可见光和紫外区的吸收程度如图 2-8 所示。

2.3.2.5　大气窗口及透射分析

（1）大气折射

电磁波穿过大气层时会发生折射现象。大气的折射率与大气密度直接相关，大气密度越大，折射率越大。空气越稀薄、折射也越小。正因为电磁波传播过程中折射率的变化，使电磁波在大气中传播的轨迹是一条曲线，到达地面后，地面接收的电磁波方向与实际上太阳辐射的方向相比偏离了一个角度，称为折射值 R，$R=\theta-\theta'$。当太阳垂直入射时，天顶距为 0，折射值 R 为零；随太阳天顶距加大，折射值增加；天顶距为 45°时，折射值 $R=1'$；天顶距为 90°时，折射值 $R=35'$。这时折射值达到最大。这也是早晨看到的太阳圆面比中午时看到的太阳圆面大的原因。因为当太阳在地平线上时，折射角度最大，甚至它还没出地平，由于折射，地面上已可以见到它了（如图 2-9 所示）。

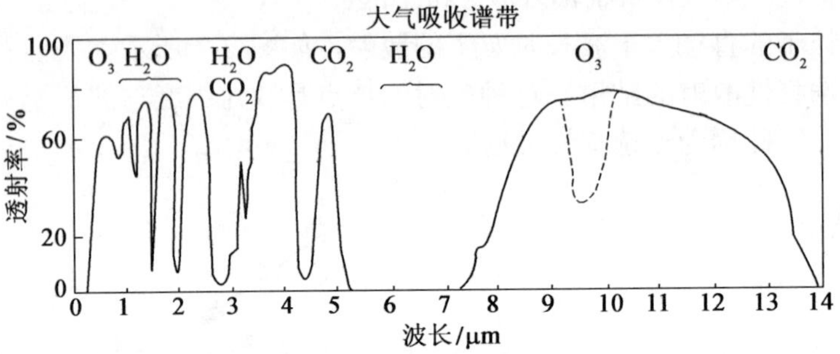

图 2-8　波长小于 15μm 的大气透射率

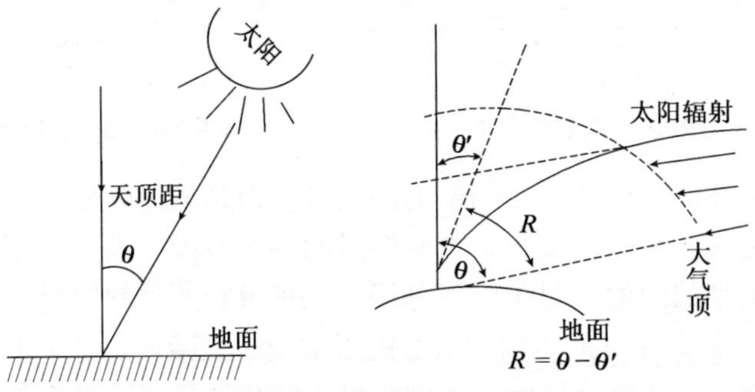

图 2-9　大气折射示意图

（2）大气反射

电磁波传播过程中通过两种介质的交界面上时，还会出现反射现象。而通过大气时，气体、尘埃反射作用很小，反射现象主要发生在云层顶部，取决于云量和云雾，而且各个波段均受到不同程度的影响，严重地削弱了电磁波强度。因此，如果不是专门研究云层，尽量选择无云的天气接收遥感信号，则不用考虑大气的反射。

（3）大气窗口

由于大气层的反射、散射和吸收作用，使得太阳辐射的各波段受到衰减的作用轻重不同，因而各波段的透射率也各不相同。有些大气中电磁波透过率很小，甚至完全无法透过电磁波，称为“大气屏蔽”；反之，有些波段的电磁波受到大气衰减作用较轻、透射率较高，这些波段叫“大气窗口”。对遥感传感器而言，研究和选择有利的大气窗口、最大限度地接收有用信息是重要研究课题之一。

目前所知，可用做遥感的主要的大气窗口光谱段有：

0.3～1.3μm，即紫外、可见光、近红外波段。这一波段是摄影成像的最佳波段，也是许多卫星传感器扫描成像的常用波段。比如，Landsat 卫星的 TM 的 1～4 波段，SPOT 卫星的 HRV 波段等。

1.5～1.8μm，2.0～3.5μm，即近、短波、中红外波段，在白天日照条件好的时候扫描成像常用这些波段，比如 TM 的 5、7 波段等用以探测植物含水量以及云、雪或用于地质制图等。

3.5～5.5μm，即中红外波段，物体的热辐射较强。这一区间除了地面物体反射光谱反射太阳辐射外，地面物体也有自身的发射能量。如 NOAA 卫星的 AVHRR 传感器用 3.55～3.93μm 探测海面温度，获得昼夜云图。

8～14μm，即远红外波段。主要来自物体热辐射的能量，适于夜间成像，测量探测目标的地物温度。

0.8～2.5cm 至更长，即微波波段，由于微波穿云透雾的能力，这一区间可以全天候工作。而且工作方式为主动遥感。其常用的波段为 0.8cm，3cm，5cm，10cm 等，有时也可将该窗口扩展为 0.05～300cm 波段。

（4）透射现象

太阳的电磁辐射经过大气时，被云层或其他粒子反射回去的部分比例最大，就可见光和近红外而言，约占 30%，其次为散射的作用，约占 22%，占第三位是吸收，约占 17%，这样，透过大气到达地面的能量仅占入射总能量的 31%。这仅仅是一般地对透过率（透过大气的辐照度与入射大气前的辐照度之比）的粗略估计。实际上，除气象卫星必须探测云层外，大多数遥感被动传感器都选择无云天气情况下的数据资料使用。这时大气对太阳辐射的衰减就只计算散射和吸收二种作用产生地影响了。

2.4　辐射传感技术

2.4.1　遥感平台与传感器

2.4.1.1　遥感平台

遥感平台指放置遥感传感器的运载工具，是遥感中“遥”字的体现者。按高度不同，遥感平台可分为地面平台、航空平台、航天平台 3 种。

（1）地面平台包括三脚架、遥感塔、遥感车（船）、建筑物的顶部、滑翔机、无线遥控飞机、系留气球等，主要用于在近距离测量地物波谱和摄取供试验研究用的地物细节影像。

（2）航空平台指遥感器搭载的遥感平台为航空器。它包括距离地面高度小于 1 000m 的航空摄影测量，2 000～20 000m 中空飞机遥感、20 000m 以上的高空飞机遥感。

（3）航天平台，其遥感器搭载的遥感平台为航天器。其中，航天飞机和天空实验室轨道高度在 240～350km，军事侦察卫星在 150～300km，陆地卫星或地球观测卫星轨道高度在 700～900km，其获取的地面图像的地面分辨率为 0. 5～80m 不等，地球静止卫星的轨道高度在 36 000km 左右，其获取的卫星影像的地面分辨率较低。

在不同高度的遥感平台上，可以获得不同面积、不同分辨率的遥感图像数据，一般说来，近地遥感地面分辨率高，但观测范围小；航空遥感地面分辨率中等，其观测范围较广；航天遥感地面分辨率低，但覆盖范围广。选择遥感平台的主要依据是遥感图像空间分辨率。在遥感应用中，这三类平台可以互为补充、相互配合使用。

2.4.1.2 传感器的一般组成与特征

传感器（Sensor）是获取遥感数据的关键设备，由于设计和获取数据的特点不同，传感器的种类也就繁多，就其基本结构原理来说，目前使用的传感器大体可分为如下 4 类。

（1）摄影类型的传感器。

（2）扫描成像类型的传感器。

（3）雷达成像型的传感器。

（4）非图像型的传感器。

无论哪种类型的传感器，它们都由采集单元、分光单元、探测与信号转化单元、记录或通信单元几个基本部分组成，如图 2-10 所示。

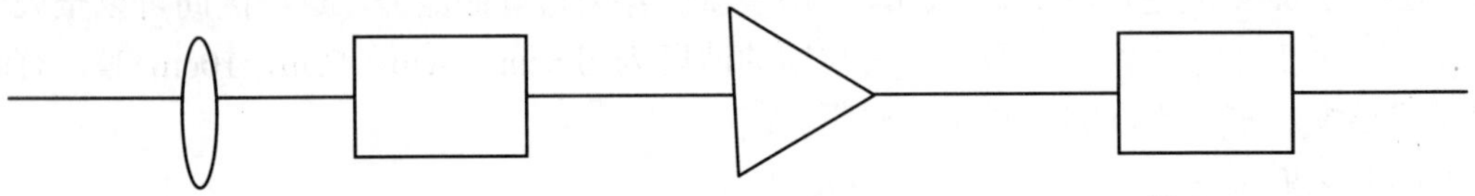

图 2-10 传感器的一般结构

①收集器：负责收集地面目标辐射的电磁波能量。具体元件多样，如透镜、反射镜、天线等。

②探测器：将收集到的电磁辐射能转变为化学能或电能。如热敏探测元件、光电管、感光胶片等。

③处理器：对转换后的信号进行各种处理，如信号放大、变换、校正、编码、显影、定影。

④输出器：输出信息的装置。如磁带记录仪、阴极射线管等。

遥感常用的传感器有：航空摄影机（航摄仪）、全景摄影机、多光谱摄影机、多光谱扫描仪（Multi Spectral Scanner，MSS）、专题制图仪（Thematic Mapper，TM）、反束光导摄像管（RBV）、HRV（High Resolution Visible range instruments）扫描仪、合成孔径侧视雷达（Side-Looking Airborne Radar，SLAR）。

遥感器特性决定着遥感构像的特征。遥感器收集与记录地球表面观测目标的反射、辐射能量，遥感器的以下特性影响着遥感构像。

（1）遥感器探测阵列单元的尺寸决定了遥感构像的空间分辨率。在使用扫描仪探测地面目标时，载着地物分布信息和属性信息的电磁波，通过大气层进入遥感器，遥感器内部的探测单元阵列对地物分布进行成像。此时的图像空间分辨率是指遥感器中探测阵列能把两个目标作为两个清晰的实体记录下来的两目标间的最小距离，它可以采用图像视觉清晰度来衡量。

（2）遥感器探测元件的辐射灵敏度和有效量化级决定了遥感构像的辐射分辨率。辐射分辨率是指遥感器探测元件在接收电磁辐射信号时能分辨的最小辐射度差。探测分光后的电磁波并把它转换成电信号的元件称为探测元件，其作用是光电变换并在实现这种变换的过程中完成信息的传递。

（3）在遥感器设计中，波谱分辨率设计必然要考虑的因素是：①使用多少波谱波段；②如何确定所用波段在总光谱范围中的位置；③如何确定所用的各个波段的波谱带宽度。

上述三个问题，都与遥感器设计目的和制造遥感器的工艺技术水平有关。遥感器设计目的和制造遥感器的工艺技术水平（分光及滤光系统能力、探测器阵列和不同波段间配准）决定了遥感构像的波谱分辨率。波谱分辨率是指遥感器在接收目标辐射的波谱时能分辨的最小波长间隔。间隔愈小，波谱分辨率愈高，反之则低。随着制造遥感器的工艺技术水平的进步，遥感器使用的波谱波段正在迅速增加。成像光谱仪在可见光-红外波段范围内，被分割成几百个窄波段，具有很高的光谱分辨率，从其近乎连续的光谱曲线上，可以分辨出不同物体光谱特征的微小差异，有利于识别更多的目标。对于高光谱遥感来说，不同波段之间的相关系数将随着波长间隔距离的增加而单调地减少。确定一个波段在总光谱范围中的位置，需要考虑使用该波段对地观测的特点，根据地物反射或辐射特性来选择最佳位置。如探测地物自身热辐射，应在 8～12μm 波长范围选择最佳位置，而探测森林火灾等则应在 3～5μm 波长范围选择最佳位置，才能取得好效果。此外，确定一个波段位置，还要考虑波段与波段之间的平衡分布，作为一个通用遥感器，还需要考虑与已有遥感器兼容。

2.4.2　微波遥感与成像

在电磁波谱中，波长在 1mm 到 1m 的波段范围称为微波。微波具有穿云透雾的能力，不受天气变化的影响，可以全天候工作，微波对地表面的穿透能力也较强，例如，对于冰雪、土壤、混凝土、岩石和植物都有不同程度的穿透，最深可有 20～30 个波长。由于穿透深，就可以获得地面下的信息。微波遥感是研究微波与地物相互作用机理以及利用微波遥感器获取来自目标地物发射或反射的微波辐射，并进行处理分析与应用的技术。微波遥感分为主动微波遥感与被动微波遥感。微波成像系统主要以成像雷达为代表，它属于主动微波遥感。

2.4.2.1　非成像传感器

非成像传感器一般都属于主动遥感系统，通过发射雷达信号，再接收回波信号测定参数。这种传感器不以成像为目的，代表性的有微波散射计和雷达高度计。散射计用于测量地物的散射或反射特性；雷达高度计用于测量目标物与遥感平台间的距离，从而准确得知地表高度变化、海浪的高度等参数，根据发射波和接收波间的时间差，测出距离。

2.4.2.2　成像传感器

获取在地面扫描所得到的带有地物信息的电磁波信号并形成图像，主要有微波辐射计、真实孔径雷达、合成孔径雷达等多种。

（1）微波辐射计：微波辐射计主要用于探测地面各点的亮度温度并生成亮度温度图像。由于地面物体都具有发射微波的能力，其发射强度与自身的亮度温度有关。通过扫描接收这些信号并换算成对应的亮度温度图，对地面物体状况的探测很有意义。

（2）真实孔径侧视雷达（Real Aperture Radar，RAR）：孔径（aperture）的原意是光学相机中打开快门的直径。在成像雷达中沿用这个术语，含义变成了雷达天线的尺寸。真实孔径侧视雷达的天线装在飞机的侧面，发射机向侧向面内发射一束窄脉冲，地物反射的微波脉冲，由天线收集后被接收机接收。由于地面各点到飞机的距离不同，接收机接收到许多信号，以它们到飞机距离的远近，先后依次记录。信号的强度与辐照带内各种地物的特征、形状和坡向等有关。回波信号经电子处理器的处理，在阴极射线管上形成一条相应于辐照带内各种地物反射特征的图像线，记录在胶片上。飞机向前飞行时，对一条一条辐照带连续扫描，在阴极射线管处的胶片与飞机速度同步转动，就得到沿飞机航线侧面的由回波信号强弱表示的条带图像，如图 2-11 所示。

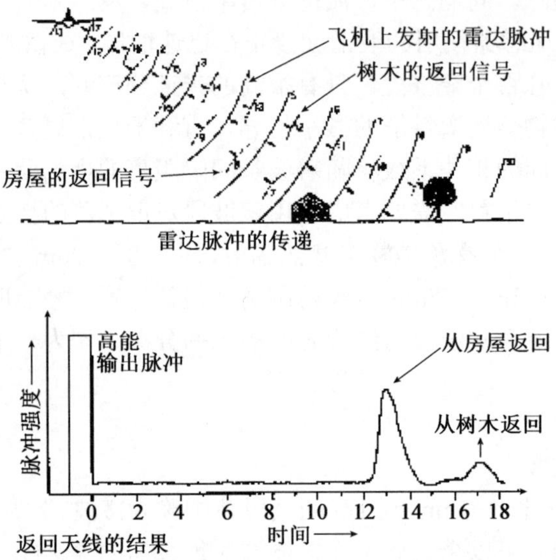

(a)

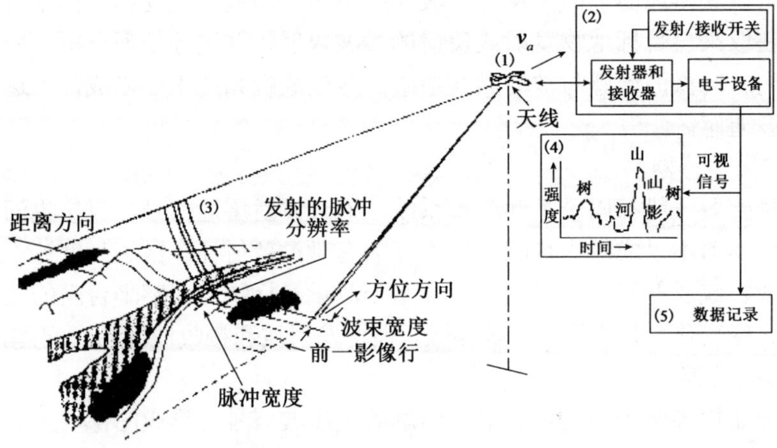

(b)

图 2-11　真实孔径雷达工作原理

（3）合成孔径雷达（Synthetic Aperture Radar，SAR）：合成孔径雷达就是利用雷达与目标的相对运动把尺寸较小的真实天线孔径用数据处理的方法合成一个较大的等效天线孔径的雷达。合成孔径雷达是对真实孔径侧视雷达（RAR）的技术创新的产物。利用合成孔径替代真实孔径，提高雷达的方位向分辨率。合成孔径的设计思想就是通过一定的信号处理方法，使得合成孔径雷达的等效孔径长度相当于一个很长的真实孔径雷达的天线。由于合成孔径等于目标处于同波束内雷达所行进的距离，因此它是一个虚拟的天线长度，合成孔径雷达提高了方位分辨率。通过合成孔径技术可以提高方位分辨率，但无法解决距离分辨率提高的问题。距离分辨率是根据区分相邻两点之间的回波延时和多普勒频移来实现的。于是 RAR 和 SAR 利用线性调频技术，解决时带的矛盾，进而提高距离分辨率。

目前，卫星和航空提供的 SAR 雷达图像已经进入商业运营。用户可根据应用要求和地形条件选择合适的角度和覆盖范围来获取卫星和航空 SAR 雷达图像。卫星不同成像模式为用户提供分辨率从 2.5m 到 50m 的 SAR 雷达图像数据，航空不同成像模式为用户提供分辨率从 0.5m 到 10m 的 SAR 雷达图像数据。

（4）干涉合成孔径雷达 INSAR。INSAR 就是利用 SAR 在平行轨道上对同一地区获取两幅（或两幅以上）的单视复数影像来形成干涉，进而得到该地区的三维地表信息。该方法充分利用了雷达回波信号所携带的相位信息，其原理是通过两幅天线同时观测或两次平行的观测，获得同一区域的重复观测数据，综合起来形成干涉，得到相应的相位差，结合观测平台的轨道参数等提取高程信息，可以获得高精度、高分辨率的地面高程信息，而且利用差分干涉技术可以精密测定地表沉降。对单轨双天线横向模式，基线 B 的方向是与飞机方向正交的，这种模式的时间基线为零，排除了不同时间所成像对地表变化的影响，影像间的配准也相对容易解决。但是空间基线 B 的选择余地很小，受到飞行平台的几何尺寸限制。该模式目前主要用于机载平台的干涉实验中。对双天线单轨纵向模式，天线顺着平台飞行方向安装，前后两副天线间的基线通常为 2～20m，这种模式可以用来精确测定地物的运动，如运动物体的变化检测，海洋洋流的速度场等。对重复轨道单天线模式，即用相邻轨道上的两次对同一地区获取的影像来形成干涉。为了克服时间基线的影响，采用功能双星串联飞行模式，可以获得间隔为一天左右的像对。INSAR 作为一种全新的地球观测方法，是近年来十分活跃的研究领域，一般理论已经趋于成熟，在很多领域都有应用。

2.4.3　遥感图像的技术指标

分辨率是表征遥感图像最具实用意义的技术指标，包括多种分辨率。

2.4.3.1　空间分辨率

空间分辨率指遥感图像上能够详细区分的最小单元的尺寸，是用来表征图像分辨地面目标细节能力的指标。通常用像元大小、像解率或视场角来表示。

像元（pixel）：将地面信息单元离散化而形成的格网单元，单位为 m，是组成图像的基本单元。像元越小，空间分辨率越高。

像解率：用单位距离内能分辨的线宽或间隔相等的平行细线的条数来表示，如线/毫米或线对/毫米。

瞬时视场角（instantaneous field of view，IFOV）：指传感器的张角及瞬时视域，又称角分辨率。

空间分辨率受传感器收集系统的分辨率、探测元件的分辨率和灵敏度等多种因素的制约，将地面分辨率对传感器的张角称为传感器的角分辨率，用 β 表示，β 与波长 λ 和

收集器的孔径 D 有关，即：$2\beta=\lambda/D$。当收集器的孔径一定时，可见光与微波的波长相差4～5个数量级，因此，相应地面分辨率也相差很大。总的来说，可见光传感器地面分辨率最高，热红外次之，微波波段最低。但是，在相同波长和孔径条件下，遥感平台的高度越高，地面分辨率越低。分辨率（像元大小）=平台高度×角分辨率（弧度），$D=H\times IFOV$。实现高空间分辨率通常伴随着牺牲航带的地面覆盖宽度为代价。空间分辨率对图像的影响如图 2-12 所示。分辨率的选择要考虑研究对象和研究内容，不能盲目追求高分辨率。在研究大范围、宏观变化时，不宜使用高分辨率图像，例如在进行气象分析时就是如此。

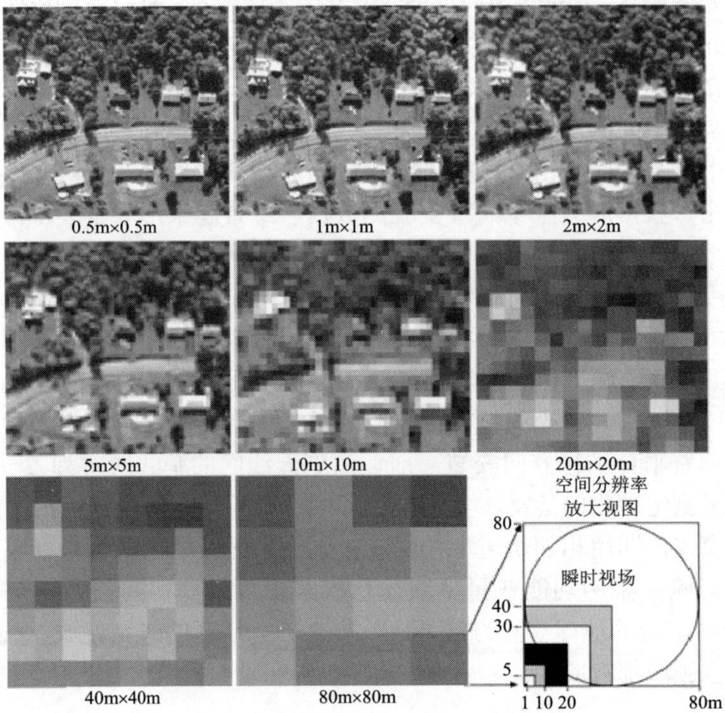

图 2-12　空间分辨率对图像的影响

2.4.3.2　光谱分辨率

光谱分辨率指传感器在接收辐射的波谱时能分辨的最小波长间隔，也就即每个波段的探测器件所能探测到的光谱的宽度，宽度越窄，分辨率越高。光谱分辨率也叫波谱分辨率。

遥感中各种传感器只能获取与其指定波谱范围相应地物反射、辐射的光谱能量，不在遥感器指定波谱范围的同一地物的反射、辐射的电磁波能量是不能被这种遥感器所获得的。在常见的遥感器中，SPOT 是可见光遥感器；Landsat TM 是可见光红外遥感器；成像光谱仪是可见光红外遥感器；雷达是微波遥感器；等等。电磁波谱是连续的，或者说是波长的连续曲线，能获得地面目标反射、辐射电磁波连续数据的遥感器不太现实，即使有，数据量也太大，再者还受到大气窗口的限制，所以一般以采样的方式设计遥感器，采样的间隔就是所谓的光谱分辨率。如 MSS 把 0.5～1.1μm 采样成 0.5～0.6μm，0.6～0.7μm，0.7～0.8μm，0.8～1.1μm 波段，第一波段为 0.5～0.6μm，意即 100nm 范围内地物反射、辐射的电磁波的变化被当做均值记录在 MSS 中。一般来说，传感器的波段数越多，波段宽度越窄，即波谱分辨率越高，识别地物的能力就越强。成像光谱仪的光谱分辨率越高，能得到地物近乎连续的光谱曲线，可以分辨出不同地物光谱特征的微小变化，有利于识别更多的目标，甚至有些矿物成分也可被分辨出来。

2.4.3.3　辐射分辨率

辐射分辨率指传感器接收光谱信号时，能分辨的最小辐射差。在遥感图像上表现为每一像元的辐射量化级（D），如 6bit，7bit，8bit，11bit 等。一个 6bit 的传感器（MSS）可以记录 26 级（0～63）的亮度值，一个 8bit 的传感器（TM）可以记录 28 级（0～255）的亮度值，一个 12bit 的传感器可以记录 212 级（0～4095）的亮度值。

2.4.3.4　时间分辨率

时间分辨率指对同一目标进行重复探测时，相邻两次探测的时间间隔（重访周期）。它能提供地物动态变化的信息，可用来对地物的变化进行监测，也可以为某些专题的精确分类提供附加信息。一般来说，相同的空间分辨率情况下，卫星的轨道高度越低，速度越快，时间分辨率越高，寿命越短。如 Landsat：16 天；太阳同步气象卫星：0.5 天。时间分辨率对于认识动态变化很大的自然现象过程非常重要，例如对大面积洪涝灾害的监测，如果获取图像周期过长，则失去了时效性。

2.4.3.5　温度分辨率

温度分辨率指热红外传感器分辨地表热辐射（温度）最小差异的能力。它与探测器的响应率和传感器系统内的噪声有直接关系，一般为等效噪声温度的 2～6 倍。为了获得较好的温度鉴别力，红外系统的噪声等效温度限制在 0.1～0.5K 之间，而使系统的温度分辨率达到 0.2～3.0K。目前，TM_6 图像的温度分辨率可达到 0.5K。

2.5　遥感图像处理

2.5.1　遥感的光学基础

遥感技术的最终目的是获取地物的信息。但是原始的遥感图像并不能提供实现这个目的所需的准确而完备的条件，所以，为了实现这个目的，需要对原始遥感影像进行图像处理，消除成像过程中的各种误差，改善图像质量。

遥感图像处理包括以下几个阶段：图像的校正（预处理），图像的变换，图像的增强，图像的分类。所采用的手段有光学图像处理和数字图像处理两种方法。

2.5.1.1　颜色视觉

电磁波谱中波长从 0.38～0.76μm 的波段称作可见光谱，之所以称为可见光谱，是因为这一区间的电磁辐射能够引起人的视觉。如 0.7μm 为红色，0.58μm 为黄色，0.51μm 为绿色，0.47μm 为蓝色等，这一部分加上紫外和红外部分来自于原子与分子的发光辐射，称为光学辐射，但一般情况下，紫外线产生疼痛感，红外线产生灼热感，都不会使人的视觉产生如颜色、形状等的视觉印象。严格地说，只有能够被眼睛感觉到的、并产生视觉现象的辐射才是可见辐射或可见光，简称光。

（1）亮度对比和颜色对比

亮度对比：视场中对象与背景的亮度差与背景亮度之比，即 $C=(L_{对象}-L_{背景})/L_{背景}$。选择适宜的对象及背景的亮度，可以提高对比，从而提高视觉效果。同样的观察图像，当背景较亮时，感觉不太亮。当背景很暗时，会感觉亮度提高了，这就是亮度对比的效果。在遥感图像的处理中，亮度对比主要用于单色黑白影像。但实际操作时，很难说明哪个是背景，哪个是对像。这时亮度对比就变成两个或多个对像之间的对比，即亮度对比 $C=\Delta L_{对像}/L_{对像}$。

颜色对比：在视场中，相邻区域的不同颜色相互影响。受视觉影响很大（所有颜色都是对某段波长有选择地反射而对其他波长吸收的结果）；两种颜色互相影响的结果，使每种颜色向其影响色的补色变化。两种颜色的边界，对比现象更加明显。在色度学中，当两种颜色混合产生白色或灰色时，这两种颜色称为互补色。绿是品红的补色，蓝是黄的补色。在可见光谱段中颜色从紫端往红端过渡变化。一般来说，只要波长改变了 0.001～0.002μm，人眼就能观察出差别，不同波长人眼的区别能力也不同，人眼能分辨 100 多种不同颜色，彩色图像能表现更丰富的信息量。

（2）颜色的性质

颜色描述对遥感图像很重要，颜色变换是遥感图像处理的重要方法。所有颜色都是对某段波长有选择地反射而对其他波长吸收的结果，颜色的技术指标包括明度（Lightness，强度，Intensity）、色调（Hue）、饱和度（Saturation）。

明度：是人眼对光源或物体明亮程度的感觉。与电磁波辐射的概念不同，明度受人的视觉感受性和经验影响。物体反射率越高，明度就越高，白比灰、黄比红明度高。光源的亮度越大，明度越高；黑白图像用灰度、灰阶描述。

色调：色彩彼此间相互区分的特性。可见光波段的不同波长刺激人眼产生了不同色彩（红—紫）的感觉。从红到紫是可见光谱上存在的颜色，每种颜色对应一个波长值，称为光谱色。有时刺激人眼的光波不是单一波长，而是一些波长的组合，也可构成一些颜色，但它们找不到对应的波长值，这就不能称为光谱色。

饱和度：彩色纯洁的程度，即光谱中波长段是否窄，频率是否单一的表示。对于光源，发出的若是单色光就是最饱和的彩色，如激光。对于物体颜色，如果物体对光谱反射性有很高的选择性，只反射很窄的波段则饱和度高。如果光源或物体反射光在某种波长中混有许多其他波长的光或混有白光则饱和度变低。

注意，黑白色只用明度描述，不用色调、饱和度描述。

（3）颜色立体

图 2-13 所示为颜色立体图，它形象地描述颜色特性之间的关系，表现一种理想化的示意关系。中间垂直轴代表明度，从底端到顶端，由黑到灰再到白明度逐渐递增。中间水平面的圆周代表色调，顺时针方向由红、黄、绿、蓝到紫逐步过渡。圆周上的半径大小代表饱和度，半径最大时饱和度最大，沿半径向圆心移动时饱和度逐渐降低，到了中心便成了中灰色。如果离开水平圆周向上下白或黑的方向移动也说明饱和度降低。这种理想化的模型可以直观表现颜色三个特性的关系，但与实际情况仍有不小差别。例如，黄色明度偏白，蓝色明度偏黑，它们的最大饱和度并不在中间圆面上。

目前国际上广泛采用的颜色系统是孟塞尔颜色（Munsell）系统。孟塞尔颜色系统是一个用颜色立体模型表示颜色的方法。它是一个三维类似球体的空间模型，把物体各种表面色的三种基本属性色相、明度、饱和度全部表示出来。以颜色的视觉特性来制定颜色分类和标定系统，以按目视色彩感觉等间隔的方式，把各种表面色的特征表示出来。如图 2-14 所示，中央轴代表无彩色黑白系列中性色的明度等级，黑色在底部，白色在顶部，称为孟塞尔明度值。它将理想白色定为 10，将理想黑色定为 0。孟塞尔明度值由 0～10，共分为 11 个在视觉上等距离的等级。不同的明度、色调和饱和度构成了颜色的不同彩色。任何颜色在孟塞尔系统中都可以用三个坐标值：色调、明度和彩度（饱和度）表示，每一组坐标又可制成标准颜色样品以供有关参考对比。孟赛尔颜色立体比起理想的颜色立体更接近实际情况，虽然不是完善的，但对颜色性质的理解已更深入一步。

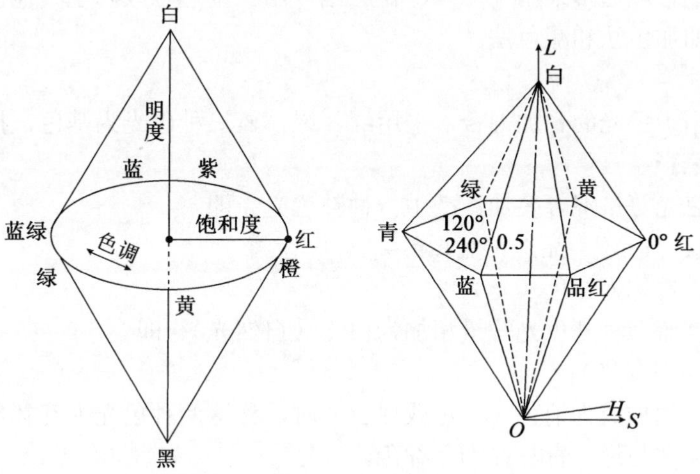

（a）理想颜色立体　　　　　（b）HLS 彩色模式

图 2-13　颜色立体图

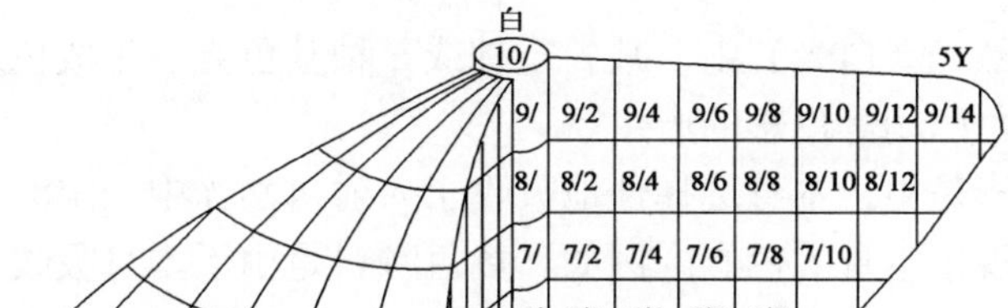

图 2-14　孟塞尔颜色（Munsell）系统

2.5.1.2　加色法与减色法

对于人眼来说，单一波长的光对应着单一的一种色彩。然而，眼睛在感觉判别色彩时亦有局限性。若把波长 0.7μm 的红光与 0.54μm 的绿光按一定比例混合叠加，眼睛的感觉将如同 0.57μm 的黄光感觉为黄色。分不出哪一种是“单色”的黄光（0.57μm），哪一种是红光与绿光混合而成的黄光。这就说明，对于眼睛色觉来说，光对于色虽然有着单一的一一对应关系，而色对光并不存在单一的对应关系。因此，一些色彩可以由不同波长的光按一定比例叠加混合而成，亦即可以用少数几种色光合成出众多的色彩来。彩色合成就是依照眼睛的这一色觉现象，通常利用三种基本色光（称为基色）按一定比例混合叠加而成各种色彩，称为三基色合成。所谓基色就是在三种基色光中的任何一种色光（或颜色）都不能由这三种基色中的另外两种色光（或颜色）混合而成。

三基色彩色合成通常采用红、绿、蓝三色。用三基色合成产生其他色彩的方法有两种基本方法，即加色法和减色法。

（1）加色法

加色法适用于色光的叠加混合，采用红、绿、蓝三种色光为基色，按一定比例混合叠加产生其他色彩：

①两种基色光等量混合叠加，产生一种补色光。即

红+绿→黄；红+蓝→品红；蓝+绿→青。

黄、品红、青称为补色（光）。

②红、绿、蓝三种基色光等量相加为白光（自然光）。即

红+绿+蓝→白（光）。

当两种色光相加成为消色（白色或黑色）时，称这两种色光为互补色。因此，不难看出黄与蓝、品红与绿、青与红为互补色。

③非互补色（光）不等量相加混合，产生不同的中间色（光），如：

红（多）+绿（少）→橙；红（少）+绿（多）→黄绿等。

（2）减色法

减色法是从自然光（白光）中，减去一种或二种基色光而生成色彩的方法。一般适用于颜料配色、彩色印刷等色彩的产生。

颜料本身的色彩是由于本身选择性地吸收了入射自然光中一定波长的光，反射出未被吸收的色光而呈现出本身的色彩。例如，黄色颜料是由于本身吸收了自然光中的蓝色光，反射出未被吸收的红光和绿光叠加混合的结果；品红颜料是由于吸收了自然光中的绿光，反射出红光和蓝光相加的结果；同样，青颜料是由于吸收了自然光中的红光成分，反射蓝光与绿光的结果。即：

黄→白－蓝；

品红→白－绿；

青→白－红。

当品红与黄颜料相混合时，生成红色。即：

品红+黄=白－（绿+蓝）→红。

亦即自然光（白光）中分别被品红和黄颜料将其中的绿光和蓝光吸收了，只有红光被混合后的颜料反射出来，因而呈现出红颜色。同样，青与品红或黄与青颜料相加混合时，有青+品红=白－（红+绿）→蓝；

黄+青=白－（蓝+红）→绿。

当品红、青、黄三种颜料相混合时，即白光中的绿、红、蓝都被吸收了，而呈现黑

色。即：

品红+青+黄=白－（绿+红+蓝）→黑。

实际上合成或复原一种色彩是复杂的，衡量一种色彩不但要求色调特性指标（表示色彩颜色属性），而且要求色彩的明度（表示色彩的明亮程度）和饱和度（表示色彩纯洁程度）特性指标共同确定。

2.5.1.3　光学处理与增强

（1）利用加色法或减色法实现彩色合成

加色法彩色合成：根据加色法原理，制作成各种合成仪器，选用不同波段的正片或负片组合，进行彩色合成，是加色法合成的过程。根据仪器类别可以将图像处理方法分为：合成仪法：是将不同波段的黑白透明片分别放入有红、绿、蓝滤光片的光学投影通道中精确配准和重叠，生成彩色影像的过程。采用的合成仪，一类是单纯光学合成系统，另一类是计算机控制式的屏幕合成系统，但原理相同。分层曝光法：指利用彩色胶片具有的三层乳剂，使每一层乳剂依次曝光的方法。采用的仪器为单通道投影仪或放大机。每次放入一个波段的透明片，依次使用红、绿、蓝滤光片，分三次或更多次对胶片或相纸曝光，使感红层、感绿层、感蓝层依次感光。最后冲洗成彩色片。这一技术的关键是保证多次曝光时，多张黑白透明片的影像位置完全重合。三个滤色片要使其在色度图上组成的颜色三角形越大，以便合成后的色调丰富。

减色法彩色合成：利用减色法原理使白光经过多种（层）乳剂或染料或滤色片透明片等而反射或透射出来的合成彩色是减色法彩色合成。根据不同的工艺和技术可以分为：染印法：是一种使用特别浮雕片、接收纸和冲显染印药制作影色合成影像的方法。浮雕片是一种特制的感光胶片，经曝光和暗室处理后能吸附酸性颜料。接收纸是一种不感光的特殊纸张，能吸收浮雕片上的酸性颜料。染印法合成是把三种浮雕片上的染料先后转印到不透明的接收纸上，或分别转印在三张透明胶片上重叠起来阅读。印刷法：是利用普通胶印设备，直接使用不同波段的遥感底片和黄、品红、青三种油墨，经分色、加网、制版，套印成影色合成图像。该方法工序简单，可大量生产。重氮法：是利用重氮盐的化学反应处理彩色单波段影像透明片的方法，各波段图像可重叠阅读。

（2）相关掩膜处理方法

对于几何位置完全配准的原片，利用感光条件和摄影处理的差别制成不同密度、不同反差的正片或负片（称为模片），通过它们的各种不同叠加方案改变原有影像的显示效果，达到信息增强目的的方法。这种处理不可能增加原片所记录的信息，但可以将原先分辨不清或不够突出的目标突出出来，把不必要的信息变得不太清楚，以达到增强主题的目的。具体方法有改变对比度、显示动态变化、比值影像法、边缘突出雕刻法、密度分层、专题抽取等。

（3）光学信息处理

利用光学信息处理系统，即一系列光学透镜按一定规律构成的系统，可以实现对输入数据进行并行的线性变换，适宜作二维影像处理，在遥感光学处理中主要研究相干光学的处理过程，较多地应用干涉和衍射知识。

2.5.2 遥感数字图像的校正

由于遥感成像过程中多种因素影响，致使遥感图像质量的衰减。遥感图像数据的校正处理就是消除遥感图像因辐射度失真、大气消光和几何畸变等造成的图像质量的衰减。遥感图像质量衰减产生的原因和作用结果都不相同，因此一般采用不同的校正处理方法。

早期遥感技术系统以胶片记录图像，数字技术没有发展，对这类模拟图像只能采用光学处理的方法。现在的遥感技术系统大多数采用数字技术，直接得到的是数字信号，即使获得的是模拟信号，也可以方便地转换成为数字图像。数字图像是一种离散化的二维矩阵，每个元素的取值是图像连续变化的灰度的离散整数值，可以被计算机存储、处理和使用。所以数字图像处理已经成为遥感图像处理技术的主体。

从遥感图像接收系统捕获到遥感卫星传递下来的遥感信号，经过多种处理过程，最终得到适合应用需要的优质图像与有用信息的过程都属于图像处理范畴。

2.5.2.1 辐射校正

由于传感器响应特性、太阳位置和太阳高度角、大气的吸收、散射及其他随机因素影响，导致图像模糊失真，造成图像分辨率和对比度相对下降，针对这种误差进行的图像校正称为辐射校正，包括系统辐射校正和大气校正。

（1）系统辐射校正

总的来说，辐射校正的方法有两种：一是分析辐射失真的过程，建立辐射失真的数学模型，然后对此数学模型求逆过程，用此逆过程求得遥感图像失真前的图像；二是利用实地测量的地物的真实辐射值，寻找实测值与失真之后的图像之间的经验函数关系，从而得到辐射校正的方法。显然，第一种校正方法是与失真过程有关的，第二种校正方法是与失真过程无关的。

（2）大气校正

常用的大气校正方法有两类：一类为基于理论模型的方法，该方法必须建立大气辐射传递方程，在此基础上近似地求解；另一类方法为基于经验或统计的方法，如回归分析方法。利用大气辐射传输方程来建立大气校正模型在理论上是可行的。实现精确的大气校正，必须找到每个波段像元亮度值和地物反射率的关系。这需要知道模型中成像时刻气溶胶的密度、水汽的浓度等大气参数。在现实中，一般很难得到这些数据，需要专门的观测来准确地测量这些数据，因此其方法应用受到一定限制。

①回归分析法原理：大气散射主要影响短波部分，波长较长的波段几乎不受影响，因此可用其校正其他波段数据。方法：在不受大气影响的波段（如TM_5或TM_7）和待校正的某一波段图像中，选择一系列目标，将每个目标的两个待比较的波段灰度值提取出来进行回归分析，建立线性回归方程，如图2-15所示。

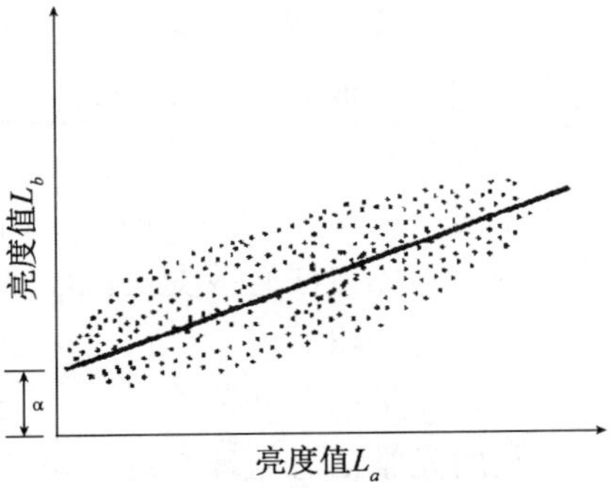

图 2-15 回归分析校正法

②直方图校正方法：又称暗物体法（Dark-object method），如果在某一像场中存在亮度值为零的目标地物，地物是平静清洁的水面或地形阴影区，则任一波段亮度值都应为零。所以只要对

选择区域内波段的图像进行灰度统计给出其直方图，则直方图上频率最小的灰度值就是大气改正值。大气校正就是移动直方图的最小值至零值位置。前提（假设）：水体（或阴影）等物体的灰度值为 0，大气散射导致图像上这些物体的灰度值不为 0（辐射偏置量）。

2.5.2.2　几何校正

（1）几何校正

校正遥感图像成像过程中所造成的各种几何畸变称为几何校正。影响图像几何畸变的因素主要包括：①遥感器的内部畸变：由遥感器结构引起的畸变，如遥感器扫描运动中的非直线性等。②遥感平台的运行状态：包括由于平台的高度变化、速度变化、轨道偏移及姿态变化引起的图像畸变。③地球本身对遥感图像的影响：包括地球的自转、高程的变化、地球曲率、大气折射等引起的图像畸变。

几何校正包括几何粗校正和几何精校正。地面接收站在提供给用户资料前，已按常规处理方案与图像同时接收到的有关运行姿态、传感器性能指标、大气状态、太阳高度角对该幅图像几何畸变进行了几何粗校正。利用地面控制点进行的几何校正称为几何精校正。

（2）几何校正的方法

一般地面站提供的遥感图像数据都经过几何粗校正，因此这里主要介绍一种通用的精校正方法。该方法包括两个步骤：第一步是构建一个模拟几何畸变的数学模型，以建立原始畸变图像空间与标准图像空间的某种对应关系，实现不同图像空间中像元位置的变换；第二步是利用这种对应关系把原始畸变图像空间中全部像素变换到标准图像空间中的对应位置上，完成标准图像空间中每一像元亮度值的计算，如图 2-16 所示。

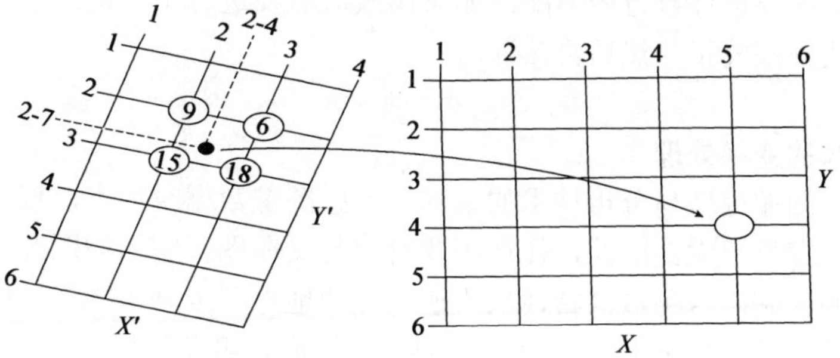

（a）校正前　　　　（b）校正后

图 2-16　图像的几何校正

①坐标转换：从原始畸变图像空间中的像元位置出发，建立空间转换关系，确定每个像元在标准图像空间中的正确位置。

②重采样：用标准图像空间中的像元点 G 位置反求其在原始畸变图像空间的共轭点 F（X，Y），然后再利用某种方法确定这一共轭点的灰度值，并把共轭点的灰度值赋给标准图像空间对应点 g。

重采样法能够保证校正空间中网格像元呈规则排列，因而是最常用的几何精校正方法之一。重采样有三种插值方法：最邻近法（nearest neighbor）、双线性法（bilinear）、三次卷积法（cubic convolution）。

最邻近法保留大量原始灰度值，没有经过平滑处理，对于区分植被类型、识别线性特征等有重要意义。双线性内插法比与最近邻法相比，计算量增加了，但提高了精度，改善了灰度不连续现象及线状特征的块状化现象。其缺点是这种方法对图像起到平滑作用，使图像变得模糊。由于这种方法计算量和精度适中，因而常常被采用。

③双三次卷积内插法：采用一元三次多项式来近似函数。从理论上讲，函数是最佳的插值函数，它考虑到原始畸变图像空间中共轭点周围其他像元对共轭点灰度值都有各自的贡献，并认为这种贡献随着距离增加而减少。为了提高内插精度，双三次卷积内插法采用共轭点周围相邻的 16 个点来计算灰度值，这种一元三次多项式内插过程实际上是一种卷积运算，故称为双三次卷积内插。该方法的优点是内插获得好的图像质量，细节表现更为清楚。但位置校正要求更准确，对控制点选取的均匀性要求更高。其缺点是数据计算量大。

④变换函数的建立：选取地面控制点（Ground Control Point，GCP）建立多项式，多项式纠正法的精度与地面控制点的精度、分布、数量及纠正范围有关；GCP 的位置精度越高，则几何纠正的精度越高；GCP 的个数不少于多项式的系数个数；适当增加 GCP 的个数，可以提高几何纠正的精度。GCP 分布应尽可能在整幅图像内均匀分布，否则在 GCP 密集区精度较高，在 GCP 分布稀疏区出现较大误差。

2.5.2.3　遥感图像的镶嵌

数字影像镶嵌（Mosaic）是将两幅或多幅数字影像（它们有可能是在不同的摄影条件下获取的）拼在一起，构成一幅整体图像的技术过程。图像的镶嵌注意的问题：镶嵌要有足够宽的重叠区，最好不少于图像的 1/5，否则会影响精度；相邻图像往往色调或灰度值不一致，需要进行直方图匹配；如果镶嵌后需要进行某种地图投影变换，最好先根据该投影方式分幅校正，然后再镶嵌。

2.5.3　遥感图像的变换处理

图像变换是图像处理与分析技术的基础。遥感图像数据量很大，直接在空间域中进行处理，涉及计算量很大。因此，往往需要对原定义在图像空间的图像以某种形式转换到另外一些空间，利用这种域的特性来快速、方便地处理或分析图像（如傅立叶变换可在频域中进行数字滤波处理），不仅可减少计算量，而且可获得更有效的处理，有时处理结果需要再转换回空间域，这种转换过程称为图像变换。遥感图像处理中的图像变换主要有：傅立叶变换、沃尔什变换、离散余弦变换、Hough 变换、小波变换、K-L 变换、K-T 变换等。

2.5.3.1　傅立叶变换

傅立叶变换是图像处理中最常用的变换，它是进行图像处理和分析的有力工具，在图像处理和分析技术的发展过程中，傅立叶变换曾经起过并仍起着重要的作用。

（1）傅立叶变换的数学定义

传统的傅立叶变换是一种纯频域分析，它可将一般函数 $f(x)$ 表示为一簇标准函数的加权求和，而权函数亦即 f 的傅立叶变换。设 f 是 R 上的实值或复值函数，则 f 为一能量有限的模拟信号，具体定义如下：

一维傅立叶变换：

$$F(u)=\int_{-\infty}^{+\infty} f(x)e^{-j2\pi ux}\mathrm{d}x \tag{2-6}$$

一维傅立叶逆变换：

$$F^{-1}(u)=f(x)=\int_{-\infty}^{+\infty} F(u)e^{j2\pi ux}\mathrm{d}u \tag{2-7}$$

（2）图像傅立叶变换的物理意义

图像的频率是表征图像中灰度变化剧烈程度的指标，是灰度在平面空间上的梯度。如大面积的沙漠在图像中是一片灰度变化缓慢的区域，对应的频率值很低；而对于地表属性变换剧烈的边缘区域在图像中是一片灰度变化剧烈的区域，对应的频率值较高。傅立叶变换在实际中有非常明显的物理意义，设 f 是一个能量有限的模拟信号，则其傅立叶变换就表示 f 的谱。从纯粹的数学意义上看，傅立叶变换是将一个函数转换为一系列周期函数来处理的。从物理效果看，傅立叶变换是将图像从空间域转换到频率域，其逆变换是将图像从频率域转换到空间域。换句话说，傅立叶变换的物理意义是将图像的灰度分布函数变换为图像的频率分布函数，傅立叶逆变换是将图像的频率分布函数变换为灰度分布函数。

2.5.3.2 K-L 变换

K-L 变换在遥感图像处理中又称作主成分分析（Principal Component Analysis，PCA），是在统计特征基础上的多维正交变换，遥感多光谱影像波段多，一些波段的遥感数据之间有不同程度的相关性（光谱反射的相关性、地形、遥感器波段间的重叠），造成了数据冗余。K-L 变换的作用就是保留主要信息，降低数据量，从而达到增强或提取某些有用的信息的目的。

从几何意义来看，变换后的主分量空间坐标系与变换前的多光谱空间坐标系相比，旋转了一个角度，而且新的坐标系的坐标轴一定指向数据信息量较大的方向。以二维空间为例，假定某图像像元的分布为椭圆状，那么经过旋转后新坐标系的坐标轴一定分别沿椭圆的长半轴和短半轴方向——主分量，因为长半轴这一方向信息量最大。

基于上述特点，在遥感数据处理时常常用 K-L 变换作数据分析前的预处理，可以实现数据压缩和图像增强的效果。在遥感图像分类中，常常利用主成分分析算法来消除特征向量中各特征之间的相关性，并进行特征选择。

K-L 变换的具体步骤是：

首先根据原始图像矩阵计算原始图像的方差-协方差矩阵，然后计算特征值和特征向量，最后生成主成分。

2.5.3.3 K-T 变换

K-T 变换又称缨帽变换。1976 年，Kauth 和 Thomas 通过对 MSS 图像进行数值分析来研究农作物和植被生长过程的影像变化时，发现 MSS 图像谱信息随时间变化的空间分布有一定规律，它的形状像一个顶部有缨子的毡帽，缨帽的底面恰好反映了土壤信息的特征，称为土壤面，它与植被的波谱特征互不相关，这种分析信息结构的正交线性变换被称为缨帽变换。缨帽变换是一种线性变换，它使坐标空间发生旋转，但旋转后的坐标轴不是指向主成分的方向，而是指向另外的方向，这些方向与地面景物有密切的关系，特别是与植物生长过程和土壤有关。这种变换既可以实现信息压缩，又可以帮助解译分析农业特征，因此有很大的实际应用意义。缨帽变换也是一种线性变换，它也遵循一般线性变换的形式。目前对这个变换的研究主要集中在 MSS 与 TM 两种遥感数据的应用分析方面。TM 数据 K-T 变换后的景观意义可通过下图形象说明，如图 2-17 所示，图中 1、2、3、4 分别代表作物从发芽到枯黄生长的不同阶段。绿度与亮度组成的二维空间称植被视面，它反映了植被从破土发芽到生长旺盛阶段随叶面积增加而绿度值增加，之后开始成熟枯黄，绿度也逐渐降到最低点。湿度与亮度组成的平面为土壤视面，绿度与湿度组成的平面称过渡区视面，都不同程度地反映了作物生长过程中植被与土壤的变化信息。

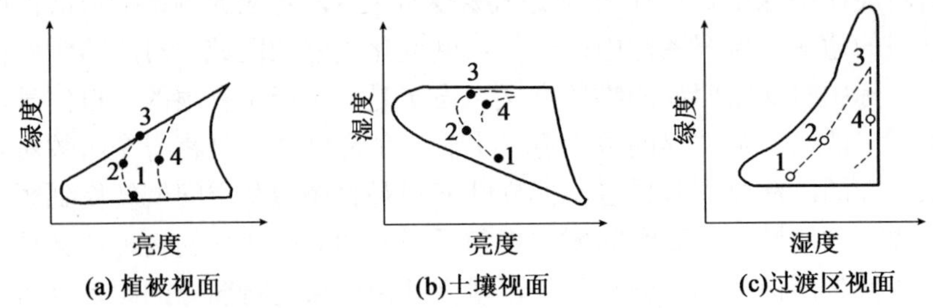

图 2-17　TM 数据 K-T 变换景观意义

2.5.3.4　Hough 变换

Hough 变换是利用图像全局特性有可能把边缘像素连接起来组成区域封闭边界的一种方法。在预先知道区域形状的条件下，利用 Hough 变换可以方便地得到边界曲线，把不连续的边缘像素点连接起来，还可以直接检测某些已知形状的目标，并有可能确定边界到亚像元精度。其主要优点是受噪声和曲线间断的影响小。Hough 变换的基本思想是点-线的对偶性。在图像空间中共线的点对应在参数空间里相交的线，反过来在参数空间中相交于同一点的所有直线在图像空间里都有共线的点与之对应，这就是点-线对偶性。Hough 变换就是根据这些关系把在图像空间中的检测问题转换到参数空间里，通过简单的累加统计完成检测任务。

自然界里有许多要素有一定的形状、分布与伸展方向，但可能受其他因素遮蔽而显得不清晰或断断续续，例如，地质体的线性构造、环形构造等，在地质探矿、地质稳定性分析等方面有重要意义，可是在遥感图像上有时反映得不太清楚，如果借鉴 Hough 变换的基本思想来处理图像，可能有助于构造信息的提取。

2.5.4　遥感图像的自动识别分类

遥感图像的计算机分类，是模式识别技术在遥感技术领域中的具体运用，是遥感数字图像处理的一个重要内容。模式识别则是人们沿着仿生学的道路，用电子计算机系统作为工具来模拟人类的感知和识别智能。遥感图像的计算机分类，就是对地球表面及其在遥感图像上的信息进行属性的识别和分类，从而达到识别图像信息所相应的实际地物，提取所需地物信息的目的。

解决模式识别问题的数学方法，一般可分为四种方法：统计法（决策论方法）、语法结构法（句法方法）、模糊法以及神经网络法。

统计法模式识别时，需从被识别的对象中提取一些反映对象属性的量度－特征（变量），并把特征定义在一个特征空间中（特征空间中的每一点为特征向量），然后利用统计决策的原理对特征空间进行划分，以区分具有不同特征的对象，从而达到分类的目的。

语法结构法模式识别是致力于对具体对象的结构特征的描述。识别时不仅具有把对象进行分类的能力，而且还具有描述该对象为何不是其他类的能力。这种方法目前在遥感领域还未得到实际有效的应用，但具有发展潜力。

模糊法模式识别是根据地物的最明显的、最本质的特征（光谱特征或空间本质特征）来进行识别的。它是根据人的辨别事物的思维逻辑，吸取人脑的识别特点，并把数学从二值逻辑转向连续逻辑，从而更接近人类大脑的识别活动。

神经网络模式识别是利用神经网络技术的模式识别。在对图像分类时，除运用图像本身的特征外更多的是利用在以往分类过程中积累的经验，在被分类图像信息的引导下，自行改造其自身的结构及其识别分类方式，进而对图像进行识别分类。

2.5.4.1　遥感图像分类概述

（1）遥感图像分类的概念及原理

遥感图像是通过亮度值或像元值的高低差异及空间变化而表示不同地物的差异的，这是我们区分不同影像地物的物理依据。遥感图像分类就是利用计算机通过对遥感图像中各类地物的光谱信息和空间信息进行分析，选择特征，并用一定的手段将特征空间划分为互不重叠的子空间，然后将图像中的各个像元划归到各个子空间去。

遥感图像分类的理论依据是：遥感图像中的同类地物在相同的条件下（纹理、地形等），应具有相同或相似的光谱信息特征和空间信息特征，从而表现出同类地物的某种内在的相似性，即同类地物像元的特征向量将集群在同一特征空间区域；而不同的地物其光谱信息特征或空间信息特征将不同，集群在不同的特征空间区域。

图像分类的关键问题之一是选择适当的分类规则（或分类器），通过分类器把图像数据划分为尽可能符合实际情况的不同类别。

（2）遥感图像分类的特点和原则

为了提高遥感图像的分类精度，分类时一般采用多波段数据以及波段间运算产生的一些新的变量（如比值图像），因此遥感图像分类的特点是多变量的图像分类。

一般当变量的维数大于三维时，变量的分布已无法用几何空间实际表示出来，此时我们可以利用某种数学变换（如 K-L 变换），把它简化为低维变量，以便显示成图（一般降至二三维空间）。而对于单像元或单地物的场合，用特征值曲线或特征响应曲线来表示。

遥感图像分类的一般原则如下。

① 对多变量图像，不能孤立地根据个别变量数值进行分类，而要从整个向量数据特征出发，即像元点在多维特征空间中的位置及集聚情况，或者空间集群的分布进行分类。

② 一个集群在特征空间的位置用它的均值向量表示，即该集群地中心，其离散程度用标准差向量（均方差向量）或协方差矩阵来衡量。

③ 分类的实质是把多维特征空间划分为若干区域（子空间），每个区域相当于一类，即位于这一区域内的像元点归属于同一类。

（3）监督分类和非监督分类的概念

在遥感图像分类中，按照是否有已知训练样本的分类依据，分类方法又分为两大类：监督分类与非监督分类。

遥感图像的监督分类是在已知类别的训练场地上提取各类别训练样本，通过选择特征变量、确定判别函数或判别式（判别规则），进而把图像中的各个像元点划归到各个给定类的分类。

遥感图像的非监督分类是在没有先验知识（训练场地）的情况下，根据图像本身的统计特征及自然点群的分布情况来划分地物类别的分类处理，事后再对已分出的各类的地物属性进行确认，也称作“边学习边分类法”。

两者的最大区别在于，监督分类首先给定类别，而非监督分类则由图像数据本身的统计特征来决定。

（4）图像分类统计量

由于遥感图像分类的理论依据是各类样本内在的相似性，图像分类时就是将相似的种类（像元）合并，将不相似的种类分开，这样就可以按照各像元在特征空间的分布，按其相似性分割或合并成一些集群。

图像分类常用的一些描述相似性的统计量。

设分类时采用 p 个变量（波段），则第 i 个像元和第 j 个像元的特征向量为：

$$\begin{cases} x_i = [x_{1i}, x_{2i}, \cdots, x_{pi}]^{\mathrm{T}} \\ x_j = [x_{1j}, x_{2j}, \cdots, x_{pj}]^{\mathrm{T}} \end{cases}$$

常用的相似性统计量有：

①像元 i 和像元 j 之间的相关系数

$$r_{ij} = \sum_{k=1}^{p}(x_{ki} - \overline{x}_i)(x_{kj} - \overline{x}_j) / \sqrt{\sum_{k=1}^{p}(x_{ki} - \overline{x}_i)^2 \sum_{k=1}^{p}(x_{kj} - \overline{x}_j)^2}$$

式中，$\overline{x}_i = \frac{1}{p}\sum_{k=1}^{p} x_{ki}$，$\overline{x}_j = \frac{1}{p}\sum_{k=1}^{p} x_{kj}$

②像元 i 和像元 j 之间的相似系数

$$\cos\theta_{ij} = \sum_{k=1}^{p} x_{ki}x_{kj} / \sqrt{\sum_{k=1}^{p} x_{ki}^2 \sum_{k=1}^{p} x_{kj}^2}$$

③像元 i 和像元 j 之间的欧几里得距离

$$d_{ij} = \sqrt{\sum_{k=1}^{p}(x_{ki} - x_{kj})^2}$$

④像元 i 和像元 j 之间的绝对距离

$$d_{ij} = \sum_{k=1}^{p}\left|x_{ki} - x_{kj}\right|$$

⑤马氏距离（Mahalanobis）

$$d_{ij}^2 = (x_i - x_j)^T \sum\nolimits_{ij}^{-1} (x_i - x_j)$$

式中，Σ_{ij}——协方差矩阵，

当 $\Sigma_{ij}=I$（单位矩阵）时，马氏距离即为欧几里得距离的平方。

⑥像元 i 到第 g 类均值（均值向量）的混合距离

$$d_{ig}=\sum_{k=1}^{p}\left|x_{ki}-M_{kg}\right|$$

其中，

$$M_{kg}=\frac{1}{n_g}\sum_{i=g}x_{ki}$$

式中，n_g——g 类的像元数；

M_{kg}——g 类 k 变量的均值。

⑦两类均值的标准化距离（g 类和 h 类）

$$D_{gh}=\sqrt{\sum_{i=1}^{p}\frac{(M_{ig}-M_{ih})^2}{S_{ig}S_{ih}}}$$

式中，M_{ig}——g 类 i 变量的均值；

M_{ih}——h 类 i 变量的均值；

S_{ig}——g 类 i 变量的标准差（均方差）；

S_{ih}——g 类 h 变量的标准差（均方差）；

⑧两类可分离性统计量 J-M（Jeffries-Matusita）距离

$$J_{gh}=\left\{\int x\left[\sqrt{p(x|g)}-\sqrt{p(x|h)}\right]^2\mathrm{d}x\right\}^{\frac{1}{2}}$$

式中，$\sqrt{p(x|h)}$ 和 $\sqrt{p(x|g)}$ 为条件概率，它指像元 x 出现在 g 类和 h 类内的概率。

当用距离作为类相似度时，距离小，类相似度大；距离大，类相似度小。而用相关系数作为类相似度时，相关系数越大，类相似度越大，反之则小。

在分类过程中，应当尽量避免属于同一点群（集群）的像元分到不同的类中去，否则类内离差平方和就会增加。因此分类准则要求在给定分类的前提下，使总的离差平方和

$$SSE=\sum_{g=1}^{G}\sum_{x_i=g}^{p}(X_k-M_g)^{\mathrm{T}}(X_k-M_g)$$

为最小。

式中，G——分类数；

$M_g=[M_{1g},\ M_{2g},\ \cdots,\ M_{pg}]^{\mathrm{T}}$——$g$ 类均值向量；

X_k——第 g 类内的像元的特征向量。

2.5.4.2　遥感图像的非监督分类

非监督分类的特点是对分类过程不施加任何的先验知识，仅凭数据遥感影像地物的光谱特征的分布规律，因而具有“盲目”性，其分类的结果只是对类别达到了区分，但并不确定类别的属性，其类别的属性是通过分类结束后目视判读或实地调查确定的。非监督分类也叫聚类分析。

（1）特征空间图形识别

图形识别分类就是对分类的地区事先完全不了解，计算机只根据人们规定的某些要求和阈值对图像进行分析，采用对图像逐行逐个像元相比较的无人管理分类方法。这种分类方法比较简单，它是以像元的特征响应曲线的类似与否进行分类的。图形识别分类

法的具体过程如下。

①将待分类的一幅多波段图像磁带数据输入计算机，顺序提取像元。假定第一扫描行的第一像元 MSS 四个波段的亮度值为：

波　段　4 5 6 7

亮度值　20 60 80 40

②据这些亮度值数据做出特征响应曲线，计算机定义该像元为 W_1 类。

③继续顺序提取第二个像元数据并作其特征响应曲线，若与 W_1 的特征曲线不重合，则认为两像元属于不同类别，故定义另一类 W_2。

④如此重复比较，扫描整幅图像，于是图像注上了不同类别符号或表示不同类别的彩色。

当然，有时不需要把类别分得过细，或由于各种因素的影响，同类地物的特征响应曲线也不尽相同，因此应允许有一定的误差范围，即选择变差范围（窗口）。

图形识别技术对不了解的地区进行分类的特点是：

①不能精确控制分类的类别数。

②这种方法当地物光谱响应是不重合的正态分布时是可行的，并且容易实现，但若特征分布出现交叠，则使用这种方法将产生较大的分类错误。

③起始分类的像元，由于类别中心未经统计调查，也会带来一定的分类误差。

④此法的分类精度较低，其原因除了因为特征交叠外，还在于易产生“先入为主”的错误。

⑤这种分类法的主要优点是简单、速度快，在分类精度满足要求的情况下，使用该方法是相当有意义的。

图像识别分类法的修改思路：

图形识别法既有优点又有缺点，但若对此分类方法修改，将保持此法的优越性，同时又提高了分类精度。修改的基本方法为：

①扫描识别过程中，对邻近像元分类给予优先考虑，即邻近像元属于同一类的可能性更大。这样可以部分克服“先入为主”导致的错误。

②扫描识别过程中，逐步建立和调整分类中心。当然，起始分类的像元，由于类别中心未经过统计调整，误差更大一些，但可以等扫描识别结束后，再对起始部分像元重新分类。

（2）系统聚类

首先，将图像中每个像元各自成一类，计算各类均值间（开始时为各像元间）的相关系数矩阵（或距离矩阵，或相似系数矩阵）。

然后，从中选择最相关（或最邻近，或最相似）的两类进行合并，形成新类，并重新计算各类间的矩阵，再从中选择最相关（或最邻近，或最相似）的两类进行合并。

这样一直继续下去，直到各新类间相关系数（或相似系数）小于某一给定阈值为止。当选择距离作为分类统计量时，停止聚类的条件是到各新类间的距离大于某一给定阈值为止。

在系统聚类中采用的统计量要视具体情况而定，因为各种统计量都有自己的特点。各种统计量的不同点，反映在分类图上也各具特色，它们可以相互补充，为地学解译提供各种有用信息。

（3）分裂法分类法

遥感图像分类中常用的分裂法（ISOMIX）分类法又称为等混合距离分类法。这种方法和系统聚类法相反。它首先将所有的像元看做一类，然后进行不断的分裂，最后得出分类结果。ISOMIX 分类法的具体过程如下。

①将所有像元看做一类，求出各变量（波段）的均值 $\overline{x}_i$（i=1，2，…，p，p 为变量数）和均方差 σ_i，并按下式计算分裂后的两类的中心（均值向量）M_1 和 M_2：

$$M_1 = \begin{bmatrix} M_{11} \\ M_{21} \\ \vdots \\ M_{P1} \end{bmatrix} \qquad M_2 = \begin{bmatrix} M_{12} \\ M_{22} \\ \vdots \\ M_{P2} \end{bmatrix} \tag{2-8}$$

②计算各像元到这两类中心的混合距离，并把像元归并到距离较近的那一类中去，形成两个新类。并对新类各自求出每个变量的均值和方差。只要有一个变量（波段）的均方差大于规定的阈值，则新类就要分裂。求出新类的两个中心。

③按“二叉树”方式继续分类下去，直到每一变量的均方差都小于给定的阈值为止。

通常，在程序设计时，阈值允许随时给出，以控制分类的进行。一般采用的阈值 σ_0=（1.5～3.0）。随着阈值的不同，分出的类数也就发生变化，在具体分类过程中可以根据需要来选择阈值。

按“二叉树”方法进行分类时，常常存在这样的缺点：即开始错分的像元以后无法再改变，从而使错分的像元数目较多，分类结果比较零乱，难以依据它进行地学解译。为了克服上述缺点，对 ISOMIX 法可作适当改进，即在计算到某一步或在计算出新中心后，就对所有像元进行聚合，使开始错分的像元在建立新的中心后，有机会重新合并，从而减少误分的情况，使分类效果得到改善。当然，也可同时使分类的程序更加灵活，即根据监视计算机显示的各类均值和均方差向量，及时调整阈值，以控制分裂数，从而使分类得到满意的结果。

（4）集群分析和动态聚类

根据像元特征向量及其在特征空间集群分布规律的分析来进行分类的方法叫做集群分析。在分类过程中，类别中心可以不断修改和变动，分类的数目也可以用分裂和合并的方法不断增减和调整，使分类结果更加合理，这种方法称为动态聚类。

动态聚类就是在开始时先建立一批初始中心，而让待分类的各个像元依据某些判决准则向初始中心凝聚，然后再逐步修改调整中心，重新分类；并根据各类离散性统计量和两类间可分离性的统计量再进行合并和分裂。此后再修改调整中心，这样不断继续下去，直到分类比较合理为止。由于在动态聚类过程中，聚类中心和分类可自动调整，因此这种分类可以获得较好的效果。一个典型的动态聚类程序包括以下几个步骤。

①建立初始中心

初始中心（也叫“种子”），是在程序开始时选定几个均值向量，作为假定的类中心，并不一定是真正的类中心，而且其数目也不一定是真正的类别数。初始中心可以根据研究地区大体需要区分的类别数，选择一批有代表性的像元来确定，如可利用二维直方图等方法来确定初始中心。此外，初始中心也可以根据研究者的要求由计算机自动建立。

②计算距离并对图像进行分类

选定了类中心后，就要计算每个像元到各个类中心之间的距离，并用判决准则把像元划归为不同的类别。一般在最小距离分类中应用最广泛而且比较简单的距离函数有两个：欧几里得距离函数和绝对距离函数，分别为：

$$D_{ig}=\sqrt{\sum_{k=1}^{p}(x_k-M_{kg}^{m})^2}$$

$$D_{ig}=\sum_{k=1}^{p}\left|x_k-M_{kg}^{m}\right|$$

式中，p——波段数（变量数）；

m——中心修改次数，即迭代次数。

③计算各种统计量

计算各类均值向量、各变量的均方差、各类间的标准化距离和 J-M 距离，以及计算各类均值与原中心之间的最大相对偏差：

$$\nabla=\max_{1\leqslant g\leqslant G}\left(\sum_{i=1}^{p}\left|(\bar{x}_{ig}^{m}-M_{i}^{m-1})/(\bar{x}_{ig}^{m}+M_{ig}^{m-1})\right|\right)$$

式中，$\bar{x}_{ig}^{m}$——m 次迭代后得到的 g 类 I 变量均值。

④修改中心

当某一类某个变量的相对偏差大于规定精度要求时，就修改中心，这时用当前向量代替前一次的各类中心，并转向到步骤②。这样继续下去，直到各类中心位移小于给定的偏差阈值（即控制精度）为止。一般来说，若初始中心比较接近地物类别的实际中心，则只需经过少数几个循环就能达到分类的精度要求。

⑤分裂或合并

根据规定的参数（阈值）来检查前一次循环中归类的结果，决定进行分裂、合并或取消某些类，之后再重新转向步骤②。

若已有的类数小于参数（预期的类数），则进行再分裂；若某一类的像元数大于参数，或者其均方差（标准差）超过了参数，则该类就要分裂。具体分裂过程见前面的 ISOMIX 分类。

若两类之间的统计距离小于规定的阈值或当类的数目超过了规定的“最大分类数”。那么就把原来已分为两类的像元合在一起，重新计算其中心（均值向量）。此外，当某一类中像元数目太少时也要并入相邻的类。

合并时，取小类号，将大类号去掉，删掉 h 类后，对于大于 h 的类，重新编号。

类间的距离量度，一般采用标准化距离。这个距离不仅反映了两类均值向量相距的远近，而且也照顾到了其均方差的大小对分类的影响，即点群离散程度对分类的影响。

当一个类中的像元数目太少，少于参数阈值（一类中最少像元数），则这一类被取消，其成员（即各像元）可分散到相邻的类中去。

⑥输出分类结果

在动态聚类中，经过多少个循环能得出最满意的结果，是要取决于具体的数据特征和分析人员的要求，并不是循环次数越多结果就越好。一般情况下，在达到了预先规定的循环次数，或者所有像元已经归入适当的类别，不需要再分裂或合并，就算结束了。在交互式系统中，分析人员可以控制循环的次数，在达到满意效果时就使程序中止。动态聚类完成后可以输出一个用数字编码的分类图像以及一个分类的统计文件（如各类均值向量、均方差向量、各类像元数等）。这个文件可以用于最小距离的监督分类，相当于训练样本文件。

（5）k-mean 算法

k-mean 算法也称 k-均值算法（如图 2-18 所示），该算法是由 MacQuen 首先提出来的，k-mean 算法的核心思想是把每个数据聚集到最近的形心（均值）中去。这是一种非常经典的算法，在遥感图像处理中得到广泛的应用，该算法简单而且速度很快。其基本处理过程是，在含有 n 个数据的集合 X 中，首先随机地把数据粗略分成 k 个初始类，每个类别代表一个簇的平均值或中心。对剩余的每个数据，根据其与簇中心的距离，将它划分到最近的簇中，重新计算接受新数据的类别和失去数据的类别的形心（均值），此后反复进行这一操作，直到各类别无数据进出，即准则函数收敛，也就是使下面的函数最小：

$$E=\sum_{i=1}^{k}\sum_{P\in C_i}\|P-M_i\|$$

式中，E——所有数据的平方误差的总和；

M_i——簇 C_i 的平均值；

P——空间的点（P 和 M_i 都是多维的）。

此准则使生成的簇尽可能的紧凑和独立，使簇内数据具有较高的相似度，簇间具有较低的相似度。相似度是根据簇中的平均值来计算的。

如果不在一开始就将数据粗略地分成 k 个类别，也可以指定 k 个最初形心（种子点），然后进行后面的操作，这样做的最终聚类结果很大程度上取决于最初的划分或种子点的选择。

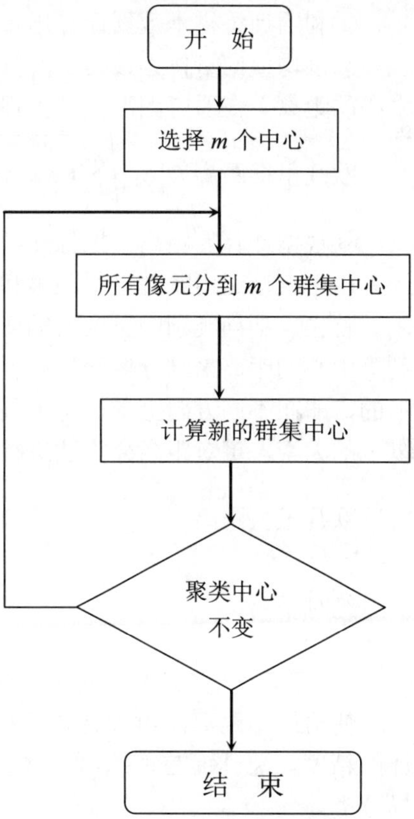

图 2-18　k-mean 算法框图

在 k-mean 算法基础上，许多人又进行了改进，发展成很多算法，如著名的 ISODATA（Interative Self-Organizing Data Analysis Techniques Algorithm）算法，也称为迭代自组织数据分析算法。它与 k-mean 算法有两点不同：第一，它不是每调整一个样本的类别就重新计算一次各类的均值，而是在每次把所有都调整完毕之后才重新计算一次各类样本的均值，前者称为逐个样本修正法，后者称为成批样本修正法；第二，ISODATA 算法不仅可以通过样本所属类别完成样本的聚类分析，而且可以自动地进行类别的“合并”和“分类”，从而得到类别比较合理的聚类结果。

2.5.4.3　监督分类

一般来说，监督分类比非监督分类的精度高、准确性好，但是，它的工作量也比非监督分类的工作量大得多。首先，监督分类要事先确定训练场地和选择训练样本，并且样本要有代表性和足够的数量；另外，对于遥感图形分类来说，由于各种地物的光谱辐射的复杂性以及干扰因素的多样性，有时仅仅考虑在某一特定时间和空间内选取训练样本还是不够的，为了提高精度，还必须多选择一些训练样本。原则上，在某一地区建立起来的判别式只能适用于同一地区或地学条件相似的地区。

常用的监督分类方法有最小距离分类法、费歇尔判别分类法、贝叶斯判别分类法、模糊分类法和神经网络分类法。不管哪一种监督分类方法，它的工作流程都可分为训练、分类和输出三个阶段。

（1）最小距离分类法

最小距离分类法是监督分类的方法之一。它的具体分类过程如下。

①利用训练样本数据计算出每一类别的均值向量及标准差（均方差）向量；

②以均值向量作为该类在特征空间中的中心位置，计算输入图形中每个像元到各类中心的距离。在遥感图形分类处理中，应用最广泛而且比较简单的距离函数有两个：

欧几里得距离 $D_j=\sqrt{\sum_{i=1}^{p}(x_i-M_{ij})^2}$ 和绝对距离 $D_j=\sum_{i=1}^{p}\left|x_i-M_{ij}\right|$。

③根据计算的距离，把像元归入到距离最小的那一类中去。

由于直接运用欧几里得距离和绝对距离进行分类，有明显的缺陷：

首先，不同类别的灰度值的变化范围即其方差的大小是不同的，不能简单地用像元到类中心的距离来划分像元的归属；第二，自然地物类别的点群分布不一定是圆形或球形的，即在不同方向上半径是不同的，因而距离的量度在不同方向上应有所差异。考虑以上的因素，可对距离分类法进行如下的改进，从而提高分类的精度：

欧几里得距离

$$D_j=\sqrt{\sum_{i=1}^{p}(x_i-M_{ij})^2/\sigma_{ij}^2}$$

绝对距离

$$D_j=\sum_{i=1}^{p}\left|x_i-M_{ij}\right|/\sigma_{ij}^2$$

式中，σ_{ij}——第 i 波段的标准差。也可以用 σ_{ij} 来代替上式中的 σ_{ij}^2，或者用其他加权方法。

使用最小距离法对图像进行分类，其精度取决于对已知地物类别的了解和训练统计的精度。总体而言，这种分类方法的效果比较好，而且计算简单，可对像元顺序扫描分类。

（2）贝叶斯分类

贝叶斯（Bayes）分类是根据 Bayes 准则对遥感图像进行分类，这是一种典型的和应用最广的监督分类方法，又称为最大似然判别法。这种监督分类方法，假定训练样本数据在光谱空间的分布是服从高斯正态分布规律的。

（3）模糊分类法

遥感图像中的像元很大程度上都是混合像元，混合像元分解的重要性已为遥感界所认识。近年来发展起来的模糊理论和方法，对于分析不准确的信息或界线不明确的对象提供了有用的概念和方法。对于遥感图像的分类，模糊方法已显示出在分析混合像元、提高分类精度方面的优势。

模糊分类法与常规分类法不同，它认为一个像元是可分的，即一个像元可以是在某种程度上属于某个类而同时在另一种程度上属于另一类，这种类属关系的程度用像元隶属度表示。运用模糊分类的关键是确定像元的隶属度函数。确定像元的隶属度函数的数学模型和方法很多。一般，在遥感图像模糊分类中采用最大似然分类算法来确定像元属于各类的隶属度函数。

对于理想高通滤波器的剖面，在 H（u，v）=1 和 H（u，v）=0 之间的跳跃点（D_0）通常称为截止频率。

运用模糊分类法来进行遥感图像分类的一般步骤如下。

①写出训练样本的模糊分割矩阵：设训练样本总数为 n，变量数为 m，G 是预先确定的类别数，则训练样本的模糊分割矩阵为：

$$\begin{bmatrix} f_1(X_1) & f_1(X_2) & \cdots & f_1(X_n) \\ f_2(X_1) & f_2(X_2) & \cdots & f_2(X_n) \\ & & \vdots & \\ f_G(X_1) & f_G(X_2) & \cdots & f_G(X_n) \end{bmatrix}$$

f_i（X_j）表示像元 X_j 对第 i 类的隶属度，其中 i 的范围为 1～G，j 的范围为 1～n。

②由模糊分割矩阵即可得到个类地物的模糊均值向量和模糊协方差矩阵。模糊均值向量为：

$$u_g^* = [u_{1g}^*, u_{2g}^*, \cdots, u_{ng}^*]^{\mathrm{T}}$$

其中，$u_g^* = \sum_{k=1}^{n} f_g(X_K) x_{ik} / \sum_{k=1}^{n} f_g(X_k)$；

式中，x_{ik}——第 i 波段第 k 标本的亮度值。

模糊协方差矩阵为：

$$\sum\nolimits_g^* = \begin{bmatrix} \sigma_{11g} & \sigma_{12g} & \cdots & \sigma_{1ng} \\ \sigma_{21g} & \sigma_{22g} & \cdots & \sigma_{2ng} \\ & & \vdots & \\ \sigma_{m1g} & \sigma_{m2g} & \cdots & \sigma_{mng} \end{bmatrix}$$

式中，$\sigma_{ijg} = \sum_{k=1}^{n} f_g(X_k)(x_{ik} - u_{ig}^*)(x_{jk} - u_{jg}^*) / \sum_{k=1}^{n} f_g(X_k)$。

③用最大似然分类法来确定像元属于各类的隶属度函数为：

$$f_g(X) = [p^{'}(g) p_g^*(X)] / \sum_{i=1}^{G} [p^{'}(i) p_i^*(X)]$$

式中，G—— 预先确定的类别数；

m—— 变量数（波段数）；

p（g）—— 第 g 类出现的先验概率。

一般来说，模糊分类法可以利用模糊样本作为训练样本，但选取模糊样本是很困难的，因此，在确定无法获取模糊样本时，仍可使用传统样本。为了确保分类的精度，可把选取的训练样本作为“准纯样本”，对其进行模糊分类。这些样本经过一次模糊分类后就成为“模糊样本”，然后再利用这些“模糊样本”进行模糊分类，这样在一定的程度上可以改善分类的精度。

（4）神经网络分类法

在前面介绍的几种方法（不包括模糊分类）中，都是利用遥感数据的统计值特征与训练样本数据之间的统计关系来进行地物分类的。但由于地物类型分布方式本身的复杂性，人在对图像的分类过程中，不可能利用一种分类规则对图像进行分类，在其分类识别过程中必须考虑到空间位置、色调特征等构成图像类别特征的多种因素，而且人具有学习的能力，能够从以往的实践中总结经验，在以后的工作中能够自觉地运用这些经验，所以人对图像地物分类解释时，除运用图像本身的特征外，更多的是利用以往的分类经验，在被分类图像信息的引导下，自行改造其自身的结构及其识别分类方法，进而对图像识别分类。

目前神经网络技术已成功运用到许多领域，并且神经网络的模型相当多。结合遥感图像的特点，可选用半线性前馈神经网络来进行遥感图像的分类。

2.5.5 遥感数字图像的增强

遥感图像增强处理的主要着眼点在于改进图像显示、提高遥感图像的视觉效果和可解译性，是遥感应用者易于从经过增强处理的遥感图像上获得所感兴趣的有用信息，快速实现从遥感数据向有用信息的转化。

从数学意义上理解，任何图像的增强处理都是对图像特征实施某种变换，遥感图像能为视觉感受且可作为参数描述的特征是灰度、颜色、纹理和形状等。增强就是根据图像数据的这些特征参数，结合显示介质和人的视觉系统特点，选择某种从原始图像到增强图像的变换。这种变换在数学上是不难实现的，但变换结果是否能突出有用信息，是否符合实际需要，在很大程度上取决于应用目的及处理者对增强效果的主观判断，目前尚难确定一个普遍适用的统一评价标准，必须结合具体情况考虑需增强的要素，来选择变换参数与交换算符，并且通过反复试验，观察变换结果，不断调整，直到满意为止。

遥感图像增强处理技术根据处理空间的不同，可分为基于图像空间的空域方法和基于图像变换的频域方法两大类。空域增强处理主要是在灰度上做文章。每次对单个像元进行灰度增强处理称为点处理。此外，根据图像处理的范围又可将图像增强处理技术分为全局处理和局部处理两种。随着彩色图像的广泛应用，又发展了多种针对彩色图像处理的技术，故又有灰度图像和彩色图像增强之分。总之，可采用的增强处理技术方法和算法很多，本节择要介绍。

2.5.5.1 彩色合成增强

人的视觉对彩色的分辨能力远远高于对灰度的分辨能力，通常人眼能分辨的灰度有十几个等级，但可以分辨 100 多种彩色层次。彩色增强就是根据人的视觉特点，将彩色用于图像增强之中，这是提高遥感图像目标识别精度的一种有效方法。彩色合成增强是将多波段黑白图像变换为彩色图像的增强处理技术。根据合成影像的彩色与实际景物自然彩色的关系，彩色合成分为真彩色合成和假彩色合成两种。真彩色合成是指合成后的彩色遥感影像上地物色彩与实际地物色彩接近或一致。利用数字技术合成真彩色图像时，是把红色波段的影像作为合成图像中的红色分量、把绿色波段的影像作为合成图像中的绿色分量、把蓝色波段的影像作为合成图像中的蓝色分量进行合成的结果。如 TM_{321} 分别用 RGB 合成的图像。假彩色图像是指图像上影像的色调与实际地物色调不一致的图像。遥感中最常见的假彩色图像是彩色红外合成的标准假彩色图像。它是在彩色合成时，把近红外波段的影像作为合成图像中的红色分量、把红色波段的影像作为合成图像中的绿色分量、把绿色波段的影像作为合成图像中的蓝色分量进行合成的结果。如 TM_{432} 用 RGB 合成的图像为标准假彩色图像（如图 2-19 所示）。

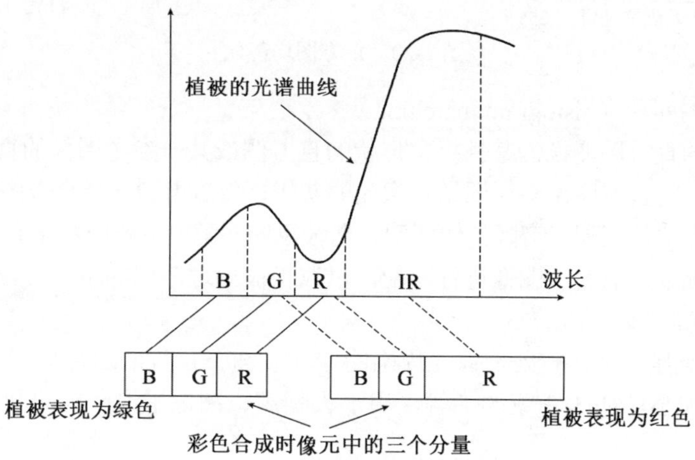

图 2-19　图像合成过程

2.5.5.2　密度分割

将连续的灰度值转换为少量的灰度区间，并用不同的颜色表示增强了图像的目视解译效果。图像密度分割原理可以按如下步骤进行：①求图像的极大值 d_{max} 和极小值 d_{min}；②求图像的密度区间 $\Delta D = d_{max} - d_{min} + 1$；③求分割层的密度差 $\Delta d = \Delta D/n$，其中 n 为需分割的层数；④求各层的密度区间；⑤定出各密度层灰度值或颜色。密度分割的结果是伪彩色（pseudocolor）图像。

2.5.5.3　反差增强（直方图变换）

又称对比度增强（拉伸，stretch），是一种通过改变像元的亮度值来改变图像像元的对比度，从而改善图像质量的图像处理方法。主要通过改变图像灰度分布态势，扩展灰度分布区间，达到增强反差的目的，主要通过调整直方图来实现。统计每幅图像的各亮度的像元数而得到的随机分布图，即为该幅图像的直方图。一般来说，包含大量像元的图像，像元的亮度随机分布应是正态分布。直方图为非正态分布，说明图像的亮度分布偏亮、偏暗或亮度过于集中，图像的对比度小，需要调整该直方图到正态分布，以改善图像的质量。

（1）直方图拉伸

可采用线性增强、分段线性拉伸或者非线性拉伸。

（2）直方图均衡化（Histogram Equalization）

直方图均衡化（如图 2-20 所示）为非线性的增强方法。将每个灰度区间等概率分布，代替了原来的随机分布，即增强后的每个灰度级内有大致相同的像元数；通过改变灰度区间来实现；根据灰度值的出现频率来分配它们的亮度显示范围，频率高的部分被增强了，频率低的部分被压缩。

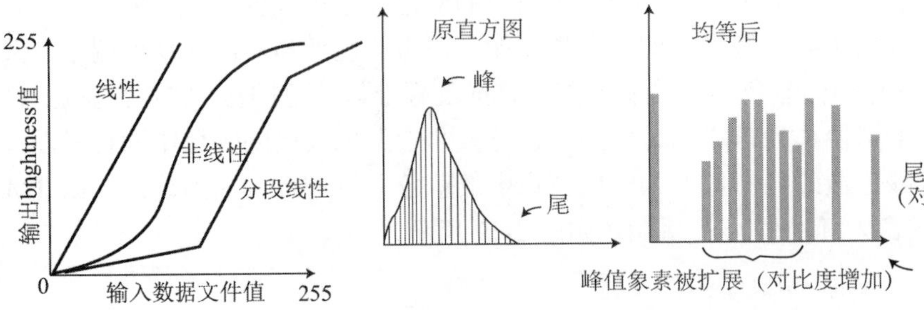

图 2-20　直方图均衡化

（3）直方图匹配（histogram matching）

把原图像的直方图变换为某种指定形状的直方图或某一参考图像的直方图，然后按照已知的指定形态的直方图调整原图像各像元的灰级，最后得到一个直方图匹配的图像。使用的模板有正态拉伸匹配、暗区拉伸匹配、亮区拉伸匹配。主要应用于有一幅很好的图像作为标准的情况下，对另一图像进行匹配，以改善被处理图像的质量。应用于数字镶嵌。

2.5.5.4　空间滤波

又叫邻域增强，是在被处理像元周围的像元参与下进行的运算处理，邻域的范围取决于滤波器的大小，如 3×3 或 5×5 等，用于去噪声、图像平滑、锐化和相关运算。

（1）平滑

图像的平滑是使图像中高频成分消退，即平滑图像的细节，使其反差降低，保存低频成分，在频域中称为低通滤波。主要有均值滤波和中值滤波（如图 2-21 所示）。

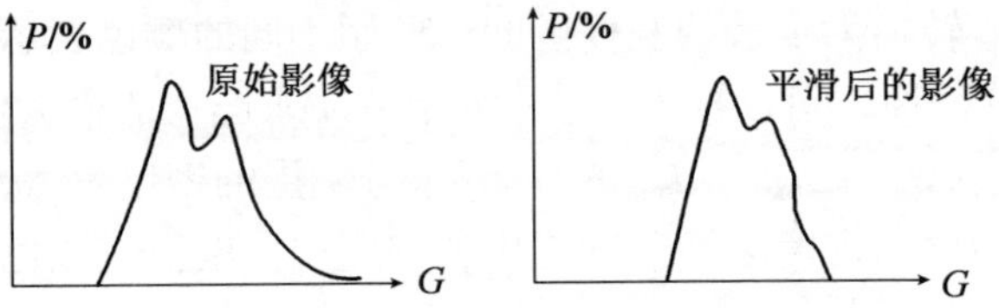

图 2-21　平滑前后的图像直方图

（2）锐化（边缘检测与增强）

锐化是增强图像中的高频成分，在频域处理中称为高通滤波，也就是使图像细节的反差提高，也称边缘增强。锐化是对邻区窗口内的图像微分。采用的模板主要有罗伯特、索伯尔、拉普拉斯等（如图 2-22 所示）。

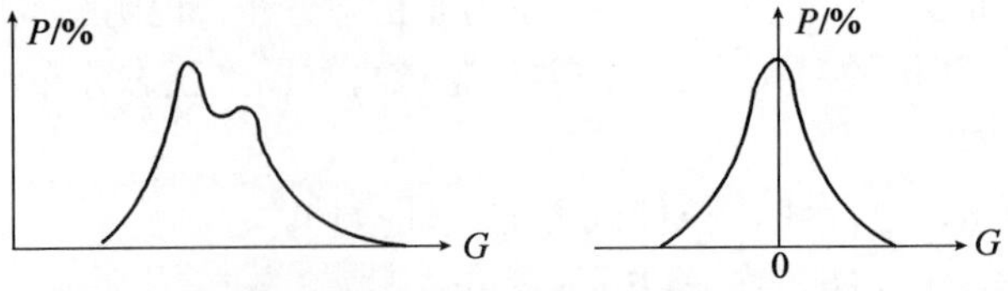

（a）原始直方图　　（b）锐化后的直方图

图 2-22　锐化前后的直方图

2.5.5.5　图像间运算

两幅或多幅单波段图像，空间配准后可进行算术运算，实现图像的增强。减法运算可突现出两波段差值大的地物，如红外-红，可突现植被信息。比值运算常用于计算植被指数、消除地形阴影等。

植被指数是基于植被叶绿素在红色波段的强烈吸收以及在近红外波段的强烈反射，通过红和近红外波段的比值或线性组合实现对植被信息状态的表达。可用于识别植被，监测植被健康状况等。有许多不同的表达公式：

SR=NIR/R（simple ratio）（比值植被指数）；

NDVI=（NIR–R）/（NIR+R）（归一化差值植被指数）；

SAVI=（1+L）（NIR–R）/（NIR+R+L），L=0.5（土壤修正植被指数）。

如对 TM 数据：NDVI=（TM_4–TM_3）/（TM_4+TM_3）。

利用 NOAA 卫星数据进行估产采用的绿度模式：$(CH_2/CH_1)^{1/2}$；$[(CH_2-CH_1)/(CH_2+CH_1)]^{1/2}$；$[(CH_2-CH_1)/(CH_2+CH_1)+0.5]^{1/2}$。

2.5.6　多源遥感数据信息融合

多源遥感数据信息融合是指利用多种对地观测技术所获取的关于同一地物的不同遥感数据，通过一定的数据处理技术提取各遥感数据源的有用信息，最后将其汇集（融合，Fusion，Merge）到统一的空间坐标系（图像或特征空间）中进行综合判读或进一步的解析处理，通过多种信息的互补性表现，提高多源空间数据综合利用质量及稳定性，提高地物识别、解译与决策的可靠性及系统的自动化程度的技术。

2.5.6.1　数据融合前的处理

影像配准是数据融合处理中的关键步骤，其几何配准精度直接影响融合影像的质量。通常情况下，不同类型的传感器影像之间融合时，由于它们成像方式的不同，则其系统误差类型也不同。如 SPOT 与 TM 数据融合时，SPOT 的 HRV 传感器是以 CCD 推帚式扫描成像的，而 TM 则是通过光机扫描方式成像的，因而不同类型影像进行融合时必须经过严密的几何校正，分别在不同数据源的影像上选取控制点，用双线性内插或三次卷积内插运算对分辨率较低的图像进行重采样，改正其误差，将影像投影到同一的地面坐标系统上，为图像配准奠定基础。

在实践中，可以统一采用数字化地形图作为基础底图，分别对不同遥感器产生的图像进行几何精校正，使它们具有统一的投影方式和坐标系统，以便不同类型或不同时相的遥感影像之间的几何配准和精确融合。

2.5.6.2　常用的数据融合方法

多源遥感影像数据融合在国际上经过多年研究，技术上日趋成熟。目前，常用的遥感影像的融合方法主要有：以像元为基础的加权融合、HSI 变换、K-L 变换、比值变换；基于小波理论的特征融合、基于贝叶斯法则的分类融合以及以局部直方图匹配滤波技术为基础的影像数据融合等。

2.5.6.3　遥感影像与非遥感数据融合

在仅用遥感数据难以解决问题的时候，可以加入非遥感数据进行融合。非遥感数据包括地质、气象、水文等自然专题信息，也包括行政区划、人口、经济收入等人文与经济信息，这些信息可以作为遥感数据的补充，有助于综合分析客观规律，提高判读的科学性，因此遥感数据与地理数据的融合也是遥感分析过程中不可缺少的手段。

2.6 多源水利信息快速获取与共享平台

随着信息技术的飞速发展，人类社会已经从工业时代进入信息时代。水利作为一个信息密集化行业，水利信息化已成为世界各国特别是发达国家水利现代化的基本标志和重要内容。水利是国民经济的重要基础设施，如何利用先进的信息技术提升和发展整个行业的技术和管理水平，促进水资源的合理开发、高效利用、优化配置、全面节约、有效保护和综合治理，实现向现代水利、可持续发展水利的转变，是水利信息化所必须面对和解决的课题。而所谓水利信息化，就是充分利用现代信息技术，开发和利用水利信息资源，包括对水利信息进行采集、传输、存储、处理和利用，提高水利信息资源的应用水平和共享程度，从而全面提高水利建设和水事处理的效率和效能。

多源水利信息是指和水利有关的一切信息，包括管理信息、工程信息、水文信息、气象信息、水电信息、环境变化信息（海洋变化信息、江河变化信息、南北极冰山变化信息、湿地变化信息、植被变化信息、动物生存环境变化信息等），等等。

多源水利信息快速获取与共享平台是信息获取与处理技术在水利领域内的应用实践。多源水利信息快速获取与共享平台，就是利用现代信息技术中的实时监控技术、计算机技术、通信技术、计算机网络技术等，从不同遥感平台获得不同分辨率、不同维数以及不同类型的多种遥感数据源，实现多种数据源水利信息的从分散到集中，从无序到有序，从低层次开发到高水平整合与共享。

水利行业是一个信息密集型行业，信息化更是水利现代化的重要手段和目标。一方面，水利部门要向各级政府部门、相关行业及社会各方面及时提供大量的水利信息，包括汛情旱情信息、水量水质信息、水环境信息和水工程信息等，为防洪抗旱和水资源综合管理服务，为国民经济发展服务；另一方面，水利建设自身的发展也离不开相关行业的信息支持，包括流域区域经济信息、生态环境信息、气候气象信息、地球物理信息、地质灾害信息等。原水利部汪恕诚部长在 2001 年全国水利厅局长会议上明确指出：“要充分利用科学技术发展创造的有利条件，坚持用高新技术对水利传统行业进行技术改造，特别要注意采用计算机技术、微电子技术、现代通信技术、遥感技术、地理信息系统（GIS）、全球定位系统及自动化技术等，实现水利信息化。”现任水利部部长陈雷在 2013 年全国水利厅局长会议上的讲话明确指出：“从信息化发展看，信息技术开辟了生产力发展的新空间，改造传统水利，迫切需要推动信息技术在水利规划、勘测、设计、建设、管理、预报、监测等各个环节的广泛应用，以水利信息化带动水利现代化。”因此，加速水利信息化建设，既是国民经济信息化建设的重要组成部分，同时也是水利事业自身发展的迫切需要。而且当今计算机、通信、网络等高新技术的发展，为实现水利的信息化提供了坚实的技术基础和前所未有的发展机会。

水利信息化，就是充分利用现代信息技术，深入开发和广泛利用水利信息资源，包括对水利信息进行采集、传输、存储、处理和利用，提高水利信息资源的应用水平和共享程度，从而全面提高水利建设和水事处理的效率及效益。水利信息化建设是一项系统工程，其难点主要在于基础水利信息的采集、传输和处理以及有关数据库和信息库的建设，必须紧密结合新时期的水利实际，统一规划，分步实施。

基于单一传感器的遥感资料由于受各种条件的限制，已经越来越难以满足水利上对区域监测的要求，进入 20 世纪 90 年代以后，随着多种遥感卫星的发射成功，从不同遥感平台获得的可见光、红外、微波及其他电磁波的遥感影像给遥感用户提供了空间、时间、光谱等方面从粗到精、从多光谱到高光谱的多源遥感数据。通过信息融合技术将这些来自不同传感器的水利信息进行融合，并在此基础上形成广泛的信息共享已成为遥感技术发展的新趋势。多源水利信息融合是指根据水利应用的不同需求，对多种对地观测技术所获取的不同遥感数据及其他类型的数据，通过一定的数据处理技术进行实时合成，产生新的综合数据的技术，它通过多种信息源的互补性，提高多源水利数据的综合利用效率，提高决策的可靠性及水利系统的自动化程度。多源水利信息融合，包括多种分辨率、多维数以及不同类型遥感数据及其他类型数据的融合。

多源水利信息快速获取与共享平台，在整个水利信息化建设中的定位就是，利用现代信息技术中的实时监控技术、计算机技术、通信技术、计算机网络技术等，从不同遥感平台获得不同分辨率、不同维数以及不同类型的多种遥感数据源，实现多种数据源水利信息的从分散到集中，从无序到有序，从低层次开发到高水平整合与共享，进一步提高信息采集、传输、处理的实时性和自动化水平，直接为防洪抗旱减灾、水环境保护、治理等决策及水资源的开发利用、优化配置、节约保护等综合管理提供服务，为水利现代化提供信息化保障。

多源水利信息快速获取与共享平台将接收、处理、存档覆盖全国范围的多颗遥感卫星的资料以及雷达数据，采用先进成熟的卫星通信技术，建立规范的资料服务管理和用户管理体系，为全国水利行业的用户提供低成本和高效益的服务。平台建成后，将成为水利部和各省、地、市、县水利部门联系的纽带。多源水利信息快速获取与共享平台接收的多颗极轨气象卫星、EOS 卫星各类资料以及雷达数据通过卫星向覆盖全国的广大水利部门用户站广播，提高了信息传递时效，节约了大量通信资源，有利于水利部门的科研和应用成果更有效的在全国各地发挥作用，促进水利部各部门之间以及水利部门与其他相关部门形成紧密的业务管理体系的建设和业务网络的联系。因此，多源水利信息快速获取与共享平台的建设，将能够极大地促进水利部门的经济效益和社会效益的提高。

参考文献

薄树奎，韩新超，丁琳. 2009. 面向对象影像分类中分割参数的选择[J]. 武汉大学学报（信息科学版），05.

胡铮. 2011. 面向视频监控的目标检测和跟踪技术[D]. 浙江大学.

黄传波. 2011. 基于视觉感知和相关反馈机制的图像检索算法研究[D]. 南京理工大学.

李春艳. 2012. 基于面向对象的遥感影像植被信息提取[J]. 科学技术与工程，08.

李德仁，李清泉. 1998. 论地球空间信息科学的形成[J]. 地球科学进展，13（4）：319-326.

李德仁，李清泉. 2005. 论地球空间信息技术与通信技术的集成[J]. 武汉大学学报（信息科学版）.

李纪人，黄诗峰. 2003. 3S 技术水利应用指南[M]. 北京：中国水利水电出版社.

刘新，田劲松，过家春. 2011. “3S”技术在土地利用变化研究中的应用[J]. 宁夏农林科技. 07.
梅安新，彭望碌，秦其明. 2001. 遥感导论[M]. 北京：高等教育出版社.
王岩，王晓青，窦爱霞. 2009. 面向对象遥感分类方法在汶川地震震害提取中的应用[J]. 地震，03.
吴春争，冯益明，舒清态，等. 2011. 基于SPOT5遥感影像的小班区划技术[J]. 东北林业大学学报. 07.
肖海平，陈兰兰，马大喜，等. 2011. 基于GPS和GIS集成的边坡变形监测预警系统的研究[A]. 2011全国矿山测量新技术学术会议论文集[C].
赵勇，刘凯. 2009. 数字挖掘方法在遥感分类中的应用研究[J]. 北京测绘，03.
Al Gore. 1998. The Digital Earth：Understanding our Planet in the 21st Century〔EB/OL〕. http：//159.226.117.45/Digitalearth/.

第 3 章　多源水利信息的概念与内涵、数据类型与用途

3.1　多源水利信息的概念与内涵

3.1.1　水信息学概述

信息化是水利现代化的基础和重要标志，它是将信息作为水利活动的基本资源和发展动力，来推动水利工作转轨和发展，它是以计算机技术、微电子技术、通信技术、光电技术、遥感技术等多项信息技术在水利上的广泛应用为标志的。水利信息化是实现水资源优化配置、实现水资源统一管理、提高水资源利用效率的前提，是实现水利科学决策的基础，是正确分析形势、科学制订方案的依据。水利信息化体系的主要内容包括完备的覆盖全国水利系统的水利信息网络、健全的信息化管理体制、完善的法规和规范等。应提高水利信息采集、传输的时效性和自动化水平，为水利更好地服务于社会发展创造条件。

水信息学是一门崭新的学科，它是信息技术与传统水环境科技相结合的产物，其研究和应用领域广泛，内容丰富。水信息学出现于 20 世纪 80 年代初期，直到 1989 年，才出现 Hydroinformatics 的名称。1991 年 M.B.Abbott 教授的专著《Hyroinformatics：Information Technology and the Aquatic Environment》的出版标志了水信息学的正式诞生。水信息学不仅具有专门期刊《Journal of Hydroinformatics》（1999 年创刊，由 IWA 和 IAHR 联合出版），到目前为止还在荷兰代夫特、瑞士苏黎世、丹麦哥本哈根、英国卡迪夫、新加坡、法国尼斯、智利、中国天津、德国汉堡等 10 个国家地区召开了 10 届（两年一次的国际学术会议“International Conference on Hydroinformatics”）有关水信息学的国际学术会议。特别是 2010 年第 9 届国际水信息学大会在中国天津滨海新区召开，这是亚洲国家首次举办该系列学术的会议。

一般意义上，水信息学是研究与水环境相关数据的收集、处理、存储、传播、分析和图形显示等的学科，它通过综合数学、计算机科学和传统水环境科学和工程学的方法，来揭示大量复杂的水环境科技奥秘，解决水环境科技难题。水信息学的研究和应用领域包括数据的获取和分析（例如，SCADA、遥感、遥测、数据模型、数据管理和数据库技术）、先进的数值分析方法和技术（例如，一维、二维和三维计算机水利、水质和水生生态模型，参数估计和过程识别）、控制技术和决策支持（例如，基于模型控制、不确定性处理、决策支持系统、分布影响评价和决策、Internet 和 Intranet）、标准软件的开发（例如，海岸和河口污染扩散的过程分析、水资源的流域管理、城市给水排水系统、计算机辅助教学软件），以及最近出现的新技术的应用（例如，进化算法、神经网络、模

糊逻辑、分布和扩散模型、面向对象和代理）等。

水信息学是信息科技与传统水环境科技相结合的产物。水信息系统不仅包含了数据收集、存储、处理、分析和图像现实的方法，也使用了高深的模型、优化和基于知识的工具和系统，其目的是帮助人类更好地认识水环境运动规律，减少水环境研究和管理的费用，提高决策的正确性和有效性，使信息科技在水环境的研究和管理中发挥巨大的作用。水信息学作为一门崭新的学科，还在不断地成长，不断地完善和发展。

当前我国水信息学的发展任重而道远。与国外相比，我国在水信息学方面投入的人力、物力和财力上还具有很大差距。尽管信息科技已广泛应用于河流、汇水流域的模型、水文风险分析、洪水风险评估、土壤和地下水污染的评估管理补救、水源保护等领域，但我国目前还很少有人对水信息学进行系统的描述。另外国内成熟的水环境科技领域大型商用软件还不多见，应用中的计算机软硬件技术大多是引进国外的，或者还处于研制阶段。再者，对于水信息学的应用，还需要一大批既懂水环境专业知识，又懂信息科技知识的人才，我国这方面的人才严重短缺。

3.1.2 水利信息化

3.1.2.1 我国水利信息化概况

信息化是当今世界经济社会发展的大趋势，是我国产业优化升级和实现工业化、现代化的关键举措，更是落实科学发展观，实现人与自然和谐，建立节约型社会，保障可持续发展的基本要求。我国把大力推进信息化作为我国在新世纪头 20 年经济发展和改革的一项主要任务，提出了“以信息化带动工业化，以工业化促进信息化”的号召，也明确提出“建立健全各种预警和应急机制，提高政府应对突发事件和风险的能力”的总体要求，这些均为水利信息化工作指明了方向。

水利行业是一个信息密集型行业，古今中外十分重视水利信息的收集、整编和利用。在科学技术迅猛发展的今天，信息化更是水利现代化的重要手段和目标。一方面，水利部门要向各级政府部门、相关行业及社会各方面及时提供大量的水利信息，包括汛情旱情信息、水量水质信息、水环境信息和水工程信息等，为防洪抗旱和水资源综合管理服务，为国民经济发展服务；另一方面，水利建设自身的发展也离不开相关行业的信息支持，包括流域区域经济信息、生态环境信息、气候气象信息、地球物理信息、地质灾害信息等。国家有关领导和水利部的领导在有关会议上明确指出：“要充分利用科学技术发展创造的有利条件，坚持用高新技术对水利传统行业进行技术改造，特别要注意采用计算机技术、微电子技术、现代通信技术、遥感技术、地理信息系统（GIS）、全球定位系统及自动化技术等，实现水利信息化。”因此，加速水利信息化建设，既是国民经济信息化建设的重要组成部分，同时也是水利事业自身发展的迫切需要。而且当今计算机、通信、网络等高新技术的发展为实现水利的信息化提供了坚实的技术基础和前所未有的发展机会。

水利信息化是国家以信息化改造和提升传统产业思路在水利行业的具体体现，是带动水利现代化的重要措施之一。实现水利信息化可充分利用现代信息技术，深入开发和广泛利用水利信息资源，包括对水利信息进行采集、传输、存储、处理和利用，提高水利信息资源的应用水平和共享程度，从而全面提高水利建设和水事处理的效率及效益。

水利信息化建设是一项系统工程，其难点主要在于基础水利信息的采集、传输和处理以及有关数据库和信息库的建设，必须紧密结合新时期的水利实际，统一规划，分步实施。由于水资源在新时期对人类社会和经济发展的特殊作用，以“金水工程”（国务院大多数部委出台的信息化规划，均以“金”字头冠名，并已形成序列。沿用这一命名方式，水利部信息化工作领导小组于 2001 年 4 月将水利信息化建设命名为“金水工程”）命名的水利信息化工程被国家信息化领导小组列为国家重要信息化业务系统在“十五”期间优先实施。水利部按照中央关于加快国民经济信息化的要求，提出了“以水利信息化带动水利现代化”的发展思路，并将“全面加强水利系统电子政务建设，构建与经济社会发展相适应的水利信息化综合体系，初步实现水利信息化”作为水利发展的十大目标之一。

在国家水利信息化“十五”规划纲要中，水利信息化建设的内容包括水利公用信息平台建设、应用系统、水利信息安全体系三方面。“十五”期间，特别是《全国水利信息化规划（“金水工程”规划）》印发全国后，水利信息化建设取得一系列的重要成就，主要表现为：水利信息基础设施初具规模、水利业务应用不断深入、新技术应用覆盖面逐渐扩大、行业管理工作得到加强，国家防汛抗旱指挥系统、水资源实时监控试点、全国水土保持监测与管理信息系统、水利行政资源管理系统、大型灌区信息化等重点建设项目均取得了不同程度的进展。

3.1.2.2　水利信息化的必然性

（1）水利信息化是实现新的治水思路的需要

目前，我国水资源供需矛盾日益突出，水环境污染形势十分严峻，制约了水资源的开发和利用，阻碍了经济和社会的发展，严重影响了人民的生产和生活。新的治水思路要求，水利工作要从过去重点对水资源的开发、利用和治理，转变为在注重水资源开发、利用和治理的同时，更为注重对水资源的配置、节约和保护；要从过去重视水利工程建设，转变为在重视水利工程建设的同时，更为注重非工程措施的建设；要从过去对水量、水质、水能的分别管理和对水的供、用、排、回收再利用过程的多家管理，转变为对水资源的统一配置、统一调度、统一管理。单靠工程措施，不可能有效解决当前复杂的水问题，也不能顺利实现水利部提出的新的治水思路的要求。广泛应用现代信息技术，充分开发水利信息资源，工程与非工程措施并重是实现水利现代化的必然选择。长期的水利实践证明，以水利信息化带动水利现代化，以水利现代化促进水利信息化是新世纪水利发展的必由之路。

（2）水利信息化是实现政府职能转变的需要

政府工作千头万绪，但最根本的有两项：一是推行政令；二是为社会公众服务。这两项职能相辅相成、缺一不可。长期以来，我们过多地偏重第一项职能，强调管理，忽视了第二项职能，使服务变成了口号。水利信息服务系统的建设和使用，可以在三个方面对水利行业公共服务产生积极影响。首先，水利政府部门可以通过网络向社会及时、准确地传递信息，有利于建立水利部门与人民群众直接沟通的渠道，可让公众迅速了解我们的工作，满足人民群众日益增长的需求，为基层提供优质、高效服务。其次，可以极大地提高政府对外提供服务的效率，克服官僚主义等弊端。最后，可以保证公共服务的公正性和公平性，真正做到一视同仁，通过信息反馈，更好地听取群众呼声，接受群众监督，采纳合理建议。

（3）水利信息化是实现资源共享、降低行政成本的需要

有效地利用政府内部和外部资源，提高资源的利用效率，对改进政府职能、实现资源共享和降低行政管理成本具有十分重要的意义。水利信息化可以把一定区域乃至全国的水利行政机关连接在一起，真正实现信息、知识、人力以及创新的方法、管理制度、管理方式、管理理念等各种资源的共享，提高包括信息资源在内的各种资源利用的效率。

水利信息化还可以大大降低政府的行政管理成本。在电子网络政府状态下，由于行政系统内部办公自动化技术的普遍运用，大量以传统作业模式完成的行政工作，可以在一种全新的网络环境下进行，从而可以有效地降低行政管理成本。

（4）水利信息化是促进国民经济协调发展的需要

水利信息化对于建立包括节水型农业、工业在内的节水型社会，推进城市化进程，提高资源共享程度，促进国民经济协调发展具有十分重要的现实意义和深远的历史意义。水利是国民经济的基础设施，水资源是基础性的自然资源和战略性的经济资源。水资源的可持续利用，是我国经济和社会可持续发展极为重要的保证。只有把水治好了，国家才能长治久安，国民经济才能协调发展；只有实现水利现代化，才能实现农业现代化，也才能为实现其他方面的现代化提供保障和支撑。

3.1.2.3 水利信息化的基本思路

水利信息化建设将在国家关于信息化建设的大政方针和信息化建设的总体规划指导下，一方面强调信息化综合体系的整体推进；另一方面将以业务需求为牵引，组织项目的分期分批实施，突出重点，实现尽快投入生产应用的目的。水利信息化发展的基本思路是：

（1）以基础设施建设为重点，大力推进信息源和信息存储、共享、服务设施与机制的建设，丰富信息源，有效缓解业务应用中需求与信息资源不足、共享困难的矛盾。

（2）以重点项目为龙头，依托关键技术开发、试验和示范系统建设，集中力量解决一些业务应用中存在的关键性难题，将信息技术更广泛地应用于水利日常业务工作中，全面推进水利系统的能力建设，提升水利行政效率，提高水利行政决策水平。

（3）注重信息化保障环境建设，完善标准、政策和管理体制，积极探索信息化建设与运行维护管理的长效运行机制，拓宽信息化建设投资渠道，力求在投资体制上有所创新。

3.1.2.4 水利信息化的指导思想与原则

水利信息化发展的指导思想是：坚持以人为本，树立科学发展观，适应改革开放和现代化建设对水利工作的要求，以需求为导向，以应用促发展，积极应用和推广信息技术，以水利信息化带动水利现代化，以水利现代化为建设全面小康社会提供支撑和保障。

水利信息化发展仍然坚持“统一规划、各负其责；需求牵引，应用主导；平台公用、资源共享；急用先建、务求实效”的基本原则。

3.1.2.5 水利信息化的发展目标

水利信息化发展的总目标是：建立起比较完善的水利信息基础设施、功能比较完备的水利业务应用、统一规范的技术标准和安全可靠的保障系统，构建与水利改革与发展相适应的水利信息化综合体系，初步实现水利信息化，为国家、流域、区域经济持续发展对新时期水利工作的总体要求提供相适应的水利信息化支撑。

2020 年水利信息化发展的远景目标是：信息技术应用与水利业务需求紧密结合，使水利工作的效率和效能得到全面提高，水利工程体系的综合能力大大提升，我国水利全面实现信息化，为保障经济社会的可持续发展提供有效支撑与服务的目标。

3.1.2.6　水利信息化近期的主要建设任务

水利信息化近期建设的基本任务是：完善水利信息基础设施，营造水利信息化保障环境，围绕重点业务应用开发，进一步构建水利信息化综合体系。

基础设施、业务应用、保障环境三者共同组成了水利信息化综合体系，三者相互依存，缺一不可。本书根据水利部的信息化建设规划，将近期水利信息化建设的内容摘录如下。

近期水利信息化建设，将以水利信息基础设施建设为先导，大力推进各业务应用系统建设，建立完善的安全保障系统，构建水利信息化综合体系，在水利部、七大流域机构和全国大部分地区基本实现水利业务工作信息化，使信息化对水利工作的整体支撑提高到一个新的水平。

（1）基础设施建设

基础设施建设包括水利信息采集、水利通信设施、水利信息网和水利数据中心，是水利业务应用的支撑平台，是水利信息资源共享与利用的基础。基础设施建设仍作为水利信息化工作重点，需要加大建设力度，以缓解不断增长的业务需求与信息资源不足、共享困难的矛盾。

①信息采集

依托各项业务建设专项规划，推进综合信息采集系统的建设，丰富信息采集内容、增强信息采集时效、提高系统利用效率，逐步形成比较完整的综合信息采集体系，基本满足各项业务应用的主要信息需求。同时，大力推进遥感、遥测、全球定位和其他实时自动采集与传输等信息采集新技术、新方法的引进与吸收，逐步形成从微观到宏观多层次协同作业、结构相对完备的综合信息采集体系。

②水利通信设施

充分利用公用通信网络资源，结合水利应用特点，自下而上，建设从基层水利通信接入网、各流域水利通信干线网和全国水利通信骨干网三个层次的通信网络系统。

③水利信息网

改造和扩建水利信息网，实现中央通达地市级节点的宽带连接，满足数据交换、视频信息传输和语音通信等要求。

④水利数据中心

建成先进实用、安全可靠，集基础性、全局性的水利数据中心，初步形成持续稳定的数据汇集、管理、维护的运行机制，提供水利信息的社会化服务。

（2）业务应用建设

业务应用系统是水利信息化建设的核心内容，为了促进水利管理模式的现代化转变，必须尽快建设相应的信息管理系统，根据水利业务需要，规划实施重点水利信息化建设工程，以重点工程为龙头，依靠关键技术研究、试验和示范建设，集中力量解决应用中存在的突出问题。

①防汛抗旱业务

在完成国家防汛抗旱指挥系统一期工程的基础上及时开展二期工程建设，实施并初步完成覆盖全国的防汛抗旱业务应用建设，面向全国各级防汛抗旱部门及时地提供各类防汛抗旱信息，为防洪抗旱调度决策和指挥抢险救灾提供全面的技术支持，全面实现国家防汛抗旱指挥系统的设计目标。

②行政资源管理与公众服务

全面建成水利行政资源管理及公众信息服务应用系统，全面支撑水利行政事务的处理。

③水资源管理决策

适时启动水资源管理决策支持应用试点建设，建成一个覆盖全国范围、提供多层次服务的水资源管理决策支持系统，基本形成支持进行全国水资源监测与优化配置业务处理的能力。

④水质监测与评价

实现全国水质监测数据的传输和共享。

⑤水土保持监测与管理

全面开展水土流失观测和试验等基础设施和应用系统的建设，构建完整的水土保持监测网络体系。

⑥水利工程建设与管理

收集、整理和管理各类水利工程设施及移民安置的各类资料。

⑦农村水电及电气化管理

收集整理水电站及农村电气化县的相关信息，建立水电资源需求预测、分析、模拟优化等数学模型，逐步建成农村水电及电气化管理信息系统。

⑧水利规划设计管理

建设水利项目前期管理需要的综合数据库以及各专业规划、流域规划、单项工程设计和规程规范的分类数据库，开展水利水电规划设计应用系统软件的开发。

⑨水利专业数字图书馆

对水利文献信息资源进行联合编目，数字化加工，建立水利文献信息服务系统，最终建成水利专业数字图书馆。

⑩水文业务

建设以中央及流域、省（区、市）、地市三级的水文业务应用系统。

a. 灌区信息系统

加强灌区基础数据库、灌区电子地图平台软件、管理信息系统、用水管理应用系统、水费计收系统的修改完善和推广工作。

b. 水利工程移民管理

收集和整理各类水利工程移民安置的相关资料。

c. 流域级特色业务应用

包括长江河道采砂实时监控与管理、长江中下游河道三维交互可视化系统、黄河遥感中心及基础地理信息中心建设、珠江山洪灾害监测与预报预警系统、珠江河口综合治理管理信息系统。

（3）保障环境建设

保障环境由水利信息化标准体系、安全体系、建设及运行管理、政策法规、运行维护资金和人才队伍等要素构成，是水利信息化得以顺利进行的基本保证。

①标准规范

完善水利信息化标准体系，制定并实施水利信息分类、采集、存储、处理、交换和服务等一系列技术标准，建成一两个国家级水利信息系统及技术标准专业测试与评估机构。

②安全体系

制定并实施安全管理策略及相应的规章制度，健全安全管理机制，逐步建成水利信息安全体系，达到国家的相关安全要求。

③规章制度

通过研究与试点，进一步完善水利信息化工作领导体制，达到信息化推进与水利发展基本适应的目标。

④人才队伍

做出人才需求分析与人才队伍建设规划，制定人才政策，采用在职培训等多种方式，形成与水利信息化进程相适应的人才队伍。

3.2　多源水利信息的数据类型与用途

根据研究内容或希望达到的目的，多源遥感水利信息的数据类型有 100 余种，主要是根据遥感卫星种类或传感器而划分的。在一般的应用研究中，采用光学传感器遥感信息较多，如美国陆地卫星（Landsat）的 TM、MSS 和 ETM+数据，法国 SPOT 卫星遥感数据，加拿大 Radarsat 雷达遥感数据，美国 NOAA 的 AVHRR 数据，Terra 的 MODIS 数据，CBERS 的 CCD 数据等。对于空间精度要求很高的研究工作，如数字城市建设、大比例尺资源环境调查、考古等专项遥感监测等，还需要在空间分辨率方面提出严格要求，通常选择米级或厘米级的遥感数据作为主要信息源，目前可以选择的米级数据包括 SPOT-5、IRS、IKONOS、Quick Bird 等。下面分别对多种遥感数据信息源作简单的介绍（包括已经退役的遥感卫星）。

3.2.1　美国陆地卫星 Landsat 的 TM、MSS 和 ETM+数据

美国陆地卫星 Landsat 自 1972 年开始共发射了 7 颗，已连续 30 多年为人类提供陆地卫星图像。数据产品主要有 MSS 数据、TM/ETM+数据。Landsat 属于中高度、长寿命的卫星。它的运行特点是：近极地、近圆形轨道；轨道高度为 700～900km；运行周期为 99～103min/圈；轨道与太阳同步。

陆地卫星 Landsat 的工作示意图和影像示例分别如图 3-1 和图 3-2 所示。

3.2.1.1　MSS 数据

MSS 影像为多光谱扫描仪（MultiSpectral Scanner）获取的影像，它具有四个波段，两个波段为可见光波段，两个波段为近红外波段，第一颗至第三颗地球卫星（Landsat）上，反束光导管（RBV）摄像机获取的三个波段摄影像片分别称为第 1、2、3 波段，多光谱扫描仪获取的扫描影像按顺序分别被命名为 4、5、6、7 波段，此外，第三颗地球卫星（Landsat）上还提供热红外波段影像，这个波段被称为第 8 波段，热红外波段使用不久，就因仪器操作上的问题而关闭了，因此，Landsat 提供的热红外波段影像并不多。第

4、5 颗地球卫星上多光谱扫描仪获取的四个波段扫描影像重新被分别命名为 1、2、3、4 波段。在 MSS 影像中，灰度又按照一定的区间归并为 16 级灰阶，同时每幅遥感影像下部也曝光产生一个灰阶尺，灰阶尺由白-灰白-淡灰……浅灰-灰-暗灰……浅黑-黑等多个灰阶组成。像元的亮度值为 0 时，影像上像元的灰阶为黑色，像元的亮度值为 63 时，影像上像元灰阶为白色，像元值从 0 向 63 增加时，其灰阶也按照一定分级规则由黑转白。由于影像复制时像元灰阶与灰度尺受到同样因素的影响，这样解译者可以利用灰度尺来衡量像元的灰阶。

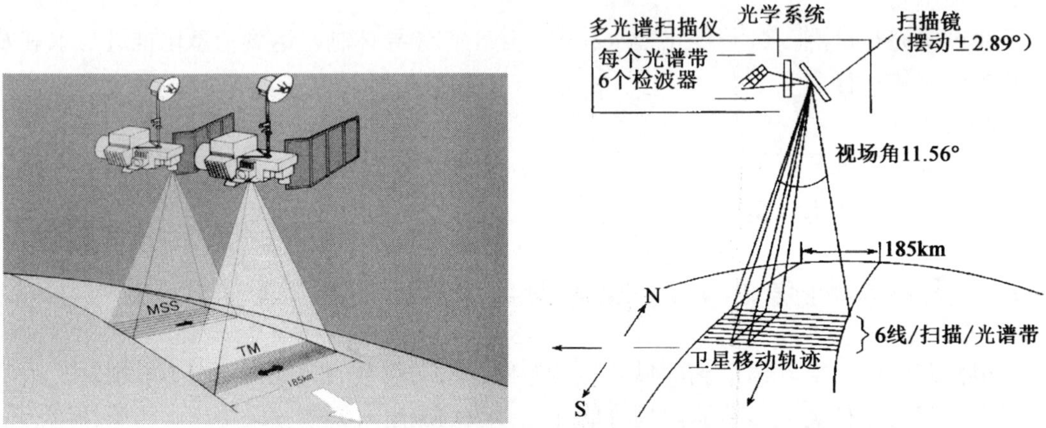

（a）扫描示意图　　（b）工作原理图

图 3-1　Landsat 遥感示意图

图 3-2　海南岛亚龙湾 Landsat 图像

MSS 各个波段的应用范围介绍：

MSS 第 4 波段为绿色波段，对水体有一定透射能力，在清洁的水体中透射深度可达 10～20m，可以判读浅水地形和近海海水泥沙。由于植被波谱在绿色波段有一个次反射峰，可以探测健康植被在绿色波段的反射率。

第 5 波段为红色波段，该波段可反映河口区海水团涌入淡水的情况，对海水中的泥沙流、河流中的悬浮物质与河水浑浊度有明显反映，可区分沼泽地和沙地，可以利用植物绿色素吸收率进行植物分类。此外该波段可用于城市研究，对道路、大型建筑工地、沙砾场和采矿区反应明显，在红色波段各类岩石反射更容易穿过大气层为传感器接收，也可用于地质研究。

第 6 波段为近红外波段，植被在此波段有强烈反射峰，可区分健康与病虫害植被，水体在此波段上具有强烈吸收作用，水体呈暗黑色，含水量大的土壤为深色调，含水量少的土壤色调较浅，水体与湿地反应明显。

第 7 波段也为近红外波段，植被在此波段有强烈反射峰，可用来测定生物量和监测作物长势，水体吸收率高，水体和湿地色调更深，海陆界线清晰，第 7 波段可用于地质研究，划出大型地质体的边界，区分规模较大的构造形迹或岩体。

第 8 波段，为热红外波段，该波段可以监测地物热辐射与水体的热污染，根据岩石与矿物的热辐射特性可以区分一些岩石与矿物，并可用于热制图。

3.2.1.2　TM 数据

TM 影像为专题绘图仪（Thematic Mapper，TM）获取的遥感图像。从 Landsat-4 起，陆地卫星增加了专题绘图仪（TM）。TM 在光谱分辨率、辐射分辨率和地面分辨率方面都比 MSS 有较大改进。在光谱分辨率方面，它采用 7 个波段来记录目标地物信息，与 MSS 相比，它增加了三个新波段，一个为蓝色（蓝绿）波段，一个为短波红外波段，一个为热红外波段，根据 MSS 数据使用的经验与光谱适用范围研究结果，TM 在波长范围与光谱位置上都作了调整。在辐射分辨率方面，TM 采用双向扫描，改进了辐射测量精度，目标地物模拟信号经过模/数转换，以 256 级辐射亮度来描述不同地物的光谱特性，一些在 MSS 中无法探测出的地物电磁辐射的细小变化，现在可以在 TM 波段内观测到。在地面分辨率方面，TM 瞬间视场角对应的地面分辨率为 30m（第 6 波段除外）。TM 比起 MSS 图像应用范围更广，对植被和土壤含水量等检测效果更好。

3.2.1.3　ETM+数据

ETM+影像是增强主题绘图仪获取的影像，是在 TM 基础上改进和发展而成的。1999 年 4 月 15 日发射的陆地卫星 7（Landsat-7），增加了分辨率为 15m 的全色波段（PAN 波段，第 8 波段）图像，并把波段 6 的图像分辨率从 120m 提高到 60m。ETM+技术参数如表 3-1 所示。

表 3-1　ETM+技术参数

波段序号	波长范围/μm	波段名称	地面分辨率/m	主要应用领域
1	0.45～0.52	蓝绿色	30	对水体有一定的透视能力，能够反射浅水水下特征，区分土壤和植被、编制森林类型图、区分人造地物类型
2	0.52～0.60	绿色	30	探测健康植被绿色反射率、区分植被类型和评估作物长势，区分人造地物类型，对水体有一定透射能力
3	0.63～0.69	红色	30	测量植物绿色素吸收率，并以此进行植物分类，可区分人造地物类型

续表

波段序号	波长范围/μm	波段名称	地面分辨率/m	主要应用领域
4	0.76～0.90	近红外	30	测量生物量和作物长势，区分植被类型，绘制水体边界、探测水中生物的含量和土壤湿度
5	1.55～1.75	短波红外	30	探测植物含水量和土壤湿度，区别雪和云
6	10.4～12.5	热红外	60	探测地表物质自身热辐射，用于热分布制图，岩石识别和地质探矿
7	2.08～2.35	短波红外	30	探测高温辐射源，如监测森林火灾、火山活动等，区分人造地物类型
8（PAN）	0.52～0.90	全色	15	

3.2.2 SPOT 卫星遥感数据

1978 年起，以法国为主，联合比利时、瑞典等欧共体一些国家，设计、研制了一颗名为“地球观测实验系统”（SPOT）的卫星，也叫做“地球观测实验卫星”。到目前为止，已经先后发射了 6 颗 SPOT 卫星，分别发射于 1986 年 2 月、1990 年 1 月、1993 年 9 月、1998 年 3 月、2002 年 5 月和 2012 年 9 月，除 SPOT-3 于 1997 年 11 月停止运行外，其他至今仍在运行。中等高度（832km）圆形近极地太阳同步轨道。SPOT-5 卫星上搭载了两台相同的高分辨率遥感器，遥感器使用了 CCD（Charge Coupled Device）线性阵列探测器和推扫式扫描技术，提高了 SPOT 影像的质量。SPOT 工作原理如图 3-3 所示。

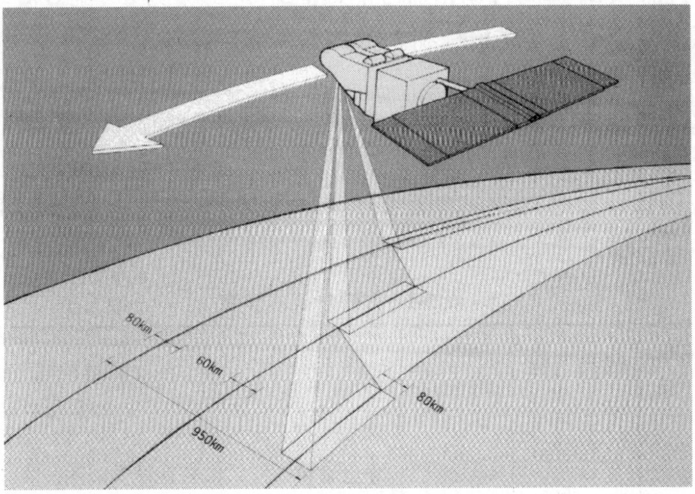

图 3-3 SPOT 工作示意图

与前 4 颗 SPOT 卫星相比，SPOT-5 卫星具有如下两个突出特点。

（1）更高的地面分辨率。利用两台高分辨率几何成像仪，把 2 个 5m 分辨力图像相叠加，把全色图像分辨力提高到 2.5m 分辨率。

（2）利用高分辨率立体成像仪分别从前后视不同角度对目标地物观测，获取同一地区的立体图像。它能同时获取两幅图像，因此可用于制作更为精确的地形图和高程图。这与前 4 颗 SPOT 卫星立体观测不同，前 4 颗采用旁向成像方式。

此外，SPOT-5 卫星携带了“植被-2”相机，几乎每天可实现全球覆盖，图像的分辨率为 1km。

目前，法国 SPOT 卫星提供的遥感影像通过其在不同国家的分公司和代理向世界各国销售，其遥感影像产品包括：1A 级产品、1B 级产品、2 级产品、3 级产品等。SPOT 影像示例如图 3-4 所示。

图 3-4　SPOT-5 图像示例

SPOT-5 卫星上的主要遥感设备是两台“高分辨率几何成像仪”（HRVIR），其工作谱段有 4 个，主要任务是监测自然资源分布，特别是监测农业、林业和矿产资源，观测植被生长状态与农田含水量等，对农作物进行估产，了解城市建设与城市土地利用状况等。

SPOT-5 卫星 2012 年 9 月 9 日当地时间 6 时 23 分，SPOT-6 由印度火箭 PSLV-C21 搭载，成功发射。9 月 22 日，SPOT-6 顺利进入 695km 高的轨道，与 2011 年发射的 Pleiades 1A 卫星在同一轨道平面上，2013 年 1 月以后正式商业运行，如图 3-5 和图 3-6 所示。

图 3-5　SPOT-6 1.5m 分辨率北京南站图像示例

图 3-6　SPOT-6 1.5m 分辨率武汉图像示例

空间分辨率：全色（1.5m）和多光谱（6m）

波段：

全色（0.455～0.745 μm）；

蓝（0.455～0.525 μm）；

绿（0.530～0.590 μm）；

红（0.625～0.695 μm）；

近红外（0.760～0.890 μm）。

宽幅：60×60（km）

立体成像：立体或三线阵立体

其他特点：

- 保留了 SPOT-5 的标志性优势，SPOT-6 具有 60km 的大幅宽；
- 卫星星座每日可接收 $600\times10^4km^2$ 影像；
- 制定编程计划过程中集成了自动天气预报，最大化提高了接收成功率；
- 可覆盖 60km 宽，600km 长的范围，影像为正南北定向，易于处理。

2014 年 1 月，SPOT-7 的加入将带来更多的新服务，包括每日重访。同时，SPOT-6 和 SPOT-7 都具有 60km 的大幅宽，SPOT-6 和 SPOT-7 星座确保了高分辨率、大面积产品可一直延续到 2024 年。

3.2.3 IKONOS 米级卫星遥感数据

IKONOS 是美国空间成像公司（Space Imaging）于 1999 年 9 月 24 日发射升空的世界上第一颗高分辨率卫星。IKONOS 的卫星参数是：具有太阳同步轨道，倾角为 98.1°，轨道高度为 681km（赤道上），轨道周期为 98.3min，下降角在上午 10：30，重复周期 1～3 天。携带一个全色 1m 分辨率传感器和一个 4 波段 4m 分辨率的多光谱传感器，可同时采集 1m 分辨率的全色图像和 4m 分辨率的多光谱图像，地面扫描带的宽度为 11～13km。传感器由 3 个 CCD 阵列构成三线阵推扫成像系统，在正常模式下，它可取得正视、后视和前视推扫成像。全色光谱响应范围：0.15～0.90μm，而多光谱则相应于 Landsat TM 的波段，MSI-1：0.45～0.52μm，蓝绿波段；MSI-2：0.52～0.60μm，绿红波段；MSI-3：0.63～0.69μm，红波段；MSI-4：0.76～0.90μm，近红外波段。

Space Imaging 公司提供 3 种图像数据产品：1m 分辨率的全色图像，4m 分辨率的多波段图像和 1m 分辨率的全色增强图像，如图 3-7 所示。

（a）　　（b）

图 3-7　IKONOS 影像示例

3.2.4 Quick Bird 高分辨率遥感数据

Quick Bird 是美国 Digital Globe 公司的高分辨率商业卫星，于 2001 年 10 月 18 日在美国发射成功。卫星轨道高度 450 km，倾角 98°，卫星重访周期 1～6 天（与纬度有关）。Quick Bird 图像是目前世界上分辨率最高的遥感数据，为 0.61m，幅宽 16.5km。可应用于制图、城市详细规划、环境管理、农业评估。Quick Bird 传感器为推扫式成像扫描仪。Quick Bird 影像示例如图 3-8 所示。

图 3-8　Quick Bird 影像

3.2.5　中国陆地资源卫星遥感数据

中巴地球资源卫星是 1988 年中国和巴西两国政府联合议定书批准，在中国资源一号原方案基础上，由中、巴两国共同投资，联合研制的卫星（代号 CBERS）。并规定 CBRES 投入运行后，由两国共同使用。

资源一号卫星（CBERS-1）于 1999 年升空，它是我国第一代传输型地球资源卫星，星上三种遥感相机可昼夜观测地球，利用高码速率数传系统将获取的数据传输回地球地面接收站，经加工、处理成各种所需的图片，供各类用户使用。CBERS-02 星是 01 星的接替星，其功能、组成、平台、有效载荷和性能指标的标称参数等与 01 星相同。02 星于 2003 年 10 月 21 日在太原卫星发射中心发射升空，经在轨测试后于 2004 年 2 月 12 日投入应用运行。

中巴地球资源卫星（CBERS）采用太阳同步极地轨道，轨道高度 778 km 轨道，倾角是 98.5°，每天绕地球飞行 14 圈。卫星穿越赤道时当地时间总是上午 10 时 30 分，这样可以在不同的天数里为卫星提供相同的成像光照条件。卫星重访地球上相同地点的周期为 26 天。

CBERS 装有三台成像传感器，它们是：广角成像仪（WFI）、高分辨率 CCD 相机（CCD）和红外多谱段扫描仪（IR-MSS）。三台成像传感器以不同的地面分辨率覆盖观测区域：WFI 的分辨率可达 256m，IR-MSS 可达 78m 和 156m，CCD 为 19.5m。CBERS 可提供两种类型数据产品：数字图像和光学图像。

CBERS 提供的数字图像产品[CCD 相机（1～5 波段）、IR-MSS 扫描仪（6～9 波段）和 WFI 宽视场成像仪（10、11 波段）5 个级别的数据产品]：

1 级产品：未进行几何校正，经过辐射校正。

2 级产品：辐射校正与 1 级相同，进行了系统几何校正。

3 级产品：辐射校正与 2 级相同，进行了系统几何校正，并以一系列地面控制点为基础的二维几何精校正。

4 级产品：在 3 级产品的基础上，利用地面高程模型（DEM）进行了地形视差校正。

5 级产品：经过深层处理的遥感专题制图和影像图。

CBERS 提供的光学图像产品：

彩色正片：1∶100 万卫星图像成像比例尺。

彩色负片：1∶100 万卫星图像成像比例尺。

黑白胶片：1∶100 万卫星图像成像比例尺。

彩色图像；1∶100、1∶50、1∶25、1∶10、1∶5 万卫星图像成像比例尺。

黑白图像：1∶100、1∶50、1∶25、1∶10、1∶5 万卫星图像成像比例尺。

CBERS 提供的影像示例如图 3-9 所示。

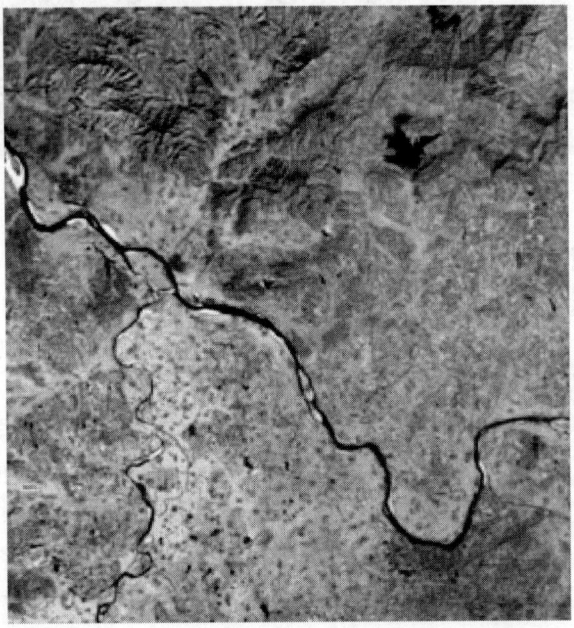

图 3-9　江西地区 CBERS 影像（5 4 3 波段，局部）

资源一号 02C 卫星（简称 ZY-1 02C）于 2011 年 12 月 22 日成功发射。ZY-1 02C 卫星重约 2 100kg，设计寿命 3 年，搭载有全色多光谱相机和全色高分辨率相机，主要任务是获取全色和多光谱图像数据，可广泛应用于国土资源调查与监测、防灾减灾、农林水利、生态环境、国家重大工程等领域。

中国资源二号卫星是传输型遥感卫星，主要用于国土资源勘查、环境监测与保护、城市规划、农作物估产、防灾减灾和空间科学试验等领域。我国曾于 2000 年 9 月 1 日和 2002 年 10 月 27 日分别发射这个型号的 01 星和 02 星。这两颗卫星至今仍在轨正常运行，已发回了大量数据。2004 年 11 月 6 日上午，我国自行研制的“中国资源二号”03 星在太原卫星发射中心由“长征”四号乙运载火箭送入太空。03 星的总体性能和技术水平与前两颗相比，有了改进和提高。

资源三号卫星（ZY-3）是我国首颗民用高分辨率光学传输型立体测图卫星，卫星集测绘和资源调查功能于一体。资源三号上搭载的前、后、正视相机可以获取同一地区三个不同观测角度立体像对，能够提供丰富的三维几何信息，填补了我国立体测图这一领域的空白，具有里程碑意义。通过立体观测，可以测制 1∶5 万比例尺地形图，为国土资源、农业、林业等领域提供服务。该卫星于 2012 年 1 月 9 日在太原卫星发射中心由“长征四号乙”运载火箭成功发射升空。

卫星采用经适应性改进的资源二号卫星平台，配置如下 4 台相机。

（1）1 台地面分辨率优于 2.1m 的正视全色 TDI CCD 相机。

（2）2 台地面分辨率优于 3.5m 的前视、后视全色 TDI CCD 相机。

（3）1 台地面分辨率优于 5.8m 的正视多光谱相机。

4 台相机的参数如表 3-2 所示。

表 3-2　4 台相机配置参数

平台	有效载荷	波段号	光谱范围/μm	空间分辨率/m	幅宽/km	侧摆能力/°	重访时间/d
资源三号	前视相机	—	0.50～0.80	3.5	52	±32	3～5
	后视相机	—	0.50～0.80	2.5	52	±32	3～5
	正视相机	—	0.50～0.80	2.1	51	±32	3～5
	多光谱相机	1	0.45～0.52	6	51	±32	5
		2	0.52～0.59				
		3	0.63～0.69				
		4	0.77～0.89				

3.2.6　JERS 的 VNR、SWIR 和 SAR 数据

JERS 是日本地球资源卫星，近圆形、近极地、太阳同步、中等高度轨道。JERS 卫星将光学传感器和合成孔径雷达系统置于同一平台上的卫星，主要用途是观测地球陆域，进行地学研究等。JERS 卫星共装有 3 台遥感器：可见光近红外辐射计（VNR）、短波红外辐射（SWIR）和合成孔径雷达（SAR）。JERS 卫星提供的影像示例如图 3-10 所示。

图 3-10　JERS 影像示例

3.2.7　印度遥感卫星数据

印度 IRS 系列遥感卫星为印度的重点目标服务，即提供连续可操作的服务以便对国家的自然资源进行管理，被认为是世界上最好的民用遥感卫星系统之一，主要用于农业、森林、矿山、渔业、环境监测等。

印度空间研究组织很早就开始遥感技术的研究，1978 年他们制定了 IRS 系列遥感卫

星研制计划并在不久后得到印度政府的批准。1988 年 3 月 17 日印度第一颗实用的遥感卫星 IRS-1A 使用前苏联东方号运载火箭在拜科努尔发射成功，进入倾角 99.08°，高度 904km 的太阳同步轨道，重复访问周期为 22 天。

IRS-1A 使用模块化设计，降低研制费用减少了研制时间。卫星采用三轴稳定方式，其载荷为 3 台线性扫描相机（LISS），分别为 72.5m 分辨率的 LISS-1 和 36.25m 分辨率的 LISS-2A 和 LISS-2B，相机扫描宽度为 140km。IRS-1 设计寿命 3 年，为了确保遥感观测的连续性，1991 年 8 月 29 日第二颗遥感卫星 IRS-1B 发射升空，其轨道和 IRS-1A 相同。

1995 年 12 月发射了首颗第二代遥感卫星 IRS-1C/1D，IRS-1C 卫星运行在倾角 98.69°，高度 817km 的太阳同步轨道，重访周期 24 天，卫星携带 3 台相机，分别是分辨率 5.8m 的线性扫描相机 LISS-4（仅有全色模式，没有多光谱模式），分辨率 23.6m 的线性扫描相机 LISS-3 和分辨率 189m 的宽角扫描仪（WiFS）。

1996 年 3 月 21 日和 1999 年 5 月 27 日，印度发射了 IRS-P3 和 IRS-P4 遥感卫星，在技术上也属于第二代遥感卫星，其中 IRS-P4 遥感卫星专用于海洋监视用途，携带了海洋水色监视仪（OCM）多频率扫描微波辐射计（MSMR），是印度第一颗海洋卫星，又称海洋卫星一号（Oceansat-1）。

2003 年 10 月发射了首颗第三代遥感资源卫星 IRS-P6，星上携带 3 个传感器：多光谱传感器 LISS3 和 LISS4，以及高级广角传感器 AWIFS。LISS3 传感器具有 4 个光谱波段，分别位于可见光、近红外与短波红外区域，空间分辨率为 23m。4 个光谱波段频谱范围分别为：波段 2（绿）0.52～0.59μm，波段 3（红）0.62～0.68μm，波段 4（近红外）0.77～0.86μm，波段 5（短波红外）1.55～1.70μm。卫星重复周期 24 天，景宽 141km。LISS4 传感器的工作模式有两种：全色（MN）模式和多光谱（MX）模式。在 MN 模式下，传感器可传送波段 2、3、4 中任意一个波段数据，缺少设定为波段 3 数据。在 MX 模式下，数据幅宽为 23.9km（预先设定，在全色模式数据幅宽 70km 的范围内可调）。传感器侧视范围为正负 26°，相当于地面正负 398km 的范围。此分辨率卫星可转动正负 26°，而得到立体像对。

AwiFS 传感器具有与 LISS3 传感器完全相同的 4 个波段，两者的不同则在于成像幅宽与分辨率，幅宽是 737km，分辨率为 56m，重复周期 5 天。

2005 年 5 月 5 日发射的遥感制图 Cartosat-1 号卫星，又名 IRS-P5，它搭载有两个分辨率为 2.5m 的全色传感器，连续推扫，形成同轨立体像对，数据主要用于地形图制图、高程建模、地籍制图以及资源调查等。

IRS-P5 遥感制图卫星搭载两个 2.5m 空间分辨率的可见光全色波段摄像仪，它们可以构成同轨立体像对，可用于地形图制图和提取数字高程模型（DEM）。

IRS-P5 遥感制图卫星有如下优越性。

①组合的立体观测模式，有利于减小大高差地区的遮挡，且后视影像可以制作良好的正射影像。

②基线高度比为 0.62，可以获得理想的高程精度。

③在立体观测模式下，两个相机获取同名地物影像的时间差仅为 52s，两幅影像的辐射特性基本一致，有利于立体观察与影像匹配。

④两套独立的成像系统，可以同时在轨工作，构成连续条带的立体像对，在地面情况良好时，该条带长度可达数千千米。

图 3-11 所示为采用遥感资源卫星 IRS−P5 监测我国怀柔水库的图例。

（a）前视　（b）后视

图 3-11　IRS-P5 影像（怀柔水库）

IRS-P5 提供的数据产品类型如表 3-3 所示。

表 3-3　IRS-P5 提供的数据产品类型

级别	种类	处理内容
01	辐射校正产品/基本立体产品	以景为单位，进行抖动校正，线列损失校正，辐射校正
02	标准地理参考产品	辐射校正，并按景为单位，依据卫星系统参数做集合校正（指北）
03	预正射产品（单片/立体）	辐射校正，并进一步提供正射处理需要的 RPC 参数
04	正射产品	用 GCP 和 DEM（印度地区提供）通过立体条带三角测量软件处理

3.2.8　NOAA 卫星的 AVHRR 数据

NOAA 为美国的气象卫星，数据空间分辨率有 1.1km 和 4km（Global Area Coverage（GAC）模式）两种；温度分辨率为 1℃；NOAA 的轨道是接近正圆的太阳同步轨道，轨道高度为 870km 和 833km，轨道倾角为 98.9°和 98.7°，周期为 101.4min。NOAA 的应用目的是日常的气象业务，平时有两颗卫星运行。由于一颗卫星可以每天至少对地面同一地区进行两次观测，所以两颗卫星就可以进行 4 次以上的观测。

美国 NOAA 极轨卫星从 1970 年 12 月第一颗发射以来，近 40 年连续发射了 18 颗。NOAA 卫星共经历了 5 代，使用较多的为第五代 NOAA 卫星，包括 NOAA-15 至 NOAA-18 和作为备用的第四代星，包括 NOAA-9 至 NOAA-14。2011 年 8 月，NOAA-19 卫星因检修失误损毁。

NOAA 系列卫星装载多种仪器，简述如下。

（1）极精密高分辨率辐射计（AVHRR）以 5 个频道同时扫描大气，可获得可见光云图和红外云图，作为天气分析与预报之用。此外，红外频道的数据可用来决定若干云参数及海面温度。

（2）泰洛斯业务垂直探测器（TOVS），这组仪器包括 3 个辐射计，各有不同的功能。

①高分辨率红外辐射探测器（HIRS/2）是具有 20 个可见光和红外频道的扫描辐射计，可以探测对流层内气温和水汽垂直分布以及臭氧总含量。

②平流层探测单元（SSU）以 3 个红外频道观测平流层中的气温垂直分布。

③微波探测单元（MSU）以 4 个微波频道观测波长 0.5cm 的氧吸收带，可以穿透云层探测云下的气温垂直分布。

（3）太空环境监测器（SEM）负责侦测太空中太阳质子、α 粒子及电子通量等资料。

（4）地球辐射收支试验（ERBE）以狭角视场和广角视场观测地球大气，可以监测太阳常数、行星反照率以及射出长波辐射等参数。

AVHRR 传感器是旋转平面镜式光学机械扫描仪，有 5 个谱段（0.58～0.68μm，0.725～1.1μm，3.55～3.93μm，10.3～11.3μm，11.5～12.5μm），地面宽度 300km，地面分辨率 1 300m。白天可提供云覆盖和冰雪覆盖图像，夜晚可提供云覆盖和海面温度等的图像。它的直读高分辨率图像传输（HRPT）有 1.1km 的星下点分辨率；自动图像传输（APT）有 4 km 的无畸变分辨率。由两颗 NOAA 卫星组成的双星系统，利用 AVHRR，每天可对同一地区获得 4 次观测数据。除了在气象领域可应用外，AVHRR 数据还能广泛用于非气象领域，如海洋油污染监测、探测火山喷发、测定森林火灾和田野禾草燃烧位置、测定海洋涌流、探测植被生活力、确定受蝗虫影响地范围、农作物监测与作物估产、探测湖面水位变化等。NOAA-AVHRR 数据示例如图 3-12 所示。

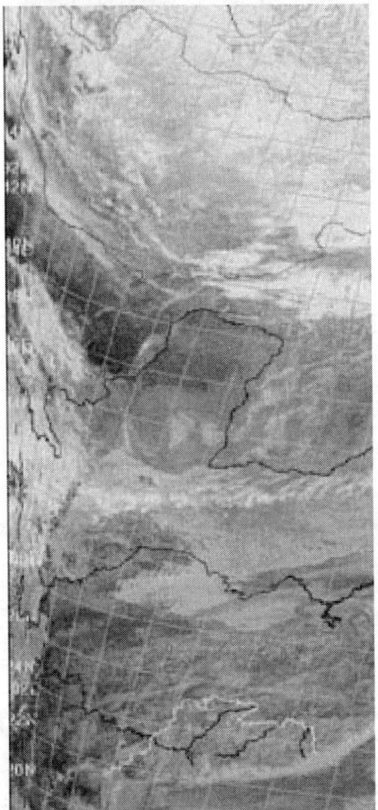

图 3-12　NOAA-AVHRR 数据

图 3-13 所示为 2002 年 3 月 19 日 15 时 NOAA-16 气象卫星的监测图像。受蒙古国东部锋面气旋的影响，从图中的晴空区和云区的缝隙中可清晰地看到，我国内蒙古中西部及蒙古国中西部均出现了沙尘暴天气。图中黄色表示沙尘区，白色表示云区。

NOAA 系列卫星所携带的典型的探测器为 AVHRR/3，该探测器扫描角为±55. 4°，相当于探测地面 2 800km 宽的带状区域，两条轨道可以覆盖我国大部分国土，三条轨道可完全覆盖我国全部国土。AVHRR 的星下点分辨率为 1. 1km。由于扫描角大，图像边缘部分变形较大，实际上最有用的部分在±15°范围内（15°处地面分辨率为 1. 5km），这个范围的成像周期为 6 天。AVHRR/3 探测器包括 5 个波段，可见光红色波段、近红外波段、中红外波段和两个热红外波段，表 3-4 所示为 AVHRR/3 探测器的相关参数，其中，3a 白天工作，3b 夜间工作。

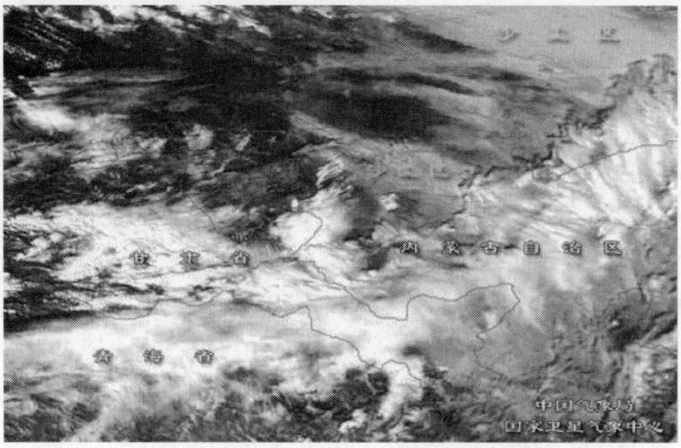

图 3-13　NOAA-16 监测沙尘暴

表 3-4　AVHRR/3 探测器的相关参数

通道序号	波长范围/μm	主要用途
1	0.58～0.68	白天图像、植被、冰雪、气候
2	0.725～1.00	白天图像、植被、水/路边界、农业估产、土地利用调查
3a*	1.58～1.64	白天图像、土壤湿度、云雪判识、干旱监测、云相区分
3b*	3.55～3.93	下垫面高温点、夜间云图、森林火灾、火山活动
4	10.30～11.30	昼夜图像、海表和地表温度、土壤湿度
5	11.50～12.50	昼夜图像、海表和地表温度、土壤湿度

3.2.9　FY 气象卫星系列的数据

我国风云气象卫星 FY 系列采用近极地太阳同步轨道。卫星上主要的遥感器是两台甚高分辨率扫描辐射计（AVHRR），每台有 5 个通道，各通道的波长范围分别是：AVHRR1：0. 58～0. 68μm，绿—红；AVHRR2：0. 725～1. 1μm，近红外；AVHRR3：0. 48～0. 53μm，蓝—绿；AVHRR4：0. 53～0. 68μm，绿—红；AVHRR5：10. 5～12. 5μm，热红外。AVHRR1 和 AVHRR2 可获取白天云图及地表图像；AVHRR3 和 AVHRR4 可获取海洋水色和陆表图像；AVHRR5 可获取昼夜云图、海温和地表温度。

FY 气象卫星可连续对我国及周边地区的天气进行实时监测，提高了对影响我国的各种尺度的天气系统的监测能力，所获云图资料可填补我国西部和西亚、印度洋上的大范围气象资料的空白并可连续监测天气变化。FY 气象卫星的视野更广，可覆盖以我国为中心的约 $1\times10^8km^2$ 的地球表面，即亚洲、大洋洲及非洲和欧洲的一部分。观测和提供这一区域内的云图、温度、水气、风场等气象动态，对我国防灾减灾和气候变化的监测有重要意义。

FY-1A，FY-1B 分别于 1988 年 9 月和 1990 年 9 月发射，是试验型气象卫星。这两颗卫星上装载的遥感器成像性能良好，获取的试验数据和运行经验为后续卫星的研制和管理提供了有意义的数据。FY-1C 星是我国的第一颗三轴稳定太阳同步极地轨道业务气象卫星。其主要功能是用于天气预报、气候研究及环境监测。我国各地地面站通过接收 FY-1C 的 CHRPT 数据，可以每天两次获取当地的观测资料。资料处理中心通过接收星上存储的数据，可以每天获取一次全球资料。FY-1C 星于 1999 年 5 月 10 日由长征四号乙运载火箭从太原卫星发射中心发射升空。当天，地面站接收到 7 个通道的可见光云图资料，6 月 10 日接收到 3 个通道的红外云图资料。FY-1C 的高分辨率实时广播资料 CHRPT 免费向全球开放。FY-1D 星的使命是接替 FY-1C 星，该星已于 2002 年 5 月 15 日顺利升空。FY-1C 和 FY-1D 在技术参数上相同：轨道高度 870km，轨道周期 102. 3min，主要探测仪器为多通道可见红外扫描辐射计（MVIRS）。其通道数由风云一号 A 星的 5 个增加到 10 个，各通道特性如表 3-5 所示。图 3-14 所示为风云一号 D 的接收图像示例。风云一号 C 与风云一号 D 的高分辨图像传输仪称之为 CHRPT。

表 3-5　FY-1C 和 FY-1D 星各通道特性

通道号	波长/μm	主要用途
1	0.58～0.68	白天云层，冰，雪，植被
2	0.84～0.89	白天云层，植被，水
3	3.55～3.93	火点热源，夜间云层
4	10.3～11.3	洋面温度，白天/夜间云层
5	11.5～12.5	洋面温度，白天/夜间云层
6	1.58～1.64	土壤湿度，冰雪识别
7	0.43～0.48	海洋水色
8	0.48～0.53	海洋水色
9	0.53～0.58	海洋水色
10	0.90～0.965	水汽

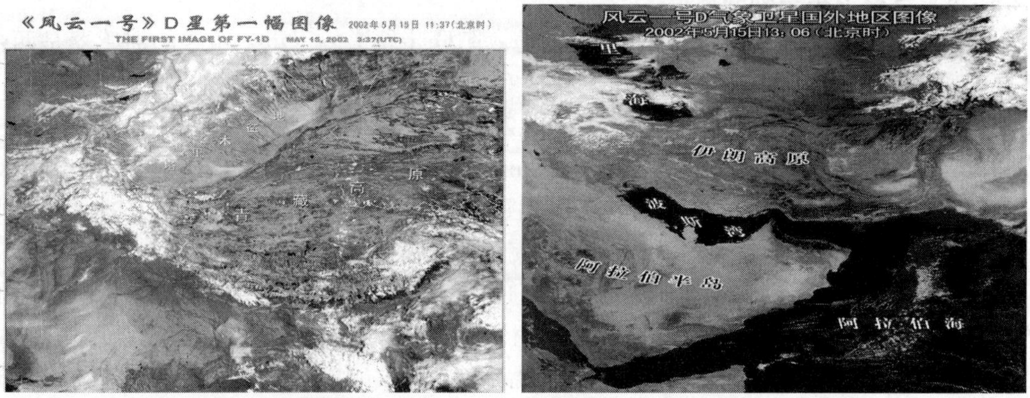

（a）FY-1D 的第一幅图像　　（b）国外地区图像

图 3-14　FY-1D 的接收图像示例

凡具备接收处理 NOAA 的 HRPT 资料的系统，只要稍加改造就可接收处理 CHRPT。MVIRS 的扫描速度为每秒 6 条扫描线，每个通道数据为 2 048 个字，这样 10 个通道的数据是 20 480 个字，再加上同步码等辅助信息，每条扫描线就是 22 180 个字，每字为 10bit，码速率为 1.330 8 Mbps，是 NOAA/HRPT 的二倍。CHRPT 的调制方式是 PCM-PSK

分相码，传输频率为 1700.4MHz，数据格式与 NOAA/HRPT 大体相同。

FY-2 卫星是中国气象局的静止气象卫星系列。风云二号第一批卫星是实验卫星，共有两颗，即 FY-2A 和 FY-2B，分别于 1997 年 6 月 10 日和 2000 年 6 月 25 日发射。第二批为业务卫星，计划发射三颗，发射后分别命名为 FY-2C、FY-2D 和 FY-2E。FY-2C 星于 2004 年 10 月 19 日在西昌卫星发射中心成功发射，是我国发射的第三颗地球静止轨道气象卫星，是在继承 FY-2A、FY-2B 星技术体制的基础上研制出的第一颗业务静止气象卫星。卫星采用自旋稳定方式，设计工作寿命为 3 年。FY-2C 星提供了以我国中部经度为中心，三分之一个地球范围内每小时一次的云图资料，填补了我国西部、西亚和印度洋上的大范围空白。图 3-15 所示为 FY-2C 星所得图像示例。

图 3-15　FY-2C 图像示例

FY-2 主要功能是，获取每小时对地观测圆盘图像。圆盘图像包括 3 个通道数据：可见光，波长范围 0.55～1.05μm；红外，波长范围为 10.5～12.5μm；水汽，波长范围为 6.2～7.6μm。星下点分辨率，可见光 1.25km，红外及水汽为 5km。白天观测的可见光图像，可获得云顶及地表的反照率；昼夜观测的红外图像，可获得云顶及地表的红外辐射；水汽图像，可获得大气中的水汽含量。同时利用这些图像数据提取或推导气象参数；从数据收集平台收集与传输用于气象、海洋、水文等平台数据；广播展宽数字云图，低分辨云图及各类产品；监测太空环境。风云三号（FY-3A）气象卫星是我国第二代极轨气象卫星“风云三号气象卫星”的第一颗卫星，2008 年 5 月 27 日 11 时 02 分，在太原卫星发射中心用我国自行研究的“长征四号丙”运载火箭发射升空。

风云三号（FY-3A）气象卫星发射质量为 2 400kg，在轨飞行尺寸为 4.46m×10m×3.79m，轨道高度 836.4km，倾角 98.753°，周期 101.496min，装载的探测仪器有：10 通道扫描辐射计、20 通道红外分光计、20 通道中分辨率成像光谱仪、臭氧垂直探测仪、臭氧总量探测仪、太阳辐照度监测仪、4 通道微波温度探测辐射计、5 通道微波湿度计、微波成像仪、地球辐射探测仪和空间环境监测器。各仪器主要性能指标和探测目的见表 3-6。

表 3-6　FY-3（01 批）遥感仪器主要性能指标

<table>
<tr><th colspan="2">名称</th><th>性能参数</th><th>探测目的</th></tr>
<tr><td colspan="2">可见光红外扫描辐射计（VIRR）</td><td>光谱范围：0.43～12.5μm
通道数：10
扫描范围：±55.4°
地面分辨率：1.1km</td><td>云图、植被、泥沙、卷云及云相态、雪、冰、地表温度、海表温度、水汽总量等</td></tr>
<tr><td rowspan="3">大气探测仪器包</td><td>红外分光计（IRAS）</td><td>光谱范围：0.69～15.0μm
通道数：26
扫描范围：49.5°
地面分辨率：17km</td><td rowspan="3">大气温、湿度廓线、O_3总含量、CO_2浓度、气溶胶、云参数、极地冰雪、降水等</td></tr>
<tr><td>微波温度计（MWTS）</td><td>频段范围：50～57GHz
通道数：4
扫描范围：±48.3°
地面分辨率：50～75km</td></tr>
<tr><td>微波湿度计（MWHS）</td><td>频段范围：150～183GHz
通道数：5
扫描范围：±53.35°
地面分辨率：15km</td></tr>
<tr><td colspan="2">中分辨率光谱成像仪（MERSI）</td><td>频段范围：0.40～12.5μm
通道数：20
扫描范围：±55.4°
地面分辨率：0.25～1km</td><td>海洋水色、气溶胶、水汽总量、云特性、植被、地面特征、表面温度、冰雪等</td></tr>
<tr><td colspan="2">微波成像仪（MWRI）</td><td>频段范围：10～89GHz
通道数：10
扫描范围：±55.4°
地面分辨率：15～85km</td><td>雨率、云含水量、水汽总量、土壤湿度、海冰、海温、冰雪覆盖等</td></tr>
<tr><td colspan="2">地球辐射探测仪（ERM）</td><td>光谱范围：0.2～50μm，0.2～3.8μm
通道数窄视场 2 个，宽视场 2 个
扫描范围：±50°（窄视场）
灵敏度：$0.4Wm^{-2}\cdot sr^{-1}$</td><td>地球辐射</td></tr>
<tr><td colspan="2">太阳辐射监测仪（SIM）</td><td>太阳辐射测量：
光谱范围：0.2～50μm
灵敏度：$0.2Wm^{-2}$</td><td>太阳辐射</td></tr>
<tr><td colspan="2">紫外臭氧垂直探测仪（SBUS）</td><td>光谱范围：0.16～0.4μm
通道数：12
扫描范围：垂直向下
地面分辨率：200km</td><td>O_3垂直分布</td></tr>
<tr><td colspan="2">紫外臭氧总量探测仪（TOU）</td><td>光谱范围：0.3～0.36μm
通道数：6
扫描范围：±54°
星下点分辨率：50km</td><td>O_3总含量</td></tr>
<tr><td colspan="2">空间环境监测器（SEM）</td><td>测量空间重离子、高能质子、中高能电子、辐射剂量；监测卫星表面电位与单粒子翻转事件等</td><td>卫星故障分析所需空间环境参数</td></tr>
</table>

风云三号（FY-3A）气象卫星数据传输采用 3 个信道。第一个是 L 波段实时数据（HRPT）传输信道，1 698～1 710MHz，码速率为 4. 2Mbps（RS 编码后），用作除中分辨率光谱成像仪以外的所有探测数据的实时传输，全球范围内发送。第二个是 X 波段实时数据（MPT）传输信道，7 750～7 850MHz，码速率为 18. 7Mbps（RS 编码后），进行中分辨率光谱成像仪数据的实时传输。第三个是 X 波段延时数据（DPT）传输信道，8 025～8 400MHz，码速率为 93Mbps（RS 编码后），进行星上存储延时回放数据的传输。在数据传输中，格式标准为 CCSDS 推荐的 AOS 标准，将与美国和欧洲的下一代气象卫星的传输数据格式一致。

3.2.10　EOS/MODIS 数据

MODIS（Moderate Resolution Imaging Spectroradiometer）的全称为中分辨率成像光谱仪，是美国 NASA（美国国家航空航天局）正在实施的地球观测系统 EOS（Earth Observation System）计划中所应用的卫星传感器之一。EOS 卫星轨道高度为距地球 705km，主要用途是对地球的各个圈层（包括大气圈、水圈、土圈、生物圈以及人类活动等）进行一日 4 次的观测（上、下午和上、下半夜），获取可以提供对地球各个圈层的变化规律进行研究的科学数据。EOS 系列卫星（TERRA 和 AUQA）上的最主要的仪器就是中分辨率成像光谱仪 MODIS，其最大空间分辨率可达 250m。MODIS 是 EOS 系列卫星的主要探测仪器，也是 EOS 平台上唯一进行直接广播的对地观测仪器，它是当前世界上新一代“图谱合一”的光学遥感仪器，具有 36 个光谱通道，490 个探测器，覆盖了从 0.4μm（可见光）到 14.4μm（热红外）的全光谱段。图 3-16 所示为 MODIS 数据示例。

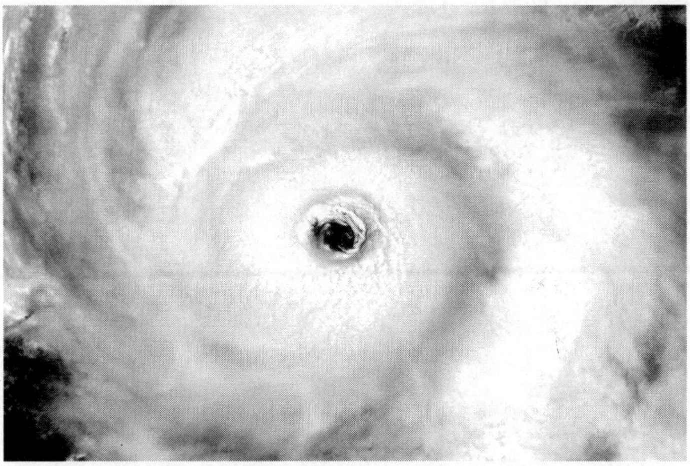

图 3-16　MODIS 图像示例（2003 年台风“苏迪罗”图像）

MODIS 仪器的地面分辨率为 250m、500m 和 1 000m，扫描宽度为 2 330km。在对地观测过程中，每秒可同时获得 6.1MB 的来自大气、海洋和陆地表面信息，每日或每两日可获取一次全球观测数据。MODIS 的多波段数据可以同时提供反映陆地表面状况、云边界、云特性、海洋水色、浮游植物、生物地理、化学、大气中水汽、气溶胶、地表温度、云顶温度、大气温度、臭氧和云顶高度等特征的信息，可用于对陆表、生物圈、固态地球、大气和海洋进行长期全球观测。这些数据对于开展自然灾害与生态环境监测、全球环境和气候变化研究以及进行全球变化的综合性研究等将是非常有意义的。

全世界已有几十个国家建有 MODIS 地面卫星数据接收站。我国也已先后在北京、武汉、新疆等地区建有该卫星数据接收站。其数据是当代国际地球科学、环境科学、生态学、气象学、海洋学、土地科学、自然资源学、自然灾害学、农学、林学、草地学等多学科创新、生态环境监测以及国家可持续发展研究与决策中重要的基础数据资源，在我国具体应用于西部干旱区生态环境变化、沙尘暴发生与发展、植被结构和分布、农作物长势和气候、大气的动态监测，还可用于自然灾害监测和预报、洪水预报和改进灌溉方法、土地资源调查等领域。

MODIS 仪器与 NOAA 卫星和陆地卫星相比，有以下特点和优势。

（1）空间分辨率大幅提高。空间分辨率提高了一个量级，由 NOAA 的千米级提高到了 MODIS 的百米级。

（2）时间分辨率有优势。一天可过境 4 次，对各种突发性、快速变化的自然灾害有更强的实时监测能力。

（3）光谱分辨率大大提高。有 36 个波段，这种多通道观测大大增强了对地球复杂系统的观测能力和对地表类型的识别能力。

MODIS 比较典型的应用如下。

（1）火情监测：由于 MODIS 资料红外通道的温度上限远高于 NOAA 卫星，因此在估算火点子像元面积和温度方面远比 NOAA 卫星优越，从而可以进一步为防火部门提供反映火势的信息。而且 MODIS 资料像元空间分辨率高于 NOAA 卫星，因此利用 EOS/MODIS 资料估算森林、草原着火面积的精度明显高于气象卫星。图 3-17 所示为利用 MODIS 对蒙古国火情进行监测的示例。

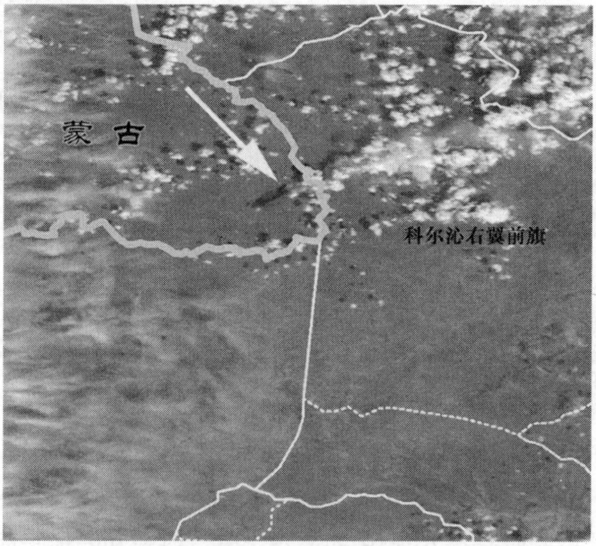

图 3-17 利用 MODIS 对蒙古国火情进行监测（北京时间 2003 年 5 月 21 日 11 时 29 分）

（2）水情监测：EOS/MODIS 资料在水体监测应用方面的精度远超过气象卫星，可以估算水体面积（如泛滥、洪涝面积等），在卫星遥感水情监测方面发挥了重要作用。EOS/MODIS 资料在水体监测应用方面的空间精度远超过气象卫星，可以反映湖泊丰富的水体细节，以及湖泊多时次、长时间序列的变化情况。EOS/MODIS 资料在水体监测应用方面的精度远超过气象卫星，可以多时次、长时间序列地监测水库水体的变化情况。在三峡工程建设期间，EOS/MODIS 资料在库区水体监测方面发挥了重要作用。EOS/MODIS 资料的空间分辨率与气象卫星相比具有明显的优势，可以利用 MODIS 资料清楚地观测到沙漠深处的水体以及水体周边的绿色植被信息，这对于水资源匮乏的西部地区有着重要的意义。图 3-18 所示为利用 MODIS 对淮河流域水情监测的示例。

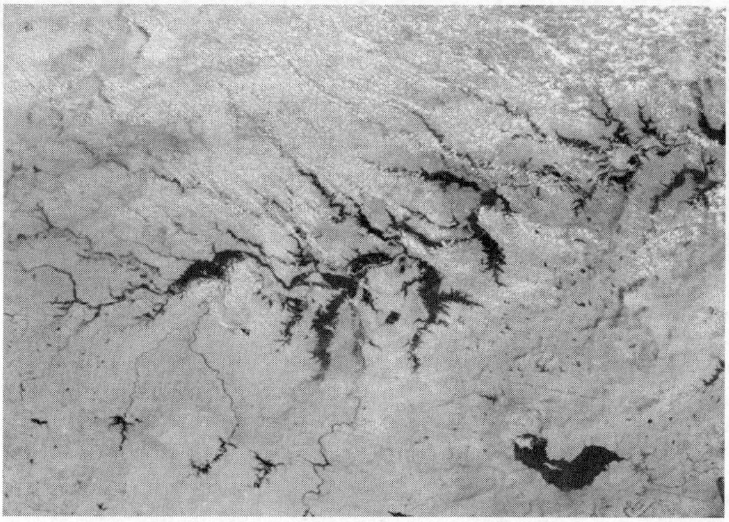

图 3-18　淮河流域 MODIS 水情监测（北京时间 2003 年 7 月 23 日 11 时）

（3）积雪监测：利用 EOS/MODIS 资料制作的积雪监测图像。具有分辨率高、监测范围广的特点，可以清楚地反映出积雪覆盖的范围。如 2002 年 1 月中旬，内蒙古自治区呼伦贝尔盟西部陈巴尔虎旗、新巴尔虎左旗、新巴尔虎右旗等地发生雪灾。在 EOS/MODIS 原分辨率图像上，可更清楚地看到重灾区陈巴尔虎旗雪情的细节。图 3-19 所示为利用 MODIS 监测到的我国东北地区的一次降雪示例。

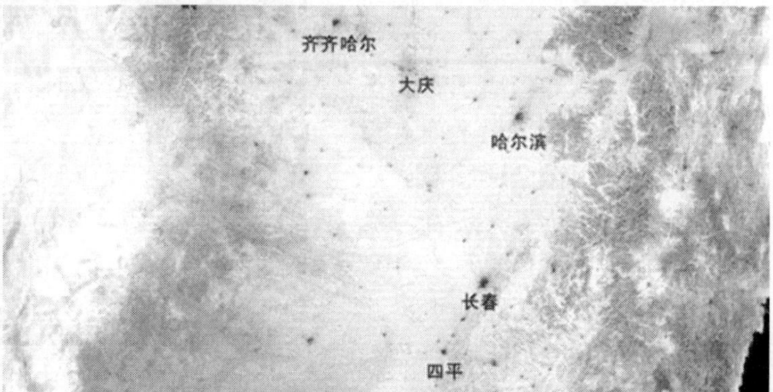

图 3-19　MODIS 监测到的我国东北地区的一次降雪（北京时间 2001 年 2 月 16 日 10 时 55 分）

在图 3-19 中白色为积雪，暗色的斑块为城镇，可以清楚地看到东北地区大范围被积雪覆盖，还可以清楚地看到遍布在东北平原上的大小城镇轮廓，以及城镇之间的交通线路。

（4）冰情监测：利用 EOS/MODIS 资料观测到的高分辨率监测图像，可以清楚地看到冰凌的分布细节。受北方持续冷空气影响，2003 年 1 月，黄河中下游出现大段冰封和冰凌，长度达 1 400km 以上，为近年来少有。EOS/MODIS 资料为黄河冰凌监测提供了有力的保证。图 3-20 所示为利用 MODIS 监测到的冰情示例。在图 3-20 中，黄河河面的深蓝色为水体，灰白色为冰体，由图可见，黄河宁夏段大部为冰封及冰凌。

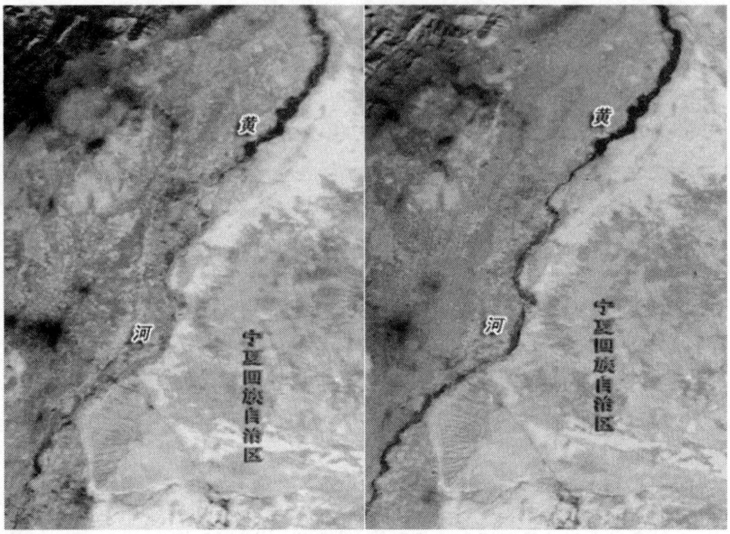

图 3-20　MODIS 监测到的冰情

（左图为北京时间 2003 年 1 月 16 日 12 时 01 分，右图为 18 日 10 时 49 分）

3.2.11　SEASAT 卫星的 SAR-A、SNMR 和 VIR 数据

SEASAT 是美国海洋卫星，近极地近圆形太阳同步轨道。卫星载有 5 种传感器，其中 3 种是成像传感器。这 3 种成像传感器是合成孔径侧视雷达（SAR-A）、多通道微波扫描辐射计（SNMR）和可见光-红外辐射计（VIR）。

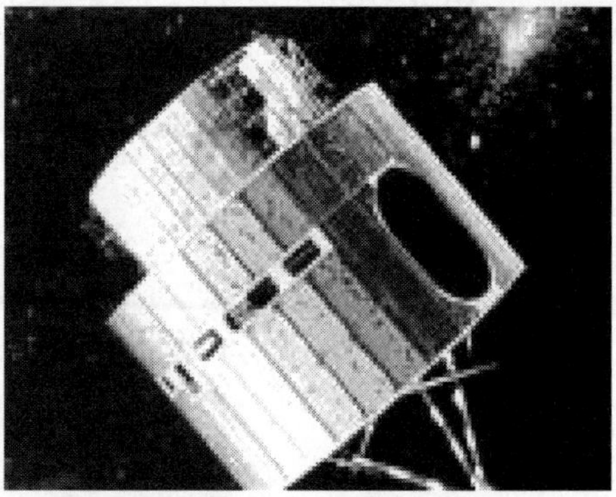

图 3-21　SEASAT 外形示意图

SEASAT 是世界上第一颗专门用于海洋观测试验的卫星，属美国地球资源卫星系列。海洋卫星的主要任务是鉴定利用微波遥感器从空间观测海洋及其有关海洋动力学现象的有效性。1978 年 6 月发射的海洋卫星 1 号，工作 105 天后，由于卫星上电源系统发生短路而失灵。尽管如此，它还是完成了预定的海洋遥感实验。卫星在轨道（高度 776～800km，倾角 108°，周期 100.63min）上与运载火箭末级阿金纳号连在一起，重约 2.3t。卫星上有 5 种主要的科学仪器：①一台 L 波段合成孔径雷达（SAR）：它是第一台空间对地遥感的成像雷达。观测带宽为 100km，分辨率为 50m，可在各种天气条件下观测海水特征、海冰漂移、水陆界面、海水波浪，确定鱼群和测绘海流图。雷达成像的数据速率高达 15～24MB/s，在

地面接收站视界内遥控卫星进行直接的实时传输。②雷达高度计（ALT）：它测量卫星到星下点海面的距离，为测量海洋水准面提供数据。雷达高度计还测量海面的粗糙度，以便获得 1～20m 高度范围内的波浪数据，误差为浪高的 10%。③微波散射计系统（SASS）：它是主动式的微波遥感器，用来估测海面风的大小和方向。测定风速误差为±2m/s 或风速值的 10%；测定风向误差为±20°。④扫描式多通道微波辐射计（SMMR）：能测定海面温度、海水分布和海面风（测至小于 5m/s 风速）。⑤可见光和红外扫描辐射计（VIR）：用以辅助微波遥感器，提供海洋、海岸、大气的可见光和热红外图像，有助识别云层、海流、海冰、暴风雨和岛屿等。

3.2.12　Radarsat 系列卫星的数据

Radarsat 是加拿大雷达卫星，于 1995 年 11 月 4 日发射，为圆形近极地太阳同步轨道。Radarsat-1 携带的成像遥感器有合成孔径雷达（SAR）、多谱段扫描仪、高分辨率辐射计（AVHRR），非成像遥感器有散射计。SAR 是一套多波束合成孔径雷达，工作频率为 5.3GHz，属 C 频段，HH 极化。Radarsat-1 的外形如图 3-22 所示。卫星有 7 种模式、25 种波束、不同入射角，因而具有多种分辨率、不同幅宽和多种信息特征。散射计用于测量海洋表面风速、风向。测量风带精度约±10%，风向精度 20°，覆盖地面 1 200km。雷达卫星应用于农业、海洋、冰雪、水文、资源管理、渔业、航海业、环境监测、北极和近海勘测等。Radarsat-1 的卫星参数为：轨道高度 796km，倾角 98.6°，运行周期 100.7min，重复周期 24 天，每天轨道数 14，重量 2750kg，过境的当地时间约为早 6 时和晚 6 时。工作模式如表 3-7 所示。图 3-23 所示为图像示例。

图 3-22　Radarsat 卫星外形示意图

表 3-7　Radarsat-1 的工作模式

工作模式	波束位置	入射角/°	标称分辨率/m	标称轴宽/km
精细模式（5 个波束位置）	F1 至 F5	37～48	10	50×50
标准模式（7 个波束位置）	S1 至 S7	20～49	30	100×100
宽模式（3 个波束位置）	W1 至 W3	20～45	30	150×150
窄幅 ScanSAR（2 个波束位置）	SN1	20～40	30	300×300
	SN2	31～46	30	300×300
宽幅 ScanSAR	SW1	20～49	100	500×500
超高入射角模式（6 个波束位置）	H1 至 H6	49～59	25	75×75
超低入射角模式	L1	10～23	35	170×170

Radarsat-2 于 2007 年 12 月 14 日，在哈萨克斯坦的拜科努尔太空基地成功发射，是 Radarsat-1 的后续卫星，它除了延续 Radarsat-1 的拍摄能力外，在新的图像获取能力及性

能方面，又有了长足的进展。同时，它具备成熟的商业运作模式和实力雄厚的技术支撑团队，因此可以可靠地、保密地、及时地向商业用户提供高质量的SAR图像。

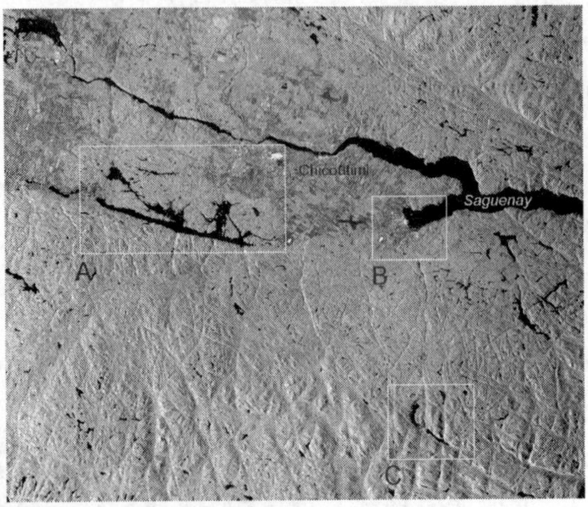

图 3-23　Radarsat 影像示例

Radarsat-2作为世界上最先进的商业卫星，设计寿命是7年，而预计可达12年。相比Radarsat-1的设计，Radarsat-2更加灵活，可根据指令在左视和右视之间切换，这不仅缩短了重访周期，而且增加了获取立体成像的能力。在左视和右视之间切换时，是通过简单的滚动操作，约需10min就可以完成。另外，对所有波束模式，都可以左视或右视。

除了重访间隔缩短，Radarsat-2数据接收可靠性高和图像处理更加快速外，Radarsat-2可以提供11种波束模式，包括2种高分辨率模式（即3种极化模式和增宽的扫幅模式）以及大容量的固态记录仪等。这些都使Radarsat-2的运行更加灵活和便捷。

Radarsat-2的卫星数据主要特点及数据应用范围如表3-8所示。

Radarsat-2的卫星波束模式特征如表3-9所示。

表 3-8　Radarsat-2 的卫星数据主要特点及数据应用范围

特点	优点
较高的分辨率（3～8m）	对于小面积，改进了目标检测、识别、取得最大信息，这将使多种新应用成为可能，包括制成1：20000的地图
3种极化模式	多种极化模式可改进地物的区分识别、分类的能力。有了多极化模式，Radarsat-2可以和多光谱敏感器竞争
编程所需提前时数（4～12h）	对紧急情况处理的用户，需要快速得到图像；Radarsat-2系统是好的选择
重访次数增加	对于需要较高重访频率去访问（感兴趣区域ROI）的运行性用户，监测效率提高了
快速数据处理及其交付	处理速度快（不到30min）使它和R-2其他的特点一起让其运行性特点更为突出，而且，对于需要运行性解决方案的监测、国防、突发事态处理的用户，运行性得到了进一步的增强
几何准确度提高	对于需要快速得到准确定位的产品的用户，运行性监测方案可得到改进

表 3-9　Radarsat-2 的卫星波束模式特征

波束模式	运行模式	极化	入射角/°	标称分辨率/m	分辨率范围（标称）/m	方位方向分辨率（标称）/m	视数（距离*方位）/km	景大小（距离*方位）/km	景面积（标称）/km^2
Spotlight	Spotlight	SS	20～49	1	2.1～3.3	0.8	1×1	20×8	144～160
超精细	Stripmap	SS	30～40	3	2.5～3.4	3.0	1×1	20×20	400
多视精细	Stripmap	SS	30～50	8	7.4～9.1	7.9	2×2	50×50	2 500
精细	Stripmap	SS & Dual	30～50	8	7.4～9.1	7.9	1×1	50×50	2 500
标准	Stripmap	SS & Dual	20～49	25	19.2～29.2	25.6	1×4	100×100	10 000
宽	Stripmap	SS & Dual	20～45	30	20.6～42.8	25.6	1×4	150×150	22 500
四极化精细	Stripmap	Quad	20～41	8	8.4～16.0	7.9	1×1	25×25	625
四极化标准	Stripmap	Quad	20～41	25	22.3～28.6	7.9	1×4	25×25	625
高入射角	Stripmap	Single	49～60	25	16.9～19.4	25.6	1×4	75×75	5 625
窄幅扫描	ScanSAR	SS & Dual	20～47	50	43～91	46～77	2×2	300×300	90 000
宽幅扫描	ScanSAR	SS & Dual	20～49	100	82～183	90～113	4×2	500×500	250 000

3.2.13　ERS 系列卫星数据

ERS 是欧洲遥感卫星，圆形极地太阳同步轨道。雷达地面分辨率可达 30m。ERS 主要用于海洋学、冰川学、海冰制图、海洋污染监测、船舶定位、导航、水准面测量、岸洋岩石圈的地球物理及地球固体潮和土地利用制图等领域。

随着欧洲遥感卫星（ERS）和美国防卫气象卫星计划（DMSP）的全球观测，星载微波遥感取得了很大的进展。ERS-1 和 ERS-2 上载有 C 波段（5.3Gth）垂直极化主动散射计。卫星轨道高度 780km，轨道倾角 100.465°，半长轴 7 153.135km，飞行周期 100.465min，每天运行轨道数 14 又 1/3，降交点的当地太阳时 10 时30 分，空间分辨率方位方向<30m，距离方向<26.3m，幅宽 100km。

1991 年 7 月 17 日 ERS-1 遥感卫星进入太阳同步轨道。ERS-1 装备有 3 个雷达观测孔，不管空中阴云密布，天气如何，其观测数据不受干扰。

ERS-2 卫星于 1995 年发射，是欧空局 1991 年发射的 ERS 卫星的姊妹星，携带有雷达测高仪、综合孔径雷达等多种科学仪器，是一颗多任务、多学科的科学考察卫星，主要研究观测地球上错综复杂的大气、陆地、海洋和极地冰信息等。这两颗卫星是当时最先进的对地观测卫星，也将欧洲推向对地观测领域的最前沿。

这两颗卫星的功能几乎是相同的，只是 ERS-2 卫星增加了检测大气中的臭氧的功能。它们的服役年限都远远超过了设计寿命，共同提供了连续 20 年观测数据。ERS-1 也是出乎意料地在 2000 年才停止了工作。

首次搭载民用卫星雷达的 ERS-2 提供了观测地球的新视角。特别是利用合成孔径雷达干涉测量法使我们能够监测地球表面位移的现象，比如对 2011 年 3 月 11 日破坏严重的日本地震事件进行监测，还能用来建设数字高程模型。ERS-2 卫星还提供了全球海洋表面温度的精确地图，监测 1997 年的厄尔尼诺现象，获取并提供了新的海平面信息，以及备受关注的气候变化。此外，利用 ERS-2 卫星进行的全球臭氧监测实验（GOME）对南极上空平流层的臭氧损耗进行监测。GOME 提供了世界上最长臭氧监测服务，它的成功监测也推动了后续一连串卫星监测服务的发展。

ERS-1 卫星、ERS-2 卫星的图像示例如图 3-24 和图 3-25 所示。

图 3-24　ERS-1 卫星图像示例

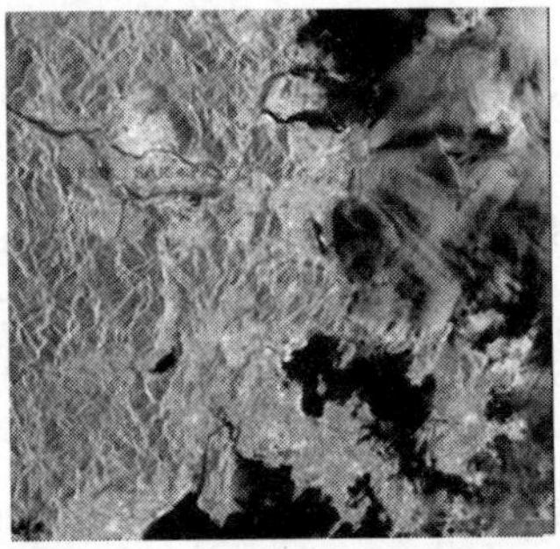

图 3-25　ERS-2 卫星图像示例

3.2.14　GMS 气象卫星数据

GMS 是日本葵花气象卫星，地球卫星同步轨道，星上载有可见光-红外自旋扫描辐射计（成像）和空间环境监测仪。可提供：全景圆形图像、日本邻区局部放大图像、分割圆形为 7 扇形图像，极地立体投影图像、墨卡托投影图像。各种图像均有可见光、红外及等温、分层等图像。图 3-26 所示为 GMS 卫星接收的遥感图像示例。

图 3-26　GMS 气象卫星接收的遥感图像示例

静止气象卫星（GMS）计划是由日本气象厅（JMA）创始的。卫星由日本电气公司（NEC）与美国休斯飞机公司联合制造，于 1977 年 7 月 14 日，由美国发射了第一颗

GMS-1，命名为“向日葵”号，预定工作寿命为 3 年，定点于 140° E 赤道上空，星体呈圆柱形，直径 2. 16m，高 2. 7m，重 315kg。GMS-1、GMS-2、GMS-3、GMS-4 带有可见光红外自旋扫描辐射仪（VISSR）和空间环境探测器。卫星每分钟自旋 100 周，每隔 30min 获取一幅全球圆面图的 20°×20°的扫描。GMS 卫星的主要任务是：

①获取昼夜云图；

②由资料收集平台（DCP）收集如船舶、气球、浮标站及自动无人气象站观测资料；

③对云图进行二次处理，获取风、云顶温度（高度）等气象参数；

④传送已处理好的传真图像；

⑤空间环境监测。

GMS-5 气象卫星是日本 GMS 系列卫星的第 5 颗星，它于 1995 年 3 月 18 日 5 时 1 分在日本宇宙开发事业团（NASDA）的种子岛空间发射中心用第三枚 H-2 火箭发射成功。GMS-5 气象卫星已在 3 月 29 日进入位于 160°E 的地球静止轨道。它在此位置上用设在澳大利亚的跟踪与测距系统（TARS）进行为期两个月的轨道测试。此后它定点于预定的 140°E，并在 6 月中旬接替 GMS-4 气象卫星的工作，正式投入业务运行。尔后，GMS-4 气象卫星于 7 月中旬移到 120°E 位置上作为备份。GMS-5 气象卫星与 GMS 系列的其他卫星一样，其姿态控制亦为自旋稳定方式。卫星重 756kg，设计寿命 5 年，星上的主要探测仪器是 VISSR（可见光和红外自旋扫描辐射仪）。为了进一步增强仪器的对地观测能力，GMS-5 气象卫星的 VISSR 在 GMS-4 的基础上做了较大改进，新增加了两个探测通道，即增加了一个用于观测对流层中层水汽辐射的 6. 5～7. 0Pa 的水汽通道，并将原来的 10. 5～12. 5μm 的红外窗区分裂为两个 10. 5～11. 5μm 和 11. 5～12. 5μm 的单独通道，以便于观测地球表面和云的辐射。

3.2.15 MTSAT 系列卫星数据

日本新一代多功能静止卫星（MTSAT-1R 和 MTSAT-2）分别于 2005 年和 2006 年发射成功。卫星采用三轴稳定姿态控制方式。MTSAT 卫星仍定位于 140°E，对我国气象观测将起重要的作用。

MTSAT-1R 上装载了 5 通道的可见光和红外扫描成像仪，它能有效地检测雾与薄卷云。MTSAT-1R 向用户播发全新的高速率信息传输（HRIT）和低速率信息传输（LRIT），卫星还播发高分辨图像资料（HiRID）和低分辨率模拟云图（WEFAX）。HiRID 是个过渡性的资料，其传输特性和数据格式与 GMS-5 卫星的展宽数字资料十分接近，S-VISSR 用户地面站只要略加修改就可以接收 HiRID。如不作修改则可接收部分 HiRID 资料（不能接收 IR4 及 IR1 至 IR3 新增加的 2 bit 数据）。WEFAX 则是多年来国际通用的低分辨率模拟云图，各气象卫星运行国早已达成共识，要将其数字化，以低速率信息传输 LRIT 来取代。

“MTSAT-2”卫星上搭载的成像仪拥有 1 个可见光波段和 4 个红外波段，成像仪依靠内部的扫描镜拍摄地球表面图像。扫描镜收集到的光经透镜和滤光器分为可见光和红外共 5 个波段的光，再被转换为电信号传回地球，这样卫星夜间观测雾以及海面水温的精确度将得以提高。

“MTSAT-2”每 30min 拍摄 1 次北半球的图像，间隔时间是上一代卫星的一半，这有助于更好地把握台风和云层的移动情况。同时，卫星的水平分辨率达到可见光波段 1km、红外波段 4km，图像品质有望大幅提升。

图 3-27 所示为 MTSAT 卫星接收的遥感图像示例。

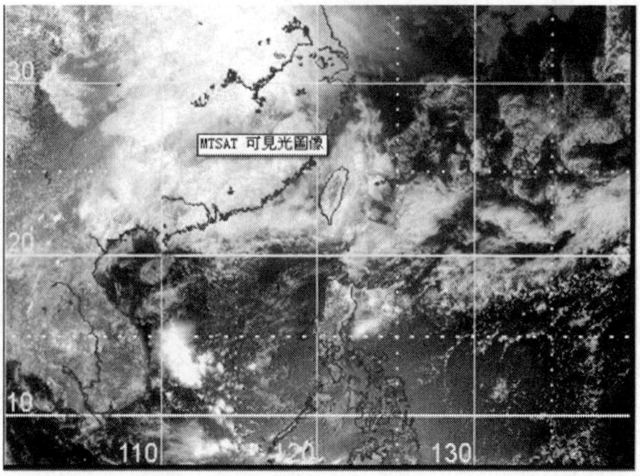

图 3-27　MTSAT 卫星接收的遥感图像示例（2013 年 4 月 22 日 14 时 03 分）

3.2.16　ENVISAT-1 卫星数据

ENVISAT-1 属极轨对地观测卫星系列之一（ESA Polar Platform），于 2002 年 3 月 1 日发射升空，2012 年 4 月 8 日后，该卫星与地球失去联系。该卫星是欧洲迄今建造的最大的环境卫星，也是费用最高的地球观测卫星（总研制成本约 25 亿美元）。星上载有 10 种探测设备，其中，4 种是 ERS-1、ERS-2 所载设备的改进型，这 4 种探测器是：先进的合成孔径雷达 ASAR、中等分辨率成像频谱仪 HERIS、先进的跟踪扫描辐射计 AASTR 和先进的雷达高度计 RA-2。所载最大设备是先进的合成孔径雷达 ASAR（Advanced Synthetic Aperture Radar），可生成海洋、海岸、极地冰冠和陆地的高质量图像，为科学家提供更高分辨率的图像来研究海洋的变化。其他设备将提供更高精度的数据，用于研究地球大气层及大气密度。作为 ERS-1、ERS-2 合成孔径雷达卫星的延续，ENVISAT-1 数据主要用于监视环境，即对地球表面和大气层进行连续的观测，供制图、资源勘查、气象及灾害判断之用。

ASAR 传感器特性：与 ERS 的 SAR 传感器一样，ASAR 工作在 C 波段，波长为 5.6cm。但 ASAR 具有许多独特的性质，如多极化、可变观测角度、宽幅成像等。ENVISAT-1 卫星 ASAR 传感器共有 5 种工作模式：①Image（成像）模式；②Alternating Polarisation（交替极化）模式；③Wide Swath（宽幅）模式；④Global Monitoring（全球监测）模式；⑤Wave（波）模式。各种工作模式的特性如表 3-10 所示。

表 3-10　ENVISAT-1ASAR 的 5 种工作模式介绍

模式	成像	交替极化	宽幅	全球监测	波
成像宽度	最大 100 km	最大 100 km	约 400 km	约 400 km	5 km
下行数据率	100 Mbps	100 Mbps	100 Mbps	0.9 Mbps	0.9 Mbps

续表

模式	成像	交替极化	宽幅	全球监测	波
极化方式	VV 或 HH	VV / HH 或 VV / VH 或 HH / HV	VV 或 HH	VV 或 HH	VV 或 HH
分辨率	30m	30m	150m	1 000m	10m

在上述 5 种工作模式中，高数据率的 3 种，即 Image 模式、Alternating Polarisation 模式和 Wide Swath 模式供国际地面站接收，低数据率的 Global Monitoring 模式和 Wave 模式仅供欧空局的地面站接收。图 3-28 至图 3-31 所示为各种遥感模式的图像示例。

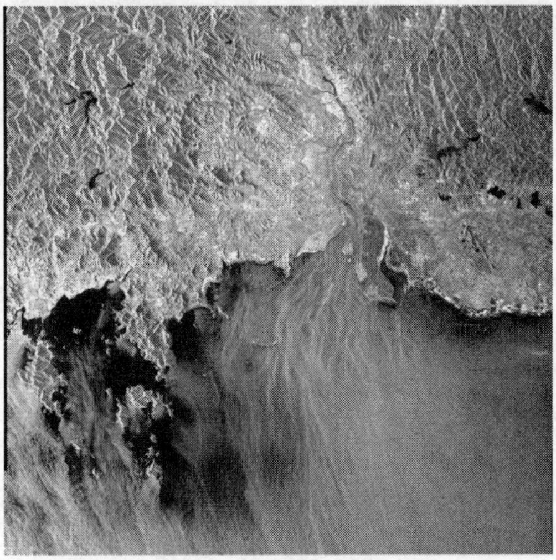

图 3-28　ENVISAT-1 Image 模式图像

（2003 年 12 月 11 日 01 时 57 分 02 秒，VV 极化，丹东，鸭绿江入海口）

图 3-29　ENVISAT-1 Alternating Polarisation 模式图像

（2003 年 12 月 9 日 14 时 15 分 00 秒，HH 极化，河南北部）

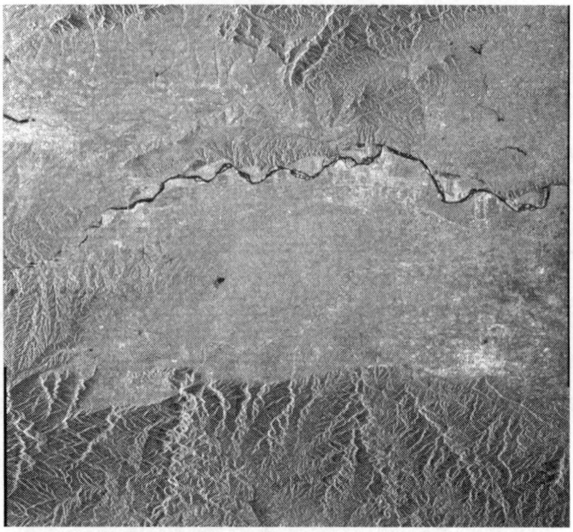

图 3-30　ENVISAT-1 Alternating Polarisation 模式图像
（2003 年 12 月 9 日 14 时 15 分 00 秒，VV 极化，河南北部）

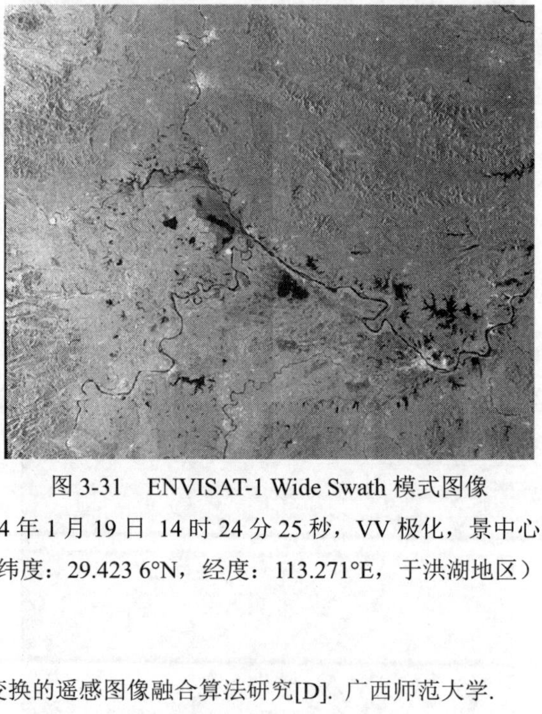

图 3-31　ENVISAT-1 Wide Swath 模式图像
（2004 年 1 月 19 日 14 时 24 分 25 秒，VV 极化，景中心点：
纬度：29.423 6°N，经度：113.271°E，于洪湖地区）

参考文献

符荣鑫. 2009. 基于小波变换的遥感图像融合算法研究[D]. 广西师范大学.
韩育宁. 2006. 应用新技术推进水土保持监测[J]. 山西水土保持科技，02.
贺锦鹏. 2011. 基于图论的彩色纹理图像分割技术研究[D]. 哈尔滨工程大学.
李海. 2008. 数据采集系统在远程通信中的研究与应用[D]. 贵州大学.
李仁杰. 2010. 高分辨率 SAR 图像目标三维特征提取与建模[D]. 国防科学技术大学.
李树平. 2002. 水信息学概述[J]. 给水排水，28（4）.
李卫正. 2009. 基于遥感影像分割的小斑界线提取研究[D]. 南京林业大学.
李云鹏，洪金益. 2008. 浅论基于面向对象的遥感图像分类[J]. 西部探矿工程，02.
刘常娟，杨敏华，张秀英. 2009. 面向对象的分类方法在土地利用数据库建设中的应用[J]. 测绘科学，

01.
马素颜. 2009. 基于高分辨率卫星遥感数据提取 DEM 方法研究[D]. 华东师范大学.
苗云鹏，张瑞红，赵保国. 2010. 高分辨率遥感影像信息提取方法研究[J]. 测绘与空间地理信息，04.
乔玉良，尚彦玲，魏信. 2010. 遥感图像融合方法研究[J]. 气象与环境科学，01.
王冬梅，赵钢，钱惠康，等. 2004. 利用 3S 技术实现小流域水土保持的动态监测[J]. 水利水电科技进展，01.
许晓东. 2010. 粮情测控系统多传感器信息融合算法的研究及实现[D]. 河南工业大学.
殷亚秋. 2011. 遥感影像震害信息提取技术研究[J]. 科技传播，16.
张浩. 2011. 基于 GPRS 的远程水文水资源信息监测系统研制[D]. 兰州理工大学.
钟仕全，胡自宁，石剑龙. 2002. SPOT 卫星数据图像处理方法及应用[J]. 广西地质，04.
周家香，柳彩霞. 2007. JPEG 2000 压缩对遥感影像监督分类精度的影响[J]. 测绘工程，01.
周志峰，丁军. 2011. 几种常用遥感影像融合方法分析及初步试验[J]. 工程勘察，02.
诸丽娟，杨武年. 2012. 基于像素级遥感图像融合方法对比与评价[J]. 测绘，04.

第 4 章　多源水利信息的快速获取技术

多源水利信息快速获取主要采用先进成熟的卫星通信技术、雷达技术和网络技术实现多元水利信息的快速获取、处理与发布。

4.1　卫星通信技术

4.1.1　卫星通信概述

4.1.1.1　卫星通信的基本概念

卫星通信就是利用通信卫星作为中继站来转发无线电波，实现两个或多个地球站之间的通信，只进行单向通信称为单工模式，能同时进行双向通信则称为双工模式。卫星通信是现代通信技术与航天技术相结合并由计算机实现其控制的先进通信方式。卫星通信具有覆盖面积大，通信传输距离远，通信频带宽、容量大，通信线路稳定、质量好，建设成网快、机动灵活，可以广播方式工作、便于实现多址连接，通信成本与通信距离无关等诸多优点。

卫星通信可作为陆地移动通信的扩展、延伸、补充和备用，尤其适用于边远地区、农村、山区、海岛、灾区以及远洋舰队和远航飞机等陆地通信不易覆盖的地区。卫星通信的地面站安装简单、快捷，更便于卫星通信的应用。

4.1.1.2　卫星通信的特点

卫星通信作为一种重要的通信方式，在数字技术的迅速发展推动下，也得到了迅速发展。但是由于陆地光缆通信的迅速发展，对传统的卫星通信产生了重大的冲击。到了 20 世纪 90 年代中后期，由于卫星通信技术的发展，再加上卫星通信本身所具有的广播式传送及接入方式灵活等特点，使得它在因特网、宽带多媒体通信和卫星电视广播等方面得到了迅速发展。与其他通信技术相比，卫星通信技术有着自己与众不同的特点，主要表现在以下几个方面。

（1）市场发展潜力大

卫星通信作为重要通信手段，已在我国得到广泛应用，而利用卫星通信技术来组织因特网，在我国是近几年的事。据统计，目前在国内已经上网的因特网用户中，有越来越多的用户通过卫星接入网接入因特网，可见其潜力之大。随着用户数量的不断增加，卫星通信技术将在解决农村及边远地区通信和扩大因特网覆盖区等方面继续发挥其作用，这也说明，我国卫星通信的发展仍极具潜力。

（2）使用数据包分发技术来提高传输速度

卫星通信的数据包分发服务可以让内容提供商能够以高达 10Mbps 左右的速度向任意的远端接收站发送数字、音频、视频及文本文件，如软件、电子文档、远程教学教材等，卫星通信的条件接入机制确保数据只被授权用户接收。信息以组播方式推送给一组卫星通信用户，这些用户无须任何操作，只需打开计算机即可接受信息，实现我们通常提到的“信息推送”服务。

（3）总通信成本低廉

卫星通信作为一种新发展起来的卫星通信业务，在卫星因特网业务方面得到了迅速发展。由于数据包分发服务主要利用卫星信道天然的广播优势，能够以非常低廉的价格实现广大区域内大数据量的分发，使成本大大降低。据 DTT 提供的研究报告可知，由于卫星的建造成本、发射成本和维护成本在逐步下降，并且在今后的卫星通信发展中，通过卫星传送的数据型业务的发展速度将会很快，也使卫星成本大大降低。

（4）发展需求大

由于通信、媒体、因特网及娱乐等得到迅速发展，对带宽的需求增加很快，其中也包括对卫星空间容量更大的需求。

（5）具有先进的技术优势

网络设计、系统构成、星间协调、星星处理等充分利用现代通信智能化、数字化及多媒体化的最新技术，以技术优势换取市场竞争和价格与性能比上的优势。

（6）能提供 IP 视频流多点传送

卫星业务已在直播卫星电视市场起步，卫星通信能够提供高清晰度电视业务。通过卫星传输 INTERNET 电视，能为用户提供视频点播，针对用户需求双向传送广告，有选择地观看经过定制处理的更加丰富的电视内容。供企业用户使用的视频广播和桌面电视会议也将寄希望于宽带卫星网络。而 IP 视频流多点传送是又一种新的应用业务。这一应用是依靠卫星技术所具有的广播和覆盖范围宽的特点，对众多的用户提供视频服务，如基于 IP 提供 MPEG2 实时视频传送。

（7）高速接入

卫星通信技术给因特网接入速度提高了一个层次，它将用户的上行数据和下行数据分离，相对较少的上行数据（如对网站的信息请求）可以通过现有的 Modem 和 ISDN 等任何方式传输，而大量的下行数据（如图片、动态图像）则通过 54MHz 宽带卫星转发器直接发送到用户端。它支持标准的 TCP/IP 网络协议及 WWW、E-mail、Newsgroup、Telnet 等应用。同时，它不像 ISDN 和小范围内应用的 ADSL 及 Cable Modem 技术，DirecPC 拥有可以立即为全球任何角落提供服务的成熟技术。

（8）数据传输性能稳定

传统的卫星通信由于受技术条件的限制，可能会受恶劣天气如特大暴雨、大冰雹、暴雪和日凌等现象影响，经过不断发展和成熟，现阶段的卫星通信采用了高功率卫星和许多高新技术抗干扰措施，相对传统的卫星对天气和日凌的抗干扰能力已经大大提高了，目前用于因特网接入的卫星通信可以确保数据信息在传输的时候有较强的稳定性。

（9）其他特点

卫星通信除了上面一些特点外，其实还有很多比较显著的特点，例如，可以用低成本的价格提供较宽的带宽；可实现同时传播；通信业务多样化、综合化；能对终端用户实现地址化管理，从而可以实现即时提供所需信息；具有全球的大面积区域覆盖能力，以适应未来个人化业务连接需要。

4.1.1.3 卫星通信系统原理与组成

一个卫星通信系统由四部分组成：空间分系统、通信地球站群分系统、跟踪遥测和指令分系统以及监控管理分系统。其中有的直接用来进行通信，有的是用来进行通信保障的。

（1）空间分系统

空间分系统即通信卫星，星内的主体是通信装置。另外，还有星体的遥测指令、控制系统和能源装置等；星体外往往还有太阳能电池板及星上转发器和天线等。

通信卫星主要是起无线电中继站的作用。它是靠星上通信装置中的转发器和天线来完成的。一个通信卫星可有一个或多个转发器。每个转发器能接收和转发多个地球站的信号。显然，当每个转发器所提供的功率和带宽一定时，转发器越多，卫星的通信容量就越大。当然，通信指标参数与通信卫星种类、轨道高度有关。

（2）地球站群

地球站群一般包括中心站和若干个普通的地球站。中心站除具有普通地球站的通信功能外，还负责通信系统中的业务调度与管理，对普通地球站进行检测控制以及业务转接等。

地球站有收、发信号功能，用户通过它们接入卫星线路，进行通信。地球站有大有小，业务形式也多种多样。一般来说，地球站的天线口径越大，发射和接收能力就越强，功能也就越多。地球站上行频率大于下行频率（考虑星载天线尺寸），且有不同频段之分。

地球站是卫星通信系统的重要组成部分，它一般由天线、馈线设备、发射设备、接收设备、信道终端设备、电源设备、自动跟踪设备以及临近设备等组成。

抛物面天线的抛物面反射器把无线电波集中成窄窄的一束，有很强的方向性，减小无线电波在空间传播时的损失，保证通信卫星上的转发器和地球站设备接收正常的信号。凭借地球站中的自动跟踪设备，天线始终瞄准天空中的卫星。

地球站由高功率放大器、低噪声放大器、合路器、分配器、上变频器、下变频器、调制器、解调器以及基带设备等组成。以某个卫星通信站的电话通信为例，电话信号先从长途电话局经地面传输系统传送到地球站。地球站中的基带设备等对信号进行处理，使之成为符合卫星传输的基带信号。然后此基带信号送入调制器调制成为 70MHz 或 140MHz 的中频信号。中频信号再经上变频器变频，变换为载频为 6MHz 的上行载波信号。此信号最后送至高功率放大器放大到所需的发射功率，由天线发往卫星。以上介绍的是信号在地球站发射设备中的处理过程。接收过程则正好相反。

甚小天线地球站（VSAT），略有不同。它天线直径小，一般小于 2.4m。用户可凭借它直接利用卫星进行通信，而无须通过地面通信网的汇接。VSAT 把高功率放大器、低噪声放大器和上、下变频器组合成为一个组件，叫做低噪组合器（LNB）或低噪声变频器（LNC），它可装在室外，用电缆与室内单元连通，从而简化了结构。

（3）跟踪遥测及指令分系统

跟踪遥测及指令分系统也称为测控站，它的任务是对卫星跟踪测量，控制其准确进入静止轨道上的指定位置。当卫星正常运行后，定期对卫星进行轨道修正和位置保持。

（4）监控管理分系统

监控管理分系统也称为监控中心。它的任务是对定点的卫星在业务开通前、后进行通信性能的检测和控制（例如对卫星转发器功率、卫星天线增益以及各地球站的发射功率、射频频率和带宽、地球站天线方向图等基本通信参数进行监控），以保证正常通信。

下面以两个地球站之间的单向通信为例进行说明，如图 4-1 所示。

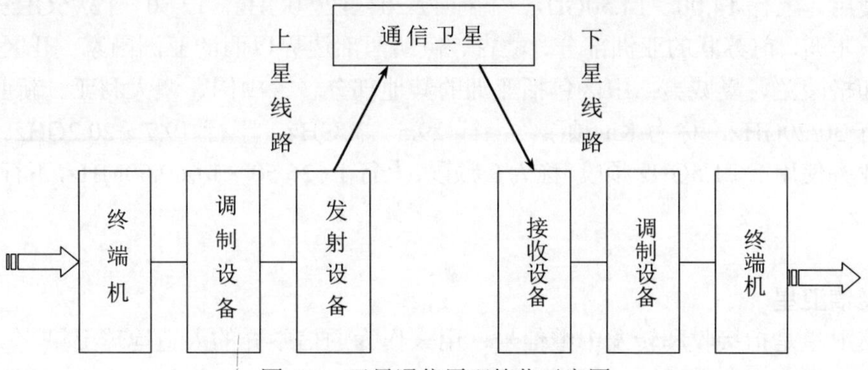

图 4-1　卫星通信原理简化示意图

在发送信号的地球站端，通信信号（一般是基带信号）先在终端机中进行预处理，通常是复用、压缩、加密等工作。然后在调制设备中对中频载波进行调制，再经过上变频器变换为微波频率 F1 的射频信号，最后再经过功率放大器和天线发向卫星（上变频器、功率放大器和天线统称为发送设备）。

射频信号 F1 要经过大气层和宇宙空间，信号强度会受到很大衰减，并引入一定噪声，最后到达卫星。在卫星转发器中，首先将载波频率 F1 的上行信号经低噪声接收机进行放大，并变换为载波频率较低的下行频率 F2 的信号，再经功率放大，由天线发向接收端地球站。

由卫星转发器发向地球站的载波频率 F2 信号，同样要经过宇宙空间和大气层，也要受到很大的衰减，最后到达接收端地球站。由于卫星发射功率较小，天线增益又较低，所以接收端地球站必须用增益很高的天线和噪声非常低的接收机才能进行正常接收。接收端地球站经接收机先将射频信号 F2 变换为中频信号并进行放大，然后经解调器解调，恢复为基带信号，最后再通过终端机进行解密、解压缩、解复用等处理工作，输出通信信号，完成通信过程。

将发端地球站和收端地球站综合起来，就可以使用一个地球站同时进行收、发双工工作，当然，各个地球站和卫星都要安装双工器并进行相应的改装。

4.1.1.4　卫星通信的频率划分

作为无线电通信的一种，频率的划分非常重要。卫星通信工作频段的选择和划分，直接影响卫星通信系统的通信容量、质量、可靠性、设备复杂程度和成本，也影响到与其他通信系统的协调。具体来说，要求频带足够宽，电波传播损耗尽可能小，外部噪声尽可能小，与其他微波通信设备间的干扰尽可能小等。

目前，大部分国际通信卫星均采用上行 6GHz/下行 4GHz 频段，称为 C 频段，其中常规的 500MHz 带宽，上行 5 925～6 425MHz，下行 3 700～4 200MHz；575MHz 带宽，上行 5 850～6 425MHz，下行 3 625～4 200MHz。扩展的 800MHz 带宽，上行 5 850～6 650MHz，下行 3 400～4 200MHz。随着卫星通信业务量的增加，又开发使用了 14/11、

14/12GHz 频段，称为 Ku 频段。全球通用为上行 14～14.25MHz，14.25～14.5MHz，下行 10.95～11.2GHz，11.45～11.7GHz。第Ⅰ区使用，上行 14.00～14.50GHz，下行 12.50～12.75GHz。第Ⅱ区使用，上行 14.00～14.50GHz，下行 11.7～11.95GHz，11.95～12.20GHz。第Ⅲ区使用，上行 14.00～14.50GHz，下行 12.20～12.50GHz，12.50～12.75GHz [Ⅰ区包括欧洲、非洲、前苏联的亚洲部分、蒙古、伊朗西部边界以西的亚洲国家；Ⅱ区包括南、北美洲和格陵兰、夏威夷；Ⅲ区包括亚洲的其他部分（含中国、澳大利亚、新西兰）]。另外还有 30/20GHz，称为 Ka 频段，上行 29.5～30GHz，下行 19.7～20.2GHz。同步卫星移动业务使用 1.6/1.5GHz 频段，称为 L 频段：上行 1 626.50～1 660.50MHz，下行 1 524～1 529MHz。

4.1.2 通信卫星

通信卫星是指接收和转发中继信号，用来作为通信中介的人造地球卫星。

通信卫星多采用低轨、大椭圆或地球同步轨道。目前，通信卫星绝大部分采用地球同步轨道，在地球赤道上空约 36 000km 外围绕地球的圆形轨道运行，绕地球转一圈的时间是 24h，刚好与地球自转同步，这样相对于地球上的某一区域就像是静止不动的一样，又叫同步卫星，也叫静止卫星，其运行轨道叫同步或静止轨道。我们常常提到的 VSAT 卫星和我国相继发射的几颗通信卫星都属于同步轨道卫星。近年来为大多数读者耳熟能详的几个全球移动卫星通信系统，国际移动通信卫星（ICO）、铱（Iridium）和全球星（Globalstar）系统都属于中轨道（MEO，5 000～15 000km）、低轨道（LEO，500～1 500km）卫星通信系统。通信卫星按工作区域可分为国际通信卫星、国内通信卫星和区域通信卫星。按应用领域则又可分为广播电视卫星、跟踪卫星、数据中继转发卫星、国防通信卫星、航空卫星、航海卫星、战术通信卫星、舰队通信卫星和军用数据转发卫星。

4.1.2.1 通信卫星的组成

通信卫星由以下几种主要设备组成：天线系统是卫星收发无线电信号的出入口。根据通信需要，天线有全球波束天线、区域波束天线、国内波束天线和点波束天线等多种。空间转发器系统是卫星的主体，用于放大、变频进而转发天线收到的无线电信号。一颗通信卫星上有几个到几十个转发器，每个转发器能同时接收和转发多个地球站的信号。位置控制和姿态控制系统用于保持和控制卫星在轨道上的正确位置和姿态。遥测指令系统用于将卫星工作情况及时通知地面测控站，并接收地面测控站发出的指令信号，使星上设备按指令动作。电源系统用于提供星上设备工作所需的电能，包括太阳能电池阵、蓄电池组等。以上这些设备，都安装在用耐高温、轻金属材料做成的外壳内。

4.1.2.2 同步卫星

1945 年，英国物理学家克拉克普在《无线电世界》杂志上发表题为《地球以外的中继》的文章，预言人类能够利用在赤道上空同步轨道上运行的卫星实现远距离的通信。今天，这已成为现实。在一颗通信卫星天线的波束所覆盖的地域内，各个地球站之间都可以通过卫星中继转发信号，实现通信。例如，当某地的地球站要和另一地区的地球站通信时，该站将无线电信号发射给卫星，卫星将收到的信号进行放大、频率变换等处理后再转发给另一地球站，于是就建立起该站和另一地球站之间的通信联系。一颗距地球表面 36 000km（距地心 42 000km）远的同步通信卫星，其天线波束覆盖地域（即对地面的视区）超过地球表面的 42.4%，只需要把 3 颗相隔 120°的同步卫星送上天，就可以实现除南北极之外的全球通信。

同步卫星通信有如下优点：通信距离远，经卫星“一跳”可及，最远的通信距离可达 13 000km。通信不受地理条件的限制（如山河海洋的阻隔），也不受自然灾害（如洪涝灾害、地震灾害等）和人为事件的影响。通信质量高。这首先是因为通常经过卫星一跳就可以把信息传送到对方，不像微波接力通信引入噪声；其次，无线电波主要在外层空间传播，所受大气折射和地面反射影响较小，有较好的传播特性。通信容量大，数万多人乃至数十万人可同时打电话。适用于广播型和用户型业务。利用卫星通信可以在大范围内点对多点地传输电视、广播节目，这是难以用其他通信手段代替的。利用卫星通信，还可实现直达用户办公楼的交互数据传输，即也适用于用户型业务，通信灵活、机动。卫星通信可以在两点间提供中小容量的话音、数据通道，可以实现多址传输，还可以提供海上、空中移动通信服务。

同步卫星通信的缺点是：传输时延大。卫星通信中，信号经同步通信卫星一跳至对方地球站所实现的单向传输距离约 80 000km，要花费大约 270ms 的时间。高纬度地区难以实现卫星通信，在地球两极附近，存在卫星通信的“盲区”。地球的同步轨道只有一条，两颗卫星之间又必须有一定的间隔，因此轨道上可容纳的同步通信卫星数量受到限制。

4.1.2.3　中、低轨道非同步卫星

中、低轨卫星系统能提供局部、区域和全球通信且有与之对应的网络结构。中、低轨卫星移动通信系统主要由三部分组成，即卫星、用户终端和关口站。这三部分通过相应的链路接续起来，构成各种卫星移动通信网络。这些链路有用户链路、馈送链路、星间链路。关口站用于卫星移动通信网与公共电话网和地面移动网之间的接口，它完成协议转换、流量控制、寻址、路由选择、分组的打包和拆包等功能。它也是卫星网到网管及卫星控制系统的接续点。有的关口站本身就有网络管理功能。

关口站通常使用高增益天线，而且要用几副天线接收几颗卫星信号。一个网使用的关口站数目很不相同,具有星上处理能力和星间链路的卫星移动通信网使用关口站较少。个人卫星通信的一个重要要求就是达到终端手持化，这当中手持终端的价格和重量因素涉及个人卫星通信能否普遍使用的两个因素。

采用非同步中、低轨道卫星的优点：传播时延短，路径损耗低，能更有效地频率复用，卫星研制周期短，能多星发射，卫星互为备份抗摧毁能力强，多星组网可实现真正意义的全球覆盖。

现代 MEO/LEO 卫星通信具有以下一些基本特征。

（1）具有全球/区域覆盖能力，以适应未来个人化业务连接需要。

（2）利用极地轨道或网状覆盖倾斜轨道，一方面可弥补同步轨道资源的不足，另一方面又可支撑更优良的装备实施与业务性能的需要。

（3）通信业务向多样化、综合化方向发展，以期与未来多媒体高速信息传输相沟通。

（4）由于可能与全球个人业务相连接，用户终端可使用类似或兼容于陆地蜂窝移动系统的蓄电池供电的小型手持机。

（5）系统设计及网络结构可提供进入或组合于现有公用通信网及陆地移动通信网的能力。

（6）网络设计、系统构成、星间协调、星星处理等充分利用现代通信智能化、数字化及多媒体化的最新技术，以技术优势换取市场竞争和价格与性能比上的优势。

（7）除轨道资源扩充外，对频率资源亦进行积极扩充，包括利用或混合利用 Ku、Ka 甚至 EHF 等高频段，以及光频段开发，以满足高吞吐量宽带业务传输及馈线链路和星际链路的构成需要。

4.1.3 卫星通信体制

卫星通信体制主要包括调制方式和多址方式。调制方式有 FM、PSK（移项键控调制）等调制方法。而多址技术则用以解决用户入网时互不干扰地共用通信资源的问题。在一般卫星通信中采用的是 FDMA、TDMA、CDMA 等多址技术。

4.1.4 VSAT 卫星通信

4.1.4.1 VSAT 的概念及特点

VSAT 是 Very Small Aperture Terminal 的简称，即甚小口径的终端，实际表示意义是指一类具有甚小口径天线的、非常廉价的智能化小型或微型地球站，可以方便地安装在用户处。

VSAT 卫星通信网一般是由大量 VSAT 小站与一个主站（Hub）协同工作，共同构成的一个广域稀路由（站多，各站业务量小）的卫星通信网。

与地面通信网相比，VSAT 卫星通信网具有以下特点。

（1）覆盖范围大，通信成本与距离无关。

（2）可对所有地点提供相同的业务种类和服务质量（包括误比特率和传输时延等）；

（3）灵活性好（多种业务可在一个网内并存，对一个站来说支持业务种类、分配的频带和服务质量等级等可动态调整）。

（4）可扩容性好，扩容成本低，开辟一个新通信地点所需时间短。

（5）点对多点通信能力。

（6）独立性好，是用户拥有的专用网，不像地面网中受电信部门制约。

（7）互操作性好，可使采用不同标准的用户跨越不同的地面网而在同一个 VSAT 网内进行通信。

（8）通信质量好（有较低的误比特率和较短的网络响应时间）。

（9）传播时延大。

与传统卫星通信网相比，VSAT 卫星通信网的特点如下。

（1）面向用户而不是面向网络，VSAT 与用户设备直接通信而不是如传统卫星通信网中那样中间经过地面电信网络后再与用户设备进行通信。

（2）小口径天线，天线口径一般小于 2.4m。

（3）智能化（包括操作智能化、接口智能化、支持业务智能化、信道管理智能化等）功能强，可无人操作。

（4）安装方便，只需简单的安装工具和一般的地基（如普通水泥地面、楼顶、墙壁等）。

（5）低功率的发射机，一般几瓦以下。

（6）集成化程度高，VSAT 从外表看只能分为天线、室内单元（IDU）和室外单元（ODU）三个部分。

（7）VSAT 站很多，但各站的业务量较小。

（8）一般用作专用网而不像传统卫星通信网那样主要用作公用通信网。

4.1.4.2　VSAT 发展背景及状况

（1）发展背景

自从 1847 年电话诞生以来，电信业务得到了迅速的发展，但即使在发达国家大容量的网络也仅限于有限的区域，对大多数发展中国家来说，电信网络的质量和普及率还很低。20 世纪 80 年代引入的 VSAT 技术能较快地解决此问题，它不仅能为无地面线路可用的区域提供服务，而且在性能、提供的业务种类、可用度、传输成本、扩容成本等方面都能与地面线路进行竞争。

VSAT 的迅速发展还得益于 20 世纪 80 年代计算机的大量普及和计算机联网需求的大量增加。由于相当多的计算机通信业务是在一个主计算机与许多远端计算机之间进行的，而 VSAT 网能非常经济、方便地解决地面通信网很难处理的这种点对多点寻址；加上当时的 VSAT 已综合了许多新的技术（如分组传输与交换技术、高效的多址接续技术、微处理器技术、协议的标准化、地球站射频技术、天线的小型化及高功率的卫星等），使得 VSAT 基本具备了前一节所述的主要优点。因此，VSAT 从 20 世纪 80 年代开始得到了迅速的发展，成为卫星通信中发展最快的一个领域。

（2）VSAT 的 3 个发展阶段

从 VSAT 的发展来看，可以分为如下 3 个阶段。

① 初期阶段：主要指 1980 年以前及以后 2 年。在此阶段，VSAT 以采用 C 波段为主要标志，并且只能提供单收和低速数据业务。

② 第一代 VSAT：指 1983—1988 年这一时期的 VSAT 产品。此阶段的 VSAT 以采用 Ku 波段和星形结构进行数据传输为显著标志，并开发了一些新的多址方式。

③ 第二代 VSAT：指 1988 年到 90 年代中期。此阶段，VSAT 已从单纯数据型向数据、话音、图形等综合业务方向转化，并且开始采用网状结构，具备了第一节中所述的主要优点。

自 20 世纪 80 年代以来，VSAT 得到了迅速的发展，究其原因，除了 VSAT 本身技术上的进步外，还在于 VSAT 的设计思想一开始就是面向专用网的：一是面向覆盖范围大而业务量又较小的应用环境（即稀路由应用环境）和面向点-多点之间通信的应用环境（包括广播电台、收集、双向交互等通信方式）；二是在保证性能要求的前提下，尽量降低 VSAT 小站成本，以利于推广普及；三是尽量简化 VSAT 小站台票操作，使用户易学易用。由于 VSAT 具有许多优点，特别适用于建立专用网，所以 VSAT 在与地面网竞争时就占有一定的优势，促进了 VSAT 网的发展。

早期的 VSAT 网大部分在北美，并且都以数据通信网为主，采用星状网结构。不具备话音通信功能或仅提供话音质量较差的声码话。随着 VSAT 网在地面电话网不是很普及或不很发达的发展中国家的推广使用，产生了在 VSAT 网中进行高质量话音通信的要求，因此出现了以话音业务为主的 VSAT 卫星通信网（例如 TES），简称话音 VSAT 网。而随着进行综合业务通信要求的出现，综合业务的 VSAT 卫星通信网（例如 TSAT）也诞生了。

（3）VSAT 发展现状

从 20 世纪 90 年代中期开始，VSAT 逐步向第三代发展，其典型标志是加强网控的功能，即主要由软件来控制 VSAT 的操作。目前，VSAT 正在向硬件和软件的标准化方向发展，以使 VSAT 设备本身作为一个低层的基本功能平台，根据用户的需要可以随时通过增加 VSAT 的硬件和软件来增强其功能，就如今天的 PC 机，用户买了之后还可随时增加插卡和更新软件。

另外，对一些边远地区来说，VSAT 的电源仍是一个问题（如在我国西南某省安装 VSAT 站时就遇到了由于供电不行而不能开通的问题），除了采用太阳能等其他发电装置外，第三代 VSAT 应具有较低的功耗、较大的电压动态范围和只在通信时才需开机等特征以满足边远地区通信的需要。

4.1.4.3 VSAT 的主要类型

可按 VSAT 的性质、用途、网络结构和某些特征来对其进行分类。

①按照 VSAT 支持的主要业务类型不同，可分为以下三类。

以话音业务为主的 VSAT 系统。

以数据业务为主的 VSAT 系统。

以综合业务为主的 VSAT 系统。

②从 VSAT 网采用的网络结构来看，也可分为以下三类。

星形结构的 VSAT 系统。

网形结构的 VSAT 系统。

星形和网状混合结构的 VSAT 系统，这是一种刚出现的网络，它在传送实时性要求不高的业务（如数据）时采用星形结构，而在传送实时性要求较高的业务（如话音）时采用网状结构；当需进行点对点通信时采用网状结构，进行点对多点通信时采用星形结构。这种网络结构可充分利用前两种网络结构的优点，同时能最大限度地满足用户的要求。由于此结构中允许两种网络结构并存，因此，可采用两种完全不同的多址方式，如星形结构时采用 TDM/TDMA 方式，而网状结构时采用 SCPC 方式等。

③根据不同的安装方式可分为固定式、墙挂式、可搬移式、背负式、手提式、车载式、机载式、船载式等。

④按业务类型可分为小数据站、小通信站和 TVRO 等。

⑤按业务性质可分为固定业务的 VSAT 和移动业务的 VSAT 两种。

⑥按收发方式可分为单收站和双向站。

4.1.4.4 VSAT 的主要业务种类和典型应用

除了个别宽带业务外，VSAT 卫星通信网几乎可支持所有现有业务，包括话音、数据、传真、LAN 互联、会议电话、可视电话、低速图像、可视电话会议、采用 FR 接口的动态图像和电视、数字音乐等。

具体的业务种类及典型应用如表 4-1 所示。从表 4-1 可看到，VSAT 网可对各种业务分别采用广播（点→多点）、收集（多点→点）、点-点双向交互、点-多点双向交互等多种传递方式，充分说明了 VSAT 的灵活性。

表 4-1　现有 VSAT 网主要业务及典型应用

业　务			应　用
1. 广播和分配业务	数据		数据库、气象、新闻、仓库管理、遥控、金融、商业、远地印刷品传递、报表、零售等
	图像		传真（Fax）
	声频		单向新闻广播、标题音乐、广告和空中交通管制
	电视	TVRO（电视单收）	接收文娱节目
		BTV（商业电视）	教育、培训和下行信息业务
2. 收集和监控业务	数据		新闻、气象、监测、管线状态
	图像		图表资料和凝固图像
	视频		高压缩监视图像
3. 双向交互型业务（星形拓扑）	数据		信用卡核对、金融事务处理、销售点数据库业务、集中库存控制、CAD/CAM、预订系统、资料检索等
4. 双向交互型业务（点对点）	数据		CPU-CPU、DTE-CPU、LAN 互联、电子邮件、用户电报等
	话音		稀路由话音和应急话音通信
	电视		压缩图像电视会议

4.1.4.5　VSAT 卫星通信网的组成

VSAT 通信网由 VSAT 小站、主站和卫星转发器组成。数据 VSAT 卫星通信网通常采用星状结构，采用星状结构的典型 VSAT 卫星通信网示意图如图 4-2 所示。

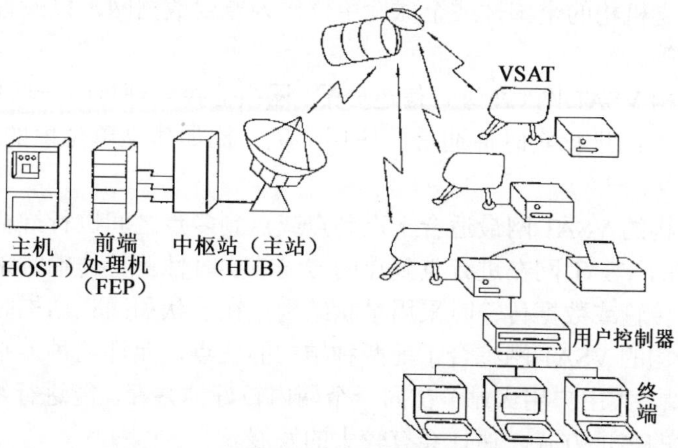

图 4-2　星状 VSAT 卫星通信网组成示意图

（1）主站

主站也叫中心站或中央站，是 VSAT 网的心脏。它与普通地球站一样，使用大型天线，天线直径一般为 3.5～8m（Ku 波段）或 7～13m（C 波段）。

在以数据业务为主的 VSAT 卫星通信网（下面简称数据 VSAT 网）中，主站既是业务中心也是控制中心。主站通常与主计算机放在一起或通过其他（地面或卫星）线路与主计算机连接，作为业务中心（网络的中心结点）；同时在主站内还有一个网络控制中心（NCC）负责对全网进行监测、管理、控制和维护。

在以话音业务为主的 VSAT 卫星通信网（下面简称话音 VSAT 网）中，控制中心可以与业务中心在同一个站，也可以不在同一个站，通常把控制中心所在的站称为主站或中心站。

由于主站涉及整个 VSAT 网的运行，其故障会影响全网正常工作，故其设备皆有备份。为了便于重新组合，主站一般采用模块化结构，设备之间采用高速局域网的方式互联。

（2）VSAT 小站

VSAT 小站由小口径天线、室外单元（ODU）和室内单元（IDU）组成。

在相同的条件下（例如相同的频段、相同的转发器条件）话音 VSAT 网的小站为了实现小站之间的直接通信，其天线明显大于只与主站通信的数据 VSAT 小站。

（3）卫星转发器

一般采用工作于 C 或 Ku 波段的同步卫星透明转发器。

在第一代 VSAT 网中主要采用 C 波段转发器，从第二代 VSAT 开始，以采用 Ku 波段为主。具体采用何种波段不仅取决于 VSAT 设备本身，还取决于是否有可用的星上资源，即是否有 Ku 波段转发器可用，如果没有，那么只能采用 C 波段。

4.1.4.6 VSAT 卫星通信网网络拓扑及组网形式

（1）网络拓扑结构、特点及应用环境

VSAT 卫星通信网的网络结构可分为星状网、网状网和混合网（星状+网状）三种。

采用星状结构的 VSAT 网最适合于广播、收集等进行点到多点间通信的应用环境，例如具有众多分支机构的全国性或全球性单位作为专用数据网，以改善其自动化管理、发布或收集信息等。

采用网状结构 VSAT 网（在进行信道分配、网络监控管理等时一般仍要用星状结构）较适合于点到点之间进行实时性通信的应用环境，比如建立单位内的 VSAT 专用电话网等。

采用混合结构的 VSAT 网最适合于点到点或点到多点之间进行综合业务传输的应用环境。此种结构的 VSAT 网在进行点到点间传输或实时性业务传输时采用网状结构，而进行点到多点间传输或数据传输时采用星状结构；在星状和网状结构时可采用不同的多址方式。此种结构的 VSAT 网综合了前两种结构的优点，允许两种差别较大的 VSAT 站（即小用户用小站，大用户用大站）在同一个网内较好地共存，能进行综合业务传输，能择优选择最合适的多址方式，估计会有较大的发展。

（2）VSAT 的组网

VSAT 组网非常灵活，可根据用户要求单独组成一个专用网，也可与其他用户一起组成一个共用网（多个专用网共用同一个主站）。

一个 VSAT 网实际上包括业务子网和控制子网两部分。业务子网负责交换、传输数据或话音业务，控制子网负责对业务子网的管理和控制。传输数据或话音业务的信道可称为业务信道，传输管理或控制信息的信道称为控制信道。

目前，典型 VSAT 网的控制子网都是星状网，而业务子网的组网则视业务的要求而定，通常数据网为星状网而话音网为网状网。

① 数据 VSAT 网的组网

在数据 VSAT 卫星通信网中，小站和主站通过卫星转发器构成星状网，主站是 VSAT 网的中心结点。星状网充分体现了 VSAT 系统的特点，即小站要尽可能小。其主站的有效全向辐射功率（EIRP）高，接收品质因数（G/T）大，故所有小站均可同主站互通。由于小站天线口径小、发射 EIRP 低、接收 G/T 小，而此小站之间不能直接通信，必须经主站转发。

数据 VSAT 网通常是分组交换网，数据业务采用分组传输方式，其工作过程是这样的：任何进入 VSAT 网的数据在发送之前先进行格式化，即把较长的数据报文分解成若干固定长度的信息段，加上地址和控制信息后构成一个分组，传输和交换时以一个分组作为整体来进行，到达接收点后，再把各分组按原来的顺序装配起来，恢复成原来的报文。

以星状网的主站为参考点，数据 VSAT 网使用的卫星信道可以分为外向（Outbound）信道和内向（Inbound）信道。在数据 VSAT 网中，业务信道和控制信道是一致的，即业务子网和控制子网具有相同的星状结构。

主站通过卫星转发器向小站发数据的过程叫外向传输。用于外向传输的信道（外向信道）一般采用时分复用方式（TDM）。从主站向各小站发送的数据，由主计算机进行分组化，组成 TDM 帧，通过卫星以广播方式发向网中所有小站。每个 TDM 帧中都有进行同步所需的同步码，帧中每个分组都包含有一个接收小站的地址。小站根据每个分组中携带的地址进行接收。

小站通过卫星转发器向主站发数据的过程叫内向传输。用于内向传输的信道（内向信道）一般采用随机争用方式（ALOHA 一类），也有采用 SCPC 和 TDMA 的。由小站向主站发送的数据，由小站进行格式化，组成信道帧（其中包括起始标记、地址字段、控制字段、数据字段、CRC 和终止标记），通过卫星按照采用的信道共享协议发向主站。

业务信道和控制信道通常使用同一外向信道或内向信道。

② 话音 VSAT 网的组网

对于使用同步卫星转发器的话音 VSAT 网来说，用户的要求通常是希望网内任意两个 VSAT 小站能够直接通话而不是经过主站转发（双跳使响应时间超过 1s，用户不易习惯）。这个要求决定了话音 VSAT 网应该是网状网。即话音 VSAT 网的业务子网是网状网而控制子网是星状网，网控中心所在的站称为中心站。

a. 业务信道

话音 VSAT 网通常采用线路交换方式，这是由电话业务的实时性决定的。

话音 VSAT 网的业务子网中，业务信道（话音信道）较多采用简单易行的 SCPC 方式（也可以采用 TDMA 等多址方式）。对以话音业务为主、采用线路交换的话音 VSAT 网来说，显然采用按申请分配信道资源方式是比较合适的，同时在少数大业务量站间可分配一定数量的预分配信道。

b. 控制信道

话音 VSAT 网的控制子网相当于一个数据网。在控制子网中，小站与主站之间一般采用 TDM/ALOHA 体制，即外向传输采用 TDM，内向传输采用 ALOHA、S-ALOHA 或其他改进型。此种方式技术简单，造价低廉，因此在实用系统中应用较多（例如 TES 系统）。

4.1.4.7 VSAT 网的传输体制

（1）选择传输体制的考虑原则

传输体制包括基带复用方式、调制方式、编码方式、多址方式和信道分配方式等。

由于 VSAT 系统通常是功率受限而不是频率受限系统，故要采用功率利用率最高的调制方式，因此，一般采用相干 BPSK、QPSK 或者 8PSK。

VSAT 网中编码目前一般采用 1/2～8/9 率卷积编码的软判决维特比译码（编码增益可达 4～5dB）。

VSAT 网的信道分配一般采用按申请分配或争用方式。

（2）数据 VSAT 网的传输体制

由于数据 VSAT 网是个不对称网，外向和内向传输应选择不同的体制，主要考虑的原则是：

①外向传输：主站发射信息量大，因此转发器的频带和功率利用率必须很高；小站接收信息量小，要求的设备尽可能简单。

②内向传输：小站发射信息量小，要充分利用小站的发射功率，尽量降低其发射功率，以使小站实用、经济；主站接收来自多个小站的突发性业务，要求其信道解调设备能在足够短的时间内获得载波同步及位定时同步。

③VSAT 系统中有相当数量的小站建在大中城市市区，因此，要求尽量降低它与相邻卫星系统及地面微波中继通信系统之间的干扰，要尽可能采用不同频段或采用扩频。

对于数据 VSAT 网来说，不同的产品、不同的系统主要表现在采用不同的内/外向信道多址方式。

在数据 VSAT 网中外向信道的基带复用一般采用统计复用的 TDM 方式，而内向信道一般采用分组复用方式。

目前，几乎所有系统的外向信道都采用 TDM 方式，因为其功率和频带利用率最高。差别主要表现在有些系统采用统计复用，而有些不采用；有些系统采用扩频而有些不采用而已。外向信道的多址访问是通过帧格式中的地址域来完成的。

对于内向信道可采用固定分配、按申请分配和随机争用等几种多址访问方式。

对以数据为主的 VSAT 网来说，由于数据业务每次突发的持续时间一般很短（如 1min 以下），一般采用随机争用方式，包括纯 ALOHA 方式以及在此基础上提出的各种改进方式。对个别大业务量的站可以采用预分配方式。

综观当今的各种 VSAT 产品，主要有以下三种典型的内/外向信道多址方式。

①TDM/CDMA 体制：外向信道采用 TDM 方式，内向信道采用 CDMA 方式，内外向均用扩频，但外向不具备码分功能，对所有小站用同一个 PN 码扩频。由于这种系统扩频增益很大，大大降低了功率谱密度，减小了与地面微波及邻星之间的干扰，降低了传输要求。此方式在 C 波段工作时，也可使用尺寸小的天线，即用 1.2m 天线可实现双

向通信，单收站另需 0.6m 天线。因此，小站简单、造价低，得到了广泛的应用。

此方式的优点是，外向传输发射一个 TDM 载波时对卫星功率利用率最高，且抗干扰性强和隐蔽性好。内向采用 CDMA 避免了碰撞问题，且对过载不敏感。

缺点是频带利用率低，网的容量较小。

②TDM/SCPC 体制：外向信道采用 TDM 方式，可以进行一定的扩频（扰码），每个小站接收一个 TDM 载波，同时搜索小站地址或用选择自己时隙的方法，从中提取发往本站的数据。内向信道采用 SCPC 方式，每个小站一个载波，技术简单、造价低廉。但每个 VSAT 不论有无业务均占用一个固定载波和固定空间段。

③TDM/TDMA 体制：外向信道采用 TDM 方式，内向信道采用 TDMA 方式。这是一种先进的系统。主站设备少，主要发挥软件功能。这种系统信道利用率最高，容量大，灵活性好，扩容方便，可工作在 C 或 Ku 波段。换频由主站通过控制主站和 VSAT 的频率合成器来实现，因此比较方便，受干扰影响小。当内向采用多个载波时，便产生了多载波 TDMA（MC-TDMA），即一个转发器的频带容纳多个不同的载波，各载波以窄带 TDMA 方式工作。网中各站发射或接收所用的频率和时隙均可调整。由于采用了 TDMA、FDMA 和 TDM 的组合，系统灵活性增加，显著提高了系统容量。此体制特别适合于网络容量大、由许多稀路由地球站组成、每站含有几路话且业务类型多变、需要动态和灵活连接的情况。采用这种方式的网络效率最高，但技术较复杂。

从内外向传输的不同工作原理可看到，VSAT 卫星通信数据网与一般卫星通信网不同，它是一个典型的不对称网络，即收发链路两端的设备不相同，执行功能不相同，内向和外向业务量不对称，信号强度不对称（主站发射功率大得多以适应 VSAT 小天线的要求；VSAT 发射功率小，用主站高的接收增益来接收 VSAT 的低电平信号）。

（3）话音 VSAT 网的传输体制

对于话音 VSAT 网来说，不论采用哪一种多址方式和交换方式，最终应实现等效的线路交换方式。

话音 VSAT 网控制子网的传输体制与数据网是一致的，而业务子网则是典型的网状网结构。要实现网状网，SCPC 是一种简单可行的信道多址方式，SCPC 信道分配则采用 DAMA（按申请分配或称为按需分配）方式。目前，投入使用的系统大部分是采用 DAMA-SCPC 方式的话音 VSAT 网。为了兼顾少数大业务量站间业务，可以配置部分点对点预分配（固定分配）的信道。

这种网状网的业务信道除了用于话音业务之外，也可以用于数据业务，分配方式和交换方式与话音业务类似。

话音 VSAT 网的信道分配方式通常是按需分配与预分配结合。

按需分配的呼叫过程有以下 3 个基本阶段。

①呼叫建立：主叫方通过控制信道向网控中心发出呼叫申请信息，网控中心在确认卫星信道和被叫方设备有空闲的条件下，向主叫方和被叫方分配卫星信道，主叫方和被叫方进行导通测试，建立线路。在这个阶段，网控系统的主要任务是在规定的时间内建立线路，并使插入的附加呼损尽可能小。

②通话：线路建立后，两方即可进行通话或数据传输。

③拆线通话结束后，由通话的主叫方或通话双方（取决于系统设计）向网控中心发

出通话结束信息，网控中心发回确认并回收资源（包括卫星信道和用户信道设备）。在这个阶段，网控中心的主要任务是及时、准确地回收空间资源和地面资源。

除了 SCPC 多址方式以外，TDMA 方式也是一种适合话音业务乃至综合业务的多址方式。TDMA 的特点是子信道按时隙划分，两种交换方式具有良好的兼容性，很适于构成综合业务 VSAT 网。TDMA 用于话音业务时，由于每载波容纳的用户站数目不够多，网内站数较多时，可能不得不采用多载波方式。随着卫星通信技术的发展和设备成本的降低，采用 TDMA 方式的 VSAT 网将会有较大发展。

4.1.4.8 数据 VSAT 网中的通信协议

（1）数据 VSAT 网的特点

与地面数据通信网相比，VSAT 卫星数据通信网有以下特点。

①通信的无层次性，即无用户接口和结点间接口之分，所有小站以相同身份连接到同一个网上。

②单结点交换网络，整个 VSAT 网中只有一个交换结点（卫星+主站）。

③点-点通信与端-端通信合二为一，地面网中一个端-端链路是由许多点-点链路组成的，而卫星单结点的网络结构使得两者合二为一。

④信道传播时延大，一条地面信道的传播时延一般在 1ms 以下，而 VSAT 网中信道的传播时延在 300ms 左右。

⑤信道的共享使用，地面网中一条信道一般是由一个交换结点专用的，而 VSAT 网中同一条内向信道是由许多站按照一定的多址访问方式来共享的。

（2）数据 VSAT 网的协议结构

从信道共享的特点来看，VSAT 数据网比较接近本地网（LAN），从 VSAT 网的覆盖范围来看又是一个广域网（WAN），而从 VSAT 网单结点、无层次的网络结构来看，其网内路由选择功能比较简单，也即其第三层协议功能比较简单，从星状网络结构来看，是一种不平衡链路结构，所有通信都是一个主站与其他小站之间进行的。据此，可得到 VSAT 网的协议结构如图 4-3 所示。图 4-3 中有关各层协议的具体内容请参阅相应的标准。

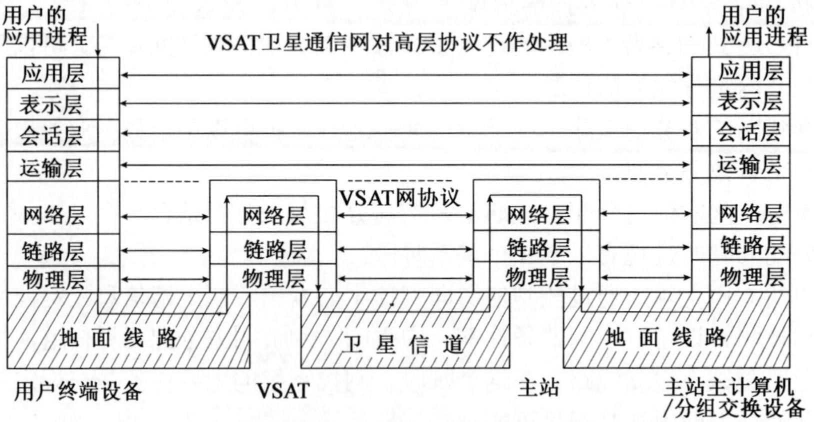

图 4-3 SAT 卫星数据通信网协议结构

4.1.4.9　VSAT 的关键技术

（1）地球站技术

要使 VSAT 能得到更广泛的应用必须使 VSAT 进一步小型化，降低 VSAT 的成本，为此须解决以下关键技术。

信号处理技术：通过合适的信号设计和信号处理降低 VSAT 系统对 C/N 的要求。

集成电路技术：微波电路集成化技术，采用 SLIC 技术。

天线技术：通过采用新的设计，使天线的尺寸进一步减小。

接口技术：采用软件可编程的接口技术以使 VSAT 能适应不同用户的接口要求。

抗干扰技术：包括抗外部干扰和邻站干扰技术。

数字化技术：以 DSP、DDS 为基础来提高 VSAT 的灵活性和可靠性。

一体化设计技术：通过统一设计 Modem、FEC 和 ARQ 来达到对信道资源的最佳利用。

标准化技术：VSAT 必须要标准化才能解决相互间的互通问题和实现大规模生产。

加密技术：由于任何网外用户都能收到网内用户发送的信息，任何网内用户都能收到应由其他网内用户接收的信息，因此，VSAT 网中必须解决信道加密问题。要进行加密就涉及加密算法和加密密钥的分配问题，而对一个网络来说尤其重要的是密钥的分配问题。当采用密钥集中分配方式时，如果主站为每个 VSAT 保留一个工作密钥，则要求主站有非常大的容量；如果为所有 VSAT 分配同一个工作密钥，将失去加密的意义。若采用密钥分散分配方式，则涉及一个密钥的安全问题及 VSAT 设备的复杂性问题。

（2）空间技术

要加强卫星的竞争力，必须降低卫星的成本、在不增加卫星重量的基础上增加卫星的容量、增加卫星的利用率（如采用低速编码、延长卫星寿命，采用 TASI、DSI 和 DCME 等）、寻找地面无法实现或很难实现而卫星很容易做到的新应用（如航空、航海移动通信，偏远地区数据收集，导航/定位等）。

就卫星转发器而言，需逐步解决以下关键技术。

星上处理与交换技术：使卫星成为一个交换结点，使 VSAT 能直接进行通信，改善 VSAT 网的连接能力和吞吐量性能，并把网络的复杂度从 VSAT 转移到卫星，降低 VSAT 成本；采用星际链路后能实现不同卫星覆盖区内 VSAT 之间单跳通信。

多波束/跳波束天线技术：在星上采用多波束/跳波束技术以提高卫星的 EIRP 和 G/T，从而降低对 VSAT EIRP 和 G/T 的要求。

星上信令能力：使卫星具有信令处理能力，把现在 VSAT 网中网控中心的一部分功能转移到卫星上，从而缩短 VSAT 通信的呼叫建立时间。

中低轨道卫星技术：由于同步卫星的轨道高度很高，传播时延和传播损耗都很大，因此 VSAT 不能非常小，同时也不能满足一些实时性业务的要求，为此提出采用中低轨道卫星进行通信。由于信号的传播损耗和时延较小，因此就不仅能更好地传输实时性业务，而且能大大减小地球站天线的尺寸和发射机的功率。另外，采用多个低轨道卫星组成的通信系统比同步卫星通信系统能更好地进行频率复用；同时也缓解了同步轨道上卫星过分拥挤的情况。采用中低轨道卫星还有其他一些优点，这里就不多讲了。

除了以上一些需解决的关键技术外，另外还包括增大卫星功率技术、宽带传输技术、干扰抑制技术、多信道 Modem 技术等。

（3）网络技术

如何更好地把地球站和卫星结合起来，使 VSAT 达到最佳的性能/价格比，这就是网络技术需解决的问题。就目前来看，VSAT 网络技术需解决以下一些关键技术。

多址访问技术和信道分配技术：开发一些新的多址访问和信道分配技术以更有效地利用卫星信道的资源，满足业务量变化及不同业务对服务质量的要求。

网络控制技术：进一步加强网络控制的功能，提高 VSAT 网的智能化程度和灵活程度。

网络协议技术：进一步研究 VSAT 网络的通信协议及与地面设备之间的接口协议以提高网络的适应能力和协议的工作效率。

网络安全技术：采用一些措施（如加密、通行字、自组织能力等）来提高网络的安全等级。

4.1.4.10　国际 VSAT 通信网络点对点通信

国际 VSAT 通信网络结构如图 4-4 所示。其特点是，通信速率：64Kbps 至 2Mbps 任选；用户设备任意配置；采用 SCPC 的通信方式。其优点是：链路环节少、故障率低、通信畅通率高；卫星稳定、信道误码率低、通信质量好；通信距离远，高效率低成本；工程周期短，一般四周即可完成；施工便捷，不受地理环境限制；网络拓展、速率升级方便；设备租用，免去客户初期巨额投资。

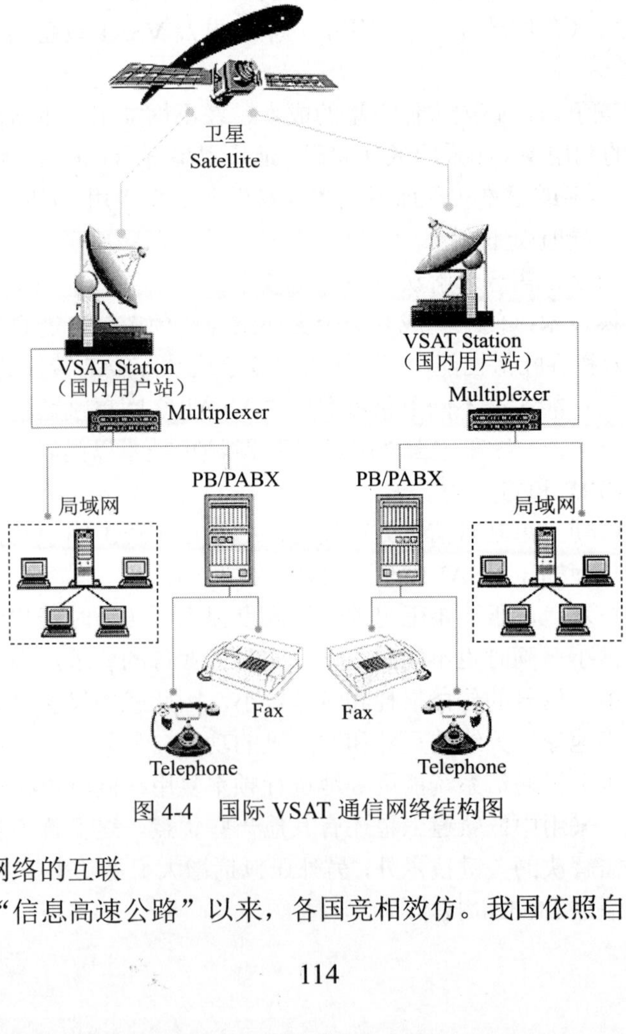

图 4-4　国际 VSAT 通信网络结构图

4.1.4.11　VSAT 网络的互联

自美国提出“信息高速公路”以来，各国竞相效仿。我国依照自己的国情，确立了

“国民经济信息化”的战略目标。实现 VSAT 网络互联不仅是大势所趋，而且是摆在我们面前亟待解决的课题。当然，通信网络是多种多样的。VSAT 本身可以支持远程局域网互联，VSAT 网与专用地面网之间的互联也是广泛涉及的问题。这里将重点对 VSAT 网与 VSAT 网之间的互联进行研究，主要集中在卫星通信的特点对互联方式的选取所产生的影响上，同时也阐述了 VSAT 网络互联所必须解决的问题及方法，供从事相关工作的同仁参考。

（1）网络互联的一般模型

VSAT 网络的特点尤其适合于数据通信，其实质就是通过卫星信道实施计算机通信。因此，VSAT 数据网也无例外地采用 OSI（开放系统互联）分层通信模型。不过，它的任务仅限于将发送的数据正确、及时地传送到目的地，所以只需制定包括网络层、数据链路层和物理层在内的下三层协议，而对数据的辨识则交给终端用户的应用进程（包括应用层、表示层、会话层和传输层在内的高层协议）来解决。因此，互联设备必须屏蔽不同的 VSAT 网在下三层的各种差异。这些差异包括：不同的寻址方案；不同的帧结构及分组长度；不同的网络访问机制；不同的超时控制；不同的编码、调制方式；不同的差错恢复方法；不同的状态报告方法；不同的路由选择技术；不同的用户访问控制；不同的服务——面向连接服务和无连接服务；不同的管理与控制方式。

图 4-5 所示为两个 VSAT 网络进行互联的分层通信结构示意图。互联设备通常称之为“网关”，其复杂程度主要取决于网络协议之间的差别。如果反映在网络层的路由选择和流量控制机制相同，则网关只需解决数据链路层和物理层的互联，也可称之为“网桥”。应该说明的是，即使是同一种多址协议，也并不意味着对应的数据链路层相同。例如 AA/TDMA（Adaptive Assignment/TDMA）协议中，帧长度、时隙长度、最大可预约时隙数，都是根据各网的运行情况而设定的，甚至流量控制方法也是有区别的。所以在设计网关时，必须全面考察通信协议及其系统参数。由于卫星通信的特点，不仅反映在其协议与一般计算机局域网不同，而且在物理层上的连接比地面网之间的有线连接要复杂多样：从拓扑结构上划分，VSAT 网络有星形网和网形网两种；从使用卫星情况来看，有同星的，也有不同星的；从频段上划分，有同频段的，也有不同频段的。因此，不同的 VSAT 网络互联，涉及到的问题也各不相同，情况千差万别。本文将根据拓扑结构来分类研究 VSAT 网络的互联方法。

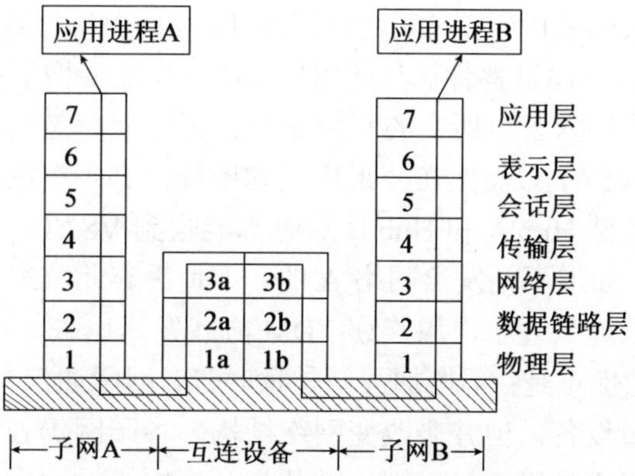

图 4-5　网络互联的一般模型

（2）星形网之间的互联

①两个星形网的互联

首先考虑最简单的情况：两个星形 VSAT 网络，使用同一波段，对准同一颗卫星，采用相同的多址协议（入向 AA/TDMA，外向 TDM），且协议参数及分组格式都相同，唯一的区别是各网使用的频率不同，如图 4-6 所示。

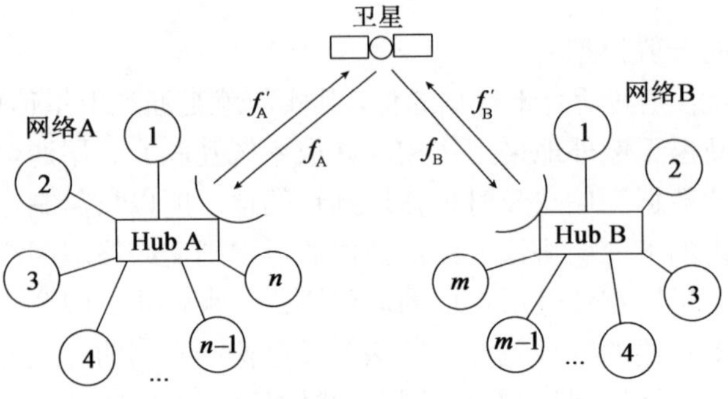

图 4-6　两个星形 VSAT 网络的互联

由于两个网络几乎完全一致，因此只要一个网能收到另一个网的信号，就很容易进行处理，实现互联。我们暂且认为每个网只工作在一个频率点（分别为 f_A 和 f_B，对应的发信频率为 f'_A 和 f'_B），这时 Hub A 需要增加接收 f_B 的设备，如图 4-7 所示。

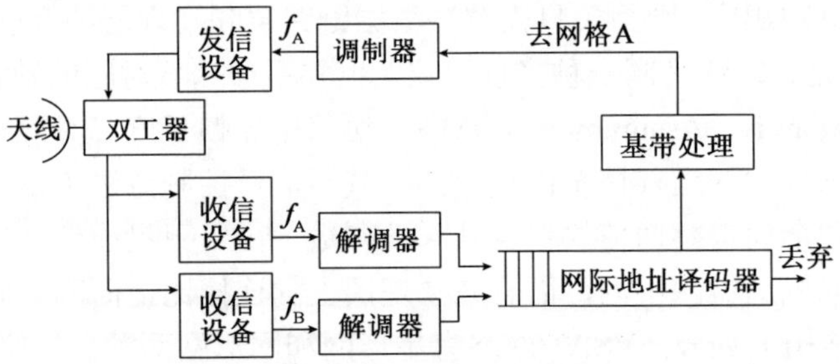

图 4-7　Hub A 的简易方框图

由图 4-7 可见，Hub A 增添了一套对 f_B 的收信设备、一个解调器和网际地址译码器（实际上网际地址译码器包含在基带处理设备中）。收信设备包括低噪声放大器（LNA）下变频器和本振源几大部分由于 LNA 是宽带器件，当 f_A 和 f_B 属同一波段时，可以共用一个 LNA，从而节省这一昂贵器件。与此对应，Hub B 需要增加接收 f_A 的设备。所有新添设备的监控信号都应纳入各自所在的网管系统。工作原理是：考虑网络 A 的 $VSAT_i$，发送分组到网络 B 的 $VSAT_j$。显然在分组格式的地址中必须有网际地址，以表明从哪个网来，到哪个网去。虽然 Hub A 和 Hub B 这时都能收到 $VSAT_i$ 发出的分组，但是 Hub A 通过网际地址译码，知道不是发给网络 A 的，于是丢弃此分组；而 Hub B 则接纳此分组，并将其排在外向信道队列中，用连续 TDM 方式发送出去，从而地址相符的 $VSAT_j$ 收到该分组。此方案的优点是：不增加卫星传播时延，网际通信与网内通信的时延相当；虽然各主站增添了少量设备，但并未改变网络结构，各子网仍独立发挥作用。应该说明的是，星形 VSAT 网络正是以大量远端小站共享一个中心站而发挥其价格优势的，所以很少有工作在单一频率点的情形。例如 NEC 的 NEXTAR 系统中，一个外向 TDM 载波可控制 8 个入向 AA/TDMA 载波，而且全网可以不止一个外向载波。因此在图 4-7 的方案中，主站的收信设备应该能够接收所有的入向载波，而且网际地址译码器必须根据分组的目的地址将其排在正确的外向信道队列中去。

在此方案的基础上，我们逐步取消最初的限制条件：

——当两个 VSAT 网使用不同的卫星时，各主站都需要增添一副对准另一颗卫星的天线，才能收到网际信号，实现互联。

——当 f_A 与 f_B 不在同一波段时，不仅仅是不能共用 LNA 的问题，有可能天线尺寸判别较大，此时应重新进行链路计算，并弥补小天线增益的不足。

——当网络协议不同时（通常称为异构型网络的互联），各主站要借助于互联设备来“辨认”来自其他网络的数据分组。例如图 4-7 中，Hub A 的基带处理设备无法“辨认”来自网络 B 的分组，可设计一个“半网关”将网际分组先还原成透明数据，再用 Hub A 的基带处理设备封装成连续 TDM 格式发送出去。

②多个星形网的互联

从理论上讲，上述方案可以推广到两个以上星形 VSAT 网络的互联。但是当网络数目比较大时，增添设备的代价太高。另一种解决办法是在各主站之间开辟一条公用信道，用于网间数据的传送。图 4-7 是各主站的简易方框图。图中增加了对公用信道的收、发设备。

工作原理：主站以频率/接收本网 VSAT 站发送的分组，同时以 f 接收其他主站发来的网际分组，通过地址译码，去往本网 VSAT 站的数据用户以连续 TDM 方式发送，去往其他网络的分组则按照某种多址方式，以 fcom 先传到该网的主站，然后再广播发送到目的地 VSAT 站。这里存在一个网际多址方式问题，以实现各主站之间的全网状连接。或者，也可以是星状连接，即各主站之间的分组传送都通过一个总的中心站转发，因此需要经过双跳卫星传播时延。选取什么样的拓扑结构和多址方式，要根据网间通信业务类型，对网间通信量的预测，对响应时延的要求，以及对诸多经济指标的综合评价来决定。同样，当 fcom 与 f 在同一波段时，可以共用高功放和低噪声放大器。而当公用信道所用的卫星与本网不同时，主站需增添一副对准公用信道卫星的天线，联通网间通信的链路。

（3）网形网之间的互联

①两个网形网的互联

对于两个网形网之间的互联，可以设立一个中继站，如图 4-8 所示，负责对网间分组的转发。它既充当网络 A 的第（$n+1$）个 VSAT 站，又相当于网络 B 的第（$m+1$）个 VSAT 站。

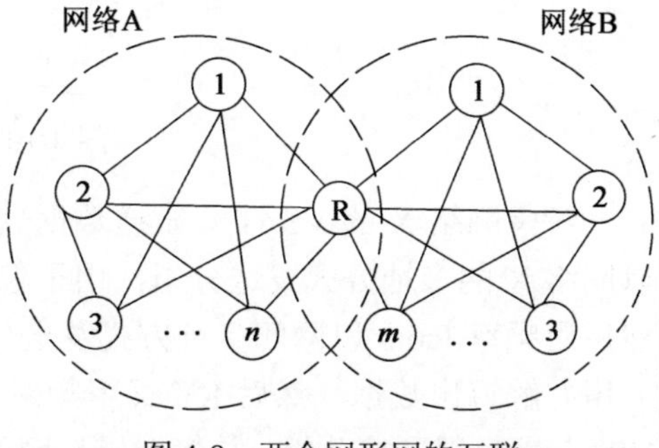

图 4-8　两个网形网的互联

工作原理：当某一 VSAT 站发送网际分组时，由于包含网际地址，本网的所有 VSAT 站都不接收此分组，而只有中继站接收，通过解调、基带处理，封装成另一网络协议的分组格式发送出去，如图 4-9 所示（同星的情况只需一副天线），从而地址相符的目的

VSAT 站收到该分组。可见，网间通信必须经过双跳卫星传播时延，但是并不另外占用卫星转发器带宽。这个中继站也可以由某一 VSAT 站兼任，那么需要增添的设备只是图 4-9 所示的一半。但是这个站的选址要适合于同时接收这两个网络的信号频率。

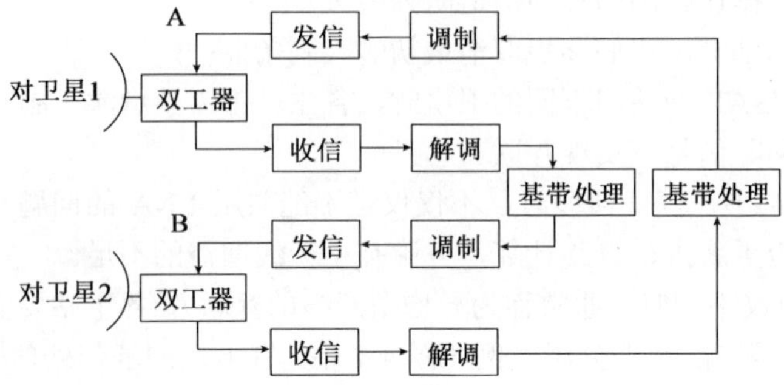

图 4-9　中继站设备方框图

②多个网形网的互联

对于多个网形网的互联，仍需借助公用信道来完成网间通信，如图 4-10 所示。

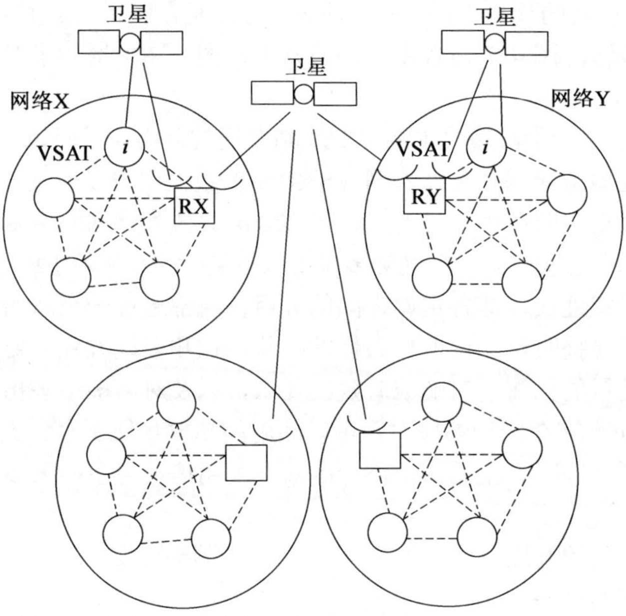

图 4-10　多个网形网互联

考虑网络 X 的 $VSAT_i$，发送数据分组到网络 Y 的 $VSAT_j$。首先，VSAT 用频率 f_x，以网络 X 的多址方式发送分组，由于包含网际地址，只有中继站 RX 接收并得到数据，然后用频率 fcom 以网间多址方式发送分组。由于中继站 RY 的网际地址符合，因此得到分组并解调出数据。然后 RY 又用频率 FY 以网络 Y 的多址方式发送此数据分组，从而 $VSAT_j$ 最后得到该分组。与多个星形网的互联相似，各中继站之间可以采用全网状连接，也可以采用星状连接。但是星状连接将再增加一跳卫星传播时延，使网间传输达到总共四跳。同样，各中继站可以由该网的某一 VSAT 站兼任。网间连接所使用的卫星，一方面应很好地覆盖所有这些中继站，具备良好的电波传播条件以实现可靠的通信；另一方面应尽量与各子网使用最多的卫星一致，并选用同波段转发器，以充分利用子网现有设备，降低成本。

（4）星形网与网形网的互联

①一个星形网与一个网形网的互联

基本思想是：假设网络 A 是星形网，网络 B 是网形网，那么 Hub A 在充当网络 A 的主站的同时，也充当网络 B 的中继站，与网络 B 的 VSAT 站实行全网状连接。工作过程：A：当网络 A 的 $VSAT_i$，发送分组到网络 B 的 $VSAT_j$ 时，首先只有 Hub A 能收到此分组，通过地址译码发现是去往网络 B 的，于是经过基带处理，数据封装成协议 B 的分组格式发送出去，从而地址相符的 $VSAT_j$ 收到该分组；B：当网络 B 的 $VSAT_j$ 发送分组到网络 A 的 $VSAT_i$ 时，由于网际地址不符，故网络 B 的原有 $VSAT_i$ 站都不接收此分组，唯有中继站接收，经过基带处理将数据排在主站 A 的外向信道队列中，用 TDM 方式广播发送，从而网络 A 的 VSAT，收到该分组。

②多个混合网的互联

如果是多个星形网和多个网形网的互联，方法与图 4-10 所示的基本原理一致，不过星形网中的主站当然就充当了中继站的角色。

至此，本章分析了各种拓扑结构的 VSAT 网络之间的互联。可以看出，网际分组传送时延最坏将达到四跳卫星传播时延。考虑到 VSAT 数据网通常对卫星信道共享的特点，实际的时延还会大于这个数值。这是个必须引起重视的问题，在选择互联方案时要进行分析和计算，看是否能满足用户的要求。

4.2　雷达技术

4.2.1　雷达原理

雷达是当前用来检测移动物体最普通方法。雷达英文为 RADAR，是 Radio Detection And Ranging 的缩写。所有利用雷达波来检测移动物体速度的原理，其理论基础皆源自于“多普勒”效应，此原理是在 19 世纪奥地利物理学家多普勒所发现的物理现象，后来世人为了纪念他的贡献，就以他的名字来为该原理命名。

多普勒效应的理论基础为时间。波是由频率及振幅所构成。无线电波在行进的过程中碰到物体时会被反射，而且其反射波的频率及振幅都会随着所碰到的物体的移动状态而改变。若无线电波所碰到的物体是固定不动的，那么所反射回来的无线电波其频率是不会改变的。若物体是朝着无线电波发射的方向前进，所反射回来的无线电波会被压缩，因此该电波的率频会随之增加；反之，若物体是朝着远离无线电波方向行进时，则反射回来的无线电波，其频率则会随之减小。图 4-11 所示为多普勒雷达（Doppler Radar）的基本原理图。

测速雷达所应用的原理，就是可以检测到发射出无线电波及反弹回来的无线电波其间的频率变化。由这两个不同频率的差值，便可以依特定的比例关系，计算出该波所碰撞到的物体的速度。很多人在日常生活中都经历过“多普勒效应”。例如，当火车鸣笛或救护车的警报声一直朝着你接近时，会发现声音会一直在变化，这就是所谓的“多普勒效应”，这个例子是生活中常见的例子，因为当声波一直朝着你接近时，其频率会一直增加，所以听到的声音才会一直变。这跟测速雷达所用到的原理是一样的，只不过测速雷达所使用的不是声波，而是无线电波。

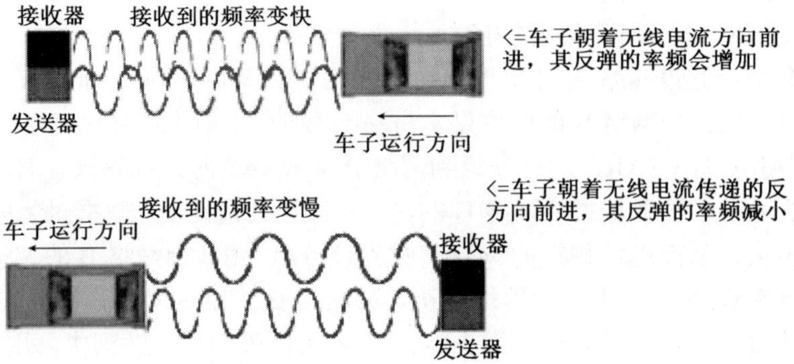

图 4-11　多普勒雷达原理

测速雷达总是检测到一个较强的反射电波后才计算出移动物体的速度。通常体积较大的物体其反射的电波也较强，而离发射电波较近的物体，其所反射的电波也会较强。根据这个原理，两辆大小相同的车子，如果同样都是超速时，测速雷达只会检测到开在前面车子的速度；若有一辆未超速的大卡车开在前方，而另一辆已超速的小客车开在后方时，测速雷达无法检测出已超速的小客车的速度，除非该小客车已经超越了大卡车而继续超速。这一事实告诉我们，利用雷达波来检测车速时，无法在车阵中检测到特定车辆的速度，而只能检测到开在车阵最前面且体积较大的车子的速度。

雷达波覆盖的范围影响雷达波覆盖范围的因素如下。

- 雷达的功率；
- 电波接收器的灵敏度；
- 天线的特性；
- 欲检测物体的体积大小；
- 雷达与欲检测物体的距离；
- 欲检测物体与雷达天线的相对位置及角度。

图 4-12 显示出影响测速雷达波覆盖范围的因素。

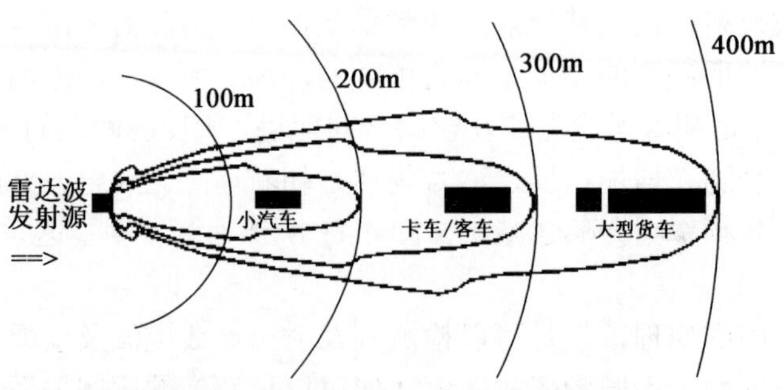

图 4-12　影响测速雷达波覆盖范围的因素

由图 4-12 可知，大型拖车最容易被检测到速度，只要在 400m 的范围，都可以被检测。

雷达测速其实是由车辆所反射回来的电波来计算车速的。静止的小型地物，如路标、路灯等，不会对雷达电波生成太多的影响，但较大的地物，如建筑物、停在路旁的大卡车、高速公路上的大型路标、广告板等，就会影响到雷达电波的反射。也就是说，即使路上没有车辆经过，测速雷达也会检测到一些数据，只是这些数据可能速度都是 0 而已。理想的测速照相地点，应该位于空旷无阻碍且没有大型反射物的道路上。在开始测速之前，选择地点是相当重要的。操作员在开始前，必须在车流前选择一视线良好的位置，视线上不能有如公交车站、大型路标、金属栅栏、防撞护栏等物体。另外，使用测速雷达时，不能在道路的中央分隔岛上使用，只能在道路两旁使用。

由于雷达发射和接收共用一个天线，且运动目标的运动方向与天线法线方向相一致，所以，运动目标的多普勒频率 f_d 符合下列关系式：

$$k(\|x-t\|)=\exp\left|-\frac{\|x-t\|^2}{2\sigma^2}\right| \tag{4-1}$$

将（4-1）式变为

$$Vr=\frac{f_d C}{2f_t} \tag{4-2}$$

式中，V_r——目标运动速度；

C——电磁波在空气中的传播速度，是一个常数；

f_t——雷达的发射频率，是一个已知量；

f_d——测量到的运动目标引起的多普勒频率，其测量精度由石英晶体振荡器保证，并由计算机处理进行速度换算并送到显示屏显示。

4.2.2　雷达技术指标及分类

雷达的基本任务是探测感兴趣的目标，测定有关目标的距离、方向、速度等状态参数。雷达主要由天线、发射机、接收机（包括信号处理机）和显示器等部分组成。

雷达发射机产生足够的电磁能量，经过收发转换开关传送给天线。天线将这些电磁能量辐射至大气中，集中在某一个很窄的方向上形成波束，向前传播。电磁波遇到波束内的目标后，将沿着各个方向产生反射，其中的一部分电磁能量反射回雷达的方向，被雷达天线获取。天线获取的能量经过收发转换开关送到接收机，形成雷达的回波信号。由于在传播过程中电磁波会随着传播距离而衰减，雷达回波信号非常微弱，几乎被噪声所淹没。接收机放大微弱的回波信号，经过信号处理机处理，提取出包含在回波中的信息，送到显示器，显示出目标的距离、方向、速度等。

为了测定目标的距离，需要雷达准确测量从电磁波发射时刻到接收到回波时刻的延迟时间，这个延迟时间是电磁波从发射机到目标，再由目标返回雷达接收机的传播时间。根据电磁波的传播速度，可以确定目标的距离为：

$$S=\frac{CT}{2} \tag{4-3}$$

其中，

S 为目标距离；

T 为电磁波从雷达到目标的往返传播时间；

C 为光速。

雷达测定目标的方向是利用天线的方向性来实现的。两坐标雷达只能测定目标的方位角，三坐标雷达可以测定方位角和俯仰角。

测定目标的运动速度是雷达的一个重要功能。当目标和雷达之间存在着相对位置运动时，目标回波的频率就会发生改变，频率的改变量称为多普勒频移，用于确定目标的相对径向速度。通常，具有测速能力的雷达，例如脉冲多普勒雷达，要比一般雷达复杂得多。

雷达的战术指标主要包括作用距离、威力范围、测距分辨率与精度、测角分辨率与精度、测速分辨率与精度、系统机动性等。

其中，作用距离是指雷达刚好能够可靠发现目标的距离。它取决于雷达的发射功率与天线口径的乘积，并与目标本身反射雷达电磁波的能力（雷达散射截面积的大小）等因素有关。威力范围指由最大作用距离、最小作用距离、最大仰角、最小仰角及方位角范围确定的区域。

雷达的技术指标与参数很多，而且与雷达的体制有关，如果根据波形来区分，雷达主要分为脉冲雷达和连续波雷达两大类。当前常用的雷达大多数是脉冲雷达。常规脉冲雷达周期性地发射高频脉冲。相关的参数为脉冲重复周期（脉冲重复频率）、脉冲宽度以及载波频率。载波频率是在一个脉冲内信号的高频振荡频率，也称为雷达的工作频率。

雷达天线对电磁能量在方向上的聚集能力用波束宽度来描述，波束越窄，天线的方向性越好。但是在设计和制造过程中，雷达天线不可能把所有能量全部集中在理想的波束之内，在其他方向上存在着泄漏能量的问题。能量集中在主波束中，我们常常形象地把主波束称为主瓣，其他方向上由泄漏形成旁瓣。为了覆盖宽广的空间，需要通过天线的机械转动或电子控制，使雷达波束在探测区域内扫描。

概括起来，雷达的技术参数主要包括工作频率（波长）、脉冲重复频率、脉冲宽度、发射功率、天线波束宽度、天线波束扫描方式、接收机灵敏度等。技术参数是根据雷达的战术性能与指标要求来选择和设计的，因此它们的数值在某种程度上反映了雷达具有的功能。例如，为提高远距离发现目标能力，预警雷达采用比较低的工作频率和脉冲重复频率，而机载雷达则为减小体积、重量等目的，使用比较高的工作频率和脉冲重复频率。这说明，如果知道了雷达的技术参数，就可在一定程度上识别出雷达的种类。

雷达的用途广泛，种类繁多，分类的方法也非常复杂。通常可以按照雷达的用途分类，如预警雷达、搜索警戒雷达、无线电测高雷达、气象雷达、航管雷达、引导雷达、炮瞄雷达、雷达引信、战场监视雷达、机载截击雷达、导航雷达以及防撞和敌我识别雷达等。除了按用途分，还可以从工作体制对雷达进行区分。这里就对一些新体制的雷达进行简单的介绍。

（1）双/多基地雷达

普通雷达的发射机和接收机安装在同一地点，而双/多基地雷达是将发射机和接收机分别安装在相距很远的两个或多个地点上，地点可以设在地面、空中平台或空间平台上。由于隐身飞行器外形的设计主要是不让入射的雷达波直接反射回雷达，这对于单基地雷达很有效。但入射的雷达波会朝各个方向反射，总有部分反射波会被双/多基地雷达中的一个接收机接收到。美国国防部从 20 世纪 70 年代就开始研制、试验双/多基地雷达，较著名的“圣殿”计划就是专门为研究双基地雷达而制定的，已完成了接收机和发射机都安装在地面上、发射机安装在飞机上而接收机安装在地面上、发射机和接收机都安装在空中平台上的试验。俄罗斯防空部队已应用双基地雷达探测具有一定隐身能力的飞机。双/多基地雷达也可用在风场反演、水利设施位移监测、山体滑坡等方面。

（2）相控阵雷达

我们知道，蜻蜓的每只眼睛由许许多多个小眼组成，每个小眼都能成完整的像，这样就使得蜻蜓所看到的范围要比人眼大得多。与此类似，相控阵雷达的天线阵面也由许多个辐射单元和接收单元（称为阵元）组成，单元数目和雷达的功能有关，可以从几百个到几万个。这些单元有规则地排列在平面上，构成阵列天线。利用电磁波相干原理，通过计算机控制馈往各辐射单元电流的相位，就可以改变波束的方向进行扫描，故称为电扫描。辐射单元把接收到的回波信号送入主机，完成雷达对目标的搜索、跟踪和测量。每个天线单元除了有天线振子之外，还有移相器等必需的器件。不同的振子通过移相器可以被馈入不同的相位的电流，从而在空间辐射出不同方向性的波束。天线的单元数目越多，则波束在空间可能的方位就越多。这种雷达的工作基础是相位可控的阵列天线，“相控阵”由此得名。

相控阵雷达的优点：①波束指向灵活，能实现无惯性快速扫描，数据率高；②一个雷达可同时形成多个独立波束，分别实现搜索、识别、跟踪、制导、无源探测等多种功能；③目标容量大，可在空域内同时监视、跟踪数百个目标；④对复杂目标环境的适应能力强；⑤抗干扰性能好。全固态相控阵雷达的可靠性高，即使少量组件失效仍能正常工作。但相控阵雷达设备复杂、造价昂贵，且波束扫描范围有限，最大扫描角为 90°～120°。当需要进行全方位监视时，需配置 3～4 个天线阵面。

相控阵雷达与机械扫描雷达相比，扫描更灵活、性能更可靠、抗干扰能力更强，能快速适应战场条件的变化。多功能相控阵雷达已广泛用于地面远程预警系统、机载和舰载防空系统、机载和舰载系统、炮位测量、靶场测量、水利设施测量等。美国“爱国者”防空系统的 AN/MPQ-53 雷达、舰载“宙斯盾”指挥控制系统中的雷达、B-1B 轰炸机上的 APQ-164 雷达、俄罗斯 C-300 防空武器系统的多功能雷达等都是典型的相控阵雷达。随着微电子技术的发展，固体有源相控阵雷达得到了广泛应用，是新一代的战术防空、监视、火控雷达。

（3）宽带/超宽带雷达

工作频带很宽的雷达称为宽带/超宽带雷达。隐身兵器通常对付工作在某一波段的雷达是有效的，而面对覆盖波段很宽的雷达就无能为力了，它很可能被超宽带雷达波中的某一频率的电磁波探测到。另一方面，超宽带雷达发射的脉冲极窄，具有相当高的距离分辨率，可探测到小目标，因此在测试水利设施的位移（如水库大坝）、山体滑坡等都有潜在的应用前景。

（4）合成孔径雷达

合成孔径雷达通常安装在移动的空中或空间平台上，利用雷达与目标间的相对运动，将雷达在每个不同位置上接收到的目标回波信号进行相干处理，就相当于在空中安装了一个“大个”的雷达，这样小孔径天线就能获得大孔径天线的探测效果，具有很高的目标方位分辨率，再加上应用脉冲压缩技术又能获得很高的距离分辨率，因而能探测到隐身目标。合成孔径雷达在军事上和民用领域都有广泛应用，如战场侦察、火控、制导、导航、资源勘测、地图测绘、洪水监测、海洋监视、环境遥感等。

（5）毫米波雷达

工作在毫米波段的雷达称为毫米波雷达。它具有天线波束窄、分辨率高、频带宽、抗干扰能力强等特点，同时它工作在目前隐身技术所能对抗的波段之外，因此它能探测隐身目标。毫米波雷达具有高空间分辨率，能够清楚地反映云的垂直和水平结构，且清晰地反映云中0℃层融化带的垂直特征，将毫米波雷达与天气测雨雷达以及其他遥感手段结合，可以取长补短、相得益彰，对研究各种天气形成的微观物理机制、云物理的发展、气候变化的研究及水旱灾害的形成等工作均有重要意义，已获得各国的高度重视。

（6）激光雷达

工作在红外和可见光波段的雷达称为激光雷达。它由激光发射机、光学接收机、转台和信息处理系统等组成，激光器将电脉冲变成光脉冲发射出去，光接收机再把从目标反射回来的光脉冲还原成电脉冲，送到显示器。隐身兵器通常是针对微波雷达的，因此激光雷达很容易“看穿”隐身目标所玩的“把戏”；再加上激光雷达波束窄、定向性好、测量精度高、分辨率高，因而它能有效地探测隐身目标。激光雷达在主要用于靶场测量、空间目标交会测量、目标精密跟踪和瞄准、目标成像识别、导航、精确制导、综合火控、直升机防撞、化学战剂监测、局部风场测量、水下目标探测、精确地形测绘等。

4.2.3 雷达组成及信号分类

将雷达分为雷达前端站和雷达处理控制站两大部分，据此将一定区域内的雷达进行组网。前端站是雷达的射频部分，完成对目标信息的获取，形成目标回波，通常是无人或少人站，控制站完成原始回波的分析、处理、上报。为达到上述目的，同时使雷达安全、稳定、可靠工作，前后端之间需要传递与交换的信号包括雷达获取的原始回波信号、雷达状态信号、对雷达状态的控制信号、雷达控制站与雷达前端站间的勤务信号。

（1）原始回波信号

原始回波即雷达获取的目标的原始视频回波信号，该信号反映了目标的全部特征。在对该信号进行传输时，通常要进行数字化处理，根据雷达型号的不同，其采样频率也不同，比如对常用警戒引导雷达的原始模拟视频信号进行统计分析，若进行8位数字采样，传输一路所需速率将达32Mbps，若需对四个通道的信号进行传输，则传输速率需求将达128Mbps。原始回波信号的传输方向为由雷达前端站和雷达处理控制站的上行方向。原始回波信号传至处理控制站后要进行杂波图处理，因此对原始回波信号的传输在传输时延、相位抖动等指标都有较高要求。

（2）雷达前端工作状态信号

雷达前端常常在无人或少人环境下工作，对前端的工作状态和工作参数以及阵地环境必须进行必要的监测。工作状态和参数信号包括方位信号、发射机故障、二次雷达故障、雷达通回馈、开关控制有效、雷达静默回馈、正常雷达平均通/断回馈、频率选择回馈、单频/分集回馈、频率控制回馈、脉组/脉间回馈、捷变频通/断回馈等，这类信号对传输的时延和相位抖动的要求不高，传输方向由前端站至处理控制站的上行方向。

（3）对雷达的控制信号

雷达控制站对前端站的控制由控制信号实施，包括工作状态控制与工作参数控制两类，总体上包括雷达通/断、发射机射频通/断、发射机通/断、系统复位、天线通/断、正常雷达背景平均通/断、频率的选择信号、单频/分集、频率控制、脉组/脉间选择、捷变频通/断、最小受干扰频率选择通/断、干扰选通录取通/断、距离方位波门图选择、系统复位、极化选择、气象通道允许/禁止、正常雷达通道允许/禁止、地杂波滤波器通道允许/禁止、动杂波滤波器通道允许/禁止、二次雷达高压通/断、二次雷达电源通/断、摄像头选择、油机通/断、遥控系统复位等。

（4）勤务信号

勤务信号是前端站与处理控制站之间的话音联络信号。当采用 PCM 数字语音时，一路数字化的传输速率为 64Kbps，若采用 CVSD 对语音进行数字化，一路数字化的传输速率为 16Kbps。该信号是双向传输信号，除卫星传输的时延稍大以外，其他物理介质的传输都能满足要求。

4.2.4　雷达信号的 SDH 传输

雷达信号可利用 SDH 传输原理对雷达信号进行传输，也可方便地组成区域雷达网。

（1）雷达信号传输网络拓扑

下面以 4 个雷达站进行区域组网为例说明应用 SDH 技术进行数据传输的网络拓扑结构，如图 4-13 所示。在应用 SDH 技术进行区域雷达组网时，雷达数据处理终端完成 3 个工作：一是对雷达原始目标信号回波视频、勤务话、雷达工作状态监控、监控图像、雷达前端控制信号进行数字化处理；二是完成对上述经数字化处理后的信号按属性和速率进行复用。这里的复用是将低速信号，主要是勤务话、工作状态监控信号复用到规定的速率；三是实现对雷达原始目标信号回波视频和监控图像进行无损压缩，以利于网络传输。复用是每个雷达站的 SDH 分插复用设备将图像、数据和话音进行复用后，送入 SDH 环网进行传输和交换，网络中实际的物理链路既可以是光纤，也可以是 SDH 微波信道。由于采用了 SDH 环网结构，理论上实际组网时网络中的雷达站数量是不受限制的。

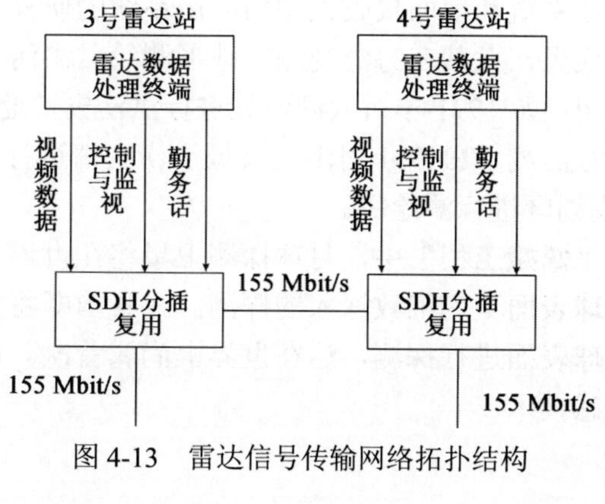

图 4-13　雷达信号传输网络拓扑结构

（2）雷达信号传输的通道分配

结合系统的整体思路和待传输雷达信号的特性，SDH 技术可以满足前后端信号的传输要求。但由于 SDH 技术是面向电信业务的传输而开发的，待传雷达数据速率与 SDH 的标称接口速率不匹配，并不能简单用 SDH 技术来进行雷达信号的传输，必须将上述待传输的雷达信号按特性进行分类复用，然后应用 SDH 的级联技术进行传输。

由于 SDH 采用了同步复用方式和灵活的映射结构，可以实现高阶信号与低阶支路信号之间的复用。SDH 帧结构丰富的开销比特、具有级联和链路容量调整机制这些优越的特性，使其非常容易应用于对雷达视频信号和控制进行宽带传输，从而既可提高雷达系统在电子战条件下的战场生存能力及突发灾害的监测能力，又可避免因将雷达视频进行压缩传输而产生的信号损伤，同时，SDH 传输技术是电信网中广泛运用的一种传输体制，具有标准的接口，有众多厂商生产相应的设备。因此，将 SDH 传输技术引入雷达信号的传输，是一种可行的提高雷达系统性能的方案。

4.2.5 雷达在水利上的应用

作为一种主动的航天、航空遥感手段，微波成像技术主要是通过合成孔径雷达（简称：SAR）获取数据并成像，因为由于它是通过微波传感器来获取数据，所以具有全天时、全天候观测能力。它不仅可以详细、准确地观测地形、地貌，获取地球表面的信息，获得类似光学照片的目标图像，还可以透过一定地表和自然植被收集其下的信息。

SAR 在国民经济建设中有着广泛的应用，我们可以把雷达图像与地理信息系统配准后，对洪水淹没面积和造成的损失进行监测与评估；利用高分辨率的三维立体雷达图像，可对铁路、公路、微波通信和电视转播台的选址等进行地形测绘，找到最省钱、效益最好的方案；利用雷达对土壤含水量敏感的特点，可以发现哪些地区最缺水，从而更加合理地利用有限的水资源；利用雷达对地面线性构造的敏感性和立体成像的能力，对人们无法从地面进入的原始森林、山区进行立体测绘；利用雷达图像的线性构造特征寻找矿藏和选择油井的位置，减少废井率，从而节省大量资金；还可以利用雷达对森林的储集量和农作物的产量进行估计，并对可能出现的农作物病虫害等进行预报。

我国在合成孔径雷达系统和地面接收处理与应用系统的研究、研制方面，取得了显著进展和多项重大科研成果，尤其在海洋观测、地形测绘、洪涝灾情监测、政府公共决策等方面发挥了重要作用，如 1991 年对太湖流域进行洪涝灾情监测，1998 年对洞庭湖、鄱阳湖区域洪涝灾情进行监测，2003 年对淮河流域洪涝灾情进行监测，对中关村新技术开发区及 2008 年奥运规划区进行测绘等。

在我国即将实施的“嫦娥工程”中，月球探测卫星将在世界上首次搭载先进的微波遥感装置，以实现对月球表面更为细致深入的探测。在我国即将实施的探月计划也将搭载微波遥感装置，对月球表面进行探测，这在世界上尚属首次。以前，其他国家从未在探月过程中使用微波遥感技术。

4.3　计算机网络技术

4.3.1　计算机网络概述

4.3.1.1　计算机网络的定义、演变和发展

（1）计算机网络的定义

计算机网络就是利用通信设备和线路将地理位置不同、功能独立的多个计算机系统互联起来，以功能完善的网络软件（即网络通信协议、信息交换方式、网络操作系统等）实现网络中资源共享和信息传递的系统。图 4-14 所示为一个典型的计算机网络。

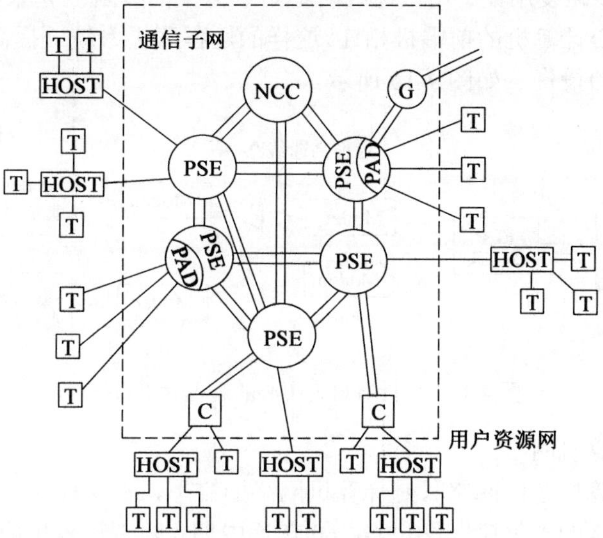

图 4-14　一个典型的计算机网络示例

计算机网络：资源子网＋通信子网

资源子网：主机 Host＋终端 Terminal

通信子网：通信链路组成

网络节点：分组交换设备 PSE、分组装/卸设备 PAD、集中器 C、网络控制中心 NCC、网间连接器 G。统称为接口处理机 IMP。

（2）计算机网络的演变和发展

1946 年世界上第一台电子计算机诞生，以后几年里，计算机只能单用户使用。由于计算机数量少、价格昂贵，大部分计算机用户只能前往很远的计算机房上机，无法对急待处理的信息及时进行加工处理，计算机资源得不到充分的利用。为此，科学家们进行了大量的有关数据通信方面的基础研究，并利用通信线路将计算机与远方的终端连接起来，形成计算机网络。计算机网络发展分三个阶段：面向终端的网络、计算机－计算机网络和开放式标准化网络。

①面向终端的计算机网络

以单个计算机为中心的远程联机系统，构成面向终端的计算机网络。用一台中央主机连接大量的地理上处于分散位置的终端。如 20 世纪 50 年代初美国军方建成的半自动

地面防空系统 SAGE。SAGE 系统的诞生是计算机通信发展史上的里程碑，它首次实现了计算机技术与通信技术的结合。

但随着计算机主机性能的提高，所连接的远程终端数量的增加，这种面向终端的单计算机系统的缺点越来越突出，主要表现在，主机的负担重，它既要承担数据处理的任务，又要承担通信的任务；由于终端设备运行速度慢，操作时间长，每个用户独占一条长距离的通信线路，使线路利用率低。

为减轻中心计算机的负载，在通信线路和计算机之间设置了一个前端处理机 FEP（Front End Processor）或通信控制器 CCU（Communication Control Unit）专门负责与终端之间的通信控制，使数据处理和通信控制分工。在终端机较集中的地区，采用了集中管理器（集中器或多路复用器）用低速线路把附近群集的终端连起来，通过 MODEM 及高速线路与远程中心计算机的前端机相连。这样的远程联机系统既提高了线路的利用率，又节约了远程线路的投资。如图 4-15 所示。

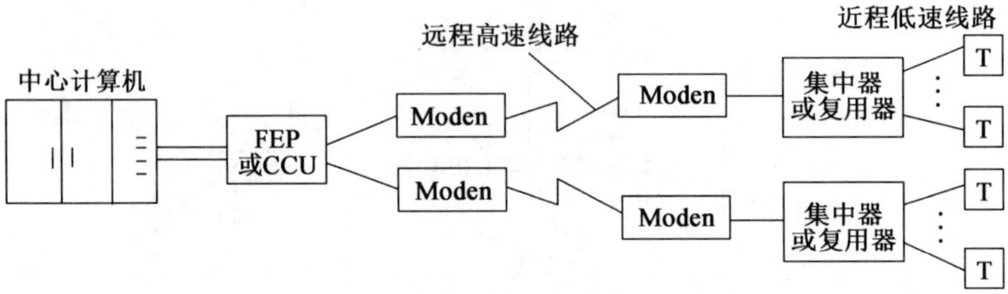

图 4-15　单计算机为中心的远程联机系统

②计算机－计算机网络

面向终端的计算机通信网络只是计算机网络的雏形，还没有真正出现“网”的形式，可以说是计算机网络的“萌芽”。20 世纪 60 年代中期，随着计算机应用的日益广泛和硬件价格的降低，在一些大型公司、企事业部门和军事部门中，往往拥有若干个分散的计算机终端网络系统，系统之间迫切需要进行业务联系而交换数据。为此，将多个计算机终端网络连接起来，出现了多台计算机互联的系统，开创了“计算机－计算机”通信时代，并存多处理中心，实现资源共享。这种网络也叫做多机系统的互联网络。这个时期的网络产品是相对独立的，没有统一标准。多机系统中，主计算机之间的数据传输是通过各自的通信控制处理机实现的，通信控制处理机负责网络上各主计算机之间的通信处理与控制，主计算机是网络资源的提供者并负责数据处理。多机系统的互联使计算机网络的通信方式由终端与计算机之间的通信，发展到计算机与计算机之间的直接通信。网络中各主计算机系统相对独立，形成一个松散耦合的大系统。

③开放式标准化网络

由于相对独立的、不同体系结构的网络产品难以实现互联，国际标准化组织 ISO（Internation Standards Organization）于 1984 年颁布了一个称为“开放系统互联基本参考模型”的国际标准 ISO 7498，简称 OSI/RM，即著名的 OSI 七层模型。它为研究、设计、改造和实现新一代计算机网络提供了功能上和概念上的框架。从此，网络产品有了统一标准，促进了企业的竞争，大大加速了计算机网络的发展。由此开始了第三代计算机网络的新纪元。

第三代计算机网络从20世纪70年代末至今，是计算机网络技术的成熟阶段。80年代末期开始，计算机网络技术、通信技术及建立在互联网络技术基础上的计算机网络技术得到了迅猛发展。网络传输介质的光纤化发展，各国信息基础设施的纷纷建立，多媒体网络及宽带网综合业务数字网的开发应用，智能网的发展，计算机分布式系统的研究，相继出现了高速以太网、光纤分布式数字接口、快速分组交换技术等一系列新技术，这都促使了计算机网络技术的飞速发展，使计算机网络技术进入了一个新的阶段。目前以Internet为核心的高速计算机互联网络已经形成，成为人类最重要的、最大的知识宝库。

4.3.1.2　计算机网络实例——Internet

1969年世界上第一个计算机网络APRA诞生。1975年夏，APRA结束试验阶段，网络控制权交给美国国防部通信局DCA。DCA在APRA基础上组建了美国国防部数据网DDN。1976年，APRA发展到60多个节点，100多台主机，跨越了整个美国，并通过卫星连接到夏威夷，触角伸至欧洲，形成了覆盖世界范围的通信网络。

1980年前后，美国国防部高级研究计划局开始致力于互联网技术的研究，其成果被称为Internet，即现在常说的因特网。事实上，在此之前人们发现APRA选择的协议并不合适在多个网络上运行，因此，很多人开始研究网络协议问题。最著名的研究成果当是1974年提出的TCP/IP（Transmission Control Protocol/Internet Protocol），TCP/IP协议集在APRA上的应用使得APRA成为初期因特网的骨干网。

美国政府为了推广TCP/IP协议集，实施了许多政策措施。1983年，美国国防部秘书处甚至强制性地要求连到网络上的所有主机都必须使用TCP/IP协议集。到了20世纪90年代，美国政府意识到仅靠政府的资助难以满足应用的发展需要，因此开始鼓励商业部门介入。商业机构的介入，出现了大量的因特网服务提供商ISP（Internet Service Provider）和因特网内容提供商ICP（Internet Content Provider），促进了因特网的扩展。

显然，因特网要求有因特网标准的支持，这些标准与国际标准并不完全一致。在标准化方面，因特网的原则是：当国际标准适用时，采用国际标准；当国际标准不适用时，研制新的因特网标准；当新的国际标准出现，并且具有相同的功能时，因特网标准将考虑向国际标准迁移。

4.3.1.3　计算机网络的功能

计算机网络最重要的3个功能是数据通信、资源共享和分布处理。

（1）数据通信

数据通信是计算机网络最基本的功能，被用来快速传送计算机与终端、计算机与计算机之间的各种信息，如文字信件、新闻消息、咨询信息、图片资料、报纸版面等。

（2）资源共享

计算机网络最主要的功能是突破地域限制，向用户提供资源共享的手段。用户不需要考虑自己以及所用资源在网络中的位置，就可以通过计算机网络使用所需要的资源。可共享的资源包括计算机网络中的硬件设备和软件，如存储设备、打印设备、扫描仪、通信设备、光驱、程序、数据、文档等。

（3）分布处理

在计算机网络中，当某台计算机的处理任务过重而太忙时，可以将部分工作转交到网络中其他较“空闲”的计算机来完成，以均衡负荷，减轻局部负担。在处理综合性的大型问题时，可以按一定的算法将任务分配给网络中不同的计算机进行分散处理，提高处理速度和设备利用率。还可以用各地的计算机资源共同协作，进行重大科研项目的联合开发和研究。利用网络技术，将多台计算机连成具有高性能的计算机系统，以并行处理方式来求解复杂问题，这是目前计算机应用的研究方向之一。

4.3.1.4 计算机网络的分类

对计算机网络分类的标准有很多。按网络的拓扑结构可分为星形网、总线网、环形网、树形网和网形网；按信息交换方式可分为电路交换网、报文交换网和报文分组交换网等。在计算机网络中，一般来说，传输距离影响传输的速率，距离越短，传输速率也就越高，而传输速率又极大地影响着计算机网络硬件技术的各个方面。因此，为了反映网络技术的本质特性，人们通常按照网络覆盖的范围进行分类，大致包括 4 类：广域网 WAN、局域网 LAN、城域网 MAN 和互联网。表 4-2 给出了距离和覆盖范围的详细情况。

表 4-2 计算机网络分类（按距离）

网络种类	分布距离	覆盖范围
局域网	10m	房间
	100m	建筑物
	1km	校园
城域网	10km	城市
广域网	100km	国家
互联网	1 000km	洲或洲际

随着计算机技术和网络技术的发展，人们一般倾向于按照性能把网络分为广域网、区域网和互联网三类。

（1）广域网

广域网 WAN（Wide Area Network）也称为远程网，是由许多交换机组成的，交换机之间采用点到点线路连接，几乎所有的点到点通信方式都可以用来建立广域网，包括租用线路、光纤、微波、卫星信道。而广域网交换机实际上就是一台计算机，有处理器和输入/输出设备进行数据包的收发处理。广域网 WAN 一般最多只包含 OSI 参考模型的底下三层，而且目前大部分广域网都采用存储转发方式进行数据交换，也就是说，广域网是基于报文交换或分组交换技术的（传统的公用电话交换网除外）。广域网中的交换机先将发送给它的数据包完整接收下来，然后经过路径选择找出一条输出线路，最后交换机将接收到的数据包发送到该线路上去，以此类推，直到将数据包发送到目的结点。广域网可以提供面向连接和无连接两种服务模式，对应于两种服务模式，广域网有两种组网方式：虚电路（virtual circuit）方式和数据报（datagram）方式。

对于采用虚电路方式的广域网，源结点要与目的结点进行通信之前，首先必须建立一条从源结点到目的结点的虚电路（即逻辑连接），然后通过该虚电路进行数据传送，最后当数据传输结束时，释放该虚电路。

在虚电路方式中，每个交换机都维持一个虚电路表，用于记录经过该交换机的所有虚电路的情况，每条虚电路占据其中的一项。在虚电路方式中，其数据报文在其报头中除了序号、校验和以及其他字段外，还必须包含一个虚电路号。在虚电路方式中，当某台机器试图与另一台机器建立一条虚电路时，首先选择本机还未使用的虚电路号作为该虚电路的标识，同时在该机器的虚电路表中填上一项。由于每台机器（包括交换机）独立选择虚电路号，所以虚电路号仅仅具有局部意义，也就是说报文在通过虚电路传送的过程中，报文头中的虚电路号会发生变化。一旦源结点与目的结点建立了一条虚电路，就意味着在所有交换机的虚电路表上都登记有该条虚电路的信息。当两台建立了虚电路的机器相互通信时，可以根据数据报文中的虚电路号，通过查找交换机的虚电路表而得到它的输出线路，进而将数据传送到目的端。当数据传输结束时，必须释放所占用的虚电路表空间，具体做法是由任一方发送一个撤除虚电路的报文，清除沿途交换机虚电路表中的相关项。

广域网另一种组网方式是数据报方式，交换机不必登记每条打开的虚电路，它们只需要用一张表来指明到达所有可能的目的端交换机的输出线路。由于虚电路方式中每个报文都要单独寻址，因此要求每个数据报包含完整的目的地址。虚电路方式与数据报方式之间的最大差别在于：虚电路方式为每一对结点之间的通信预先建立一条虚电路，后续的数据通信沿着建立好的虚电路进行，交换机不必为每个报文进行路由选择；而在数据报方式中，每一个交换机为每一个进入的报文进行一次路由选择，也就是说，每个报文的路由选择独立于其他报文。

广域网是采用虚电路方式还是数据报方式，涉及的因素比较多。主要是从两个方面来比较这两种结构：一方面是从广域网内部来考察；另一方面是从用户的角度（即用户需要广域网提供什么服务）来考察。在广域网内部，虚电路和数据报之间有好几个需要权衡的因素。一个因素是交换机的内存空间与线路带宽的权衡。虚电路方式允许数据报文只含位数较少的虚电路号，而并不需要完整的目的地址，从而节省交换机输入输出线路的带宽。虚电路方式的代价是在交换机中占用内存空间用于存放虚电路表，而同时交换机仍然要保存路由表。另一个因素是虚电路建立时间和路由选择时间的比较。在虚电路方式中，虚电路的建立需要一定的时间，这个时间主要是用于各个交换机寻找输出线路和填写虚电路表，而在数据传输过程中，报文的路由选择却比较简单，仅仅查找虚电路表即可。数据报方式不需要连接建立过程，每一个报文的路由选择单独进行。虚电路还可以进行拥塞避免，原因是虚电路方式在建立虚电路时已经对资源进行了预先分配（如缓冲区）。而数据报广域网要实现拥塞控制就比较困难，原因是数据报广域网中的交换机不存储广域网状态。广域网内部使用虚电路方式还是数据报方式正是对应于广域网提供给用户的服务。虚电路方式提供的是面向连接的服务；而数据报方式提供的是无连接的服务。

由于在虚电路方式中，交换机保存了所有虚电路的信息，因而虚电路方式在一定程度上可以进行拥塞控制。但如果交换机由于故障且丢失了所有路由信息，则将导致经过该交换机的所有虚电路停止工作。与此相比，在数据报广域网中，由于交换机不存储网络路由信息，交换机的故障只会影响到目前在该交换机排队等待传输的报文。因此从这点来说，数据报广域网比虚电路方式更强壮些。

（2）局域网

局域网（Local Area Network），简称 LAN，是指在某一区域内由多台计算机互联成的计算机组。“某一区域”指的是同一办公室、同一建筑物、同一公司和同一学校等，一般是方圆几千米以内。局域网可以实现文件管理、应用软件共享、打印机共享、扫描仪共享、工作组内的日程安排、电子邮件和传真通信服务等功能。局域网是封闭型的，可以由办公室内的两台计算机组成，也可以由一个公司内的上千台计算机组成。

（3）互联网

互联网（Internet，又译因特网、网际网），即广域网、局域网及单机按照一定的通信协议组成的国际计算机网络。互联网是指将两台计算机或者是两台以上的计算机终端、客户端、服务端通过计算机信息技术的手段互相联系起来的结果，人们可以与远在千里之外的朋友相互发送邮件、共同完成一项工作、共同娱乐。1995 年，通过了一项关于“互联网定义”的决议：“联合网络委员会认为，下述语言反映了对‘互联网’这个词的定义。‘互联网’指的是全球性的信息系统：

①通过全球性的唯一的地址逻辑地链接在一起。这个地址是建立在‘互联网协议’（IP）或今后其他协议基础之上的。

②可以通过‘传输控制协议’和‘互联网协议’（TCP/IP），或者今后其他接替的协议或与‘互联网协议’（IP）兼容的协议来进行通信。

③以让公共用户或者私人用户使用高水平的服务为目的。这种服务是建立在上述通信及相关的基础设施之上的。”

这当然是从技术的角度来定义互联网。这个定义至少揭示了三个方面的内容：首先，互联网是全球性的；其次，互联网上的每一台主机都需要有“地址”；最后，这些主机必须按照共同的规则（协议）连接在一起。

4.3.2 计算机网络基础

4.3.2.1 通信方式

根据传输线数目的多少，可以将数据传输分为并行式和串行式两种通信方式。一般来说，并行通信的距离短、速度高，串行通信的距离长、速率低。

（1）并行通信方式

并行通信传输中有多个数据位，同时在两个设备之间传输。发送设备将这些数据位通过对应的数据线传送给接收设备，还可附加一位数据校验位。接收设备可同时接收到这些数据，不需要做任何变换就可直接使用。并行方式主要用于近距离通信。计算机内的总线结构就是并行通信的例子。这种方法的优点是传输速度快，处理简单。并行方式的缺点是线路成本高，维修困难，易受干扰。

（2）串行通信方式

串行数据传输时，数据是一位一位地在通信线上传输的，先由具有几位总线的计算机内的发送设备，将几位并行数据经并-串转换硬件转换成串行方式，再逐位经传输线到达接收站的设备中，并在接收端将数据从串行方式重新转换成并行方式，以供接收方使用。串行数据传输的速度要比并行传输慢得多，但对于覆盖面极其广阔的公用电话系统来说具有更大的现实意义。

在串行通信中，根据数据流的方向可分为单工、半双工和全双工 3 种。单工数据传输只支持数据在一个方向上传输，发送器和接收器之间只有一个信道，发送方只发送不接收，接收方只接收不发送，任何时候都不能改变信号的传送方向；半双工数据传输允许数据在两个方向上传输，但是，在某一时刻，只允许数据在一个方向上传输，它实际上是一种切换方向的单工通信，两个方向只能交替进行，而不能同时进行；全双工数据通信允许数据同时在两个方向上传输，因此，全双工通信是两个单工通信方式的结合，它要求发送设备和接收设备都有独立的接收和发送能力，这是计算机常用的方式，可以大大提高传输速率。

4.3.2.2　数据编码技术和时钟同步

（1）数字数据的模拟信号编码

为了利用廉价的公共电话交换网实现计算机之间的远程通信，必须将发送端的数字信号变换成能够在公共电话网上传输的音频信号，经传输后再在接收端将音频信号逆变换成对应的数字信号。实现数字信号与模拟信号互换的设备称作调制解调器（Modem）。图 4-16 所示为远程系统中的调制解调器示意图。

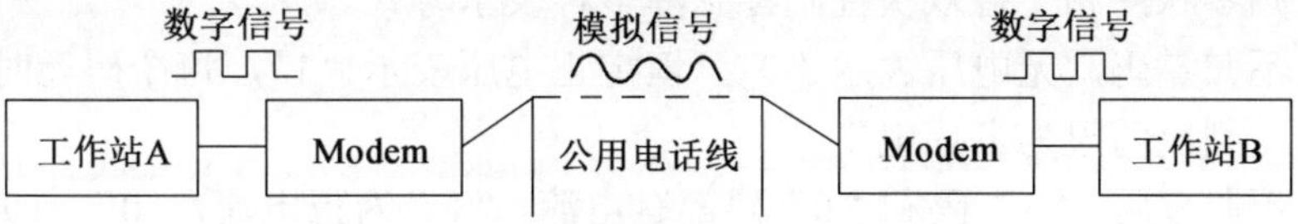

图 4-16　远程系统中的调制解调器

模拟信号传输的基础是载波，载波具有三大要素：幅度、频率和相位，数字数据可以针对载波的不同要素或它们的组合进行调制。

①数字调制的基本形式

数字调制有三种基本形式，即移幅键控法 ASK、移频键控法 FSK 和移相键控法 PSK。图 4-17 所示为数字调制的三种基本形式的示意图。

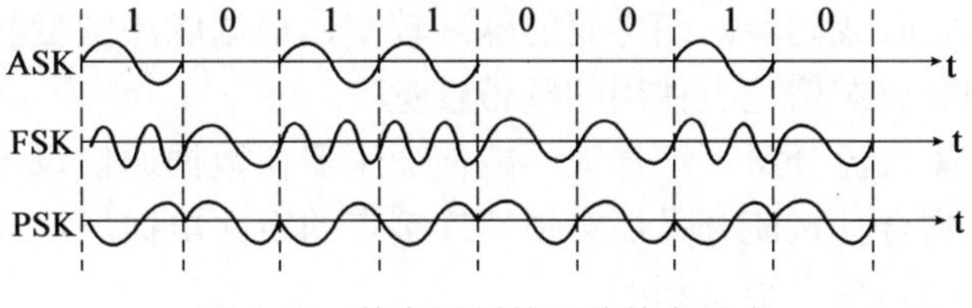

图 4-17　数字调制的三种基本形式

在 ASK 方式下，用载波的两种不同幅度来表示二进制的两种状态。ASK 方式容易受增益变化的影响，是一种低效的调制技术。在电话线路上，通常只能达到 1 200bps 的速率。

在 FSK 方式下，用载波频率附近的两种不同频率来表示二进制的两种状态。在电话线路上，使用 FSK 可以实现全双工操作，通常可达到 1 200bps 的速率。

在 PSK 方式下，用载波信号相位移动来表示数据。PSK 可以使用二相或多于二相的相移，利用这种技术，可以对传输速率起到加倍的作用。

由 PSK 和 ASK 结合的相位幅度调制 PAM，是解决相移数已达到上限但还要提高传输速率的有效方法。

②公共电话交换网中使用调制解调器的必要性

公共电话交换网是一种频带模拟信道，音频信号频带为 300～3 400Hz，而数字信号频宽为0至几千兆赫兹。若不加任何措施利用模拟信道来传输数字信号，必定出现极大的失真和差错。所以，要在公共电话网上传输数字数据，必须将数字信号变换成电话网所允许的音频频带范围300～3 400Hz。

（2）数字数据的数字信号编码

数字信号可以直接采用基带传输。基带传输就是在线路中直接传送数字信号的电脉冲，它是一种最简单的传输方式，近距离通信的局域网都采用基带传输。基带传输时，需要解决的问题是数字数据的数字信号表示及收发两端之间的信号同步两个方面。

①数字数据的数字信号表示

对于传输数字信号来说，最常用的方法是用不同的电压电平来表示两个二进制数字，即数字信号由矩形脉冲组成。有单极性不归零脉冲、双极性不归零脉冲、单极性归零脉冲、双极性归零脉冲和交替双极性归零脉冲多种表示方式。

单极性不归零码，无电压表示“0”，恒定正电压表示“1”，每个码元时间的中间点是采样时间，判决门限为半幅电平。

双极性不归零码，“1”码和“0”码都有电流，“1”为正电流，“0”为负电流，正和负的幅度相等，判决门限为零电平。

单极性归零码，当发“1”码时，发出正电流，但持续时间短于一个码元的时间宽度，即发出一个窄脉冲；当发“0”码时，仍然不发送电流。

双极性归零码，其中“1”码发正的窄脉冲，“0”码发负的窄脉冲，两个码元的时间间隔可以大于每一个窄脉冲的宽度，取样时间是对准脉冲的中心。

②归零码和不归零码、单极性码和双极性码的特点

不归零码在传输中难以确定一位的结束和另一位的开始，需要用某种方法使发送器和接收器之间进行定时或同步；归零码的脉冲较窄，根据脉冲宽度与传输频带宽度成反比的关系，因而归零码在信道上占用的频带较宽。

单极性码会积累直流分量，这样就不能使变压器在数据通信设备和所处环境之间提供良好绝缘的交流耦合，直流分量还会损坏连接点的表面电镀层；双极性码的直流分量大大减少，这对数据传输是很有利的。

③同步过程

a. 位同步

位同步又称同步传输，它是使接收端对每一位数据都要和发送端保持同步。实现位同步的方法可分为外同步法和自同步法两种。

在外同步法中，接收端的同步信号事先由发送端送来，而不是自己产生也不是从信号中提取出来。即在发送数据之前，发送端先向接收端发出一串同步时钟脉冲，接收端按照这一时钟脉冲频率和时序锁定接收端的接收频率，以便在接收数据的过程中始终与发送端保持同步。

自同步法是指能从数据信号波形中提取同步信号的方法。典型例子就是著名的曼彻斯特编码，常用于局域网传输。在曼彻斯特编码中，每一位的中间有一跳变，位中间的跳变既作时钟信号，又作数据信号；从高到低跳变表示“1”，从低到高跳变表示“0”。还有一种是差分曼彻斯特编码，每位中间的跳变仅提供时钟定时，而用每位开始时有无

跳变表示“0”或“1”，有跳变为“0”，无跳变为“1”。

两种曼彻斯特编码是将时钟和数据包含在数据流中，在传输代码信息的同时，也将时钟同步信号一起传输到对方，每位编码中有一跳变，不存在直流分量，因此具有自同步能力和良好的抗干扰性能。但每一个码元都被调成两个电平，所以数据传输速率只有调制速率的 1/2。

b. 群同步

在数据通信中，群同步又称异步传输，是指传输的信息被分成若干“群”。数据传输过程中，字符可顺序出现在比特流中，字符间的间隔时间是任意的，但字符内各个比特用固定的时钟频率传输。字符间的异步定时与字符内各个比特间的同步定时，是群同步即异步传输的特征。

群同步是靠起始和停止位来实现字符定界及字符内比特同步的。起始位指示字符的开始，并启动接收端对字符中比特的同步；而停止位则是作为字符间的间隔位设置的，没有停止位，下一字符的起始位下降沿便可能丢失。

群同步传输每个字符由四部分组成：1 位起始位，以逻辑“0”表示；5～8 位数据位，即要传输的字符内容；1 位奇偶校验位，用于检错；1～2 位停止位，以逻辑“1”表示，用作字符间的间隔。

（3）模拟数据的数字信号编码

①脉码调制 PCM

脉码调制是以采样定理为基础，对连续变化的模拟信号进行周期性采样，利用大于等于有效信号最高频率或其带宽 2 倍的采样频率，通过低通滤波器从这些采样中重新构造出原始信号。采样定理表达公式：

$$F_s\ (=1/T_s) \geqslant 2F_{\max} \text{ 或 } F_s \geqslant 2B_s$$

式中，T_s——采样周期；

F_s——采样频率；

$F_{\max}$——始信号的最高频率；

B_s（$=F_{\max}-F_{\min}$）——原始信号的带宽。

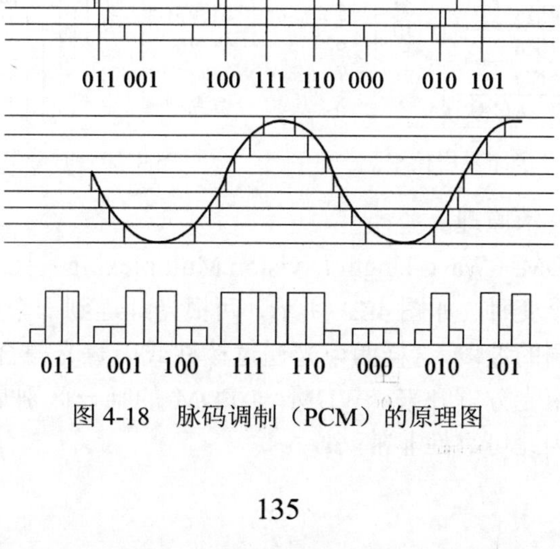

图 4-18　脉码调制（PCM）的原理图

②模拟信号数字化的三步骤

首先是采样，以采样频率 F_s 把模拟信号的值采出；然后是量化，使连续模拟信号变为时间轴上的离散值；最后是编码，将离散值变成一定位数的二进制数码。图 4-18 所示为模拟信号数字化的原理图。

（4）多路复用技术

多路复用技术就是把许多个单个信号在一个信道上同时传输的技术。包括频分多路复用 FDM、时分多路复用 TDM 和波分多路复用 WDM 三种。

①频分多路复用 FDM 技术原理

在物理信道的可用带宽超过单个原始信号所需带宽情况下，可将该物理信道的总带宽分割成若干个与传输单个信号带宽相同（或略宽）的子信道，每个子信道传输一路信号，这就是频分多路复用 FDM（Frequency Division Multiplexing，FDM）技术。

多路原始信号在频分复用前，先要通过频谱搬移技术将各路信号的频谱搬移到物理信道频谱的不同段上，使各信号的带宽不相互重叠，然后用不同的频率调制每一个信号，每个信号占用以它的载波频率为中心的一定带宽的通道。为了防止互相干扰，使用保护带来隔离每一个通道。信道的带宽越大，容纳的电话路数就会越多。随着通信信道质量的提高，在一个信道上同时传送的电话路数越来越多，目前，在同一根电缆上已实现了上千路电话信号的传输。使用 Cable Modem 上网是基于宽带传输系统实现的。宽带传输原是用来传输电视信号的，当它用来传输数字信号时，需要利用电缆调制解调器 Cable Modem 把数字信号变成频率为几十兆赫兹到几百兆赫兹的模拟信号，如图 4-19 所示。

②时分多路复用 TDM 技术原理

若媒体能达到的位传输速率超过传输数据所需的数据传输速率，可采用时分多路复用 TDM（Time Division Multiplexing）技术，即将一条物理信道按时间分成若干个时间片轮流地分配给多个信号使用。每一时间片由复用的一个信号占用，这样，利用每个信号在时间上的交叉，就可以在一条物理信道上传输多个数字信号，如图 4-20 所示。

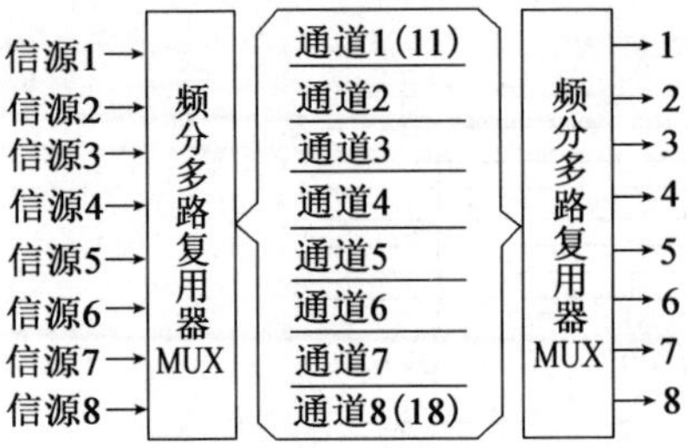

图 4-19　频分多路复用技术

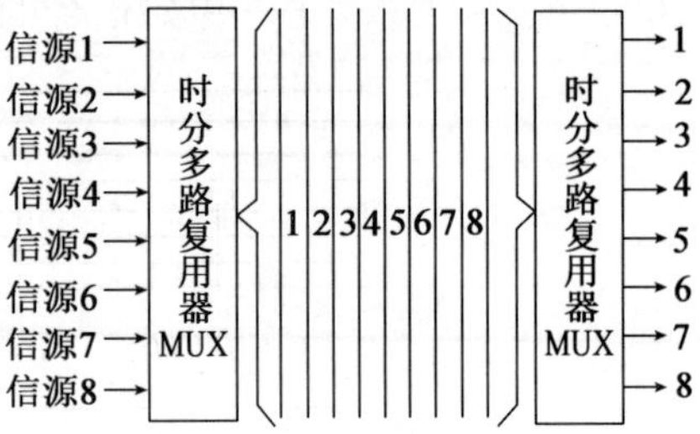

图 4-20　时分多路复用技术

③波分多路复用技术原理

波分多路复用 WDM（Wave-length Division Multiplexing）技术是在光纤信道上使用的频分多路复用的一个变种。如图 4-21 所示，两根光纤连到一个棱柱或衍射光栅，每根光纤里的光波处于不同的波段，这样两束光通过棱柱或衍射光栅合到一根共享的光纤上，到达目的后，再将两束光分解开来。WDM 与 FDM 的唯一区别是：在 WDM 中使用的衍射光栅是无源的，因此可靠性非常高。

（5）异步传输和同步传输

①异步传输方式中，一次只传输一个字符。每个字符用一位起始位引导、一位停止位结束。在没有数据发送时，发送方可发送连续的停止位。接收方根据“1”至“0”的跳变来判断一个新字符的开始，然后接收字符中的所有位。

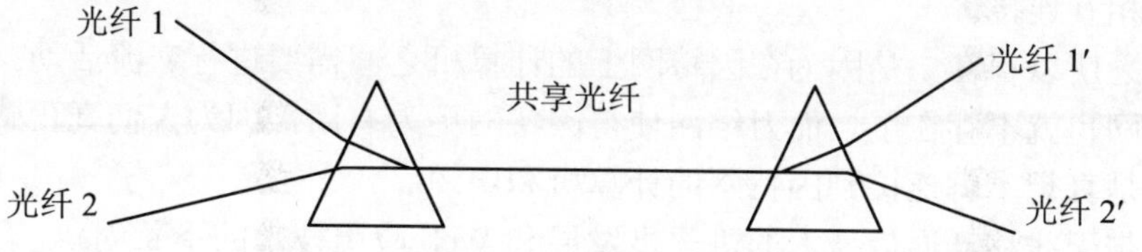

图 4-21　波分多路复用技术

②同步传输时，为使接收双方能判别数据块的开始和结束，还需要在每个数据块的开始处和结束处各加一个帧头和一个帧尾，加有帧头、帧尾的数据称为一帧。

4.4　基于互联网、云计算与物联网的水利信息获取与处理

4.4.1　互联网简介

互联网是指将两台计算机或者是两台以上的计算机终端、客户端、服务端通过计算机信息技术的手段互相联系起来的结果，人们可以与远在千里之外的朋友相互发送邮件、共同完成一项工作、共同娱乐。有些用户常常将互联网、因特网和万维网三者混为一谈。实际上互联网、因特网、万维网三者的关系是，互联网包含因特网，因特网包含万维网。凡是能彼此通信的设备组成的网络就叫互联网。所以，即使仅有两台机器，不论用何种技术使其彼此通信，也叫互联网。

因特网是互联网的一种，因特网不是仅有两台机器组成的互联网，它是由上千万台设备组成的互联网。因特网使用 TCP/IP 协议，让不同的设备可以彼此通信。但使用 TCP/IP 协议的网络并不一定是因特网，一个局域网也可以使用 TCP/IP 协议。判断自己是否接入的是因特网，首先是看自己电脑是否安装了 TCP/IP 协议，其次看是否拥有一个公网地址（所谓公网地址，就是所有私网地址以外的地址）。

因特网是基于 TCP/IP 协议实现的，TCP/IP 协议由很多协议组成，不同类型的协议又被应用于不同的层中，其中，位于应用层的协议就有很多，比如 FTP、SMTP、HTTP。只要应用层使用的是 HTTP 协议，就称为万维网（World Wide Web）。万维网则是在因特网基础上发展起来的一种新技术，通过将位于全世界 Internet 网上不同地点的相关数据信息有机地编织在一起，WWW（World Wide Web）是万维网的简称。万维网提供这样一种友好的信息查询接口：用户仅需提出查询要求，而到什么地方查询及如何查询则由万维网自动完成。因此，万维网为你带来的是世界范围的超级文本服务：只要操纵电脑的鼠标，你就可以通过 Internet 从全世界任何地方调来你所希望得到的文本、图像（包括活动影像）和声音等信息。另外，万维网还可为你提供“传统的”Internet 服务：Telnet、FTP、Gopher 和 Usenet News（Internet 的电子公告板服务）。比如在浏览器里输入百度网址时，能看见百度网提供的网页，就是因为您的个人浏览器和百度网的服务器之间使用的是 HTTP 协议在交流。

因特网和万维网的主要区别是：

（1）在因特网上，你找到许多联网的计算机，而在万维网上，你找到各种文件、声音、录像等这样一些信息。

（2）在因特网上，通过计算机之间的电缆进行相互连接，而在万维网上，通过超文本链接进行相互连接。

万维网之所以存在，是因为在因特网上的计算机之间需要进行交流活动。没有了因特网，万维网也就不存在了。而万维网使得因特网更为有用，因为人们真正感兴趣的是信息，并不是真想了解连接到因特网的计算机和电缆。

随着宽带无线移动通信技术的进一步发展和Web应用技术的不断创新，有线互联网正在向移动互联网延伸，移动互联网凭借“随时、随地、口袋中的互联网”的特性，将在未来大幅改变人类的生活方式，大规模融入日常生活，改变娱乐休闲方式、消费模式、商务模式等，为大众消费者的日常生活带来新体验。移动互联网业务的发展将成为继宽带技术后互联网发展的又一个推动力，为互联网的发展提供一个新的平台，使得互联网更加普及，并以移动应用固有的随身性、可鉴权、可身份识别等独特优势，为传统的互联网类业务提供了新的发展空间和可持续发展的新商业模式；同时，移动互联网业务的发展为移动网带来了无尽的应用空间，促进了移动网络宽带化的深入发展。从最初简单的文本浏览、图铃下载等业务形式发展到当前的与互联网业务深度融合的业务形式，移动互联网业务正在成长为移动运营商业务发展的战略重点。互联网的未来发展趋势有如下几个特点。

（1）移动互联网和有线互联网融合的速度加快，互补趋势明显

随着智能手机的普及、3G及超3G时代的到来及各种应用的推出，在产业链各方的推动下，互联网已经从电脑走向手机及其他移动设备，从办公室、书房、网吧走向口袋，移动互联网和有线互联网融合的速度加快。移动互联网主要占据的是人们的上下班途中的时间、外出旅行时间、等候时间及在外的休闲娱乐时间，使人们能够便捷地享受互联网的服务。由于终端的限制，在短期内，移动互联网不可能替代有线互联网。有线互联网的体验及移动互联网的随时、随时，将互联网延伸至大众生活的全天候24小时。

（2）互联网的无线网络接入技术多元化

目前能够支撑移动互联网的无线接入技术大致分成三类：无线局域网接入技术Wi-Fi、无线城域网接入技术WiMAX和传统3G加强版的技术（如HSDPA）等。不同的接入技术适用于不同的场所，使用户在不同的场合和环境下接入相应的网络，这势必要求终端具有多种接入能力，也就是多模终端。

（3）移动终端解决方案多样化

终端的支持是业务推广的生命线，随着移动互联网业务逐渐升温，移动终端解决方案也不断增多。移动互联网设备中最为大家熟悉的就是手机，也是目前使用移动互联网最常用的设备。Intel推出的MID，则利用蜂窝网络、WiMAX、Wi-Fi等接入技术，并充分发挥Intel在多媒体计算方面的能力，支撑移动互联网的服务。2007年11月初美国亚马逊公司发布了电子书阅读终端——Kindle，使得用户可以通过无线网络从亚马逊网站下载电子书、订阅报纸及博客。与此同时，手机操作系统也呈现多样性的特点。诸如微软的Windows系统、Linux操作系统、Google的Android操作系统等都在努力占据该领

域魁首的位置。

（4）网关技术推动内容制作的多元化

移动和固定互联网的互通应用的发展使得有效连接互联网和移动网的移动互联网网关技术受到业界的广泛关注。采用这一技术，移动运营商可以提高用户的体验并更有效地管理网络。移动互联网网关实现的功能主要是通过网络之间的内容转换等技术适配 Web 网页、视频内容到移动终端上，使得移动运营商的网络从“比特管道”转变成“智能管道”。由于大量新型移动互联网业务的发展，移动网络上的流量越来越大，在移动互联网网关中使用深度包检测技术，可以根据运营商的资费计划和业务分层策略，有效地进行流量管理。网关技术的发展极大丰富了移动互联网内容来源和制作渠道。

（5）商业模式多元化

成功的业务，需要成功的商业模式来支持。互联网业务的新特点为商业模式创新提供了空间。目前，流量、图铃、广告这些传统的盈利模式仍然是固定互联网和移动互联网的盈利模式的主体，而新型广告、多样化的内容和增值服务则成为移动互联网企业在盈利模式方面主要的探索方向。

（6）参与主体的多样性

互联网技术的发展降低了产业间以及产业链各个环节之间的技术和资金门槛，推动了传统电信业向电信、互联网、媒体、娱乐等产业融合的大 ICT 产业的演进，原有的产业运作模式和竞争结构在新的形势下已经显得不合时宜。在产业融合和演进的过程中，不同产业原有的运作机制和资源配置方式都在改变，产生了更多新的市场空间和发展机遇。为了把握住机遇，相关领域的企业都在积极转型。他们充分利用在原有领域的传统优势，拓展新的业务领域，争当新型产业链的整合者，以图在未来的市场格局中占据有利地位。

（7）互联网变得越来越轻

互联网正在变得越来越轻，意味着轻量、轻松、轻快、轻简、傻瓜化、碎片化，主要体现在以下 4 个方面。

①智能手机、平板电脑等种种手持移动终端轻量化，人人都可随身携带一个图书馆。

②微博（micro blogging）、轻博（light blogging）等新媒体的兴起，展示形式更加简洁、便捷，网络表达方式在变轻。

③轻游戏崛起，网络娱乐方式轻简化，风靡全球的轻度社交类游戏《愤怒的小鸟》、《偷菜》、《抢车位》是多么的简单、轻松。

④软件应用更轻了，从各种应用市场（App Store）里可以直接下载各种应用软件，不像以前那样需要拷贝光盘或软盘，还有许多是基于云服务的在线应用。

（8）大数据时代

未来的 10 年将是一个“大数据”引领的智慧科技的时代。随着社交网络的逐渐成熟，移动带宽迅速提升，云计算、物联网应用更加丰富。更多的传感设备、移动终端接入到网络，由此产生的数据及增长速度将比历史上的任何时期都要多和快。互联网上的数据流量，尤其是高清图像和高清视频流量，迅猛增长。

（9）语义网的春天

从 20 世纪 80 年代万维网之父蒂姆·伯纳斯-李（Tim Berners-Lee）提出万维网（WWW）构想以来，互联网进入飞速发展阶段。网络信息的沟通方式，从“人际交流”

延伸至“人机交流”，语言科学与计算机科学结合的语义网，将是对目前互联网的一种扩展。

（10）虚拟世界的实现与发展

作为将来的网络系统，将会出现一个基于因特网的虚拟世界。研究人员在一个巨大的Debian服务器阵列上模拟了一个平面的，类似地球的世界，被称为Grid。平台只提供土地，土地上的一切由人自己决定，网民可以像建主页一样建设自己的“世界”，并能与其他人的“世界”相连，最终形成一个巨型的“虚拟世界”，全世界各地的玩家可以相互交流。未来10年，虚拟世界将使得我们的现实生活更加数字化。

4.4.2 云计算简介

云计算（cloud computing）最基本的概念，是透过网络将庞大的计算处理程序自动分拆成无数个较小的子程序，再交由多部服务器所组成的庞大系统经搜寻、计算分析之后将处理结果回传给用户。透过这项技术，网络服务提供者可以在数秒之内，达成处理数以千万计甚至亿计的信息，达到和“超级计算机”同样强大效能的网络服务。目前对于云计算有许多概念和解释，比如中国云计算专家给出云计算的定义为“云计算将计算任务分布在大量计算机构成的资源池上，使各种应用系统能够根据需要获取计算力、存储空间和各种软件服务”。

对于云计算通俗的理解是，云计算的“云”就是存在于互联网上的服务器集群上的资源，它包括硬件资源（服务器、存储器、CPU等）和软件资源（如应用软件、集成开发环境等），本地计算机只需要通过互联网发送一个需求信息，远端就会有成千上万的计算机为你提供需要的资源并将结果返回到本地计算机，这样，本地计算机几乎不需要做什么，所有的处理都由云计算提供商所提供的计算机群来完成。

传统模式下，企业建立一套IT系统不仅仅需要购买硬件等基础设施，还要买软件的许可证，需要专门的人员维护。当企业的规模扩大时还要继续升级各种软硬件设施以满足需要。对于企业来说，计算机等硬件和软件本身并非他们真正需要的，它们仅仅是完成工作、提供效率的工具而已。对个人来说，我们想正常使用电脑需要安装许多软件，而许多软件是收费的，对不经常使用该软件的用户来说购买是非常不划算的。可不可以有这样的服务，能够提供我们需要的所有软件供我们租用？这样我们只需要在用时付少量“租金”即可“租用”到这些软件服务，为我们节省许多购买软硬件的资金。

我们每天都要用电，但我们不是每家自备发电机，它由电厂集中提供；我们每天都要用自来水，但我们不是每家都有井，它由自来水厂集中提供。这种模式极大地节约了资源，方便了我们的生活。面对计算机给我们带来的困扰，我们可不可以像使用水和电一样使用计算机资源？这些想法最终导致了云计算的产生。

云计算的最终目标是将计算、服务和应用作为一种公共设施提供给公众，使人们能够像使用水、电、煤气和电话那样使用计算机资源。

云计算模式即为电厂集中供电模式。在云计算模式下，用户的计算机会变得十分简单，或许不大的内存、不需要硬盘和各种应用软件，就可以满足我们的需求，因为用户的计算机除了通过浏览器给“云”发送指令和接收数据外基本上什么都不用做便可以使用云服务提供商的计算资源、存储空间和各种应用软件。这就像连接“显示器”和“主机”的电线无限长，从而可以把显示器放在使用者的面前，而主机放在远到甚至计算机使用者本人也不知道的地方。云计算把连接“显示器”和“主机”的电线变成了网络，把“主机”变成云服务提供商的服务器集群。

在云计算环境下，用户的使用观念也会发生彻底的变化，从“购买产品”到“购买服务”转变，因为他们直接面对的将不再是复杂的硬件和软件，而是最终的服务。用户不需要拥有看得见、摸得着的硬件设施，也不需要为机房支付设备供电、空调制冷、专人维护等费用，并且不需要等待漫长的供货周期、项目实施等冗长的时间，只需要把钱汇给云计算服务提供商，我们将会马上得到需要的服务。

最简单的云计算技术在网络服务中已经随处可见，例如搜寻引擎、网络信箱等，使用者只要输入简单指令即能得到大量信息。未来如手机、GPS 等行动装置都可以通过云计算技术，发展出更多的应用服务。进一步的云计算不仅只做资料搜寻、分析的功能，未来如分析 DNA 结构、基因图谱定序、解析癌症细胞、捕获复杂多变的水利信息等，都可以通过这项技术轻易达成。

互联网上的云计算服务特征和自然界的云、水循环具有一定的相似性，通常云计算服务应该具备以下几个特征。

（1）基于虚拟化技术快速部署资源或获得服务。

（2）实现动态的、可伸缩的扩展。

（3）按需求提供资源、按使用量付费。

（4）通过互联网提供、面向海量信息获取与处理。

（5）用户可以方便地参与。

（6）形态灵活，聚散自如。

（7）减少用户终端的处理负担。

（8）降低了用户对于 IT 专业知识的依赖。

4.4.3　物联网简介

物联网（Internet of Things）指的是将无处不在（Ubiquitous）的末端设备（Devices）和设施（Facilities），包括具备“内在智能”的传感器、移动终端、工业系统、数控系统、家庭智能设施、视频监控系统等，利用装置在这些物体上的射频识别（RFID）、传感器、二维码等，通过各种无线和/或有线的长距离和/或短距离通信网络实现互联互通，应用大集成（Grand Integration）以及基于云计算的营运等模式，在内网（Intranet）、专网（Extranet）和/或互联网（Internet）环境下，采用适当的信息安全保障机制，提供安全可控乃至个性化的实时在线监测、信息获取、定位追溯、报警联动、调度指挥、预案管理、远程控制、安全防范、远程维保、在线升级、统计报表、决策支持等管理和服务功能，实现对“万物”的“高效、节能、安全、环保”的“管、控、营”一体化，实现人与物体的沟通和对话，也可以实现物体与物体互相间的沟通和对话，这种将物体连接起来的网络被称为“物联网”。物联网被称为继计算机、互联网之后世界信息产业发展的第三次浪潮，被视为互联网的应用拓展，新一代信息技术的重要组成部分。

物联网的概念有三层含义：第一，物联网的核心和基础仍然是互联网，是在互联网基础上的延伸和扩展的网络；第二，其用户端延伸和扩展到了任何物品与物品之间，进行信息交换和通信。第三，物联网具有智能化的特征，即网络系统应具有自动化、自我反馈与智能控制的特点。物联网被视为互联网的应用拓展，和传统的互联网相比，物联网有其如下鲜明的特征。

（1）它是各种感知技术的广泛应用。物联网上部署了海量的多种类型传感器，每个传感器都是一个信息源，不同类别的传感器所捕获的信息内容和信息格式不同。传感器获得的数据具有实时性，按一定的频率周期性的采集环境信息，不断更新数据。

（2）它是一种建立在互联网上的泛在网络。物联网技术的重要基础和核心仍旧是互联网，通过各种有线和无线网络与互联网融合，将物体的信息实时准确地传递出去。在物联网上的传感器定时采集的信息需要通过网络传输，由于其数量极其庞大，形成了海量信息，在传输过程中，为了保障数据的正确性和及时性，必须适应各种异构网络和协议。

（3）物联网不仅仅提供了传感器的连接，其本身也具有智能处理的能力，能够对物体实施智能控制。物联网将传感器和智能处理相结合，利用云计算、模式识别等各种智能技术，扩充其应用领域。从传感器获得的海量信息中分析、加工和处理出有意义的数据，以适应不同用户的不同需求，发现新的应用领域和应用模式。

（4）物联网的精神实质是提供不拘泥于任何场合、任何时间的应用场景与用户的自由互动，它依托云服务平台和互通互联的嵌入式处理软件，弱化技术色彩，强化与用户之间的良性互动，加强用户的体验，提出更及时的数据采集和分析建议，使用户更自如地工作和生活，是用户通往智能生活的物理支撑。

4.4.4 互联网、云计算与物联网的相互关系

互联网在短短几年内已经呈现出爆炸式发展，人们通过计算机等终端互相连接实现了数据信息的快速传递，各种网络通信层出不穷，万维网多姿多彩。在用户追求多方面应用的同时，人们要求互联网更加适用于生活的细节，因此物联网就应运而生。物联网从概念的提出到如今各种应用实例的出现，表明了人们迫切需要将物联网与现有的互联网整合起来，实现人类社会与物理系统的整合。由于物联网把新一代 IT 技术充分运用在各行各业之中，也由于计算机设备行业的迅猛发展为互联网高速化、智能化发展注入了强大动力，使得“云计算”以其超大的规模，虚拟化，高可靠性，通用性，高可扩展性，按需服务，廉价以及方便等特点得到迅速的发展。互联网、物联网与云计算的结合，势必是一种趋势，它们之间的关系，如果说互联网是人体的整体结构，物联网则是人的五官和四肢，那么云计算就是人的大脑。

互联网是手段，物联网是目的，云计算是一种实现方法。全球互联网自 20 世纪 90 年代进入商用以来迅速拓展，目前已经成为当今世界推动经济发展和社会进步的重要信息基础设施。经过短短十几年的发展，全球互联网已经覆盖五大洲的 200 多个国家和地区，网民达到十多亿，用户普及率为 20%以上，宽带接入已成为主要的上网方式。物联网强调物物相连，设备终端与设备终端相连，物联网通过射频识别（RFID）、红外感应器、全球定位系统、激光扫描器等信息传感设备，按约定的协议，把任何物体与互联网相连接，进行信息交换和通信，以实现对物体的智能化识别、定位、跟踪、监控和管理。云计算是一种商业计算模型，将计算任务分布在大量计算机构成的资源池上，使各种应用系统根据需要获得计算力、存储空间和各种软件的服务。云计算最大的优势就是弹性

扩展，其主要功能是虚拟化、可靠性、可扩展性、按需服务、易操作性、超大规模、通用性和安全性，其主要好处是通过云计算，再也不用担心电脑丢失而导致泄密。不用担心电脑会因为损坏、病毒等原因，而导致硬盘上的数据无法恢复。反之，当你的数据如文档、照片上传到网络服务器，即“云”中，你就再也不用担心数据的丢失或损坏。因为在“云”中，有全世界最专业的团队来帮你管理信息，有全世界最先进的数据中心来帮你保存数据。同时，严格的权限管理策略可以帮助你放心地与你指定的人共享数据。这样，你不用花钱就可以享受到最好、最安全的服务，甚至比在银行里存钱还方便。

4.4.5　基于互联网、云计算与物联网的信息获取与处理实例

水利行业近年来得到了我国政府的高度关注。2011年，中央即以一号文件《中共中央国务院关于加快水利改革发展的决定》的形式明确指出，“水是生命之源、生产之要、生态之基。兴水利、除水害，事关人类生存、经济发展、社会进步，历来是治国安邦的大事。促进经济长期平稳较快发展和社会和谐稳定，夺取全面建设小康社会新胜利，必须下决心加快水利发展，切实增强水利支撑保障能力，实现水资源可持续利用”。近些年来，水利行业基于互联网、云计算与物联网的信息获取与处理的研究与应用已经取得了突飞猛进的发展。人们所描述的“智慧水利系统”、“智慧防汛抗旱系统”、“智慧水利通系统”、“智能水库视频监测系统”等都不同程度地应用了互联网、云计算和物联网技术。本书简要介绍两种成功应用于水利系统的一些实例，为促进我国的智慧水利系统建设做铺垫。

4.4.5.1　水利设施信息获取与监控系统

水利工程设施众多，涵闸、泄洪闸、无人值守泵站、电厂等设施难以通过人力监控的方式达到很好的效果，通过水利设施信息获取与监控智能分析技术，加强设施设备自动化管理的需求在水利工程中也逐渐高涨。

水利设施信息获取与监控系统通过数字摄像、测量、遥感、地理信息系统、GPS等方式来实现数据的采集，通过光缆、卫星、微波等传输方式将数据传输到中央数据处理中心，对数据进行处理、存储和利用，从而建立一个覆盖整个省级地区的水利设施信息获取与监控系统。通过该系统工作人员可在监控中心或者工作计算机上可以得到所需要的水利设施有关信息，实时监控各个水利设施的情况，大大提高了工作效率。在抗洪救灾时刻，通过本系统可实现远程观测和指挥，特别是对于一些由于恶劣气候条件而导致人员难以达到的地区的水利设施，该系统更是起到了不可替代的作用。系统的总体框图如图4-22所示。

监控点和监控站之间的信息传输连接可采用数字传输方式，通过线缆或者无线网传送水利信息信号（包括压缩后的视频数字信号）至监控站。

各个监控站、县市监控中心和省监控中心间通过水利专网实现互通互联。各个县市的监控中心对水利信息仅进行一些粗处理，对于更精确的信息提取与处理，可以放在省厅监控中心，也可以通过互联网放在云计算中心进行处理。

水利设施信息获取与监控系统也可以和水雨情及工情等信息的获取与监控系统进行结合和联动，在监控的同时，实时掌握水雨情及工情等信息，对于抗洪救灾的正确决策将起到显著的促进作用。

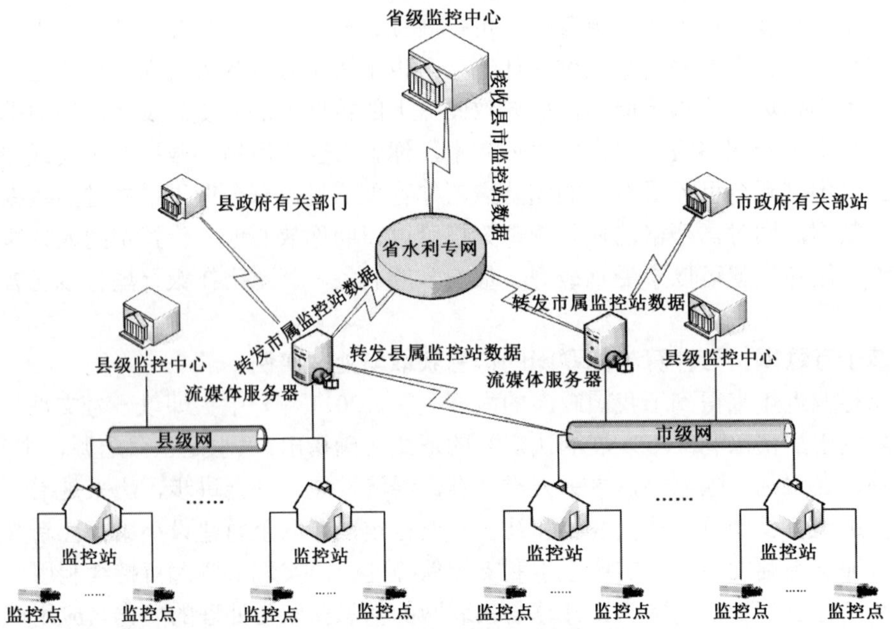

图 4-22　水利设施信息获取与监控系统总体框图

水利设施信息获取与监控系统已经结合水利行业数据库，可实时地获取当天水雨情信息并和视频监测同步显示，也可进一步获得历史水雨情信息。主要功能如下。

（1）用户在监控实时视频的同时可通过标准的实时水雨情及工情库表结构获得现有闸门和水库的水雨情及工情信息。

（2）可实现水雨情及工情信息和视频信息的有效联动，便于有关指挥部门和工作人员及时做出决策。

（3）可提供有关监控插件，实现和水利现有业务系统和地理信息系统的结合及联动。

4.4.5.2　水面智能信息获取与视频监控系统

水面智能信息获取与视频监控系统主要为防汛抗洪服务，在汛期保障坝区水面设备设施的安全，随着水面智能信息获取与视频监控系统在大坝水面行业的进一步推广，系统将逐渐在坝区、航道水面部门的日常管理中发挥作用，例如用于水资源管理、坝区水面设施周边安全、航运管理及水体环境监测等。

通过水面智能信息获取与视频监控系统，能有效地构成虚拟防线。对于所有穿越警戒线的物体实现即时预警，同时报警、联动，进而目标远程捕捉，目标实时跟踪，同时进行目标远程辨识，便于实现早期判断，提供充足时间便于准确决策和及时应急响应。

水面智能信息获取与视频监控系统可以采用活动目标分割、跟踪、检测等技术对水面各类活动目标识别检测。还可实现多摄像机间的目标交接和跟踪。可以在堤岸和禁区设置视频警戒线。应用以上技术，从而检测到有人翻越堤坝、行船和漂浮物进入堤岸或水域警戒区，及时发出报警。系统具有以下优点。

（1）开放性

整个系统是一个开放系统，兼容性强，能与现有水务信息化管理系统和其他监控系统互融，提供完整的维护业务平台。

（2）灵活性

系统可以很方便地进行软件升级，硬件方面在若干年内不失其先进性，保证用户投资。可调节图像质量与带宽占用，系统采用硬件编解码，可以根据用户需求调节帧数、分辨率、图像质量等。多种图像浏览方式，包括单画面、四画面、九画面、十六画面多种浏览方式。系统支持基于浏览器技术的网络浏览功能，可以方便灵活的使用。

（3）先进性

采用国际最新的图像压缩及处理技术，网络适应能力强，图像清晰，画面质量高，占用带宽小，实时性强。

（4）实时性

视频传输和智能报警延时小于 0.2s。

（5）可靠性

具有设计独到的视频流量管理功能，保证网络通畅。实行操作权限管理，保证统一、规范管理。系统具有自诊断功能，还具备防雷和抗强电干扰能力，可适应较复杂的工作环境。

（6）完善性

● 具有强大的数据和告警的采控和处理功能。当发生报警时（智能报警或外界设备触发报警），能把报警信息进行视频联动，也可以通过其他方式实现联动。如实现告警时灯光、警笛联动并录像。

● 功能完善的录像管理体系。系统可选用手动、告警、定时录像三种录像方式；提供指定阀值的滚动式录像删除功能（在保证客户录像存储时间的要求下），录像存储空间可以根据客户的需求配备存储空间，支持备份功能，能有效保证数据的安全性。

● 系统具备完善的控制功能和权限管理功能。系统设权限管理，对不同级别的用户给予不同的权限，有效防止越权操作。被授权的网上任一操作人员可对任一摄像点进行控制，实现对摄像机视角、方位、焦距、光圈、景深的调整，并且可以进行云台的预置和控制。

（7）可扩展性

为了适宜未来系统扩展的要求，系统在满足现有功能的基础上预留足够的接口以便系统扩充之用。系统中控制部件（软、硬件）采用模块式结构、模组式交换矩阵、内部总线化等技术措施，可以方便灵活地进行扩充，充分保证系统未来的适应性。灵活的组网方式，要求较少，只需要提供网络和供电即可方便智能分析监控点的增加。

（8）良好的硬件平台

系统硬件平台为机架式设计，实现高度一体化、高度工程化，便于施工、安装、调试。

参考文献

韩杰. 2008. 无人机遥感国土资源快速监测系统关键技术研究[J]. 测绘通报（02）.

何敬，李永树，鲁恒，等. 2010. 无人机影像的质量评定及几何处理研究[J]. 测绘通报，04.

金伟，葛宏立，杜华强，等. 2009. 无人机发展与应用概况[J]. 遥感信息（1）.

李军，李永树，蔡国林. 2012. 利用无人机影像制作地震灾区三维景观图[J]. 测绘工程，01.

鲁恒，李永树，何敬，等. 2011. 无人机低空遥感影像数据的获取与处理[J]. 测绘工程，01.
孙峰. 2007. 建议将无人机技术应用于我国防汛工作中[J]. 中国水利（7）.
王新，晨雾，汪荣胜，等. 2010. 浅谈低空无人机遥感技术在水利相关领域中的应用前景[J]. 浙江水利科技（6）.
吴诗其，李兴. 2002. 卫星通信导论[M]，北京：电子工业出版社.
吴朱华. 2011. 云计算核心技术剖析[M]. 北京：人民邮电出版社.
Dan Hampel Stef DiPierro. 2001. Application of Sensor Network Communications［A］. IEEE Milcom2001［C］. IEEE，336-341.

第 5 章　多源水利信息处理技术

5.1　多源水利信息的融合技术

基于单一传感器的遥感资料由于受各种条件的限制，已经越来越难以满足水利上对区域监测的要求，进入 20 世纪 90 年代以后，随着多种遥感卫星的发射成功，从不同遥感平台获得的可见光、红外、微波及其他电磁波的遥感影像给遥感用户提供了空间、时间、光谱等方面从粗到精、从多光谱到高光谱的多源遥感数据。通过信息融合技术将这些来自不同传感器的水利信息进行融合，并在此基础上形成广泛的信息共享已成为遥感技术发展的新趋势。

所谓融合是指在多种信息集成过程中的任一步骤，由不同信息源的信息复合成一种表达式。遥感影像数据融合是常见的数据融合形式之一。它是一种通过高级图像处理技术来复合多源遥感影像的技术，其目的是将单一传感器的多波段信息或不同类传感器所提供的信息加以综合，消除多传感器信息之间可能存在的冗余和矛盾，加以互补，降低其不确定性，减少模糊度，以增强影像中信息透明度，改善信息的精度以及可靠性，以形成对目标的完整一致的描述。

多源（多种遥感数据源）水利信息融合是指根据水利应用的不同需求，对多种对地观测技术所获取的不同遥感数据，通过一定的数据处理技术进行实时合成，产生新的综合数据的技术，它通过多种信息源的互补性，提高多源水利数据的综合利用效率，提高决策的可靠性及水利系统的自动化程度。多源水利信息融合，包括多种分辨率、多维数据以及不同类型遥感数据的融合。

5.1.1　融合中采用的基本理论

很多融合方法来自统计学和逻辑学，如 Bayes 方法、基于决策理论的方法等。融合方法的主要理论基础如下。

（1）加权平均：加权平均方法是最直观的一种数据融合手段。其背后的统计学原理是 N 个独立分布的随机变量加权平均后的噪声方差将小于其中任何一个的噪声方差，在加权因子相等（都等于 $1/N$）的情况下，噪声方差减少 N 倍。

（2）Bayes 估计：Bayes 估计是静态数据融合中常用的方法。其信息描述用概率分布，主要适用于具有可加高斯噪声不确定性的场合。每一个源的信息均被表示为一概率密度函数。

（3）多 Bayes 估计：多 Bayes 估计把每个信息源作为一个 Bayes 估计，再将各单个目标的联合概率分布结合成一个联合后验概率分布函数，通过使联合分布函数的似然值为最大，来得到最终的信息融合。

（4）最小方差估计：多源遥感数据融合的一个重要问题是 N 个源的数据 x_1，x_2，…，x_N 都和一个不可量测（如限于传感器的分辨能力而不可量测）的随机变量 y 相关，如何构造估计量 f（x_1，x_2，…，x_N）使估计的方差 $E[y - f(x_1, x_2, \ldots, x_N)]^2$ 最小，这个问题的解显然 $f = E(y| x_1, x_2, \ldots, x_N)$，称为最小方差估计。

（5）Kalman 滤波：Kalman 滤波的基本原理是最小方差估计，但它是在一个数据的动态模型上建立的，因而可以处理动态数据的融合问题。

（6）神经网络：神经网络可根据当前系统所接收到的样本的相似性，确定分类标准，这种确定方法主要表现在网络的权值分布上，同时还采用神经网络特定的学习算法来获取知识，得到不确定性推理机制。具有置信因子的产生式规则主要用于以图像分割为代表的低层数据融合中。在分割中采用产生式规则，用多传感器对目标进行识别，采用符号来表示目标特征和相应的传感器信息之间的联系，与每一个规则相联系的置信因子表示它的不确定性程度。当在同一个逻辑推理过程中的两个或多个规则形成一个联合的规则时，可以产生融合。

（7）统计决策理论、Shafer-Dempster 证据理论、模糊推理理论以及最新出现的合情推理（Plausible Reasoning）构成一大类密切相关的融合方法，这些方法适用于高层次的信息融合。

（8）小波变换：小波变换的基本思想是将原始图（或信号）分解成一系列具有良好时频域定位性的细节信号，利用细节信号的各种特征来表征原始图像（或信号）的局部特性，实现对图像（或信号）的局部化分析。小波变换已被成功地引入到遥感图像数据融合中。

无论是哪一种融合方法，首先都必须将待融合的不同图像进行处理，使其比例尺相同，点位一一对应，即几何配准。几何配准是数据融合处理中的关键步骤，其配准精度直接影响融合影像的质量。通常情况下，不同类型的传感器影像之间融合时，由于它们成像方式的不同，则其系统误差类型也不同。如 SPOT 与 TM 数据融合时，SPOT 的 HRV 传感器是以 CCD 推帚式扫描成像的，而 TM 则是通过光机扫描方式成像的，因而不同类型影像进行融合时必须经过严密的几何校正，分别在不同数据源的影像上选取控制点，用双线性内插或三次卷积内插运算对分辨率较低的图像进行重采样，改正其误差，将影像投影到统一的地面坐标系统上，从而得到比例尺相同、点位对应的配准影像。在实际中，可以统一采用数字化地形图作为基准图，分别对不同遥感器产生的图像进行几何精度校正，使它们具有统一的投影方式和坐标系统，以便不同类型或不同时相的遥感影像之间的几何配准和融合精确。任何融合方法都是针对经过严格配准的影像进行的。

5.1.2 多源遥感数据融合的常用方法

多源遥感数据融合方法主要是在像元级和特征级上进行的。常用的融合方法有以像元为基础的加权融合、比值变换、HIS 变换、KL 变换；基于小波理论的特征融合、基于贝叶斯法则的分类融合以及以局部直方图匹配滤波技术为基础的影像数据融合、高通滤波融合法、小波变换融合法、金字塔变换融合法、样条变换融合法、LAB 融合法和 BROVEY 融合法等方法。下面简要介绍其中的几种方法。

5.1.2.1 HIS 变换融合法

3 个波段合成的 RGB 颜色空间是一个对物体颜色属性描述系统，而 HIS 色度空间提取出物体的亮度 I，色度 H，饱和度 S，它们分别对应 3 个波段的平均辐射强度、3 个波段的数据向量和的方向及 3 个波段等量数据的大小。RGB 颜色空间和 HIS 色度空间有着精确的转换关系。以 TM 和 SAR 为例，变换思路是把 TM 图像的 3 个波段合成的 RGB 假彩色图像变换到 HIS 色度空间，然后用 SAR 图像代替其中的 I 值，再变换到 RGB 颜色空间，形成新的影像。

HIS 变换融合法在多传感器影像像元融合方面应用较广，例如，一低分辨率三波段图像与一高分辨率单波段图像进行融合处理。这种方法将 3 个波段的低分辨率的数据通过 HIS 变换转换到 HIS 空间，同时将单波段高分辨率图像进行对比度拉伸以使其灰度的均值与方差和 HIS 空间中亮度分量图像一致，然后将拉伸过的高分辨率图像作为新的亮度分量代入 HIS 反变换到原始空间中。这样获得的高分辨率彩色图像既具有较高空间分辨率，同时又具有与影像相同的色调和饱和度，有利于目视解译和计算机识别。

5.1.2.2　KL 变换融合法

KL（Karhunen-Loeve）变换融合法又称为主成分分析法 PCA（Principal Component Analysis）。与 HIS 变换法类似，它将低分辨率的图像（3 个波段或更多）作为输入分量进行主成分分析，而将高分辨率图像拉伸使其具有与第一主成分相同的均值和方差，然后用拉伸后的高分辨率影像代替主成分变换的第一分量进行逆变换。高空间分辨率数据与高光谱分辨率数据通过融合得到的新的数据包含了源图像的高分辨率和高光谱分辨率特征，保留了原图像的高频信息。这样，融合图像上目标细部特征更加清晰，光谱信息更加丰富。其优点是能够分离信息，减少相关，从而突出不同的地物目标。另外，它对辐射差异具有自动校正的功能，因此无须再做相对辐射校正处理。

5.1.2.3　高通滤波融合法

高通滤波融合法将高分辨率图像中的边缘信息提取出来，加入到低分辨率高光谱图像中。首先，通过高通滤波器提取高分辨率图像中的高频分量，然后将高通滤波结果加入到高光谱分辨率的图像中，形成高频特征信息突出的融合影像。

5.1.2.4　小波变换融合法

小波变换是一种新兴的数学分析方法，它是一种全局变换，在时间域和频率域同时具有良好的定位能力，对高频分量采用逐渐精细的时域和空域步长，可以聚焦到被处理图像的任何细节，被誉为“数学显微镜”。

利用离散的小波变换，将 N 幅待融合的图像的每一幅分解成 M 幅子图像，然后在每一级上对来自 N 幅待融合图像的 M 幅子图像进行融合，得到该级的融合图像。在得到所有 M 级的融合图像后，实施逆变换得到融合结果。小波变换常用于雷达影像 SAR 与 TM 影像的融合。它具有在提高影像空间分辨率的同时又保持色调和饱和度不变的优越性。

5.1.2.5　主成分变换（PCT）

也称为 W-L 变换，数学上称为主成分分析（PCA）。PCT 是应用于遥感诸多领域的一种方法，包括高光谱数据压缩、信息提取与融合及变化监测等。PCT 的本质是通过去除冗余，将其余信息转入少数几幅影像（即主成分）的方法，对大量影像进行概括和消除相关性。PCT 使用相关系数阵或协方差阵来消除原始影像数据的相关性，以达到去除冗余的目的。对于融合后的新图像来说各波段的信息所做出的贡献能最大限度地表现出来。PCT 的优点是能够分离信息，减少相关，从而突出不同的地物目标。此外，它对辐射差异具有自动校正的功能，因此无须再做相对辐射校正处理。

另外，在用遥感数据难以解决问题的时候，也可以加入非遥感数据进行融合。非遥感数据主要包括地质、气象、水文等自然地理信息，也包括行政区划、人口、经济收入等人文与经济信息，这些信息可以作为遥感数据的补充，有助于综合分析客观规律，提高判读的科学性，因此遥感数据与地理数据的融合也是遥感分析中不可缺少的手段。

航空与航天数据是以网格的形式记录，而地面采集的地理数据则常以多等级、多量纲的形式反映地面的状况，数据格式也呈多样化。因此，为了使各种地理数据与遥感数据兼容，需将获取的非遥感数据按照一定的地理网格系统重新量化和编码，以完成各种地理数据的定量和定位，产生新的数据。它们可以作为与遥感数据类似的若干独立的波段，以便和遥感数据融合。融合步骤如下。

（1）地理数据的网格化

为了使非遥感的地理数据与遥感数据融合，必须使地理数据可作为遥感数据的一个“波段”，这就是说通过一系列预处理，使地理数据达到下列要求：①成为网格化的数据；②空间分辨率与遥感数据一致；③对应地面位置与遥感数据配准。

（2）最优遥感数据的选取

融合时的遥感数据常常只需一个或二个波段的数据，例如，为使分辨率优化而选，取 SPOT 数据的全色波段，当用 TM 数据时，则可选用 K-L 变换后的前二个波段，达到减少数据量保持信息量的目的。

（3）非遥感数据与遥感数据的融合

在完成分辨率与位置配准处理后多采用两种方法：①非遥感数据与遥感数据共组成 3 个波段（不同数据源的数目比例为 1∶2 或 2∶1）实行假彩色合成。②两种数据直接叠加（参考遥感数据融合），例如，波段之间作加法或其他数学运算，也可以波段之间做适当的“与”、“或”等布尔运算。

5.2 多源水利信息的共享技术

5.2.1 科学数据共享的必要性

20 世纪 70 年代，随着计算机的发展，美国科学数据库的开发如雨后春笋般地发展起来，发展最快的领域是地球科学和生命科学。到 1975 年，美国已经开发了 177 个大型数据库，其中包括陆地资源卫星遥感数据。这些数据的开发均产生于国家投资，数据拥有部门都为美国联邦政府机构，其中以美国海洋大气局、美国地质调查局和美国航空航天局拥有的数据量为最多。当时，这些数据的主要服务目标是政府决策和政府启动的重大科研项目所涉及的高层次的科学研究。当时这些数据的使用主要存在两个问题：其一是科学界不能及时得知政府近期又更新了那些数据库；其二是大部分数据库的要价太高，提高了科学家科学研究的成本。随着科学数据的急速积累，到 80 年代末期，科学界对数据共享的呼声越来越大，要求政府采取措施改变现状：一方面是数据的不断积累；另一方面是数据费用昂贵、科学家用不起。美国政府虽然对此也很重视，但最终由于数据拥有单位提出数据服务费用不向用户索取将无法接受而搁置。

最终引起国家重视、并使政府下决心改变管理状态的是美国国家航空航天局专家组 1989 年关于建立国家级数据中心群的建议报告。这个报告列举了美国在数据共享方面的一系列问题之后，提出了在国家层面上构建数据共享的框架和实现数据共享的切入点，这就是建设国家级的分布式数据中心群及其框架；在当时各部门管辖的数据档案管理中心中，挑选合适的作为试点中心，以及在这些中心基础上构建数据信息系统的建议。建议同时指出，联邦政府应该长久、稳定地资助国家级数据中心群，采用“完全与开放”的数据共享政策，积极推进科学数据的流动和应用。1990 年美国航空航天局决定建立“分布式最活跃数据档案中心群”，这标志着美国国家层面上的科学数据共享工作划时代的开始。

美国国家级科学数据共享的总体思路是将“完全与开放”的数据共享政策作为美国联邦政府在信息时代的一项基本国策。联邦政府统筹规划科学数据的管理，充分发挥各个部门的作用，利用行政、财政、政策和法规全面推进数据共享的工作，通过数据的流动和应用激励美国经济的发展，确保美国在 21 世纪信息时代处于世界领先地位。

自 1990 年初到 1999 年 12 月美国新一代地球观测系统计划启动为止，美国在 10 年间分两步实施数据共享，每一步均以一个长期的国家级别的项目支撑。第一步，首先由美国国家航空航天局启动“分布式的最活跃的数据档案中心群”，工作的重点是搞好数据共享和国家级数据中心的建设；第二步，由白宫启动总统长期专项，建设国家级数据信息共享网络。这计划用 10 年左右的时间，即在 20 世纪末完成建造世界上最强大的科学数据共享体系的任务。

1991 年 6 月美国发布了“全球变化研究数据管理政策”，这是美国政府首次明确提出将“完全与开放”的数据共享政策作为国家科学数据共享的基本国策。从此，大规模、实质性的科学数据无偿共享的时代开始了。

“全球变化研究数据管理政策”具体包括以下 7 个方面的内容。

（1）美国全球变化研究计划需要确立一项提前开始并长期坚持的新任务：维护、验证、描述、接受访问、分发高质量的数据；

（2）数据政策的基本目标是：全球变化研究的全部数据，必须对所有全球变化研究人员落实“完全与开放”的共享政策；

（3）对有长期价值的数据，必须至少建立一份详细的存档，以预防重要数据的损失；

（4）数据存档必须包括便于用户使用的辅助信息；

（5）数据格式、数据载体、数据处理和传输应尽量采用已有的国际和国内标准；

（6）数据应尽可能以低廉的价格提供给用户，以落实“完全与开放”的政策，收费标准不得高于数据复制和邮寄所发生的费用；

（7）数据专用：有些数据需要由数据生产者优先使用，以验证数据质量或享受其法定的优先级。但任何资助数据生产的政府机构，在合同中必须明确规定数据生产者的专用期限，超过这一期限，数据必须公开。

后来，国家航空航天局的数据与信息政策在美国政府“全球变化研究数据管理政策”基础上，做了更具体的规定，包括 11 条，要点如下。

（1）国家航空航天局应当制定并执行数据获取政策，确保满足全球变化研究所需的长期数据。

（2）凡由美国政府拥有或资助生产的数据，一旦通过必要的质量验证，将对所有用户完全开放。所有与国家航空航天局有关的项目建议书、计划、资助，都应该包括明确说明促进数据共享的数据管理计划。

（3）对美国政府拥有或资助生产的数据，国家航空航天局将强制实行无歧视政策，以便对同一组数据的不同用户，采用完全相同的政策。只有在法律有明确规定时，政府用户才有优先使用权。

（4）对国家航空航天局所能支配的数据，必须制定合理的价格，以鼓励用户使用数据。对来自政府部门的数据，收费依据是分发数据所发生的费用。如果分发数据所发生的费用仍旧超出用户承担能力，收费应低于这一数额。对来自私人企业和外国合作伙伴的数据，定价应由国家航空航天局和这些合作者事先商定，国家航空航天局将按照本政策的精神争取合适的价格。

（5）所有长期全球变化研究所需的数据必须存档。

（6）如果费用合理，国家航空航天局应购买商业数据，以满足全球变化研究的需求。购买的数据应该满足用户的正常使用、分发、备份等基本需求。为了研究或投资，国家航空航天局可代替其他政府部门，或通过其他政府部门，实施数据购买。

（7）国家航空航天局在国内外工业界进行合作时，在合作的初期，就应该在主要数据管理、分发条款上达成一致。有贡献的合作伙伴应享有数据的分发级和成果的支配权。国家航空航天局应该努力确保这些数据能被正常使用。

（8）国家航空航天局应继续与有关政府部门合作，提高资金使用效率，减少成本。合作内容包括数据共享，交互验证与订正，确保必要的数据设备备份。

（9）国际合作：国家航空航天局应该在遵守联邦法律和政策的前提下，与国际同行合作，满足美国对科学数据获取、数据分发、数据归档的需求。

（10）特例：在符合美国法律和美国公众利益的前提下，本规定的某些条款在某些具体的数据服务中可能有例外。

（11）改进：国家航空航天局每两年对本规定做必要的更新。

1992 年“国土遥感政策法”中规定，政府资助或拥有的国土遥感系统，向所有用户无歧视地开放，只能按服务成本向用户收费。1993 年克林顿总统的“信息自由法”备忘录，把“信息自由法”的实践提高到新的高度，要求政府机关不能只是被动地回答请求，而是要主动服务。明确规定了政府给公众提供信息服务的标准，要求简化手续，使公众容易得到数据。1993 年“政府政绩法”，要求注重实效，提高公众对信息服务的满意率。1995 年对“文案减少法”做了修改。

1996 年 10 月，经过多年对电子记录的法律考虑，国会通过了“1996 年电子信息自由法修正案”，对电子记录、阅览室实体、信息请求的积压及其他程序作了规定。所有电子信息自由法修正案的规定现在都仍然有效。1998 年行政令要求根据政府信息变化对“个人使用公共信息指南”及时更新。1999 年，国会修改有关条例，要求把由政府资助大学、科研单位、医院等非营利机构科学研究产生的数据管理纳入科技基金管理合同。1999 年修改后的“联邦信息资源管理政策”，详细规定了联邦信息资源管理，包括强化信息共享。

（1）联邦政府资助并委托的非营利机构科学研究产生的数据管理条例

在1999年9月30日由美国国会修订的联邦政府“与高校、医院和其他非营利机构间发放政府研究基金和合同的统一管理要求”，对于修订后的条例在“无形资产”一节中，对使用政府资金研究获得成果的权利问题做了详细规定。包括：

受赠人（高校、医院和其他非营利机构）可以对研究成果申请版权，但赠予人（联邦政府）为了政府推进数据共享的目的，保留对其成果免费、不例外、不可撤销的权利去复制、出版、使用这些成果，或授权他人行使这一权利。

受赠人（高校、医院和其他非营利机构）申请专利或发明权时，须满足有关规定，如商业部“非营利机构和小公司使用政府赠款、合同和协作协议产生发明的权利规定”。

联邦政府有权获得、复制、出版、使用利用政府赠款生产的数据，或授权他人接受、获得、复制、出版、使用这些数据为政府服务。

如果有人对已出版的研究成果所用数据提出要求，赠予人（联邦政府机构）应该要求受赠人（高校、医院和其他非营利机构）在合理时间提供数据。

（2）联邦政府投资私有企业所产生的数据共享管理办法——联邦获得条例

联邦获得条例适用于所有联邦与私营企业间的合同关系。在条款27.4“数据权和著作权”中，明确了双方数据使用、复制、分发的权利和义务。整体上，联邦政府对通过合同第一次获得的大部分数据拥有无限的权利，而与政府签订合同的另一方对某些数据可能拥有有限的权利。1999财政年度“综合统一与紧急情况追加拨款法”要求所有使用联邦政府资助生产的数据，服从“信息自由法”对数据公开的要求。

（3）对联邦政府的数据进一步详细规定——联邦政府信息管理条例

联邦各级政府机构对积极分发政府数据记录有肯定的承诺，这些承诺反映在总统事务办公“管理与预算办公室”（统一管理美国行政命令）第A－130条例上。政府特别鼓励分发原始数据记录，以支持加工“增值信息”，只收分发费；通过多种渠道分发数据记录，对数据使用方式不作限制。联邦政府信息管理条例的重要条款后来被写入1995年的“文案减少法”，后者进一步鼓励联邦各机关使用信息技术对公众提供信息服务，而不是简单依靠“信息自由法”规定的繁琐程序。目前，由于网络的发展，数据复制费用几乎降低为零，只要能使用互联网，几乎可以免费获得政府信息。

美国联邦政府通过这些法规，特别是“信息自由法”和三个具体管理条例，通过科学界的监督，国家从各级政府、大学、科研单位、私营公司等各个渠道确保联邦政府资助产生的数据和信息纳入到“完全与开放”的数据共享政策控制的轨道中。

第一阶段重点：国家级数据中心群的建设。

建设国家级科学数据中心群是美国实现国家科学数据长期管理与共享服务的切入点。在实施建立数据中心群的项目中，美国政府同时进行三方面的工作：数据中心群的建设，预算投资和政策法规建设。

（1）国家级数据中心群建设

确定入选国家级数据中心群的条件是：愿意并且承诺对数据的无偿共享、数据维护和提供长期服务；具有稳定的数据来源，并在数据汇集、数据归档管理和数据服务方面具有一定的基础。国家层面上数据中心分工协作，避免重复。

国家级数据中心群由9个主要数据中心组成。1999年，数据中心群为了扩大其服务的领域，建立了数据中心联盟。全球水文研究中心已经加入这个联盟。目前，这9个数据中心全部参加了国际科学联合会组建的世界数据中心系统（WDC）。在数据中心群的建设中，相配套的数据共享网络的建设、数据标准建设、数据产品开发、数据中心管理的建设等均陆续开展起来，这就是将各个数据中心的数据和信息盘活的数据信息系统。

（2）国家级数据中心群的经费预算

美国在数据中心群的建设中，1993 年投入为 1.3 亿美元，每年递增，到 2000 年增长一倍，达到年投入经费 2.6 亿美元。稳定的、足额的、集中的经费支持是美国国家级科学数据共享成功的重要保障条件之一。

（3）数据的积累

美国国家级数据中心群的建设使美国科学数据的存储、管理有可能走向标准化。各个数据中心每月的网上汇报制度、每半年工作专家组检查制度、随时和每年集中公布数据库清单制度，以及数据中心间软硬件使用制度等均保障了积累数据的数量和质量。到 1999 年，美国国家级数据中心群积累的数据量首次达到 PB 级（注：数据量计量单位 byte 的换算表：1PB=1 024TB，1TB=1 024GB，1GB=1 024MB，1MB=1 024KB，1 KB = 1 024Bytes）。美国国家级数据中心群的建设，为美国在 1999 年开始的新一代地球观测系统大型计划的实施、为日益增加的海量数据的管理和服务奠定了基础。根据美国已经开始并将履行 20 年的新一代地球观测系统计划，美国数据中心群的数据存储量将由 1999 年的 1PB 增加到 2010 年的 18PB。

（4）数据共享服务与用户统计

美国国家级数据中心群建立以后，数据用户和数据服务量逐年增加。科学数据最大的用户分别为企业界、教育与科研界和政府。在 1996—1998 年的两年间，企业界的用户增加了 3.5 倍，教育科研领域和政府也分别增加了 1 倍和 1 倍以上。用户数据和数据服务量还有逐年增加的趋势。

第二阶段重点：国家级数据信息共享网络形成。

美国更大范围内的数据共享项目是由美国总统协调的“全球变化数据和信息系统”项目。这个项目的启动标志着美国在科学数据共享方面从打基础阶段走向了全面推进阶段。1995 年美国联邦政府正式启动国家级数据信息共享网络项目。该项目是比数据中心群规模更大、涉及内容更广泛、牵涉的部门更多、层次更高的一个长期项目。数据信息共享网络与数据中心群不同的是，数据信息共享网络项目尚未启动前首先立法，然后根据法律，启动项目。数据中心群由国家航空航天局代表国家管理，而数据信息共享网络项目由白宫直接协调管理。经过几年的实践，事实证明，国家级的数据中心群承担了国家数据信息共享网络中的绝大部分功能。基于“长期规划－稳定支持”的国家科技政策，美国把数据信息共享网络的建设作为今后至少 20 年的科学发展重点内容之一。

目前，数据信息共享网络提供的主要服务包括：

（1）用户支持。

（2）数据存档、管理与分发。

（3）信息管理。

（4）标准数据产品生产是 1997 年后新增加的服务内容。它把过去“以提供原始数据为主”扩展为“提供经过标准化生产的数据产品”。

（5）航天器、仪器的计划、命令、维护和控制。

（6）数据接收和自动测量记录。

在美国国家级科学数据共享体系中，数据标准、数据共享平台、数据共享政策、数据中心管理规范，甚至数据中心管理专家委员会的定期审核制度等均有统一的规范管理。一度曾各自为政的混乱的数据管理开始走上有序运作的轨道，科学家开始从得不到数据的抱怨走向数据的全面应用，科学家对地球科学理论的模型建造开始走向实际现象的模拟。科学数据的开发水平和开发能力也逐步提高。在这个体系中，美国政府将单位分散及科学家个人的数据管理活动纳入到国家总体行为之中，将美国各个部门的行业措施有机融合到国家综合行为之中，将国家各级科学研究项目的短期计划连接到国家长期行为之中。这个体系是美国计划在 21 世纪科学成就和国家实力方面始终保持世界领先地位的基本保障，是美国 21 世纪在科技、国防、教育、国际事务等诸多领域可持续发展的重要步骤。

下面对美国“完全与开放”数据共享政策进行后效分析。

（1）以科学问题和国家目标为导向、以数据为支撑的科学研究项目

在美国的科学研究中，政府特别强调以科学问题和国家目标为导向，注重科学数据的运用和注重数据支持下的模型的建造。在处理科学数据与科研项目之间关系时，为了确保数据对项目的支撑和项目对数据的应用，美国联邦政府采取三种办法处理科研项目与科学数据之间的关系：其一是把数据与科学研究统一在同一个科学问题的研究项目中，这项工作是通过项目经费分配和项目协议来完成的；其二是确保科学数据的供给顺畅和高质量，这项工作是通过项目协议、“信息自由法”及其有关条例和科学家评估来完成的；其三是科学研究项目产生的数据返回数据中心归档管理、提供共享服务，这项工作是依据协议、国家资助产生的科学数据的有关管理条例来执行。

美国政府的“完全与开放”数据共享政策在美国科学研究领域已经深深扎根。目前，该项政策已经成为根深蒂固、深入人心、不可动摇的基本国策。下面一个例子是最好的说明：在“完全与开放”数据共享政策执行过程中，美国政府有些议员受到通过市场数据直接获取资金回报的影响，也曾经考虑过是否让某些经过二次开发的数据纳入市场机制运行。但是，这个想法受到了绝大多数科学家的强烈反对。最终，将某些二次开发的数据纳入版权保护进入市场机制运行的提案没有能够通过。

（2）对美国经济增长的促进作用

美国政府在科学数据共享问题上采取“完全与开放”的政策极大地刺激了美国经济的发展。在 1991—1995 年间，美国平均每年经济增长率为 1.6，1995—1999 年间，平均每年经济增长率为 2.7。在“完全与开放”的数据共享政策实施后的 10 年间，后 5 年比前 5 年平均每年多增长 1.1 个百分点。根据美国经济学家的计算，其中，0.2 个百分点来自于计算机和半导体硬件的改进，0.5 个百分点则是由于数据和信息的传输和应用产生的效益。

（3）社会效益

由于政府数据向公众开放，政府与公民之间在很多问题上具有共识。

例如，美国国家环保局将每年花费近 4 亿美元采集的有关美国各地环境的数据公开上网，这些数据包括各地的饮用水、大气、废物、有毒物等有关信息。这些信息的公布使公民增强了对环境保护的意识，增加了全民对污染企业监管的力度。政府环境保护的

决策和具体政策的支持率一直处于较高的比例。

总之，科学数据蕴藏着科学价值、经济价值和社会价值。科学数据最大价值实现的根本途径不是发生在数据本身的交易中，而是在数据流动和数据广泛应用过程中。美国政府正是看到了科学数据最大价值实现方式的特殊性，利用“完全与开放”的数据共享政策作为杠杆；“开通渠道、保障供给”，利用政府行政手段做好规划，使全社会数据共享工作做到有序进行；利用联邦政府财政投资保障经费，使数据中心群成为国家信息生产和服务的基地，保障数据供给源源不断；利用日益更新的信息网络技术，把数据和信息用最便捷的方式及时送到每一位科学家、公司雇员、学校师生、政府公务员的计算机上、办公桌上、课桌上，甚至每一个家庭中；利用法律手段保障信息畅通，使科学数据不会被“截留”和“囤积”；国家利用税收制度收回资金，达到国富民强。国家利用数据作为导向和驱动，把全社会各个阶层都带进了信息社会，让工作和学习在各行各业的每一位公民在数据－信息－知识－理论－决策－效益链的各个环节上发挥才华，让民众把数据流动过程中和数据应用过程中的各种价值充分挖掘出来，国家为他们才华的发挥和价值的挖掘带好路、服好务、创造好环境。这就是美国联邦政府选择的科学数据共享“大循环”道路。这个“大循环”思路在利益分配上的基本点就是让全社会受益，让整个国家受益。

美国在科学数据管理上的“完全与开放”的共享政策在国际科学界产生了深刻的影响。国际组织纷纷表示需要倡导“完全与开放”的科学数据共享方向，它的基本含义也被许多国际组织所引用。“完全与开放”的科学数据共享政策源于地球科学，现在已经影响到生物学、社会学等，包括尖端科学，甚至政治与国家关系。下面列举了国际科学组织“完全与开放”政策的采纳与强调。

世界卫生组织执行理事会决议（1990 年 11 月）：要求成员重申自己承诺，在成员间对基本气象数据和产品实行自由和无限制的国际交换。

第二届国际气候大会科学与技术宣言（1990 年）：数据应该以不高于复制和分发成本的费用向社会开放。与气候变化研究类似的科学研究，需要在国际范围内对科学数据实行完全与公开的政策。

国际地圈生物圈计划、国际科学联合会第 12 号报告（1990 年 11 月）：数据应该以尽可能最低的价格提供给用户，数据定价的第一原则是不能高于数据复制和分发所发生的费用。国际地球观测卫星委员会（1990 年）：应该向国际社会提供无歧视的、完全的数据服务。

经济合作与发展组织（1991 年）：促进完全、公开、有效的数据与信息交换。

国际气候变化框架协议（1992 年 6 月）：促进完全、公开、及时的信息交换，包括与气候变化相关的科学、技术、社会经济和法律信息，以及不同战略引起的经济和社会影响的信息。

国际地球观测卫星委员会决议（1992 年 12 月）：基本要求是，卫星数据应该对从事全球变化研究、气候与环境研究和监测的所有用户实行无歧视的开放。所有项目产生的卫星数据不应该有排外使用期。

全球气候观测系统数据使用政策（1993 年 1 月）：确保全球气候观测系统数据在非商业的科学和应用领域实现无限制的国际交换。数据应该以尽可能低的价格提供给用户。

联合国政府间海洋委员会，全球海洋计划数据管理政策（1993 年 3 月）：本政策的宗旨是促进对满足质量要求的海洋数据的完全与公开的共享。本着完全与公开原则，数据应该以尽可能低的价格提供给海洋研究人员，定价的第一原则是不超过满足特定用户要求所发生的复制和邮寄费用。

全球气候计划政府间会议，气候议程宣言（1993 年 4 月）：为数据标准化、数据的完全和公开交换建立国际协作框架。

国际社会科学学会全体会议，社会科学数据管理政策（1994 年 12 月）：一个根本目标是所有数据库，对所有社会科学家，实行完全与公开的共享。数据应该以尽可能低的价格提供给研究人员，定价的第一原则是，不超过满足特定用户要求所发生的复制和邮寄费用。

5.2.2　共享方式

伴随着空间技术的快速发展，目前国际上已有数十种遥感卫星成功地投入实际使用当中，可以提供多种数据格式的遥感数据，而且现有的遥感信息系统也已经积累了大量的空间信息数据，人们希望能够共享这些数据，减少不必要的重复采集，共同分担数据采集的开销，充分利用资源，提高经济效益。

多源水利信息的共享具有其合理性。许多水利信息可以重复地使用，其次，现代通信技术、网络技术的飞速发展也为多源水利信息的共享创造了条件。先进的卫星、微波、雷达技术可以方便地实现信息的远距离传输，网络也提供了快捷的信息交流手段和丰富的信息资源，这些给人们的生产生活带来极大便利。信息共享不仅成为可能，而且越来越成为一种趋势。

我国在空间信息共享方面的研究已经起步，国家“九五”重点科技攻关项目“国土资源环境与地区经济信息系统和国家空间信息基础设施关键技术研究”中，“空间信息共享和处理技术”专题的主要任务是实现一个空间信息共享服务器，将各信息源的空间数据集中存储于一个中心数据库中，通过中国经济信息网（China Economic Information Net，简称 CEINET）供多用户共享，并提供扩充的 SQL 查询语言。对中心数据库的访问都通过共享服务器来完成。

多源水利信息共享的实现具有相当的难度。水利信息的数据格式具有封闭的特点，即来自不同数据源的水利信息，其数据存储格式不同，针对的应用也不同，人们关心的属性也不同，它们的数据不具有互操作性。

共享方式：采用数据库管理系统，将采用的多颗遥感卫星的资料以及雷达数据存储在一个大容量的主站服务器上，并在一段时间内都有备份。国内任何地区的用户只要安装了多源水利信息快速获取与共享平台的接收软件，就能获取一个共享数据资格，需要数据的时候就可实时地获得这些数据。

如果某接收小站有数据需求，就发一个请求信号给主站，主站收到这个请求信号就开始监测其是否具备共享数据资格，如果监测通过，则发给小站通信密钥，同时开始通过卫星信道发送主站服务器上的数据给小站。小站收到密钥，就可以启动接收软件开始接收数据了。

也可以通过计算机网络，采用客户/服务器模式来实现数据共享，但往往受带宽的限制，传输速率不能保证，可能会很慢，不能达到实时效果。

5.3 多源水利信息视频数据的压缩和传输技术

在多源水利信息通信平台建设好的前提下，可以在平台上面开发各种信息处理和应用软件。图 5-1 所示为一套视频传输系统流程图。

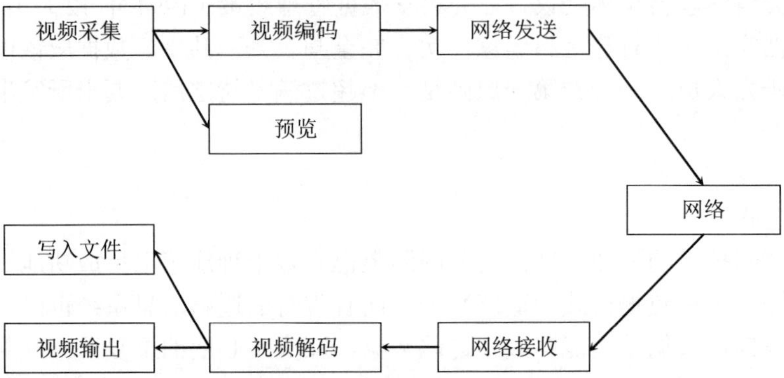

图 5-1 视频传输软件流程

5.3.1 视频数据概述

5.3.1.1 视频数据的特点

媒体通常是指承载信息的载体，是信息的表示形式，根据 CCITT 的定义有以下 5 种：感觉、表示、显示、存储和传输媒体。其中，核心是表示媒体，也就是信息的存在形式和表现形式，如数值、文字、声音、图形、图像等。视频实际上就是指表示媒体的多样化，因此其数据类型多，并且数据类型之间差别也很大。与传统的数据形式相比，视频数据一个突出的特点是数据量极大，尤其是动态的视频数据，通常每秒可达几十兆字节。

视频数据的量极大，数据的冗余性也很大，其冗余性主要体现如下。

（1）空间冗余

这是图像数据中经常存在的一种冗余。在同一幅图像中，规则物体和规则背景的表面特性具有相关性，这些相关性的光成像结果在数字化图像中就表现为数据冗余。

（2）时间冗余

这是序列图像（电视图像、运动图像）和语音数据中经常包含的冗余。图像序列中两幅相邻的图像之间有较大的相关，这种相关就反映为时间冗余。同理，在语音中，由于人在说话时其发音的音频是一个连续和渐变的过程，而不是一个完全在时间上独立的过程，因此必然存在着时间冗余。

（3）信息熵冗余（编码冗余）

信息熵是指一个数据块所携带的信息量，一般定义为：

$$E = -\sum_{i=0}^{k-1} p_i \cdot \log_2 p_i$$

式中，k——数据类数或码元的个数；

p_i——码元 y_i 的发生概率。

为使单位数据量 d 接近或等于信息量 E，应设：

$$d=\sum_{i=0}^{k-1} p_i \cdot b(y_i)$$

式中，$b(y_i)$——分配给码元 y_i 的比特数，理论状态下应取 $b(y_i)=-\log_2 p_i$。但在实际应用中，p_i 的值很难预估，实际计算中所得的 d 必然大于信息量 E，这样导致的冗余就是信息熵冗余或编码冗余。

（4）结构冗余

有些图像从大范围看存在着非常强的纹理结构，例如，草席的图像。这种纹理结构造成的冗余就是结构冗余。

（5）知识冗余

有许多图像的理解与某些基础知识有相当大的相关性，图像上的规律性的结构可由先验知识和背景知识得到，这类冗余即是知识冗余。

（6）视觉冗余

人类的视觉系统对于图像场的观察是非均匀和非线性的，特别是视觉系统并不是对于图像场的任何变化都能感知。也就是说，对于图像的编码和解码处理时尽管由于压缩损失或量化截断引入了噪声而使图像发生了一些变化，但这些变化如果是不能被视觉系统所察觉的，图像仍可被认为是完好的或足够好的，这类的冗余就是视觉冗余。

正是由于视频数据具有相当大的冗余性，才使得对视频数据进行大压缩比（100 倍的量级）的压缩处理成为可能，从而解决了由于大量数据导致的存储和传输问题。

5.3.1.2　视频数据压缩基本原理与常用方法

数据压缩技术经过了几十年的发展，很多方法已经进入了成熟的实用阶段，针对不同特点的原始数据（文本、视频、音频等）有不同的编码方法。常用的有如下几种。

（1）预测编码

预测编码根据离散信号之间存在着一定关联性的特点，利用前面的一个或多个信号对下一个信号进行预测，然后对实际值和预测值的差值（即预测误差）进行编码。如果预测比较准确，那么误差信号就会很小，这样，在同等精度要求条件下，就可用较少位数进行编码，从而达到数据压缩的目的。其原理框图如图 5-2 所示。

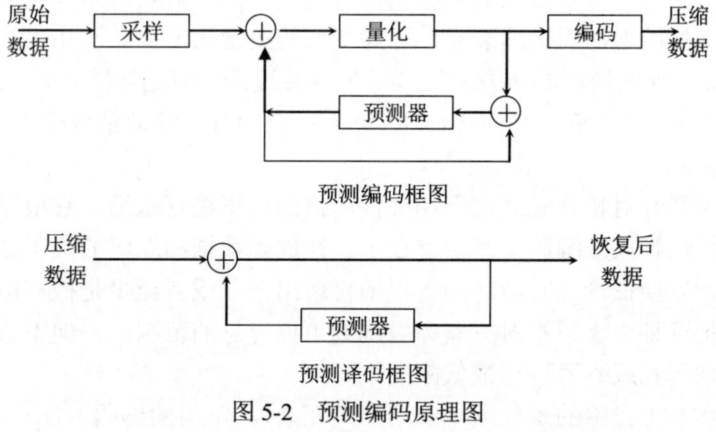

图 5-2　预测编码原理图

预测可以是线性预测或非线性预测，但在大多数情况下为线性预测。其典型的方法有 DPCM、ADPCM，比较适合于声音、图像数据的压缩。

（2）变换编码

变换编码是指先对信号进行某种函数变换，从一种信号空间变换到另一种信号空间，然后再对变换后的信号进行编码。例如，将时域信号变换到频域，由于声音、图像大部分信号都是低频信号，在频域中信号能量比较集中，再经过采样、编码，达到数据压缩的目的。

与预测编码相比，可以看出预测编码主要在源信号域上进行，变换编码则主要在变换域进行，其系统原理框图如图 5-3 所示。

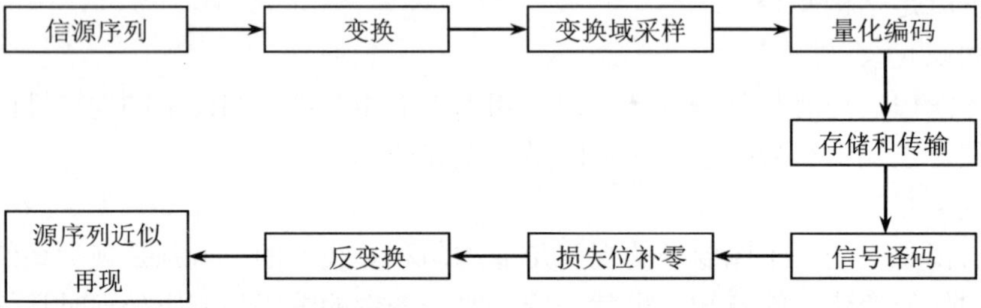

图 5-3　变换编码原理图

变换编码系统中数据压缩分三步：变换、变换域采样和量化。变换本身并不进行数据压缩，它只把信号映射到另一个域，使变换后的样值相互之间独立性增强，相关性减弱，从而使量化操作通过比特分配有效地压缩数据。

离散数据的变换可以通过矩阵运算来表示。设信源序列数据为矩阵 X，变换矩阵为 T，变换后的输出序列是 Y，它们之间的关系是：

$$Y = TX$$

如果所用的变换为正交变换，即 $T^tT^{-1} = I$，其中，T^t 是 T 的转置矩阵，T^{-1} 是 T 的逆矩阵，那么，在接收端就可以用 T^t 和 Y 来恢复源序列 X，即：

$$X = T^tY$$

由于数据压缩主要是去除信源数据的相关性，而表征相关性的统计特性是协方差矩阵，当协方差矩阵除对角线上元素之外的各元素都为零时，就等效于相关性为零。于是，为了有效地压缩，常常希望变换后数据的协方差矩阵为一对角线矩阵，同时也希望主对角线各元素随下标的增加而迅速衰减。因此变换的关键在于：在已知 X 的条件下，寻找一种正交变换 T，使变换后的协方差矩阵满足或接近为一对角矩阵。

典型的变换编码有 DFT（离散傅立叶变换）和 DCT（离散余弦变换）。

（3）统计编码

统计编码主要针对相互独立，无相关性的信源数据进行压缩。它根据原始数据出现概率的分布特性进行压缩编码，其宗旨在于：在原始数据和编码的码子之间找到明确的一一对应关系，以便在恢复时能准确无误地再现出来，或者至少是极相似地找到相当的对应关系，并把这种失真或不对应概率限制到可以容忍的范围内。但不管什么途径，它们总是要使平均码长或码率压至最低限度。

统计编码实质上去除的是数据中的信息熵冗余，其常用的编码方法有 Huffman 编码、

Shannon-Fano 编码等。

视频数据压缩方法的成功运用，解决了制约视频数据应用系统发展的瓶颈问题，为其进一步的开发与应用奠定了基础。

5.3.2 MPEG4 视频编解码标准

5. 3. 2. 1 MPEG4 标准概述

早在 20 世纪 90 年代初，MPEG4 的设计初衷是研究极低比特率下的编码方案，并定名为音视频对象的编码技术。基于传统的分块 DCT 变换和运动补偿技术的编码方法，已达到了视频压缩的极限，然而为了满足当今世界越来越多的视听材料要求以数字形式进行相应的变换而产生的种种新的需求，适应视频数据压缩技术的发展趋势，1994 年 7 月 Grimstad MPEG 会议上，MPEG 的目标发生了根本的变化，转向致力于为视频的数据压缩提供一个更为广阔的平台，它更多定义的是一种格式和框架，而不再是具体的算法，实际应用中可根据要求的不同来现场配置解码器。MPEG4 编码系统是完全开放的，可以随时加入新的算法模块。国际标准化组织 MPEG 工作组于 1999 年出台了 MPEG4 标准第一版，之后陆续有第二版的制订和增补工作。MPEG4 标准的主要特征是基于对象（object-based）的编码。所谓的对象是在一个场景中能够访问和操纵的实体，具体到一幅图像中，对象就是能表征有含义的实体的一组区域（Region）。对象的划分可以根据其独特的纹理、运动、形状、模型和高层语义为依据。语音、图像、视频等都可以作为单独的对象，也可以集成为更高级的对象——场景（scene）。MPEG4 旨在提供在视频环境中有效存储、传送以及操作视频数据的标准核心技术，建立一种能被视频传输、视频存储、视频检索等应用领域普遍采纳的统一的视频数据格式。

5.3.2.2 MPEG4 的特点

（1）基于内容的交互性

MPEG4 提供了基于内容的视频数据访问工具，提供了内容的操作和位流编辑功能，提供了高效的自然或合成的视频数据编码方法。它可以把自然场景或对象组合起来成为合成的视频数据。

（2）高的压缩性

MPEG4 基于更高的编码效率。在相同的比特率下，它基于更高的视觉听觉质量。

（3）通用的访问性

MPEG4 提供了易出错环境的鲁棒性，支持基于内容的可分级性，即把内容、质量、复杂性分成许多小块来满足不同用户的不同需求，支持具有不同带宽、不同存储容量传输信道和接收端。

（4）时空可扩展性

MPEG4 的一个关键功能就是可扩展性，它包括对象分辨率的可调性和对象本身的可调性。在可获得的网络带宽变小时，我们可以通过降低传输的视频信号的质量，以减少对传输所需带宽的要求，从而保证视频通信的连续性。

5.3.3 FFmpeg 开发工具包

视频传输的部分采用 FFmpeg 的 MPEG4 编解码器。FFmpeg 是一个开源免费的项目，它提供了录制、转换以及流化音视频的完整解决方案。它包含了非常先进的音频/视频编解码库 libavcodec，为了保证质量和性能，libavcodec 里很多 codec 都是从头开发的。FFmpeg 在 Linux 平台下开发，但它同样也可以在其他操作系统环境中编译运行，包括 Windows 等。

5.3.3.1 FFmpeg 概要

FFmpeg 中比较重要的函数以及数据结构如下。

（1）数据结构

①AVFormatContext

②AVOutputFormat

③AVInputFormat

④AVCodecContext

⑤AVCodec

⑥AVFrame

⑦AVPacket

⑧AVPicture

⑨AVStream

（2）初始化函数

①av_register_all（）

②avcodec_open（）

③avcodec_close（）

④av_open_input_file（）

⑤av_find_input_format（）

⑥av_find_stream_info（）

⑦av_close_input_file（）

（3）音视频编解码函数

①avcodec_find_decoder（）

②avcodec_alloc_frame（）

③avpicture_get_size（）

④avpicture_fill（）

⑤img_convert（）

⑥avcodec_alloc_context（）

⑦avcodec_decode_video（）

⑧av_free_packet（）

⑨av_free（）

（4）文件操作

①avnew_steam（）

②av_read_frame（）

③av_write_frame（）

④dump_format（）

5.3.3.2　FFmpeg 中的数据结构

（1）AVFormatContext

一般在使用 FFmpeg sdk 的代码中 AVFormatContext 是一个贯穿始终的数据结构，很多函数都要用到它作为参数。FFmpeg 代码中对这个数据结构的注释是：format I/O context。

（2）AVOutputFormat

虽然简单但十分重要，它是编解码器将要使用哪个 codec 的“指示”。在其成员数据中最重要的是关于视频 codec：enum CodecID video_codec；

AVOutputFormat *fmt；

fmt = guess_format（NULL，filename，NULL）；

根据 filename 来判断文件格式，同时也初始化了用什么编码器。

（3）AVStream

AVStream 是继 AVFormatContext 后第二个贯穿始终的结构。它的成员数据中有 AVCodecContext，可以对所使用的 Video Codec 参数进行设定（包括 bit rate、分辨率等重要信息）。同时作为“Stream”，它包含了“流”这个概念中的一些数据，比如帧率（r_frame_rate）、基本时间计量单位（time_base）、（需要编解码的）首帧位置（start_time）、持续时间（duration）、帧数（nb_frames）以及一些 IP 信息。

（4）AVCodecContext

此结构在 FFmpeg SDK 中的注释是：main external api structure，在 avcodec 它的定义处，对其每个成员变量都给出了十分详细的介绍。应该说 AVCodecContext 的初始化是 Codec 使用中最重要的一环。AVCodecContext 作为 Avstream 的一个成员结构，必须要在 Avstream 初始化后再对其初始化。

（5）AVCodec

结构 AVCodec 中成员变量和成员函数比较少，它包含了 CodecID，也就是用哪个 Codec，像素格式信息。还有前面提到过的 5 个函数（init、encode、close、decoder、flush），AVCodec 的初始化后的使用都是依附于 AVCodecContex，前者是后者的成员。

（6）AVPicture

AVPicture 的存在有以下原因：AVPicture 将 Picture 的概念从 Frame 中提取出来，就只有 Picture（图片）本身的信息，亮度、色度和行大小。而 Frame 还有如是否是 key frame 之类的信息。这样的类似“分级”使整个概念更加清晰。

（7）AVPacket

AVPacket 的存在是作为写入文件的基本单元而存在的。这样的编码设置是十分有必要的，特别是在做视频实时传输、同步、边界问题可以通过 AVPacket 来解决。AVPacket 的成员数据有时间戳、数据 data（通常是编码后数据）、大小 size 等。

5.3.4　视频质量评价

视频质量受到多个方面的影响，包括视频源采集的原始图像，视频编码解码算法的选择，网络传输条件的好坏。对最终获得视频进行评价，才能有效地进行质量控制，改进系统。视频质量评价方法主要分成主观和客观两类。

5.3.4.1　主观视频质量评价

视频质量专家们研究的第一种视频质量评价方法是主观评价，这种评价方法是简单地依靠人来进行观察。主观评价方法就是让观察者根据一些事先规定的评价尺度或自己的经验，对测试视频按视觉效果提出质量判断，并给出质量分数，对所有观察者给出的分数进行加权平均，所得到的结果即为视频的主观质量评价。

最常见的成对比照方法如图 5-4 所示。

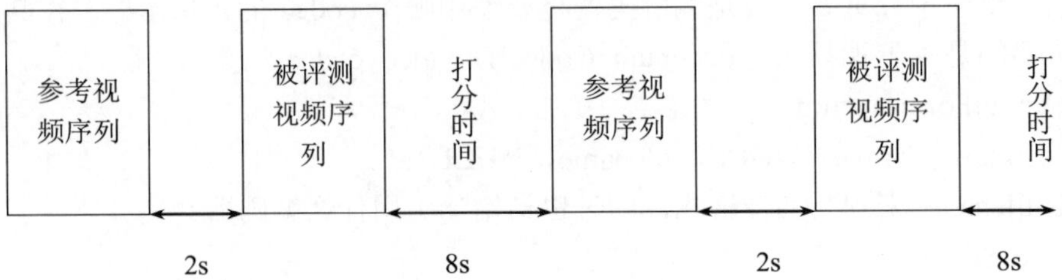

图 5-4　成对的视频序列

一个参考视频序列，隔 2s 即跟随一个与之相对应的被评测视频序列，而每一对这样的视频序列之后是一个 8s 的指定打分时间，对所有测试项目的评分等级都采用 5 分制，评分等级和对应的描述如下。

5 感觉不到的；

4 可识别的，但是不令人厌烦；

3 轻微的厌烦；

2 厌烦的；

1 非常厌烦。

主观评价方面，测试项目主要包括：

（1）马赛克效应：还原图像中对于单色区域画面还原存在的色块。

（2）边缘处理：对于图像中的物体边界还原的真实程度和线条（横、竖、斜方向）还原的真实程度，主要考察边界的对比度和变形情况。

（3）颜色平滑度：还原图像中对于单色区域画面还原后的颜色层次丰富程度。

（4）画面的还原性：指画面还原的真实性，包括画面的完整性、是否存在色差、对还原图像的整体接受程度。

（5）快速运动图像处理：考察快速运动参考源下图像还原的连续性。

（6）低照度环境图像处理：考察低照度环境图像还原的清晰度。

5.3.4.2　客观视频质量评价

主观评价方法是由人用肉眼来进行观察、评分，对于有关视频软件的开发项目，如果对开发过程中的每个版本都用肉眼来观察、评估，必定会耗费大量的人力和时间，并且不同人所做的评价结果可能有较大的差异，所以需要一种客观的评价标准。

（1）早期的客观评价方法

早期的客观评价方法如 RMSE，PSNR 等都是基于统计方法，计算出源图像序列和对比图像序列的均方差，使用该数值表示视频的质量。这类方法简单直观，但是可靠性不高。

（2）视频质量评价的新方法

通过传统的客观视频质量衡量方法常与人们主观视觉效果不一致，人的视觉系统是一个非常复杂的系统，我们理解颜色和动作的方式是定义视频质量的关键，因此仅用数据流来计算两个图像之间的差别还是远远不够的，而且也是不符合实际的。换句话说，RMSE、PSNR 等是从总体上反映原始视频和被比较视频的差别，并不能反映局部。人眼的色度理解更复杂一些，由于人眼的解剖学特性和物理特性，人类对红色更加敏感，而对黄色和绿色敏感度比较小。这样，黄色和绿色的信息损失是不易察觉的，它对视频失真的影响程度就比较小。

图像最终是供人看的，因此合理评价图像质量的方法应充分遵循人眼的视觉特性（HVS）。随着视频数据压缩技术的发展，视频质量评价方法的研究也进入了一个新阶段，即从以往物理意义上简单的误差统计方法转为结合人眼视觉特性的误差统计方法。大量的研究表明：基于 HVS 的测量方法优于没有考虑 HVS 的测量方法。

基于视觉感知的视频质量评价方法：图像降质对人眼视觉的影响是由人眼视觉系统的灵敏度决定的，而视觉灵敏度是由人眼视觉细胞决定的。此外，人眼视觉系统的灵敏度还受到图像局部空间频率的影响，大量实验结果证明：影响像素误差可视度的因素是误差周围的局部区域环境，而不是整个图像的背景环境。

根据上述视觉特性，人们使用各种 HVS 模型来评价图像的质量。最典型的 HVS 模型如图 5-5 所示。它模拟了视觉感知的三个显著特征，即视觉非线性特性（Weber 定律）、视觉敏感度带通和视觉多通道及掩盖效应。

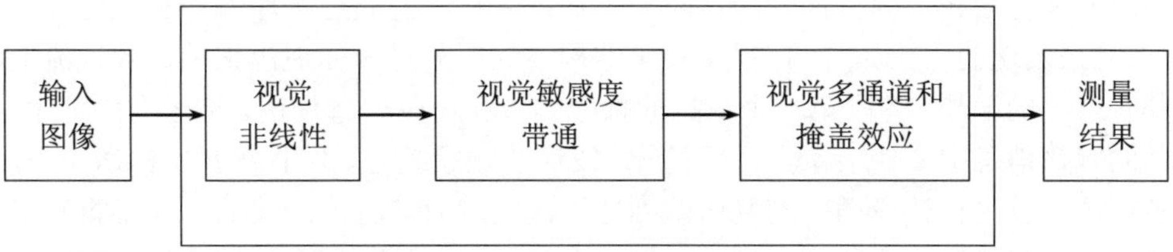

图 5-5　HVS 模型

5.3.4.3　VQM 简介

基于 HVS 的测量算法比较复杂，对于并非专业从事视频质量客观评价研究的工程技术人员，可以利用现有的工具对视频进行分析，从而进行质量控制。

VQM 是 NASA 研究实验室针对数字视频质量而开发的一个工具，既克服了主观视频质量的不准确和主观性，也超越了原有的对于简单的静止图片质量客观评价方法。它充分考虑到视频是一个动态、连续的图片集合，并充分考虑了前后图像之间的运动的关系，而不是片面地针对单幅图片的比较，充分考虑了人眼的视觉特性。

VQM 的目的是给用户提供一个用户界面友好的图形用户界面并且为使用者提供直观的评测结果。该软件具有合理的技术基础并且给出易于理解的结果，免去了自己开发软件工具的时间以及成本，无论在技术上还是成本上都是一个合理地选择。

VQM 的使用十分简单，把要测试的视频片断导入 VQM 软件后，VQM 通过选定的视频模型，给出一个视频质量的评估数字，该数字范围可以是任意的，为了对照主观评价标准，可以采用 1～5 的范围，5 表示质量最高，1 表示不可接受。

5.3.5 网络通信协议的选择

5.3.5.1 网络传输协议

TCP/IP 协议组网络模型的传输层负责应用程序之间的数据通信，提供了 TCP 和 UDP 两种传输协议。

（1）TCP 的工作原理

TCP 被用于在各种网络上提供有序可靠数据传输能力的面向连接的服务，即对传输层而言，提供的服务可以保证接收用户收到的数据流的顺序与源发方发送的数据流的顺序一致。由于 TCP 是在不可靠的分组传输子网上（该种子网随时都有可能出现数据丢失、损坏、延迟和错序等）提供可靠的用户进程间的通信机制，因此，为取得可靠传送，TCP 必须进行检测分组丢失情况，收不到确认时自动重传，处理延迟的重复数据报等工作。

TCP 并不对高层协议（如应用层）的数据结构产生影响，它只把来自高层的协议数据视为不间断的数据流，因此，对这些数据的所有处理工作都是由高层协议进行的。但是，TCP 将对这些数据进行分割，形成一系列数据单元，以便以独立的报文段的形式进行发送和接收。由于 TCP 具有独立于特定网络的特性，故它有一个关于它的报文段长度的规定（65KB）。TCP 之间彼此能发送小于最大长度的数据段。但如果对等的两个 TCP 实体之间交换的数据报文段的长度较大，那么 IP 层将把这些报文段划分成小的分段，以满足实际网络对它物理分组长度的要求。

TCP 是面向字节流的，当两个应用程序交换大量数据时，数据被分割成一系列的数据单元不断地进行传送，从而形成字节流，流投递服务将源机器上发送方交给它的字节序列不改变地传给在目的机器上的接收方。这种可靠性是通过顺序编号和应答（也表示为 ACK）来实现的。正如 TCP 报文段头结构中的序列号所体现出来的，数据流上的各字节都有自己的编号，各段第一个数据的顺序编号和该段一起传送，称之为段顺序编号。在送回的应答信息中，含有指示下一个应该发送的顺序编号。TCP 在开始传送一个段时，为准备重传而首先将该段插入到发送队列之中，同时启动时钟。其后，如果收到了该段的应答信息，就将该段从队列中删去；如果在时钟规定的时间内应答信息没有返回，那么就再次送出这个段。TCP 中的应答并不保证数据已经到达对方的用户进程，它仅仅是对 TCP 模块收到信息的确认。

为控制流量，TCP 模块间通信采用了窗口机制，这里窗口是接收方接收字节数量能力的表示。在应答信息中，加上接收方允许接收数据范围的信息回送给发送方，发送方除非以后又收到来自接收方的最大数据允许接收范围信息，否则总是使用由接收方提供的这一范围发送数据，从而起到流控的作用。

由于 TCP 一般是作为操作系统内部的一个模块安装的，不同的用户程序都调用同一个模块进行数据交换，因此必然存在数据的多路复用问题。为解决这一问题，TCP 使用了端口号，不同的端口号对应不同的用户程序。由于端口号是在各个 TCP 实体上独立使用的，因此从网络整体看来，端口号并非具有唯一性，为实现唯一性，通常把网络上唯一的 IP 地址与端口号结合起来构成套接号。一个 TCP 连接由通信双方的套接号确定。当通信双方通过双方的套接号建立起一个 TCP 连接后，数据就可以开始传输了。

TCP 提供一种面向连接的、可靠的数据传输服务，可以保证接收方收到的数据的顺序与发送方的源数据顺序一致、提供流量控制、差错检测、超时重传等功能。因此，TCP

的额外开销要大一些，适合比较重要的低速数据（如控制命令）的传输。

（2）UDP 的工作原理

UDP（User Datagram Protocol）采取无连接的方式提供高层协议间的事务处理服务，允许它们互相发送数据报。也就是说，UDP 是在计算机网络上规定用户以数据报的方式进行通信的协议。UDP 与网络层的 IP 差别在于：IP 对于系统管理的网络软件可以使用，一般用户无法直接使用，而 UDP 是普通用户可直接使用的，故称为用户数据报协议。UDP 必须在 IP 上运行，即它的下层协议也是以 IP 作为前提的。

既然 UDP 是一种无连接的数据报投递服务，它就不保证可靠的投递。它跟远方的 UDP 实体不建立端到端的连接，而只是将数据报送上网络，或者从网络上接收数据报。UDP 根据端口号对若干个应用程序的数据进行多路复用，并能利用检验和来检查数据的完备性。

UDP 保留应用程序定义的报文边界，它从不把两个应用报文组合在一起，也不把单个的应用报文划分成几个部分。也就是说，当应用程序把一块数据交给 UDP 发送时，这块数据将作为独立的单元到达对方的应用程序，即如果应用程序把 5 个报文交给本地 UDP 端口发送，那么接收方的应用程序就需要从接收方的 UDP 端口读 5 次，而且接收方收到的每个报文的大小都和发出的大小完全一样。

一个 TCP/IP 主机的 UDP 模块必须具备产生 UDP 检验和的功能。一个应用程序使用服务时可以选择是否产生 UDP 检验和，缺省情况是需要产生。其接收过程是：当 IP 模块收到一个 IP 分组并且发现该分组的头部类型段标明为 UDP 时，它就将其中的 UDP 数据报传给 UDP 模块。UDP 模块接收由 IP 模块传来的 UDP 数据报，并检查 UDP 检验和。如果检验和是 0，就表明发送方没有计算 UDP 检验和。如果检验和非 0，并且验证的结果不正确，则 UDP 模块必须抛弃该数据报。如果检验和有效（或 0），UDP 模块就检查该数据报的目标端口号，如果其端口号与本地的一个应用程序被指定的端口号符合，就将数据报中的应用报文放入队列，让对应的应用程序来读取。

UDP 采取无连接的方式提供高层协议间的事务处理服务，它不建立收发双方端到端的连接，并不保证数据的可靠性。因此 UDP 的额外开销要比 TCP 小，适合音频和视频的数据传输。

由于 UDP 没有差错控制，属于不可靠的分组递交，这就意味着可能会丢包。为了避免这种情况，最好对方能够向发送方发送一个反馈信息以报告其接收情况，必要时发送方要调整其数据处理方法或发送速率。RTP（实时传输协议）和 RTCP（实时传输控制协议）是 IETF（Internet Engineering Task Force）为实现上述目的而定义的两个协议。所有的实时媒体数据都使用 RTP 协议进行传输，RTCP 协议提供接收方向发送方反馈信息的功能，它们都是基于 UDP 的。

5.3.5.2　组播

当前的网络中有 3 种通信模式：单播、广播、组播，其中的组播出现时间最晚但同时具备单播和广播的优点，最具有发展前景。

（1）组播

①组播的定义：组播是一种数据包传输方式，当有多台主机同时成为一个数据包的接收者时，出于对带宽和 CPU 负担的考虑，组播成为了一种最佳选择。组播通过把

224. 0. 0. 0–239. 255. 255. 255 的 D 类地址作为目的地址，由一台源主机发出目的地址是组播地址的报文，在网络中，如果有其他主机对于这个组的报文有兴趣，可以申请加入这个组，接收这个组的报文，而其他不是这个组的成员是无法接收到这个组的报文的。

②组播和单播的区别：为了让网络中的多个主机可以同时接收到相同的报文，如果采用单播的方式，那么源主机必须不停地产生多个相同的报文来进行发送，对于一些对时延很敏感的数据，源主机要产生多个相同的数据报文后，再产生第二个数据报文，这通常是无法容忍的。而且对于一台主机来说，同时不停地产生一个报文也是一个很大的负担。如果采用组播的方式，源主机可以只需要发送一个报文就可以到达每个需要接收的主机上，这中间还要取决于路由器对组员和组关系的维护和选择。

③组播和广播的区别：如同上个例子，当有多台主机想要接收相同的报文，广播采用的方式是把报文传送到局域网内每个主机上，不管这个主机是否对报文感兴趣。这样做都会造成带宽的浪费和主机资源的浪费。而组播有一套对组员和组之间关系维护的机制，可以明确地知道在某个子网中，是否有主机对这类组播报文感兴趣，如果没有就不会把报文进行转发，并会通知上游路由器不要再转发这类报文到下游路由器上。

④组播的缺点：

• 与单播协议相比没有纠错机制，发生丢包错包后难以弥补，但可以通过一定的容错机制和 QOS（服务质量控制）加以弥补。

• 现行网络虽然都支持组播的传输，但在客户认证、QOS 等方面还需要完善，这些缺点在理论上都有成熟的解决方案，只是需要逐步推广应用到现有网络当中。

（2）单播

①单播的定义：主机之间“一对一”的通信模式，网络中的交换机和路由器对数据只进行转发不进行复制。如果 10 个客户机需要相同的数据，则服务器需要逐一传送，重复 10 次相同的工作。但由于其能够针对每个客户及时响应，所以现在的网页浏览全部都是采用 IP 单播协议。网络中的路由器和交换机根据其目标地址选择传输路径，将 IP 单播数据传送到其指定的目的地。

②单播的优点：

• 服务器及时响应客户机的请求。

• 服务器针对每个客户不同的请求发送不同的数据，容易实现个性化服务。

③单播的缺点：

• 服务器针对每个客户机发送数据流，服务器流量＝客户机数量×客户机流量；在客户数量大、每个客户机流量大的流媒体应用中服务器不堪重负。

• 现有的网络带宽是金字塔结构，城际省际主干带宽仅仅相当于其所有用户带宽之和的 5%。如果全部使用单播协议，将造成网络主干不堪重负。

（3）广播

①广播的定义：主机之间“一对所有”的通信模式，网络对其中每一台主机发出的信号都进行无条件复制并转发，所有主机都可以接收到所有信息（不管你是否需要），由于其不用路径选择，所以其网络成本可以很低廉。有线电视网就是典型的广播型网络，我们的电视机实际上是接收到所有频道的信号，但只将一个频道的信号还原成画面。在数据网络中也允许广播的存在，但其被限制在二层交换机的局域网范围内，禁止广播数

据穿过路由器，防止广播数据影响大面积的主机。

②广播的优点：

- 网络设备简单，维护简单，布网成本低廉。
- 由于服务器不用向每个客户机单独发送数据，所以服务器流量负载极低。

③广播的缺点：

- 无法针对每个客户的要求和时间及时提供个性化服务。
- 广播禁止在 Internet 宽带网上传输。

综上，由于卫星通信的带宽非常宝贵，且又需要一发多收的工作模式，所以要使用多播模式进行通信。多播的方式有两种，分别为广播和组播。由于广播的数据目的不明确，不便于管理，并且 Satpath 的 Skyweb 系列卫星调制解调器自带路由功能，会禁止广播数据穿过，所以选用组播传输方式。同时，由于卫星网络的特殊性，比如独占带宽、路由路径短等，组播传输没有纠错机制的缺点体现的并不明显，使组播成为最合适的传输模式。

5.4 多源水利信息视频 DirectShow 处理技术

5.4.1 DirectShow 简介

Microsoft DirectX 是微软公司提供的一套在 Windows 平台上为创建游戏和其他高质量的视频应用程序而设计的一套底层应用程序接口集。它提供了对二维和三维的图像、声音效果、音乐、输入设备以及网络应用程序的支持。

PC 机的成功导致了可用硬件的大量繁衍，众多的供应商为 PC 机设计提供了各种兼容的产品，但它们却常常缺乏开发所需的可靠标准。DirectX 提供了一个标准的软件接口，微软将 DirectX 定义为“硬件设备无关性”，即开发人员不用去考虑硬件的差别，开发中无需关心硬件的具体细节就可以利用硬件的高性能。DirectX 采用了组件对象模型 COM（Component Object Model）标准，不同对象的版本可以有不同的接口，这使用 DirectX 开发的程序在未来也能够得到兼容与支持。

DirectX 是一个大家族，并且随着 DirectX 版本的不断更新，家族成员也在不断地发展壮大，其中有 DirectPlay、DirectDraw、DirectSound、DirectMusic 等。DriectShow 是其中的成员之一，它集成了 DirectX 家族中其他成员（如 DirectDraw、DirectSound 等）的技术。

DirectShow 与 DirectX 开发包一起发布。目前 DirectShow 版本为 9. 0e。DirectShow 为在 Windows 平台上处理各种格式的媒体文件的回放、音视频采集等高性能要求的视频应用，提供了完整的解决方案。它支持各种格式，包括 ASF、MPEG、AVI、MP3、DV、MOV 和 WAV 等。它既支持用 WDM （Windows Driver Model）驱动的捕捉卡，也支持 VFW （Video for Windows）驱动的捕捉卡。

DirectShow 简化了媒体回放，格式转化和捕捉工作。同时，当要求定制解决方案时，它使应用程序有权使用基本的流控制体系。更值得一提的是，DirectShow 提供的是一种开放式的开发环境，我们可以根据自已的需要定制自己的 DirectShow 组件来支持新的格式或者实现定制的效果。

DirectShow 是基于组件对象模型（COM）的。编写 DirectShow 应用程序必须掌握 COM 编程知识。对大部分应用程序，不必自己写 COM 组件，DirectShow 可以提供需要的组件。如果程序员需要扩展 DirectShow，那么必须将扩展的部分以 COM 组件的形式加以实现。要编写过滤器，就必须了解 COM 编程的基础知识和 DirectShow 系统。

5.4.2 COM 技术

5.4.2.1 COM 技术简介

（1）COM 技术

COM（Common Object Model）是 Microsoft 公司提出的一种基于二进制标准与编程语言无关的软件构架技术，中文称为“组件对象模型”的概念。COM 是一种以组件为发布单元的对象模型，这种模型使各软件组件可以用一种统一的方式进行交互。COM 定义了组件程序之间进行交互的标准，也提供组件程序所需要的环境。并且在 XP、inNT 以及 win2000 中越来越广泛地使用它。在不久的将来 COM 将成为应用程序最普遍的方法。

COM 是一个说明如何建立可动态互变组件的规范，COM 既不同于 C++中的类，也不是 Win32API 那样的一个函数集。类是基于源代码的，而 COM 则不是。它实际上是一个 DLL，但它与传统的 DLL 不一样，COM 做的 DLL 是将一系列实现功能的类进行封装，就像 C++使用类对函数进行封装一样。如果用工具查看这种 DLL，其输出的函数只有 4 个标准的系统调用的函数，其他的完全封装，需要注册后，通过标准接口查询，才能得到需要的类或者接口。因此，COM 的目的是把各种各样的函数分类然后封装成一个个组件。而这些组件在 Windows 系统中以 DLL（有时候也可以是 EXE）的形式具体存在，可以通过全局唯一标识符 GUID （Globally Unique Identifier）告诉 Windows 需要哪个组件，其复杂的算法保证它在时间和空间上都是唯一的。如果找到的话，通过一个 CoCreateInstance 函数，Windows 将查询注册表返回该组件的 IUnknown 接口指针，并利用 IUnknown:：QueryInterface 函数查询所指定的那个接口是否被该组件所实现。如果是，则返回该组件接口的指针。

可见，COM 本身不提供任何函数实现，但它要实现一个称为 COM 库（COMLibrary）的 API，它提供诸如客户组件的查询以及组件的注册/反注册等一系列服务。一般来说 COM 库由操作系统加以实现，程序员不必关心其实现的细节。

（2）COM 对象及其标识

COM 对象是 COM 组件提供给客户以对象形式封装起来的实体，是客户程序与 COM 组件程序通信的主体，要求对它进行标识。

在 COM 规范中，采用 128 位全局唯一标识符 GUID（GloballyUniqueIdentifier）即 CLSID（class identifier，类标识符）来区分 COM 对象。即每个对象都有一个 128 位的全局唯一标识符 GUID 来标识，用 CLSID 标识对象可以保证在全球范围内的唯一性。采用手工或者编写程序来产生 GUID 是比较麻烦的事情，Microsoft 的 VisualC ++提供了两个工具 UUIDGEN. EXE 和 GUIDGEN. EXE，可以用来生成 COM 对象的 GUID。

由于 GUID 结构比较大，因此一般不希望将它在程序中到处复制。一种简单的方法是使用 DEFIN_GUID 宏。为使用此宏，可以使用 GUIDGEN. EXE 来生成一个 GUID。下面的例子就是用这种格式给出的。

// {fd501041-8ebe-llce-8183-00aa00577dal1
DEFIN_GUID　（<name>，
0xfd50l04l，0x8ebe，0xllce，0x81，0x83，
0x00，0x aa，0x 00，0x 57，0x 7d，0x al）；
将所生成的 GUID 粘贴到一个头文件中，然后用实际的名称来取代<<name>>即可。
DEFINE_GUID（CLSID_BouncingBal，
0xfd50l04l，0x8ebe，0xllce，0x81，0x83，
0x00，0xaa，0x00，0x57，0x7d，0xal）；

客户程序通过 CLSID 进行对象的创建和初始化工作。一个 COM 组件或是一个 DLL 文件，或是一个 EXE 文件。一个组件程序可以包含多个 COM 对象，每一个 COM 对象可以实现多个接口。

COM 对象包括属性和方法，属性反映对象的存在，是区别于其他对象的要素，方法就是提供给外界的接口，客户必须通过接口才能获得对象的服务。COM 对象具有封装性和重用性。COM 对象的数据成员的封装以组件模块为最终边界，对于对象用户是完全不可见的。COM 对象的可重用性表现在 COM 对象的“包容”和“聚合”，实际上是一个组件使用另一个组件的一种技术。不同的是包容指的是外部组件包含指向内部组件的接口指针，外部组件仅仅是内部组件的一个客户而已，它将使用内部组件的接口来实现它自己的接口，而聚合是外部组件直接把内部组件的接口返回给客户。

5.4.2.2　COM 接口概述

（1）COM 接口

COM 接口是一组逻辑相关操作的定义的集合，是客户和对象之间的一种协议。它暗示了 COM 对象实现的功能，规定了输入输出参数。接口的内部实现是对外隐藏的。COM 接口也通过一个 128 位的全局唯一标识符 GUID 来标识，标识符为 IID。客户通过 IID 获得接口指针就可以调用相应的成员函数。接口内存模型如图 5-6 所示。

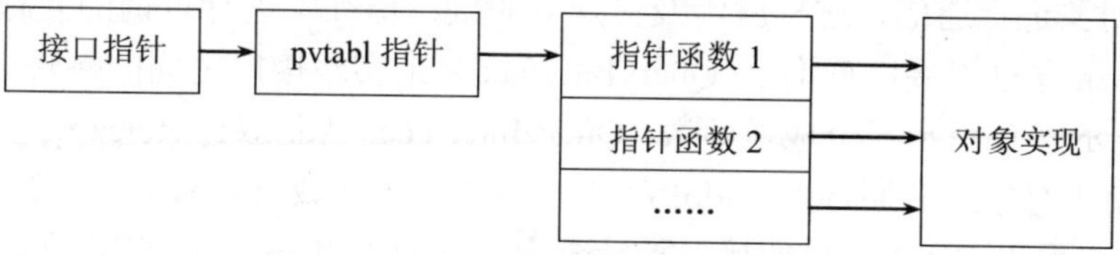

图 5-6　COM 接口内存模型

从图中可知接口指针通过另一个指针指向一组函数，该函数称为接口函数表。接口函数表中每一项为 4 个字节长的函数指针，每个函数指针与 COM 对象的具体实现相连接。通过这种方式，如果客户获得了接口指针就可以调用 COM 对象的实际功能。

其中 vtable（virtualf unctiont able，简称 vtable）为虚函数表，即接口函数表，指向 vtable 的指针称为 pvtable。对于一个接口来说，它的虚函数表 vtable 是确定的，而且每个接口的成员函数个数是不变的，并且它的成员函数的先后顺序也是不变的。对于它的成员函数来说，其参数与返回值也是确定的。

客户程序与 COM 对象就是通过 COM 接口进行交互的。COM 接口包含了一组函数的数据结构，通过这组数据结构，客户代码可以调用组件对象的功能。对于客户来说，

一个组件就是一个接口集，客户只能通过接口才能访问 COM 组件。

（2）COM 接口的特点

①二进制特性：COM 接口规范与语言无关，它规定了二进制级的标准。

②接口不变性：COM 接口是组件客户程序和组件对象之间的桥梁，接口不变使得系统开发变得稳定，这也符合组件化程序设计思想。

③接口继承性：COM 规范规定所有的接口都必须从 IUnknown 派生。接口继承只是说明继承，即派生的接口只继承了基接口的成员函数说明，并没有继承接口的实现接口，继承不允许多重继承。

④多态性：COM 的多态性通过其接口来实现。如果几个不同的 COM 对象实现了同一个接口，则客户程序可以用同样的代码调用这些 COM 对象。COM 规范建立的插件系统正是基于 COM 的多态性。

可见 COM 的接口规范并不是建立在任何特定的编程语言基础上的，而是规定了二进制一级的标准。任何语言只要有足够的数据表达能力，就可以对接口进行描述，从而可以用于与组件程序有关的应用开发。

5.4.2.3　IUnknown 接口

（1）IUnknown 接口

客户程序通过接口与 COM 对象进行通信，COM 规范规定所有的接口都必须从 IUnknown 继承。这是因为 IUnknown 接口提供了两个非常重要的特性：生存期控制和接口查询。

①生存期控制：客户程序只能通过接口与 COM 对象进行通信，它应该能够控制 COM 对象的存在与否。如果客户对对象的操作已经完成，以后不需要该对象（即该对象的生存期已经结束），则客户程序必须及时将对象释放掉。

IUnknown 通过“引用计数”来控制 COM 对象的生存期。

②接口查询：一个 COM 对象可以有多个接口，客户程序一次只能获得某一接口指针与 COM 对象进行通信，这样就涉及在众多的接口指针中进行查询的问题。

IUnknown 通过“接口查询”（QueryInterface）来实现接口之间的跳转。

IUnknown 接口包括三个成员函数：QueryInterface，AddRef，Release。其中，AddRef 和 Release 用于对象生存期管理，AddRef 用于增加引用计数，Release 用于减少引用计数，QueryInterface 用于 COM 对象的接口指针查询。下面为 IUnknown 的定义：

```
Interface  IUnknown
HRESULT  QueryInterface（[in]REFIID， [out]void **ppv）
ULONG  AddRef（void）;
ULONG  Release（void）;
```

（2）引用计数

引用计数是使组件能够控制对象生命周期的最简单也是最有效的方法。COM 组件通过维护引用计数的数值，来决定 COM 对象的生存期。引用计数是一个整数，它的初值为 0。当客户获得一个接口指针时，此引用计数值将增 1，当客户使用完该接口指针后，组件的引用计数值将减 1。当引用计数值为 0 时，表示没有客户在使用对象或者接口，组件即可从内存中删除。其中，IUnknown 接口成员函数 AddRef 和 Release 分别完成引用计数的增 1 和减 1 操作。引用计数的方法：

①客户引用接口时进行增 1 操作，调用 IUnknown:：AddRef（）；

②客户用完接口时进行减 1 操作，调用 IUnknown:：Release（）；

③当对象的计数值为 0 时，释放对象；

④当组件中所有对象的引用计数值为 0 时，卸载组件。

（3）接口查询

一个 COM 对象可以实现多个接口，客户程序通过 QueryInterface 函数来查询组件是否支持某个特定的接口。如果支持则 QueryInterface 将返回一个指向此接口的指针，否则返回一个错误代码。然后客户可以接着查询其他接口或者将组件卸载。

QueryInterface 带有两个参数：

HRESULT _stdcall QueryInterface （const IID&iid，void **ppv）；

第一个参数标示了客户所需要的接口，第二个参数是 QueryInterface 存放请求接口指针的地址。

前面讲述 COM 对象、接口、组件等，图 5-7 所示为一个 COM 对象、接口、组件的具体关系。

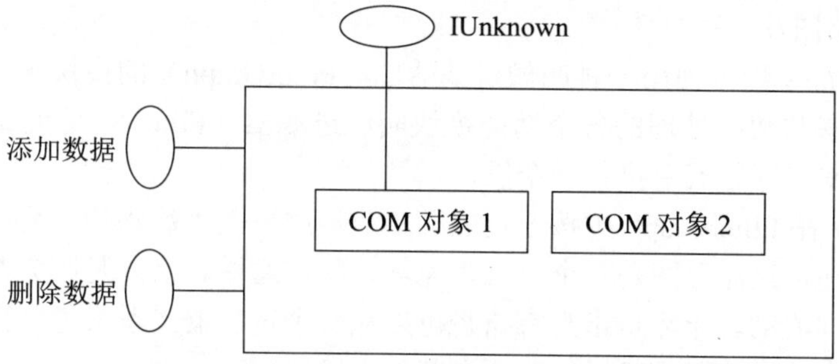

图 5-7　COM 对象、接口、组件之间的关系

5.4.3　DirectShow 技术构成

5.4.3.1　DirectShow 系统概述

DirectShow 采用模块化的系统结构，其中由应用程序将不同的软件组件——过滤器组合并匹配起来。DirectShow 提供由支持基于 WDM 驱动程序的捕捉过滤器，也由支持早期的 VFW 视频捕捉卡的过滤器以及为 ACM（Audio Compression Manager）和 VCM（Video Compression Manager）接口编写的编解码器。

图 5-8 所示为应用程序、DirectShow 组件和 DirectShow 支持的软件和硬件组件之间的关系。图中央最大的一块即是 DirectShow 系统，虚线以下是 Ring0 特权级别的硬件设备，虚线以上是 Ring3 特权级别的应用层。DirectShow 位于应用层中。可以看出，DirectShow 过滤器同计算机系统中许多设备相互通信。并且对它们施加控制，其中包括本地磁盘文件系统、电视调谐器、视频捕捉卡、VFW 编解码器、视频播放器（通过 DirectDraw 或者 GDI）和声卡（通过 DirectSound）。因此，DirectShow 将应用程序和这些复杂的设备隔离开来。对于某种文件格式，DirectShow 也可以提供基本的压缩和解压缩过滤器。

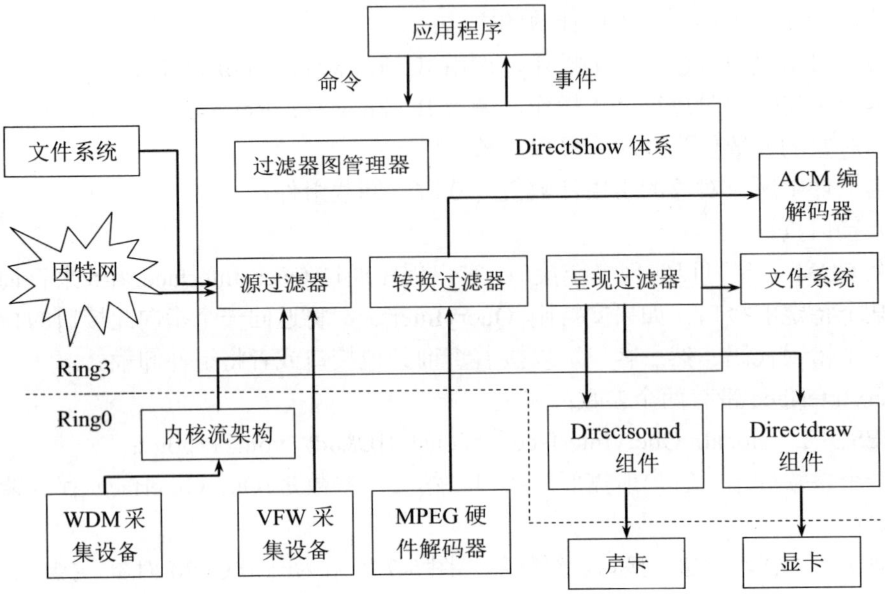

图 5-8　DirectShow 体系图

5.4.3.2　过滤器图及相关组件

在 DirectShow 中，使用一种叫做过滤器图（FilterGraph）的模块来管理整个数据流的处理过程。参与数据处理的各个功能模块叫做过滤器（Filter），它是最基本的软件构件，过滤器通常在视频流中执行一个操作。

各个 Filter 在 FilterGraph 中按一定的顺序连接成一条“流水线”协同工作。如果用图论的术语描述，过滤器图是一个有向、无环、非连通图。有向是因为数据在过滤器之间以预定的方向流动。无环是指没有路径可以从一个过滤器出发又返回到它自身。非连通是指不是所有的过滤器都可以达到所有其他过滤器。

过滤器图本身并不是一个清楚可辨的软件组件，它由一个称为过滤器图管理器（Filter Graph Manager）的 COM 对象来管理。过滤器，过滤器图，过滤器图管理器，应用程序之间的关系可以通过图 5-9 来加以说明。

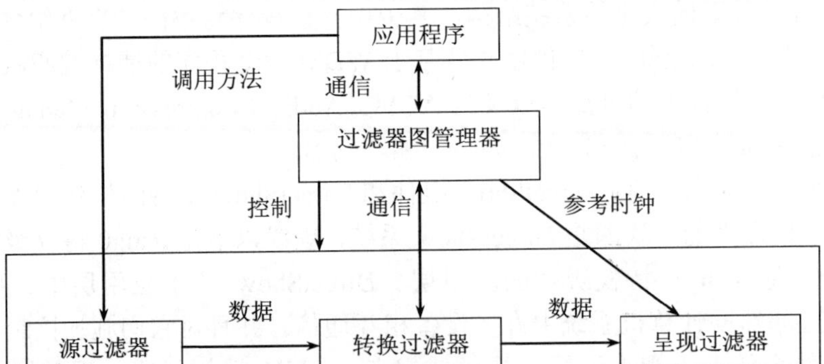

图 5-9　应用程序与过滤器和过滤器图管理器的关系

从图 5-9 中可以看出，过滤器图管理器是一个高层的组件，它控制过滤器图中的数据流动和状态变化，为所有的过滤器建立参考时钟，在过滤器和应用程序之间传递信息。过滤器图管理器可以向应用程序传递事件通知，应用程序对事件响应。此外，过滤器图管理器还简化了过滤器图的创建。比如，播放 WAV 文件时，只要指定相应的文件名，管理器就可以自动创建过滤器图。

为了使过滤器图能够正常工作，过滤器必须以正确的顺序相连，数据流也必须以正确的次序启动和停止。过滤器图管理器负责连接过滤器和控制媒体流。它能够搜寻可以递交指定媒体类型的过滤器配置，并且建立与之相应的过滤器图。过滤器图也能被定制，在这种情况下过滤器图管理器不需要搜寻配置。

当搜寻递交配置时，过滤器图管理器使用管理器映射器，首先读注册表决定可用的过滤器类型。接着，过滤器图管理器不断地试图连接接受该数据类型的过滤器，直到数据到达呈现过滤器。每个过滤器都注册有一个优先级（Merit 值），在都可以处理数据时，优先级高的过滤器首先被使用。

在上述关系图中可以看到，过滤器图中的过滤器按照功能来分，大致分为 3 类：源过滤器（Source Filter）、转换过滤器（Transform Filter）和呈现过滤器（Rengering Filter）。源过滤器主要负责获取数据，数据源可以是文件、因特网、计算机里的采集卡（WDM 驱动的或者 VFW 驱动的）、数字摄像机等，然后将数据往下传输。转换过滤器主要负责数据的格式转换，它首先接收其他过滤器传来的数据，加工处理后继续往下传递给后面的过滤器。比如，根据语法把原始字节流变成有意义的媒体数据；对数据编码、解码；把合成的媒体流分成视频流和音频流等。呈现过滤器主要负责数据的最终去向，即它把接收到的数据呈现给用户。比如，把视频数据显示在屏幕上，音频数据播放到声卡上，或者将它们存储在磁盘里。

过滤器与过滤器的连接点称为针，是一个由过滤器生成的 COM 对象，支持接口 Pin。针负责与其他针相连并提供传送数据的接口，如图 5-10 所示。针有方向性，或者输入或者输出。输入针接收数据进入过滤器，输出针向其他过滤器提供数据。一个针只能与其相反的针相连。媒体样本从输出针流向输入针，这种方向为下游（downstream），反之为上游（upstream）。控制信息通常沿上游移动。

源过滤器为文件中的每个数据流提供一个输出针。典型的转换过滤器，如压缩/解压缩（codec）过滤器，提供一个输入针和一个输出针。而音频输出等呈现过滤器仅拥有一个输入针。

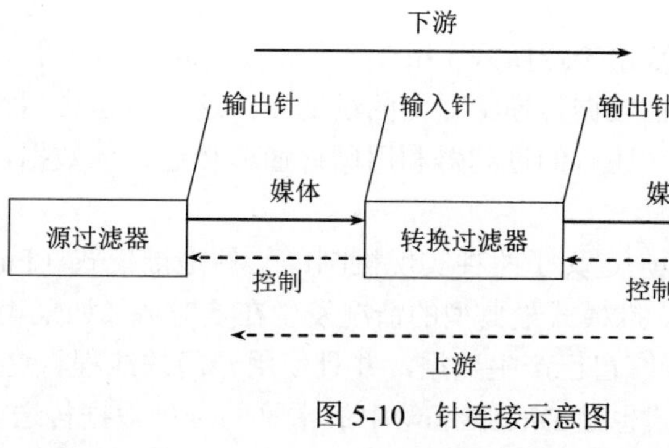

图 5-10　针连接示意图

5.4.3.3 过滤器的连接

过滤器的连接通过应用程序调用过滤器图管理器的方法实现。过滤器之间通过针 Pin 连接，Pin 也是一种 COM 组件，而且每个 Pin 上都实现了 IPin 接口。

Pin 正是通过这个 IPin 接口来完成连接。试图连接的两个过滤器必须处在同一个 FilterGraph 中。可以调用接口方法 IFilterGraph：：AddFilter 将指定的过滤器加入到 FilterGraph 中。

连接过滤器的是应用程序，一般通过调用接口方法 IFilterGraph：：ConnectDirect、IGraphBuilder：：Connect、IGraphBuilder：：Render 或者 IGraphBuilder：：RenderFile 来实现。

FilterGraphManager 在输出 Pin 调用 IPin：：Connect，输出针和输入针便开始协商连接的媒体类型。整个连接过程的步骤大致如下。

（1）首先检查媒体类型，找出一种连接双方都支持的媒体类型。

（2）如果是指定媒体类型，就进行试连接 IPin：：AttemptConnection，如果不是就需要得到输入 Pin 上媒体类型枚举器的试连接。成功后再进行试连接 IPin：：AttemptConnection。如果不成功再得到输出 Pin 上的媒体类型枚举器的试连接。

（3）在 IPin：：AttemptConnection 实现中首先调用输出 Pin 上的 Check-Connect 函数进行连接检查。

（4）Cheek-Connect 成功，则继续调用输出 Pin 上的 CheckMediaType，进行连接的媒体类型检查，如果 CheckMediaType 也成功，则会将输入 Pin 对象指针以及当前用的媒体类型保存在输出 Pin 对象中，然后调用输入 Pin 上的 IPin：：ReceiveConnection。

（5）在输出 Pin 接受连接，调用输入 Pin 的 IPin：：ReceiveConnection 后，也需要进行一系列的检查，检查的内容以及次序与输出 Pin 上的类似。

（6）如果输入 Pin 也接受这次连接，也就是 IPin：：ReceiveConnection 调用成功，最后就调用输出 Pin 上的 CompleteConnect 函数。至此连接双方 Pin 上使用的媒体类型“协商”就完成了，即双方连接成功。

当两个针连接之后，它们还需要一种机制进行数据交换，常用的数据交换协议是通过本地存储器进行传输。而存储器缓冲区的管理是由分配器负责的，因此针还需要协商分配器的选择和配置。两个针都可以提供分配器，但由输出针决定使用哪个分配器。此外输出针还要设置分配器的属性，例如，分配器产生多少缓冲区，缓冲区的大小。至此，过滤器之间就真正建立好连接，开始处理媒体流。

5.4.3.4 过滤器的数据传送

过滤器之间的成功连接为数据传送做好了准备。大多数 DirectShow 管理器将媒体数据放在内存里，通过相连的针把数据传递给后面的过滤器。这种传送类型称为通过内存传输（local memory transport）。还有的过滤器利用硬件通道传送媒体数据，针仅用来传输控制信息。

对于内存传输，DirectShow 定义了两种实现机制：一种是推模式（Push Model）；另一种是拉模式（Pull Model）。推模式最典型的情况发生在实时源（如采集卡的 Capture Filter 等）中。这种源过滤器能够自己产生数据，并且使用专门的线程将这些数据“推”下去交给下游的过滤器。推模式也是 DirectShow 中最常见的一种数据传送方式。下游的过滤器是被动地接收数据、处理数据，然后进一步传给更下游的过滤器。在拉模式中，源过滤器与转换过滤器相连，转换过滤器首先向源过滤器请求数据，源过滤器响应请求，再向转换过滤器发送数据。

一个针向另一个针传递媒体数据时，它不是传递直接指向内存缓冲区的指针，而是传递指向管理这块内存的 COM 对象指针。这个 COM 对象称为媒体样本 （media sample)，接口是 IMediaSample。接收数据的针通过调用 IMediaSample 的方法访问内存缓冲区，比如 IMediaSample: : GetPointer，IMediaSample: : GetSize 和 IMediaSample: : GetActualDataLength 媒体样本一般沿下游方向传输，从输出针到输入针。在推模式中，输出针通过调用输入针的 IMediaSamplePin: : Receive 方法传递媒体样本。输入针可以在 Receive 方法中同步处理数据，也可在一个工作线程里异步处理数据。

另外一个 COM 对象是分配器（allocator)，它负责创建和管理媒体样本，其接口是 IMemAllocator。每当过滤器需要一个指向空缓冲区的媒体样本时，它调用方法 IMemAllocator: GetBuffer。一个针连接共享一个分配器，两个针连接时，它们决定哪一个过滤器提供分配器，并设置该分配器的属性，例如，缓冲区的个数和每个缓冲区的大小。数据传送时，上一级过滤器从输出 Pin 的分配器中（调用 IMemAllocator: : GetBuffer）得到一个空闲媒体样本，然后得到媒体样本的数据内存地址，将数据放入其中。最后，再将这个媒体样本传送给下一级过滤器的输入 Pin。

5.4.4　利用 DirectShow 实现视频的发送和接收

5.4.4.1　发送端和接收端的流程图

在 DirectShow 下，与网络有关的各种操作（如 Winsock 的初始化、RTP 包的拆装）均封装在过滤器中，所以只要设计相应的过滤器，就能够容易地建立发送端及接收端应用程序，发送端软件系统框图如图 5-11 所示。

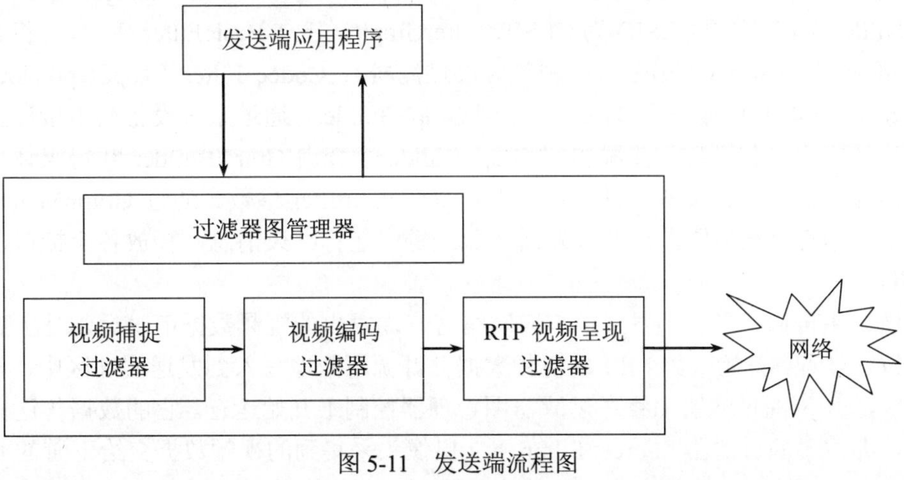

图 5-11　发送端流程图

在基于 DirectShow 的视频发送端中，其过滤器图分别由视频捕捉过滤器 Video Capture Filter，视频编码过滤器 Video Codec 和 RTP 呈现过滤器 RTP Video Renderer Filter 按顺序连接成一条“流水线”协同工作，它们分别完成源过滤器、转换过滤器和呈现过滤器的工作。

Video Capture Filter 负责视频数据采集，Video Codec 负责视频数据的压缩，最后由 RTP Video Renderer Filter 将压缩的视频数据封装 RTP 包发送到网络上。过滤器之间的数据发送采用推模式。

基于 DirectShow 的视频接收端软件系统流程图如图 5-12 所示，由 RTP 源过滤器 RTPSource Filter、视频解码过滤器 Video Decodec 和视频呈现过滤器 Video Renderer 连接构成过滤器图。其中，RTPSource Filter 负责从 IP 网络中接收 RTP 数据包，然后将接收到的数据送到下一个过滤器 Video Decodec 进行解压，最后解压后的视频数据流由 Video Renderer 送给显卡。

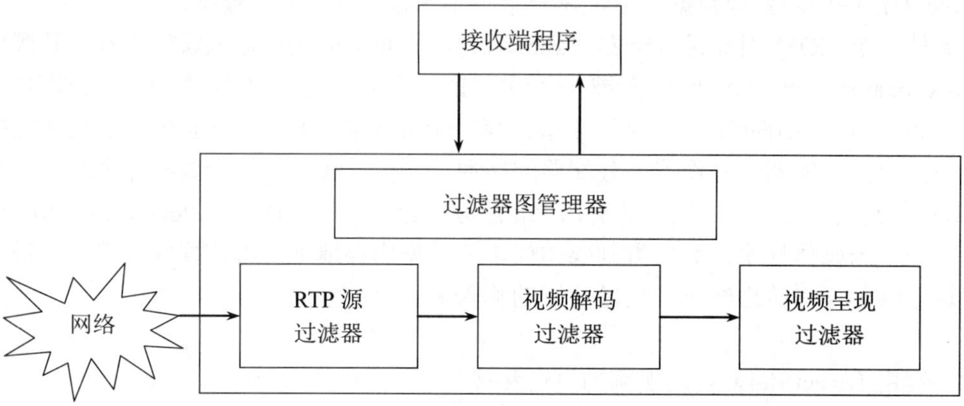

图 5-12　接收端流程图

5.4.4.2　发送端和接收端的编码实现

（1）发送端

初始化 COM 组件，初始化 DirectShow，包括：建立 GraphManager 接口、建立 GraphBuilder 接口（它的 CLSID 为 CLSID FilterGraph）、建立 BasicFilter 接口，并将 Source Filter（视频源）、Splitter Filter（音视频分离过滤器）、Codec Filter（TopStepdVideo）和 RTPVrenfilter（RTP 传输呈现过滤器）加到 GraphBuilder。通过系统设备列举接口找到系统中默认的视频捕获设备，并添加到 GraphBuilder。查询 GraphBuilder 获得媒体事件接口和媒体控制接口，连接各个过滤器，设置 RTPVrenfilter 参数。通过 GraphManager 的控制接口，运行过滤器图，捕获并发送图象。等待运行结束消息，释放各个接口，关闭 COM 组件。

图像采集传输：当视频发送端响应网络客户端发出的视频数据请求后，马上启动视频数据发送线程，开始采集 MPEG 视频数据并源源不断地写入到发送缓冲区中，与此同时，图 5-13 所示的过滤器图将在过滤器图管理器控制下开始运行。它的数据传送模式是推模式，即位于源过滤器 Source Filter 将从摄像头采集到的视频数据交给下游的 MPEG Stream Splitter filter，由它对获得的数据进行解析后转交给其下游的变换过滤器 Video Coder filter 进行 MPEG 编码，然后将编码后的 MPEG 视频数据写入发送缓冲区。下一步由 RTP 传输呈现过滤器 RTPVrenfilter 来检查发送缓冲区中的数据类型，并将视频数据封装成 RTP 数据包交给下层网络协议处理。最后向请求客户端发送组播地址，视频图像格式和压缩格式，等接收到确认信息后就向组播开始发送视频数据。

图 5-13　视频传输过滤器图

（2）接收端

初始化 COM 组件，初始化 DirectShow，包括：建立 GraphManager 接口和 BasicFilter 接口，并将 RTPVsrcfilter（网络数据读取过滤器）SplitterFilter（音视频分离过滤器）和 Decodec 加到 GraphBuilder，查询 GraphBuilder 获得媒体事件接口和媒体控制接口，连接各过滤器，构成 FilterGraph，设置 RTPVsrcfilter 参数，运行过滤器，接收并播放图像，等待运行结束消息，释放各个接口，关闭 COM 组件。

视频接收部分：当网络客户端需要访问图像时，加入相应的组播组，并且马上启动视频数据接收线程，把接收到的 MPEG 视频 RTP 数据包源源不断地写入到接收缓冲区中。与此同时，图 5-14 所示的过滤器图将在过滤器图管理器控制下开始运行。它的数据传送模式是拉模式，即位于源过滤器 RTPVsrc filter 下游的 MPEG Stream Splitter filter 就主动向源过滤器提出数据读取请求。源过滤器接到数据读取请求后就开始从接收缓冲区获取视频 RTP 数据包，经解包重组后传递给下游过滤器 MPEG StreamSplitter filter，由它对获得的数据进行解析后再转交给其下游的变换过滤器 MPEG Video Decoder filter，再由 MPEG Video Decoder filter 进行实际的 MPEG 解码。最后由呈现过滤器 Video Renderer filter 把解压后的视频图像输出到网络客户端的显示器上去。如果需要录像则写入文件。

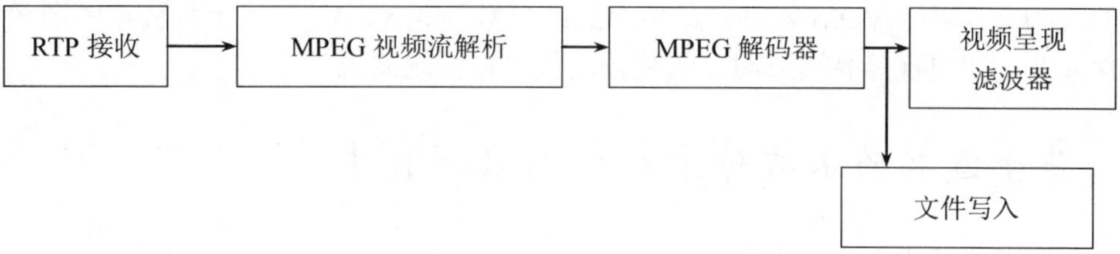

图 5-14　视频接收过滤器图

5.4.5　实验结果分析

5.4.5.1　发送端

发送端的界面如图 5-15 所示，其界面简单明了，主要功能为：

（1）对视频的分辨率、码率和压缩算法进行设置，推荐使用 640×480 分辨率，限制码率小于 1 024bps，压缩算法为 MPEG4。

（2）输入对方的 IP 地址和通信端口。可以同时向两个 IP 地址发送视频音频数据。如输入的 IP 地址为组播地址为 239. 239. 239. 239，则可实现一发多收。

（3）音量控制，调节电话终端输入的音量。当出现音质变差和回音现象时，可以尝试稍微减少音量。

发送信息状态监控栏用于显示当前的码率，帧率和量化等级。

5.4.5.2　接收端

接收端的界面如图 5-16 所示，其主要功能为：

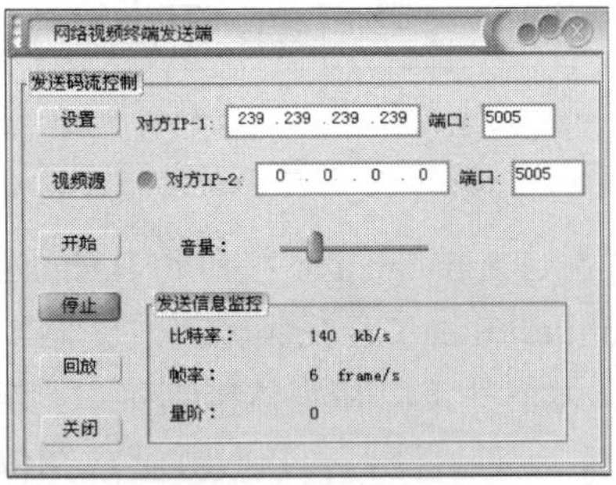

图 5-15　发送端界面

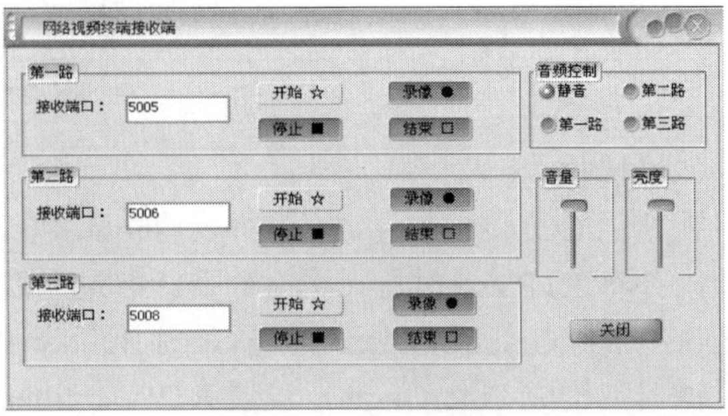

图 5-16　接收端界面

（1）接收端可接收 3 路视频，使用不同的端口进行区别。

（2）接收端可以进行音量和图像亮度的调节。

（3）接收端有录像功能，可以把接收的视频录制为 AVI 文件，压缩方式为 MPEG4。

在实验中将位于北京的中国水科院室内的图像通过卫星传输到河南省水利厅，图 5-17 所示为河南省水利厅接收到的图像。

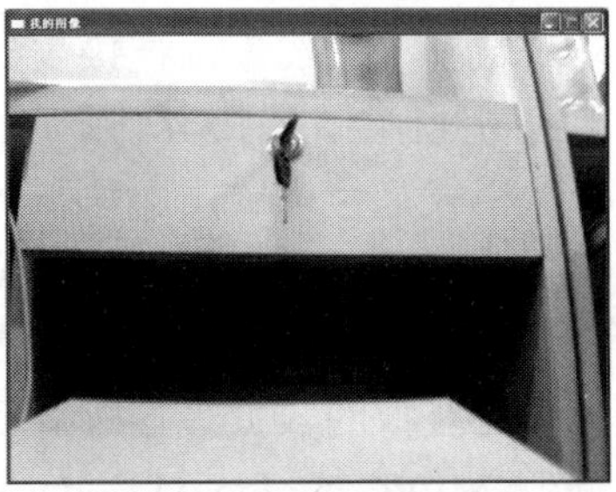

图 5-17　接收图像示例

5.4.5.3　视频质量检验

在分辨率 640×480，传输码率为 1 024kbps 的情况下，在接收端录制若干段视频。将录制的视频文件输入 VQM 软件，最后得到的分数为 3. 8～4. 2。由于所传输的图像是普通图像并非高清电视等高端应用，该视频质量可以满足要求。

5.5　基于遥感的水质信息提取与监测技术

5.5.1　基于遥感的水质信息提取与处理

水质是反映水体质量状况的指标，通常是关于水体物理、化学、热量和生物特性的描述，是重要的水文要素之一。地表水质监测分为必测项目和选测项目两大类，其中包含了天然水化学指标和污染指标。主要包括水温、pH 值，悬浮物、总硬度、电导率、溶解氧、高锰酸盐指数、溶解气体、耗氧量、生物原生质、总硬度、总碱度、主要离子和矿化度等。选测项目（17 项）主要包括硫化物、矿化度、非离子氨、化学需氧量、总锰、总锌、硒、阴离子表面活性剂、苯并（α）芘等。综合考虑，现在水环境质量监测的要素重点在水温、色度、悬浮物、叶绿素、有机物、总磷、总氮等指标上。

传统的水质监测和分析方法是实地调查和采样分析，易受人力、物力和气候、水文条件的限制。遥感量测从陆地表面获取电磁辐射推断地表参数，该技术正好弥补了传统水质监测的缺陷，具有实时、高效、持久、数据量大、观测范围广的优点，可以在水质监测中发挥重要作用。水质遥感监测是环境遥感的一部分。我国在环境保护中的遥感技术应用工作开展较晚，目前在大气环境、水环境、生态环境等众多领域开展了多方面的研究探索工作，已取得了较大成果。应用遥感技术来监测水质，依赖于水质中的物质种类、浓度，还有传感器的特性。通过遥感监测的水质参数包括悬浮颗粒物、水体透明度、叶绿素浓度以及溶解性有机物、水中入射与出射光的垂直衰减系数和一些综合污染指标如营养状态指数等。

在水污染的监测方面，国内先后对海河、渤海湾、蓟运河、大连湾、长春南湖、于桥水库、珠江、苏南大运河、滇池等大型水体进行了遥感监测，研究了有机污染、油污染、富营养化等；利用水体叶绿素与富营养化间的关系研究了滇池水体污染与富营养化状况；利用卫星遥感资料估算了渤海湾表层水体叶绿素的含量，建立了叶绿素含量与海水光谱反射率之间的相关模式，定量地划分了有机污染区域；利用水体热污染原理先后对湘江、大连湾、海河、闽江、黄浦江等进行了红外遥感监测。

遥感图像处理主要包括图像的校正、增强和分类。校正处理是指从具有畸变的图像中消除畸变的处理过程，有几何校正和辐射校正两类。空间增强技术是利用像元自身及其周围像元的灰度值进行运算，达到增强整个图像之目的，用于提高图像的目视效果，它并不要求真实地反映原始图像，只是使图像清晰或将其转换为更适合人或机器分析的形式。图像分类是将图像的所有像元按其性质分为若干个类别的过程，分类后的图像对于信息的提取和识别有重要作用，包括监督分类和非监督分类两种。

几何校正是在遥感图像和地形图上分别选择同名控制点，以建立图像与地图之间的投影关系，根据图像的几何畸变性质及地面控制点的多少来确定校正数学模型，建立起图像与地图之间的空间变换关系，随后进行重采样内插，对输入图像的数据重新排列，对图像的几何变形进行纠正。辐射较正可以解决从遥感器所获得的图像的灰度与目标物的光谱反射率或光谱辐射亮度等物理量不一致的问题，从而减少因太阳位置、角度、薄雾及霭等大气条件所引起的失真。

图像增强处理包括辐射增强、空间增强、频率域增强、彩色增强、多光谱卷增强等。图像增强的方式包括对比度变换（线性变换/分段线性变换/非线性变换）、空间滤波（图像卷积运算）、平滑（平均值/均值/中值滤波）、锐化、彩色变换、多光谱变换及图像运算。增强后的图像更宜于地物的光谱特征、几何特征及纹理特征的提取。

图像分类是以每个像元的多光谱矢量数据为基础进行的，分类算法的核心是确定判别函数和相应的判别准则。在分类之前，通常要进行校正、增强、滤波等，以突出目标物特征或消除同一类型目标的不同部位因照射条件不同、地形变化、扫描观测角的不同而造成的亮度差异等。监督分类由已知样本，外推未知区域类别，分类中首先要从欲分类的图像区域中选定一些训练样区，用它建立分类标准，然后按同样的标准对整个图像进行识别和分类。非监督分类则是利用图像数据本身能在特征测量空间中聚集成群的特点，先形成各个数据集，然后再核对这些数据集所代表的物体类别。

5.5.2　基于遥感的水质信息监测与处理

5.5.2.1　国内外基于遥感的水质监测现状

人们通过遥感手段监测水质状况始于航天航空技术的发展。遥感技术在水体研究中的应用从最初的单纯的水域识别逐渐发展到对水质参数进行遥感监测、制图和预测。随着遥感技术的不断发展和对水质参数光谱特征及算法研究的不断深入，遥感监测水质逐渐从定性发展到定量，并且通过遥感可监测的水质参数种类逐渐增加，直接反演的指数包括叶绿素 a 浓度、悬浮物浓度、黄色物质浓度、透明度（浑浊度或水深）、水温等，间接反演的指数有高锰酸盐指数、全氮、全磷、氨氮、溶解氧等，也可以对水面灾害性事故（如溢油、赤潮）进行识别和监测。同时，反演和识别的精度不断提高。

国外学者利用遥感手段开展水质调查可追溯到 20 世纪 60—70 年代。较早开展的研究内容是悬浮物浓度遥感监测。Willians 于 1973 年就对切萨比克湾进行了悬浮物定量遥感工作，发现了悬浮物与卫星遥感数据呈线性关系。1974 年 Klemas 等将遥感资料应用于特拉华湾，发现悬浮物含量与陆地卫星 MSS 亮度值呈对数关系。Chen Z M 等对 18 种不同浓度不同类型不同粒径的悬浮物在 350～2500nm 范围的光谱特征进行了研究，结果表明在 450～700nm 波段范围内，悬浮物浓度与反射率是一种对数关系，而在 700～1 015nm 波段范围呈线性关系。2001 年，Ruhl 等用 AVHRR 遥感数据，结合光谱后向散射传感器获取的地面实测数据对圣弗朗西斯科湾悬浮物浓度进行了研究，取得了较好的效果。Mahtab 等利用地物光谱仪模拟 TM 波段设置，对不同浓度悬浮物光谱反射率进行测量研究，结果表明 TM_4 波段是估测悬浮物浓度的最佳波段，建立 TM_4 波段反射率估测悬浮物浓度的二次回归模型，该模型估测效果优于线性模型。Richard 等用 MODIS 250m 数据为悬浮物制图，在墨西哥北部湾做了研究，建立了 MODIS 数据和实测 TSM（总悬浮物质）数据之间的线性关系，研究表明 MODIS 250m 数据在海岸环境特别是海湾或河口中的小水体监测中效果良好，特别是第一波段（620～670nm，中心波长 645nm）和悬浮物的浓度高度相关。Harma 等在利用 MODIS 模拟数据监测芬兰 85 个湖泊和 105 个沿海水体之后，发现了多个波段组合来估测悬浮物的浓度，这些波段组合是 L_{531} 至 L_{748}、L_{551} 至 L_{748}、L_{667} 至 L_{748}、L_{748} 至 L_{870} 等。水体中叶绿素含量与光谱特征关系的研究也是开展较早的水体污染参数。利用荧光特征开展叶绿素 a 遥感监测最早始于 1966 年。Tyler 等在 Sanvicente 水库进行水体光谱测量时，发现了自然水体的上行辐射在 683nm 附近有一个明显的峰。随着 Moral 等、Nevill 等的进一步研究，人们逐渐认识到它是浮游植物叶绿素 a 的荧光辐射峰，且荧光峰高度同叶绿素 a 浓度之间存在很强的相关关系。几年后，Gower 在 Saanich 港首次通过船载光谱仪测量的荧光线高度与叶绿素 a 浓度建立了线性关系。Gordon 等 1983 年利用蓝光和绿光反射率之比，采用海岸带水色扫描仪（Costal Zone Color Scanner，CZCS），对海洋中叶绿素的含量进行了估算。多次机载叶绿素 a 荧光遥感的试验以及实验室的模拟研究反复证明了荧光卫星遥感的可行性。1994 年 Dekker 等建立了 4 种水体的叶绿素浓度与光谱反射率关系的预测模型。2003 年，Carder 等提出的半分析法是通过建立光谱特征与水中各组分浓度之间的生物光学模型来估计叶绿素浓度，使用 MODIS 图像在泥沙和叶绿素浓度较低的海域进行实验，效果很好。Fraser 对美国 22 个内陆湖的光谱反射率与叶绿素进行研究，发现反射率光谱的一阶微分与叶绿素浓度的相关性好。Allee 等利用不同时段的 TM 数据建立对数多元回归模型，估测美国 Bull shoals 水库表面的叶绿素浓度，并对不同时期的藻类组成进行分析，结果表明藻类组成的不同是统计模型有效性的主要限制因素。Thiemann 利用 IRS-1C 卫星数据和地面光谱数据估测德国 Mecklenburg 湖区的叶绿素浓度，多种方法比较结果显示，线性光谱分解法效果好。Iwashita 等用转换的 TM 数据对日本的湖泊水质进行了监测，研究结果认为，红波段和近红外波段的比值对评定高浓度的叶绿素是有用的。O'Reilly 等根据全球海洋数据的研究表明，当叶绿素 a 浓度较低时，*Rrs*（443）/*Rrs*（555）波段组合具有较高的叶绿素 a 浓度反演精度；当叶绿素 a 浓度较高时，*Rrs*（510）/*Rrs*（555）组合更合适；当叶绿素 a 浓度介于两者之间时，*Rrs*（490）/*Rrs*（555）波段组合更合理。水体中其他污染物的浓度可直接或间接监测的种类很多，可利用的遥感器类型也有多种选择，除此之外，遥感技术也可以用于溢油、赤潮等水体灾害监测。例如，美国学者 Arenz 等利用在科罗拉多 8 个水库的实测光谱资料和 DOC 浓度资料进行回归分析，发现 DOC 浓度与波段组合 R_{716}/R_{670}，R_{706}/R_{670} 具有很好的相关性，并建立了提取 DOC 浓度信息的回归关系式。

我国遥感领域的投资与欧美、日本等发达国家相比还比较落后，尽管如此，我国在遥感技术的应用方面，目前并不逊色于国外，已经处于国际先进水平。20 世纪 70 年代，我国便利用 Nimbus-7（雨云-7 号）的 CZCS 遥感资料进行全球尺度的海洋初级生产力和全球生物量的调查与制图，80 年代主要利用 TM 和 NOAA 数据进行了海水表层流场与港湾水质遥感调查，利用机载和星载多光谱摄像机、多光谱扫描仪和海岸水色扫描仪等传感器进行南海赤潮遥感监测。自 90 年代起，水质遥感的数学模型在我国有了较大发展。许珺等以 SPOT 为数据源，研究了水体中悬浮固体反演方法，结果表明，$SPOT_1$、$SPOT_2$ 波段对反映水体悬浮固体比较敏感，根据遥感影像灰度值与水中悬浮固体含量之间的相关关系，运用 SPOT 影像 1、2 波段和实测数据将淡水河悬浮固体含量分为 4 级并进行评价。刘堂友等通过对机载成像光谱仪、水面高光谱测量数据及水样测试结果的综合分析认为 575nm 和 698nm 波段对悬浮物敏感，并得到了以泥沙为主的太湖悬浮物浓度线性模型[susp（μg/L）=$1486.3 \times h_{575} - 13.4$，susp（μg/L）= $2196.2 \times h_{698} - 1.1$，susp（μg/L）=$2484.2 \times h_{575} - 50.8$，susp（μg/L）= $2182.2 \times h_{698}+0.8$]（前 2 个为 GER1500 实测数据分析得到，后 2 个为 OMIS 实测数据分析得到），其研究成果还认为，估测悬浮物的最佳波段组合为红波段和蓝波段。马荣华等研究认为，Landsat ETM 的第 4 波段与悬浮物具有较高的相关性，其中利用算术组合 B4/B1 估测悬浮物含量的精度最高，Landsat ETM 卫星影像中，不同尺寸的像元窗口影响水质参数的估测精度，对叶绿素估测而言，7×7 或者 5×5 窗口比较适合，对悬浮物估测而言，一般不超过 3×3。刘灿德等选取长江中游主河道武汉至宜昌段为例，利用 MODIS 250m 波段数据定量反演了内陆河流悬浮泥沙的质量浓度，研究结果表明，地面实测的悬浮泥沙质是浓度与 $MODIS_1$、$MODIS_2$ 波段的反射率组合（R_1-R_2）/（R_1+R_2）有很好的相关关系（相关系数 R^2=0.72，样品数 n=41），基于这种相关性建立了长江中游主河道武汉至宜昌段表层悬浮泥沙的遥感定量反演经验模型。李洪灵等对长江下游南京段进行了遥感监测，利用 ETM 图像数据和地面同步实测数据得到 4 种经验模型，表明 TM_4 与 TM_1 波段光谱值比值与悬浮泥沙浓度之间的相关性最好。李云梅等选用 TM_2、TM_3 波段的数据，利用 Gorden 分析模型反演太湖水体的悬浮物浓度，取得了很好的效果。近年来，我国经济高速发展的同时，环境污染日益严重，随着富含氮、磷等植物营养物质的生活污水和大量工矿企业废水无序排放，水生生物特别是藻类大量繁殖，水体生态平衡遭到破坏，叶绿素含量升高，水华、赤潮发生的频率逐年上升。目前，我国主要内陆湖泊和 7 大流域水系普遍存在富营养化现象。近年来仅就太湖水体叶绿素浓度反演模型的研究就开展了大量卓有成效的工作，提出了多种有效模型。刘堂友等通过对机载成像光谱仪、水面高光谱测量数据及水样测试结果的综合分析建立了叶绿素 a 与反射率之间的线性估算公式：$Chl\text{-}a$（μg/L）=1342.6×h_{703}−1.5，$Chl\text{-}a$（μg/L）= 1282.3×h_{703}−0.5。杨一鹏等采用半经验回归模型和混合光谱分解模型分别建立太湖叶绿素 a 浓度定量反演模型，其回归线性模型为：$Chl\text{-}a$（μg/L）=100.49×TM_4/TM_3−15.776。马荣华等在对太湖水体中叶绿素含量进行研究之后得到如下结论：对多光谱遥感而言，Landsat TM/ETM 是定量获取叶绿素和悬浮物的较好的数据源，但不是最适合的数据源，通过 ETM_3 与叶绿素建立一定的函数关系来估测叶绿素含量具有较高的精度，其中利用算术组合 ETM_3/ETM_1 估测叶绿素的精度最高。焦红波等以太湖为例，利用实测的高光谱数据和水质采样分析数据，研究寻找反演叶绿素 a 的高光谱敏感波段。研究发现，水体的遥感反射比光谱在 719nm 和 725nm 存在两个峰，其中 719nm 处的峰更明显且稳定，通过模型对比发现用这两个峰值处的遥感反射比参与建模可以提高叶绿素 a 的估算精度，并且认为由反射比比值 R_{719}/R_{670} 所建立的线性模型反演叶绿素 a 浓度的估算精度最理想。闻建光等利用卫星高光谱数据 Hyperion 建立了多种太湖叶绿素 a 反演的模型，线性模型为：$Chl\text{-}a$（mg/L）= $0.325R_{701.55}/R_{681.21}$− 0.311，一阶微分模型为：$Chl\text{-}a$（mg/L）= $0.058R'_{701.55}$ + 0.0704，混合光谱分解模型：$Chl\text{-}a$（mg/L）=$0.0093e^{9.8323x}$。李云梅利用分析 Gorden 模型建立了太湖的叶绿素 a 反演模型，反演值与实测值的相关系数非常高。雷坤等利用中巴资源卫星遥感数据对太湖多种污染物进行定量反演，研究认为溶解氧、高锰酸盐指数和全磷与单波段灰度值的相关性不好，叶绿素和全氮与单波段的相关性较好，但仍不理想，在对 2～4 波段进行比值变换、指数变换、对数变换等多种非线性变化和组合后的 39 个因子进行对比之后发现了较为理想的模型，$\ln(Chl\text{-}a)$（μg/L）=12.448 − 0.342（DB_3+DB_4）/ln（DB_3）ln（CTN×100）（mg/L）=5.395 − 0.291×（DB_2+DB_4）/ln（DB_3+DB_4）。许大志等利用遥感反射率比值 Rrs（433）/Rrs（555）与叶绿素 a 浓度的关系建立了两套能够精确反演南海北部海域叶绿素 a 浓度的本地化经验算法，结果表明，由本地化模型反演得到的叶绿素 a 浓度与实测的叶绿素 a 浓度具有较好的相关关系，相关系数为 0.750。其他水体的研究也有很多。王学军等利用 TM 数据和实地监测数据，建立了太湖 7 种水质参数（SS，SD，COD_{Mn}，BOD_5，TN，TP，DO）的预测模型，研究结果表明，利用单波段、多波段因子组合以及主成分分析等方法可以使遥感信息得到更充分利用，从而使预测结果更加精确。模型为：SD=exp（5.7099−0.6991×PC_1），SS=exp（5.6394−1.5493×lnS_7），COD=exp（0.3671+1.2454×lnS_2），TP=exp（−0.4081−8.659×lnS_{10}），DO=exp（2.3704−0.2107×lnTM_3），TN=exp（8.228−2.713×lnS_{16}），BOD=exp（4.2380+2.2546×lnS_4）（PC_1=0.5638×lnTM_1+0.5562×lnTM_2 + 0.5566×lnTM_3 + 0.1119×lnTM_5−0.2248×lnTM_7，S_2=TM_2/TM_3，S_4=（TM_1 − TM_2）/TM_1，S_7=（TM_3 + TM_4）/（TM_1 + TM_2），S_{10} = TM_2/TM_1，S_{16}=TM_1 + TM_2）。巩彩兰等利用地物光谱测量技术及同步配套的常规水质采样分析实验，对上海市黄浦江全河段水体进行调查研究，建立了常规水质参数与水体光谱反射率之间的关系模型，为利用遥感技术监测水环境提供了基础。王婷等利用实测高光谱数据研究建立了鄱阳湖水体的多种污染物估算模型，其中，总磷、总氮、透明度为单波段线性模型，叶绿素 a 为一阶微分模型。万余庆等对西安市护城河及兴庆公园内污水进行波谱测试，发现水体污染物含量常与某些波段的反射率比值有较好的相关性，与单波段反射率的相关性较差。李红清利用陆地卫星 TM 数据对台湾中部地区德基水库的总体营养状态进行评价，发现叶绿素 a、总磷、透明度与 TM

波段 TM_1，TM_2，TM_3 和 TM_4 的光谱特征具有高度相关性，并利用 TM 数据与水质参数之间的经验关系，生成了水库的卡尔森（Carlson）营养状态指数 TSI（Trophic State Index）分布图。唐军武等采用定量化水色反演方法，在现场测量数据的基础上，针对 CBERS-02CCD 波段，建立了水体成分反演算法，悬浮泥沙的反演结果比较满意，而叶绿素的结果不够理想。

5.5.2.2　基于遥感的水质监测原理

（1）水体的光谱反射特性及变化规律

水质遥感监测主要是利用传感器在可见光和近红外波段接受到辐射通量值来分析水质参数。对水体来说，水的光谱特征主要是由水本身的物质组成决定，同时又受到各种水状态的影响。水体可见光反射包含 3 部分，一是水表面反射部分，它的强度与水面的状况有关，除了发生镜面反射之外，一般仅占入射光的 3.5%左右，其余光透射进水中，大部分被吸收；二是透射进水中未被吸收的光经水体底部物质反射出来的部分；三是透射进水中未被吸收的光经水中悬浮物质（浮游生物或叶绿素、泥沙及其他物）反射出来的部分，这部分光就是后向散射光。因此，也可以说，水体的反射光分为水面反射光和水中光两部分。对于传感器来说，还要接收天空散射光，如图 5-18 所示。清水的反射率在可见光都很低。水体的反射主要在蓝绿光波段，且随着波长的增加而降低。也就是说，除蓝绿光波段外其他波段的吸收都很强，特别到了近红外波段，吸收就更强。0.75μm 以后的红外波段水几乎成了全吸收体。浑浊水体的反射率会提高，并随着浑浊程度的增加而提高，反射峰值会出现在黄光波段。水体中悬浮物的粒度增加也会提高反射率。此外，水中含有叶绿素时，近红外波段反射率会明显提升，显示出植被的反射特性。

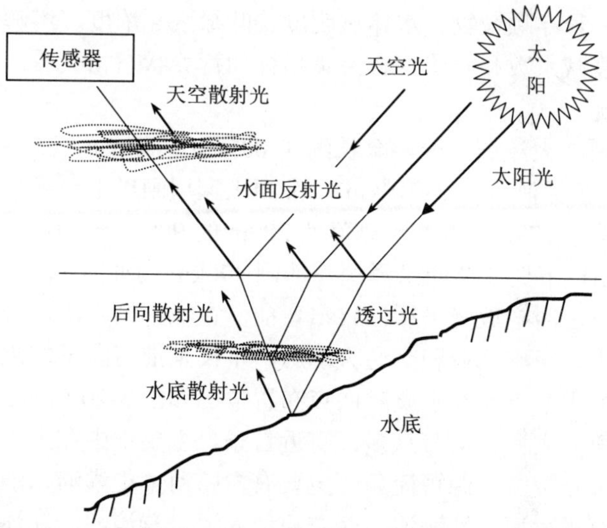

图 5-18　水体的反射光组成

（2）遥感监测水质的基本原理

水体后向散射光和水底的反射光返回到大气中，被传感器所接受，这一部分含有水色信息，是可以用来监测水质的部分，称为离水辐亮度（Water leaving radiances）。影响水质的主要因子有水中悬浮物（浑浊度）、藻类（如叶绿素、类胡萝卜素）、化学物质（如营养物质、杀虫剂、金属）、溶解有机物（DOM）、热释放物、病原体和油类物质等。离水辐亮度受水中物质的影响如图 5-19 所示。

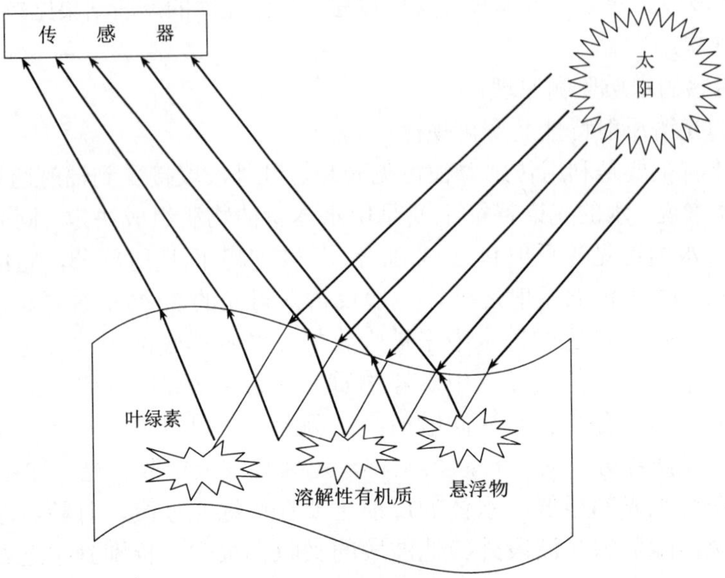

图 5-19 离水幅亮度受水中物质的影响

应用遥感科技来监测水质，就是依靠离水辐亮度的特征，再通过经验或分析模型把这些光谱的变化与水质参数联系起来，分析推导出水中物质的组成及其它们的浓度。量测水质参数的最佳波段依赖于水质中的物质种类、浓度，还有传感器的特性。通过遥感预测的水质参数有：悬浮颗粒物、水体透明度、叶绿素 a 浓度、溶解性有机物、水中入射与出射光的垂直衰减系数和一些综合污染指标如营养状态指数等。

（3）研究区概况

淮河流域是我国 7 大流域之一，全长约 1 000km，流域面积 27×10^4km^2，其中，淮河水系 19×10^4km^2，沂沭泗水系 8×10^4km^2。淮河王家坝闸以上至淮河源头河南省的桐柏山为淮河上游，落差达 178m，占淮河总落差 200m 的 90%，河道比降为万分之五，上游坡陡水急。王家坝闸以下至江苏的洪泽湖三河闸 490km 为淮河中游，落差仅 16m，河道比降为万分之零点三，河道坡降平缓，狭窄弯曲，宣泄不畅，洪水难以迅速流向下游。中游有许多重要城市、工矿企业和交通大动脉，不仅是淮河防汛抗洪的重中之重，也是污染的重灾区。淮河中游干流及水质断面点布置情况如图 5-20 所示。

淮河是我国的第三大河，支流众多，有近百条，主要集中在上中游，南岸支流都发源于大别山区及江淮丘陵区，源短流急，主要有白露河、史灌河、淠河、东淝河、池河等，北岸支流主要有洪汝河、沙颍河、西淝河、涡河、澮潼河、新汴河、奎濉河等。淮河干流发源于河南省桐柏山区，由西向东流入洪泽湖，出洪泽湖后分为两支：一支经高邮湖、邵伯湖在江苏省扬州市东南流入长江，称入江水道，最大泄洪能力为 12 000m^3/s；另一支经苏北灌溉总渠，流入黄海，设计泄洪能力为 800m^3/s。此外，还可经废黄河泄洪 300m^3/s，在大洪水时经淮沭新河向新沂河相机分洪 3 000m^3/s。淮河干流全长约

1 000km。山丘区面积约占总面积的 1/3，平原面积约占 2/3。淮河流域包括湖北、河南、安徽、山东、江苏 5 省 40 个地（市），181 个县（市），总人口约为 1.65 亿人，流域人口平均密度是全国平均水平的 4.8 倍，居各大流域之首。淮河流域自古就是我国农业主产区，淮河以占全国 3.4%的水资源，养育着全国 1/6 多的人口。淮河是我国最难治理的水系，突出表现为两大顽症：一是水旱灾害多，由于淮河水系特殊的地理位置、地质形态和气候，使淮河成为举世闻名的害河，“大雨大灾，小雨小灾，不雨旱灾”是其真实写照；二是污染严重，根据国家环保总局的统计资料显示，淮河流域是我国 7 大流域中污染最严重的流域之一。水患未净，污患又出，淮河的水旱灾害和污染问题是中华民族长期的心腹大患。

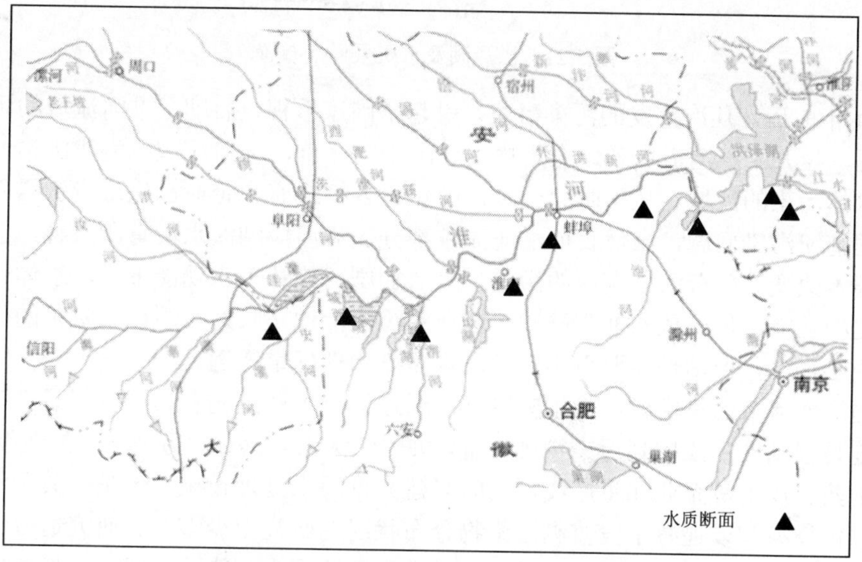

图 5-20　河中游干流及水质断面点布置

洪泽湖是我国第 4 大淡水湖，位于 33°06′—33°40′N、118°10′—118°52′E 之间，地理位置独特，区位优势明显，具有防洪、灌溉、调水、水运、水产养殖、旅游等多种功能。洪泽湖平均水深 1.9m，最大水深 4.5m，容积 $30.4\times10^{8}km^{3}$。湖区属于洪泽凹陷，地形复杂多样，湿地和平原、岗地镶嵌分布，水陆交错，湖岸曲折，湖汊众多。洪泽湖的天然护坡低缓，湖底浅平，呈浅碟形。湖区具有季风气候特征，四季分明，雨季多集中在 6—9 月。洪泽湖周边主要的人湖河道有 16 条，包括淮河、怀洪新河、濉河和徐洪河等，这些河流的入湖水量占总入湖水量的 95%以上。洪泽湖是过水性湖泊，换水率高，年平均 11 次，水位起伏较大。由于对水资源的过度开发，湖区面积不断减小，据淮河流域水利委员会 1970 年统计，洪泽湖水位 12.5m 时，湖面面积为 2 $069km^{2}$，1988 年在同样水位下，湖区水面仅有 1 $597km^{2}$，面积缩小了近 1/4。洪泽湖及水质采样点布置如图 5-21 所示。

淮河和洪泽湖是高度人工控制的水域，从 20 世纪 70 年代开始就遭受污染，特别是 90 年代后，污染日益加剧，多次出现灾害性污染事故，引起国务院的高度重视。淮河和洪泽湖污染物种类多达百种以上，主要水质参数是全氮、全磷、总悬浮物、化学需氧量、五日生化需氧量、氨氮、pH 值、高锰酸盐指数、溶解氧、叶绿素a、水温、氟化物、氰化物、六价铬、铜、铅、锌、硒、砷、汞、镉、挥发酚等。

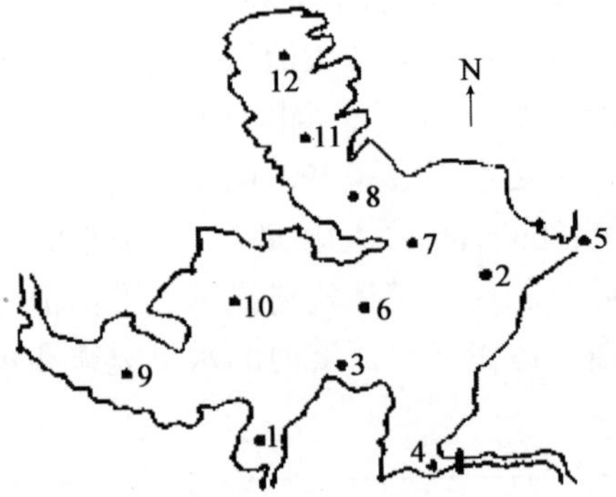

图 5-21 洪泽湖及水质采样点布置

1994 年前后，几次突发的污染事故，引起了国家重视，启动了淮河流域的污染综合治理工程，拉开了淮河流域各地大规模治理污染的序幕，淮河流域成为我国第一个大规模治理水体污染的流域。从那时起至今，国家、各级政府和企业已先后投资累积达数百亿元治理淮河污染问题，虽然目前淮河流域部分支流河段湖区水质有所改善，但总体上并没有根本改变，部分河段湖区的污染呈日益加剧的趋势，水功能下降，水体已失去了自身净化的功能，形式依然非常严峻。淮河水污染治理是长期、艰巨、复杂的任务。江河可以毁于一旦，但治理需要百年，淮河水污染治理任重道远。

治理淮河流域污染问题已大规模展开，通过调整工业结构和布局取得了一定成效，主要措施是强制性手段控制污染物排放量，关闭淘汰工艺落后、污染严重的造纸、酿造、化工、制药、皮革等企业和生产线，同时兴建大批污水处理设施。但是，关于淮河流域的水质评价模型和以遥感手段监测污染物分布状况的研究很少涉及。研究适合于淮河干流中游和洪泽湖水质的评价模型，用 3S 技术手段监测水污染分布状况，建立适合于该流域的水质参数遥感反演模型，提供水污染基本信息，可为淮河污患的治理决策提供理论依据和技术支持。

（4）水质遥感的主要方法

①理论分析方法。这种方法基于大气传输理论和模型，利用遥感测得的反射率计算水中实际吸收系数与后向散射系数的比值，与水中各组分的特征吸收系数、后向散射系数相联系，由遥感数据反演水体的组分含量。这种方法的优点是结果可靠，不受时间和地域的限制，因此具有普遍适用性。缺点是模型的假设条件较多，需要的初始参数较多，如水体的固有光学特性、表观光学特性及水质参数值等，特别是水体的固有光学参数（如纯水、浮游藻类、CDOM、非色素悬浮粒的吸收系数和散射系数）的测量对设备条件要求较高，结果的区域性较强，可移植性差。我国学者李云梅等利用著名的 Gorden 分析模型反演太湖水体的悬浮物和叶绿素a 的浓度，取得了很好的效果。自 1975 年 Gorden 提出由自己名字命名的模型后，理论分析就成为一种重要的研究方法，但由于需要的条件较难满足，目前应用并不广泛。

②经验方法。经验方法是通过建立遥感数据与地面监测的水质参数值之间的统计关系外推水质参数值。这类经验方程主要是线性和指数形式：

$$Y = A + BX$$

式中，Y——遥感测量值（如辐射值、反射率）；

X——感兴趣的水质参数；

A，B——待定系数。

还有其他形式的方程如对数、一阶微分等。由于水质参数与遥感数据之间的事实相关性不能保证，如实测数据与影像数据非同步等，所以这种方法结果缺乏物理依据，结果具有时间和空间的特殊性。但由于经验方法操作运算简单，因此它是比较流行的方法。

③半经验方法。半经验方法是将已知的水质参数光谱特征与统计模型相结合，选择最佳的波段或波段组合作为相关变量估算水质参数值的方法，这是目前最常用的方法。

经验方法与半经验方法都是对遥感数据进行适当的数学方法来得到水质参数的估测。常用的数学方法有：线性回归、多元线性回归、对数转换线性回归、聚类分析、多项式回归、贝叶斯分析、灰色系统理论和逐步多元性回归、主成分分析、神经网络模型等。王学军等（2000 年）利用 TM 数据和实地监测数据，建立了太湖 7 种以 e 为底的指数形式的水质参数（SS，SD，COD_{Mn}，BOD_5，TN，TP，DO）预测模型。吕恒用神经网络理论提高了反演精度。

（5）水质遥感的数据源

①多光谱卫星遥感数据。常用的遥感数据，包括美国 Landsat 卫星的 MSS，TM，ETM+数据和对地观测系列星的 MODIS 数据，法国 SPOT 卫星的 HRV 数据，气象卫星 NOAA 的 AVHRR 数据，印度遥感 IRS 系统的 LISS 数据，日本 JERS 卫星的 OPS（光学传感器）接收的多光谱图像数据。还有一些高分辨率的卫星数据如 SPIN-2，IKONOS，QuickBird 数据等。水质遥感监测所用的数据一般是经校正转换的向上辐射值或反射率值，方法以经验和半经验方法为主。由于卫星数据具有宏观、快速、经济等特点，从陆地卫星发射以来，学者们一直在进行用卫星数据对水质监测的研究。

②高光谱遥感数据。高光谱又称超光谱，这类传感器是一种可以在许多很窄的毗邻光谱波段（包括整个可见光、近红外、中红外、热红外的部分光谱）获取图像的仪器。它以纳米级的光谱分辨率、几十或数百个毗邻的很窄的波段同时对地物进行观测并获取信息，大大提高了从遥感数据判别并获取地面信息的能力，因此有巨大的应用价值和广阔的发展前景。高光谱遥感数据又可分为成像和非成像光谱数据两种。

成像光谱仪是 20 世纪 80 年代开始在多光谱成像技术的基础上发展起来的。1983 年美国喷气推进实验室研制出第一台航空成像光谱仪 AIS-1，1987 年研制出航空可见光/红外成像光谱仪 AVIRIR。与此同时，许多国家也开始了成像光谱仪的研究，如加拿大的 FLI/PMI，CASI，德国的 ROSIS 等，机载高光谱成像仪以 AVIRIR 和 CASI 最具影响力。我国也在同时开始研制高光谱成像仪，1983 年上海技术物理所研制出 FIMS，之后有研制出 MAIS，1996 年又研制出 OMIS。我国的成像光谱仪不逊于国际著名品牌。星载高光谱仪器较少，且空间分辨率低于机载的传感器。上述都是目前较为常用的水质监测高光谱数据。

非成像光谱仪主要指各种野外工作时用的地面光谱测量仪，地物的光谱反射率不以影像的形式记录，而以图形等非影像形式记录。美国 ASD（Analytical Spectral Device）野外光谱仪是最为常用的一种。ASD 光谱仪主要有两种——FieldSpec Pro FR 全光谱便携式光谱分析仪和 FieldSpec HandHeld 手持便携式光谱分析仪。FieldSpec Pro FR 是美国 ASD 公司的拳头产品，是遥感界最常用的光谱仪，它的光谱范围比较宽，用途比较广泛，但价格较高。FieldSpec HandHeld 的波段范围相对于 FieldSpec Pro FR 变窄，但对于多数野外工作也足够了，且价格便宜。国际上还有一些比较常见的光谱仪，比如美国 SVC 公司生产的便携式光谱仪 GER（有 3 种型号：GER1500，GER2600 和 GER3700）和 OCEAN OPTICS 公司生产的 HR2000 袖珍光纤光谱仪等。国内也有很多单位生产光谱仪，并且其指标已经接近或者达到国际先进水平。

5.5.3 基于实测高光谱数据的水质参数反演

5.5.3.1 实测高光谱数据的水质反演模型

地面实测高光谱数据反演水质的模型很多。由于地域、年份、季节、研究者使用的数学分析方法和个人偏好等原因，同一水域往往存在不同的反演模型。即使是面对同样的数据，因处理方法的不同也会存在不同的反演模型。

利用荧光特征开展叶绿素 a 遥感最早始于 1966 年。Tyler 和 Smith（1966 年）在 San Vicente 水库进行水体光谱测量时，发现了自然水体的上行辐射在 683nm 附近有一个明显的峰。随着 Moral 和 Prieur，Nevill 和 Gower 的进一步研究，人们逐渐认识到它是浮游植物叶绿素 a 的荧光辐射峰，且荧光峰高度同叶绿素 a 浓度之间存在很强的相关关系。几年后，Gower（2001 年）在 Saanich 港首次通过船载光谱仪测量的荧光线高度与叶绿素 a 浓度建立了线性关系。多次机载叶绿素 a 荧光遥感的试验以及实验室的模拟研究反复证明了荧光卫星遥感的可行性。从叶绿素荧光的光谱行为特征上看，活体叶绿素荧光是浮游植物在 400～700nm 太阳光的激发下，在 683nm 附近产生的红光辐射。它近似遵循高斯正态分布，其高度同叶绿素 a 的浓度有关。随着叶绿素 a 浓度的增大，荧光峰逐渐增高。不仅如此，荧光峰随叶绿素 a 浓度的变化还会出现“红移现象”——在荧光峰增高的同时伴随着峰值位置朝红外方向移动。当叶绿素 a 浓度小于 $3mg/m^3$ 时，荧光峰的位置大致在 683nm 处；当叶绿素 a 浓度增加至 $10mg/m^3$ 时，荧光峰缓慢移到 685nm 处；而当叶绿素 a 浓度达到 $100mg/m^3$，时，荧光峰已在 700nm 处；达到 $300mg/m^3$ 时，荧光峰到达 705nm 甚至更远。Citelson 对“红移现象”进行了多年研究，得到荧光峰值位置和相应的叶绿素浓度相关关系的回归公式：峰值位置=683.51+（0.268±0.0075）Chl，而且随藻种的不同，红移幅度有所差异。李云梅（2008 年）等利用著名的 Gorden 分析模型反演太湖水体的叶绿素 a 浓度。吕恒（2006 年）在利用地面实测高光谱数据建立太湖水体的叶绿素 a 浓度反演模型时提出单波段和比值型两种反演模型：$Chl\text{-}a$（μg/L）= $1\,368.384\times R^2_{720}+4.183$，$Chl\text{-}a$（μg/L）=$114.202\times(R_{860}/R_{571})^2-105.256\times(R_{860}/R_{571})+28.306$。刘堂友（2004 年）等利用 GER1500 得到的太湖水质反射光谱数据反演叶绿素 a 得到的单波段线性模型为 $Chl\text{-}a$（μg/L）=$1\,342.6\times h_{703}-1.5$，用同样的数据模拟 OMIS 得到的单波段线性模型为 $Chl\text{-}a$（μg/L）=$1\,282.3\times h_{703}-0.5$。段洪涛（2006 年）等在研究长春市南湖水体的叶绿素a反演模型时提出了多种形式的模型，单波段反演模型：$Chl\text{-}a$（μg/L）=$3\,530.4\times R_{705}-3.057\,3$，比值型反演模型：$Chl\text{-}a$（μg/L）= $171.15\times R_{753}/R_{681}-$

47.966，一阶微分型反演模型：*Chl-a*（μg/L）=51 748×R'_{700}+45.934，混合型反演模型：*Chl-a*（μg/L）=138.51×lnR_{753}+704.67。在研究叶绿素 a 浓度的光谱特性时，吕恒的研究表明，小于 700nm 波长的各波段的反射率与叶绿素浓度的相关系数较小，表明这一区间的反射率受悬浮物、COD 的影响比较大。小于 700nm 的波段区域，lnChla 与波段反射率的关系要好于叶绿素浓度，大于 700nm 的波段，叶绿素浓度与反射率之间的相关性要好于 ln Chl-a。但不论是叶绿素浓度还是叶绿素浓度的对数，550nm、660nm、720nm 附近的相关关系都较大，这 3 个波段对应于叶绿素在绿光区域的反射峰、叶绿素的吸收峰和叶绿素的荧光位置，而在这 3 个波段中，以 720nm 附近的相关系数最大，所以 720nm 的反射率被用做单波段回归分析。在研究波段比值时，通过总结前人的研究成果认为，R_{806}/R_{571} 与叶绿素浓度相关性最好，其次是 R_{728}/R_{680}。其他波段比值，R_{700}/R_{560}、R_{695}/R_{753}、R_{520}/R_{550}、R_{445}/R_{554}、R_{525}/R_{554}、R_{554}/R_{589}、R_{477}/R_{700}、R_{806}/R_{571} 等多个波段比值均用做反演叶绿素浓度，但这些波段比值受特定水域限制，$R_{700\,左右}/R_{670\,左右}$无疑具有普遍适用性，因为这是近红外反射最大和红外反射最小附近的波段比值。

关于悬浮物浓度的光谱特性，吕恒的研究表明，在 350～700nm 区域，悬浮物浓度与反射率之间的相关系数较大，在 690nm 以后相关系数逐渐下降，悬浮物浓度的对数与反射率之间的相关性远不如悬浮物浓度与反射率之间的相关性。580nm 是太湖水体悬浮物的敏感波段，这一波段反射率主要受悬浮物影响，悬浮物浓度的差异在这一波段附近可以得到最大程度的反映，尽管 SS 几乎相等，多个测点在 580nm 附近的反射率还是有差异，说明这一波段还受到叶绿素等的影响。SS 浓度较高时，在 810nm 附近都出现了明显的反射峰值，但浓度较低时，反射峰不明显，因此又选择 810nm 的反射率值与 780nm 的反射率值差值用于回归分析，通过相关性分析认为，该差值与 SS 的相关性要高于其他波段。因此，吕恒提出了 3 个反演模型：*susp*（mg/L）= 289.18×R_{580}，*susp*（mg/L）=5926.31×R_{810}−R_{780}+22.95，*susp*（mg/L）= 547.412×R_{690}。吕恒也总结了前人关于 SS 浓度反演模型的研究成果：对于有机悬浮物，在 550nm 有一个反射峰，在 600～645nm 和 665～690nm 有两个较弱的反射峰，而对于无机悬浮物，在 595nm 和 690nm 有两个明显反射峰，而在 754nm 附近有一个反射谷。徐京萍等建立了一阶微分形式的反演模型：*susp*（mg/L）= 92163R'_{590}+63.722，效果很好。实际上，悬浮物的光谱反射特性不仅与本身的颗粒大小、形状、颜色、组成有关，还受叶绿素、COD 等其他水质参数的影响。因此，野外水体光谱比较复杂，要根据水体和数据的实际情况进行判断分析。关于其他参数的反演，段洪涛等曾尝试直接反演 TN、TP，但更多的则是通过间接方式反演。

5.5.3.2　淮河中游干流和洪泽湖水质现状及水质参数相关性分析

通过分析研究区水域 2004—2007 年的部分水质参数数据表明：淮河污染物种类很多，主要有氨氮、各种无机盐和营养性盐、悬浮物等，主要水质参数为五日生化需氧量、悬浮物、氨氮、高锰酸盐指数、全磷、全氮、化学需氧、pH 等。总体上，每年 11 月至翌年的 5—6 月为污染严重时期，特别是 2—6 月，是历年的高峰。考虑到 2005 年的数据齐全，因此将这一年的数据作为相关性分析的基础数据。选择 2005 年全年王家坝—蒋坝约 500km 的 16 个监测点的水质参数实测数据，绘制各种污染物浓度的变化曲线（如图 5-22 所示），各种水质参数之间的相关性的统计结果如表 5-1 所示。可以看出：氨氮、五日生化需氧量、高锰酸盐指数、COD、总磷之间的相关性较好，最大的是高锰酸盐指数与 COD 之间，为 0.867，其次是氨氮与 COD 之间，为 0.638，再次为高锰酸盐指数与总磷，为 0.588；水温和 pH 与其他参数之间无相关性，DO、氟化物除与氨氮、五日生化需氧量、高锰酸盐指数、COD 有一定相关性外，与其他参数无相关性。若以 1—6 月的数据为基础进行统计分析，相关性趋势大致一样，但相关性增强。

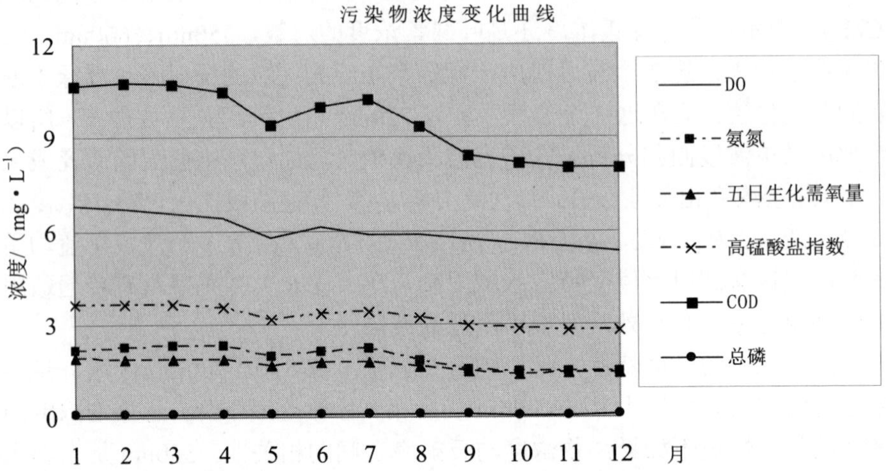

图 5-22　淮河中游干流主要水质参数变化曲线

表 5-1　淮河中游干流水质参数相关系数

	水温	pH	DO	氨氮	BOD_5	COD_{Mn}	COD	总磷	氟化物
水温	1								
pH	0.235	1							
DO	–0.236	–0.066	1						
氨氮	–0.287	–0.128	–0.282	1					
BOD_5	0.030	–0.069	–0.295	0.487	1				
COD_{Mn}	–0.046	0.006	–0.431	0.571	0.512	1			
COD	0.000	0.020	–0.503	0.638	0.561	0.867	1		
总磷	0.117	0.099	–0.247	0.480	0.513	0.587	0.554	1	
氟化物	0.139	–0.008	–0.244	0.502	0.468	0.385	0.492	0.352	1

洪泽湖的情况与淮河既有相似点，也有不同之处。据多年的统计数据分析，冬、春 2 季是全年污染严重的时期，月间、季间和年间各种污染物的相关性变化较大，规律性不强。利用 2005 年 8 个测站的数据制作了主要污染物的浓度变化曲线如图 5-23 所示，各种水质参数之间的相关性的统计结果如表 5-2 所示。可以看出，洪泽湖与淮河中游干流不同。溶解氧与水温之间的相关性最好，为–0.939，其次是溶解氧与 pH

之间，为 0.775，再次为水温与 pH，为–0.748。这反映出洪泽湖与淮河中游干流的污染性质有不同之处。

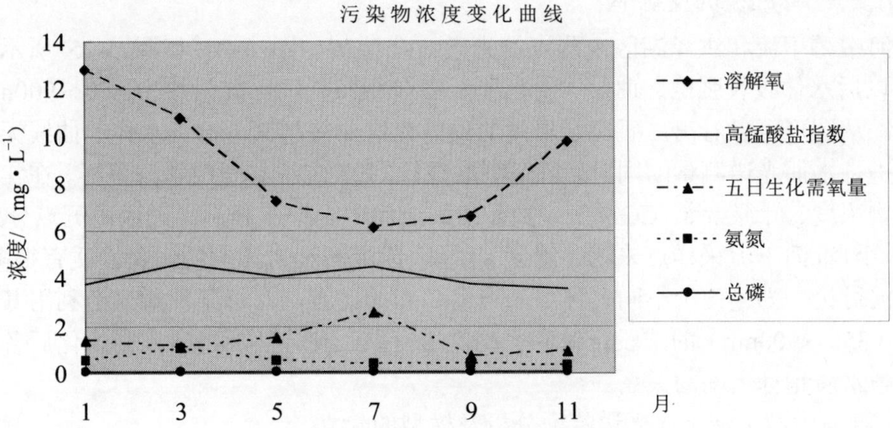

图 5-23　洪泽湖主要水质参数变化曲线

表 5-2　洪泽湖水质参数相关系数

	水温	pH	溶解氧	COD_{Mn}	BOD_5	氨氮	总磷
水温	1						
pH	–0.748	1					
溶解氧	–0.939	0.775	1				
COD_{Mn}	0.090	–0.134	–0.142	1			
BOD_5	0.182	–0.462	–0.228	0.496	1		
氨氮	–0.246	0.153	0.172	0.205	0.106	1	
总磷	–0.458	0.204	0.361	0.027	0.031	0.455	1

5.5.3.3　光谱测量方法

使用 FieldSpec Pro FR 全光谱便携式光谱分析仪对淮河中游干流和洪泽湖水体进行了光谱测量，时间是 2007 年 10 月 23—25 日。

FieldSpec Pro FR 光谱分析仪可在 350～2 500nm 波长范围内进行连续测量，其光谱分辨率 3 nm，视场角 25°。数据采集时刻，天空晴朗无风，水面基本平静，时间控制在 10∶00～14∶00 之间。测定时将光谱仪安置于自制的支架上，传感器探头垂直向下距水面约 1.0m，每一测量点重复测定 10 次，最后取其平均值作为该点的光谱反射值。测量前均同步测量参考板反射和太阳辐射光谱用于标定，对研究区内代表点位分别用 GPS 进行定位，同步采集水样。数据采集时，光谱范围是 350～2 500nm，采样间隔<1.5nm（350～1 000nm）和<3.8nm（1 000～2 500nm），共有 1 024 个采样值。水面反射率的计算公式为：

$$\rho = (V_{目标} / V_{板}) \times \rho_{板} \tag{5-1}$$

式中，ρ——体的反射率；

$V_{目标}$ 和 $V_{板}$ ——实测的灰度值（单位时间内的值）；

$\rho_{板}$ ——标准板的反射率。

淮河中游干流和洪泽湖区内测点的光谱曲线绘制如图 5-24 和图 5-25 所示。由于 900nm 以后水体吸收强烈，曲线本身已不具备分析条件，因此只绘出 350～900nm 范围的曲线。从图形可以看出，研究区水体的反射光谱曲线与其他污染水体的曲线无异。

在进行水面光谱测量的同时，每个测站进行 GPS 定位和表层水质采样。在实验室测得悬浮物浓度、叶绿素 a、COD 等参数浓度。淮河中游干流和洪泽湖区内测点分别为 16 个和 15 个，淮河干流采样点未测叶绿素 a 浓度。因淮河和洪泽湖的污染性质有很多不同，分别开展讨论。为了便于不同采样点光谱值之间的比较，对每条反射光谱利用其在可见光范围（350～900nm）的波段反射率平均值进行归一化，然后再研究归一化后各波段的反射率与水质指标之间的关系。

5.5.3.4　淮河中游干流水体光谱特征分析及模型的建立

自淮河王家坝以下至洪泽湖入湖口共采样 16 个。因叶绿素 a 浓度较低，也非淮河水质的重要参数，故本次采样未测定叶绿素 a 的浓度。采样点水质参数及范围如表 5-3 所示。经过对数据统计分析发现，16 个测站点的水质参数相关性与表 5-1 的结果十分相似。因此，各种水质参数的相关性分析使用表 5-1 的结果。归一化光谱曲线如图 5-22。在 580～590nm 附近为全部波长范围的反射峰值，此后有所下降，690～700nm 附近急剧下降，至 740nm 后下降趋势十分缓和，在 760nm 附近为谷底，在 805～812nm 附近又有一个小的反射峰。以上结论与前人的研究结果相似。因此，585nm、760nm、695nm、810nm 附近为反演污染物浓度的重要波段。

表 5-3　淮河主要水体指标分布范围

水质指标	范围	水质指标	范围
悬浮物/（mg/L）	6.9～56.0	BOD_5/（mg/L）	2.5～15.1
高锰酸盐指数/（mg/L）	3.2～5.9	pH	6.8～7.4
COD/（mg/L）	5.2～55.3	NH_3-N	0.6～16.8
溶解氧/（mg/L）	4.6～8.6	TP/（mg/L）	0.126～1.423

（1）悬浮物浓度反演模型

本研究使用归一化光谱反射率的单波段、单波段对数、单波段的一阶导数对悬浮物浓度的相关性和悬浮物的对数对归一化光谱反射率的单波段的相关性进行了分析，结果显示悬浮物浓度与单波段的反射率的相关性最好。图 5-25 所示为悬浮物浓度与反射率的相关系数图。综合分析图 5-24 和图 5-25 认为，350～700nm 悬浮物的浓度与反射率之间的相关性很好，585nm、695nm、745nm 和 808nm 是悬浮物敏感波段，可作为悬浮物反演的波段。

将 16 个采样点分 2 组，前 13 个为一组，用于回归建模，另外 3 个用于检验回归模型。以下反射率为归一化反射率。

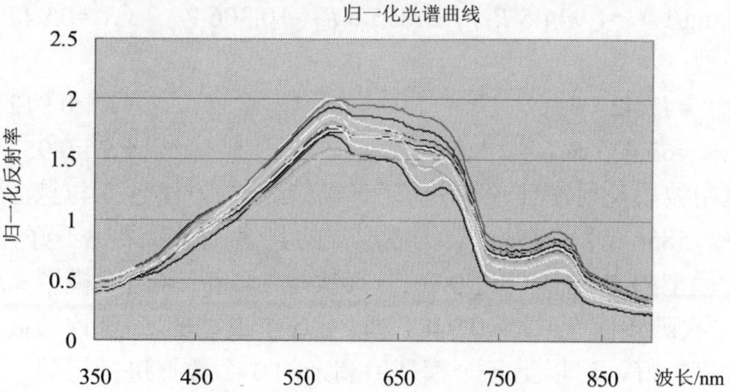

图 5-24　淮河水体的光谱曲线

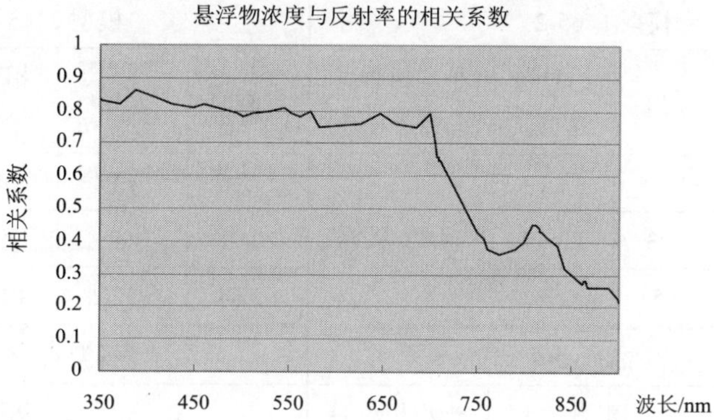

图 5-25　淮河悬浮物浓度与归一化反射率之间的相关系数

①单波段线性模型：

$susp$（mg/L）$=99.13R_{585}-144.54$　　（$R^2=0.888\,5$）　　（5-2）

$susp$（mg/L）$=90.325R_{695}-107.42$　　（$R^2=0.809\,3$）　　（5-3）

$susp$（mg/L）$=81.845R_{745}-24.539$　　（$R^2=0.914\,9$）　　（5-4）

$susp$（mg/L）$=96.916R_{808}-51.361$　　（$R^2=0.826\,4$）　　（5-5）

②二次函数模型：

$susp$（mg/L）$=305.64\,R_{808}^2-374.73\,R_{808}+125.86$　（$R^2=0.940$）　　（5-6）

$susp$（mg/L）$=134.21\,R_{745}^2-84.98\,R_{745}+23.853$　（$R^2=0.961\,1$）　　（5-7）

③指数函数模型：

$susp$（mg/L）$=0.809\,1e^{4.169\,5\,R_{808}}$　　（$R^2=0.924\,9$）　　（5-8）

$susp$（mg/L）$=2.789\,9e^{3.376\,4\,R_{745}}$　　（$R^2=0.941\,5$）　　（5-9）

④浓度的对数线性模型：

$\ln$（$susp$）（mg/L）$=4.000\,2\,R_{585}-3.773\,5$　　（$R^2=0.874\,9$）　　（5-10）

$\ln$（$susp$）（mg/L）$=3.809\,8\,R_{695}-2.513\,7$　　（$R^2=0.870\,6$）　　（5-11）

$\ln$（$susp$）（mg/L）$=3.376\,4\,R_{745}+1.026$　　（$R^2=0.941\,5$）　　（5-12）

$\ln$（$susp$）（mg/L）$=4.1695\,R_{808}-0.211\,8$　　（$R^2=0.924\,9$）　　（5-13）

⑤浓度的对数二次函数模型：

$\ln$（$susp$）（mg/L）$=2.255\,6\,R_{808}^2+0.688\,8\,R_{808}+1.096\,1$　（$R^2=0.928\,6$）　　（5-14）

$\ln$（*susp*）（mg/L）$=1.944\,5\,R_{745}{}^{2}+5.855\,6\,R_{745}+0.306\,9$　　（$R^2=0.947\,7$）　　（5-15）

⑥幂函数模型：

susp（mg/L）$=47.427\,R_{808}{}^{3.133\,4}$　　（$R^2=0.912\,9$）　　（5-16）

susp（mg/L）$=63.433\,R_{745}{}^{2.012\,1}$　　（$R^2=0.953\,7$）　　（5-17）

本研究尝试用波段反射率比值、差值和一阶导数的方法建立与悬浮物浓度的关系模型，但效果不好。585nm 和 695nm 非线性形式的其他模型效果也不好。在所有模型中，745nm 二次函数模型的 R^2 最大，达 0.961，其次是 745nm 幂函数模型（R^2=0.954），再次为 745nm 对数二次函数模型（R^2=0.948）。以上各个模型的 R^2 都比较高，说明模型本身对数据的模拟程度较好，对以上各个模型用剩余的 3 个数据进行检验。

表 5-4　悬浮物反演模型检验

实测值	模型 1（5-2）式				模型 2（5-3）式			
	预测值	差值	相对误差/%	平均相对误差/%（方差）	预测值	差值	相对误差/%	平均相对误差/%（方差）
26.12	26.95	–0.85	–3.19	44.42/74.74	27.16	–1.04	–4.00	48.62/121.03
15.36	7.13	8.23	53.59		10.91	4.45	29.00	
12.68	2.17	10.51	82.87		–2.64	15.32	120.84	

实测值	模型 3（5-4）式				模型 4（5-5）式			
	预测值	差值	相对误差/%	平均相对误差/%（方差）	预测值	差值	相对误差/%	平均相对误差/%（方差）
26.12	31.93	–5.81	–22.26	–7.22/64.79	30.05	–3.93	–15.04	19.00/83.81
15.36	14.75	0.61	3.99		12.60	2.76	17.95	
12.68	13.11	–0.43	–3.39		5.82	6.86	54.11	

实测值	模型 5（5-6）式				模型 6（5-7）式			
	预测值	差值	相对误差/%	平均相对误差/%（方差）	预测值	差值	相对误差/%	平均相对误差/%（方差）
26.12	26.75	–0.62	–2.40	11.19/52.29	29.11	–2.99	–11.46	–2.10/52.66
15.36	11.67	3.69	23.99		13.98	1.38	8.95	
12.68	11.16	1.52	11.97		13.16	–0.48	–3.79	

实测值	模型 7（5-8）式				模型 8（5-9）式			
	预测值	差值	相对误差/%	平均相对误差/%（方差）	预测值	差值	相对误差/%	平均相对误差/%（方差）
26.12	26.86	–0.74	–2.83	13.30/55.37	28.67	–2.55	–9.75	–1.86/50.51
15.36	12.68	2.68	17.44		14.11	1.25	8.16	
12.68	9.47	3.21	25.30		13.19	–0.51	–3.99	

续表

实测值	模型 9（5-10）式				模型 10（5-11）式			
	预测值	差值	相对误差/%	平均相对误差/%（方差）	预测值	差值	相对误差/%	平均相对误差/%（方差）
26.12	23.26	2.86	10.94		23.64	2.48	9.50	
15.36	10.45	4.91	31.95	25.13/50.55	11.91	3.45	22.48	26.32/54.99
12.68	8.56	4.12	32.51		6.72	5.96	46.97	
实测值	模型 11（5-12）式				模型 12（5-13）式			
	预测值	差值	相对误差/%	平均相对误差/%（方差）	预测值	差值	相对误差/%	平均相对误差/%（方差）
26.12	28.67	−2.55	−9.75		26.86	−0.74	−2.83	
15.36	14.11	1.25	8.16	−1.86/50.51	12.68	2.68	17.44	13.31/55.37
12.68	13.19	−0.51	−3.99		9.47	3.21	25.3	
实测值	模型 13（5-14）式				模型 14（5-15）式			
	预测值	差值	相对误差/%	平均相对误差/%（方差）	预测值	差值	相对误差/%	平均相对误差/%（方差）
26.12	26.21	−0.09	−0.3		30.61	−4.49	−17.21	
15.36	12.59	2.77	18.01	13.32/51.96	14.43	0.93	6.03	−5.40/58.32
12.68	9.85	2.83	22.30		13.32	−0.64	−5.02	
实测值	模型 15（5-16）式				模型 16（5-17）式			
	预测值	差值	相对误差/%	平均相对误差/%（方差）	预测值	差值	相对误差/%	平均相对误差/%（方差）
26.12	27.46	−1.34	−5.15		30.07	−3.95	−15.10	
15.36	12.90	2.46	16.02	13.09/58.63	14.49	0.87	5.69	−4.76/55.71
12.68	9.08	3.60	28.40		13.30	−0.62	−4.87	

经过对比发现，模型 6、模型 7、模型 9、模型 12、模型 17 的平均相对误差和方差都比较小，其中模型 9 和模型 12 的结果一样，说明这两个是同一个模型，只是表现形式不一样。因建模和测试数据有限，模型的优劣在此不做分析，需要长期的大量的实测数据才能最终确定。考虑到模型的决定系数 R^2，本研究推荐使用模型 7、模型 9（12）、模型 17。实际应用时可根据个人爱好选择。

（2）COD 浓度反演模型

COD 是水质的重要指标，淮河中游干流的 COD 与其他指标之间存在较大的相关性。图 5-26 展示了 COD 浓度与水体反射率之间的相关性。

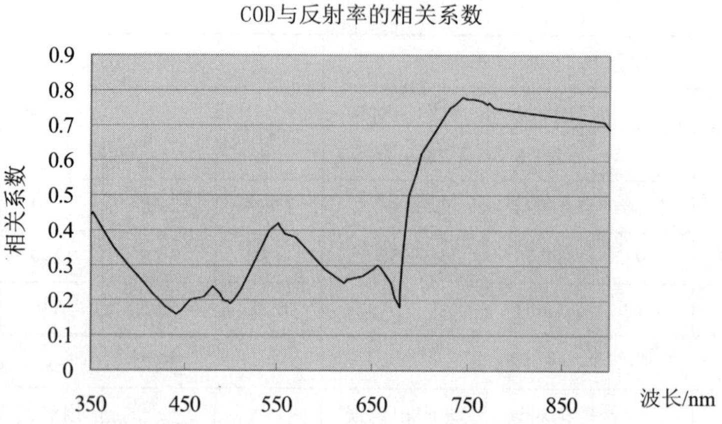

图 5-26 淮河 COD 浓度与归一化反射率之间的相关系数

由图 5-26 可以看出，680nm 以后，相关性急剧增大，至 745nm 为最高峰，为 0.78，此后缓慢下降。试验研究了 COD 浓度的对数对反射率的相关性，结果表明，COD 浓度的对数与反射率之间的相关性在 350～700nm 范围内比 COD 浓度略大，700nm 以后比 COD 浓度相关性小。因此，选择 745nm 处的反射率值进行回归分析，建立反射率值与 COD 浓度的反演模型，用于估测 COD 浓度。16 个采样点中，13 组数据用于建模，3 组数据用于模型检验。以下各式 R 均为 745nm 处的归一化反射率。

①线性模型：

COD（mg/L）$=66.149R-17.691$ （$R^2=0.800\,7$） （5-18）

②二次函数模型：

COD（mg/L）$=157.39R^2-129.49R+39.058$ （$R^2=0.885\,9$） （5-19）

③指数模型：

COD（mg/L）$=3.1926e^{2.989\,3R}$ （$R^2=0.785\,1$） （5-20）

④幂函数模型：

COD（mg/L）$=49.89R^{1.752\,4}$ （$R^2=0.769\,6$） （5-21）

⑤浓度的对数线性模型：

ln（COD）（mg/L）$=37.488\,R+42.392$ （$R^2=0.733\,5$） （5-22）

⑥浓度的对数二次函数模型：

ln（COD）（mg/L）$=60.873\,R^2+104.87\,R+56.834$ （$R^2=0.858\,2$） （5-23）

⑦浓度的对数指数模型：

ln（COD）（mg/L）$=49.89\,e^{1.7524}R$ （$R^2=0.769\,6$） （5-24）

⑧反射率的对数模型：

COD（mg/L）$=37.488\ln(R)+42.392$ （$R^2=0.733\,5$） （5-25）

以上各个模型的 R^2 都比较高，说明模型本身对数据的模拟程度较好。同悬浮物反演模型一样，尝试用波段反射率比值、差值和一阶导数的方法建立与 COD 浓度的关系模型，但效果不好。对以上各个模型用 3 组测试数据进行检验，过程不在此一一示出。经过对比发现，模型 19、模型 23 的平均相对误差和方差都比较小，推荐使用模型 19。

（3）其他水质指标反演模型

氨氮、五日生化需氧量、高锰酸盐指数、COD、总磷之间的相关性较好。使用 2006 年 10 月至 2007 年 10 月计 12 个月 16 个监测点的水质参数实测数据建立水质参数之间的关系模型。

①高锰酸盐指数模型：

高锰酸盐指数（mg/L）= 0.297 9 COD+0.397 3　　（R^2=0.990 1）　　（5-26）

②氨氮模型：

$NH_3\text{-}N$（mg/L）=0.310 6 COD–1.039 7　　（R^2=0.966 9）　　（5-27）

NH_3-N（mg/L）=0.739 6 COD–1.440 1 高锰酸盐指数–0.467 5

（R^2=0.985 3，F=302.155 6，$F_{临界(0.05)}$=4.256 5）　　（5-28）

③总磷模型：

TP（mg/L）=0.006 6 COD^2–0.114 1 COD+0.564 8　　（R^2=0.944 2）　　（5-29）

TP（mg/L）=–0.060 4 COD+0.194 8 高锰酸盐指数+0.039 8 $NH_3\text{-}N$（R^2=0.943 7，F=44.699 3，$F_{临界(0.05)}$=4.066 2）　　（5-30）

④五日生化需氧量模型：

BOD_5（mg/L）=0.178 7 COD–0.034 8　　（R^2=0.985 6）　　（5-31）

BOD_5（mg/L）=–0.005 2 COD+0.360 6 高锰酸盐指数+0.243 1 $NH_3\text{-}N$+0.093 8 TP+0.075 7

（R^2=0.988 4，F=149.303 3，$F_{临界(0.05)}$=4.120 3）　　（5-32）

⑤DO 模型：

DO（mg/L）=0.167 1 COD^2–2.727 5+16.653　　（R^2=0.889 5）　　（5-33）

DO（mg/L）=–1.496 0 COD+5.766 6 高锰酸盐指数–0.304 3 $NH_3\text{-}N$–2.852 6 TP+1.734 8 BOD_5–0.444 8　　（R^2=0.985 2，F=79.792 2，$F_{临界(0.05)}$=4.387 4）　　（5-34）

⑥氟化物模型：

F-（mg/L）= 0.040 4 COD +0.075 7　　（R^2=0.991 4）　　（5-35）

F-（mg/L）= 0.100 8 COD–0.260 8 高锰酸盐指数+0.050 4 $NH_3\text{-}N$–0.196 7 TP–0.113 0 BOD_5+0.058 1 DO+ 0.102 1　（R^2=0.988 6，F=601.696 9，$F_{临界(0.05)}$=4.950 3）　　（5-36）

除上述模型外，还存在其他模型，在此不一一列出，与 745nm 处的归一化反射率之间的模型，可以通过模型 18～25 中的任何一个来完成。

5.5.3.5　洪泽湖水体光谱特征分析及模型的建立

采样点共计 15 个，其中 12 个测点位于第二节中用于水质评价的测站位置，同时又在湖中布设 3 个点，增加湖中心区域数据量，使数据更能从整体上反映实际水质状况。采样点水质参数及范围如表 5-5 所示。归一化光谱曲线如图 5-27 所示。可以看出，洪泽湖水体与淮河中游干流水体的光谱性质大体一致，但有自己的特色。在 645nm 附近为全部波段的峰值，此后缓慢下降，在 690nm 以后急剧下降，在 645～690nm 之间有一非常小的低谷，表现出叶绿素的性质。至 740nm 附近形成低谷，810nm 附近又形成一个反射峰，光谱曲线整体上表现出含有泥沙的性质。与淮河水体光谱曲线相比，洪泽湖曲线比较离散，说明水体内同种污染物含量在不同的采样点差异很大，这从表 5-5 中也有所体现。从图形整体形状上看，洪泽湖水体光谱性质与其他湖泊（水库）水体性质存在较大差异，这可能与洪泽湖是过水性湖泊及该湖泊的地理位置、气候和当地污染性质有关。

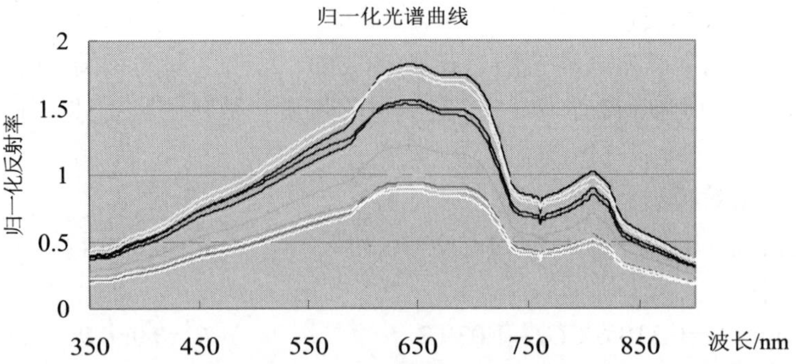

图 5-27　洪泽湖水体的光谱曲线

表 5-5　洪泽湖主要水体指标分布范围

水质指标	范围	水质指标	范围
叶绿素 a/（$mg\cdot m^{-3}$）	2.71～9.36	BOD_5/（$mg\cdot L^{-1}$）	0.6～3.7
悬浮物/（$mg\cdot L^{-1}$）	5.6～108.9	pH	7.4～8.1
高锰酸盐指数/（$mg\cdot L^{-1}$）	3.2～10.1	NH_3-N	0.1～2.9
溶解氧/（$mg\cdot L^{-1}$）	5.9～10.8	TP/（$mg\cdot L^{-1}$）	0.03～0.49

前已述及，洪泽湖水体中各种污染物的相关性变化剧烈，规律性差。因此，间接反演模型的确定应该采用实测数据，历史数据可作为参考。本次实测数据的各种污染物之间的相关系数如表 5-6 所示。

表 5-6　实测洪泽湖水质参数相关系数

	叶绿素 a	悬浮物	pH	溶解氧	COD_{Mn}	BOD_5	氨氮	总磷
叶绿素 a	1							
悬浮物	0.628	1						
pH	−0.032	−0.142	1					
溶解氧	0.105	0.246	0.637	1				
COD_{Mn}	0.892	0.394	0.214	−0.113	1			
BOD_5	0.367	0.453	−0.215	0.667	0.56	1		
氨氮	−0.112	−0.132	−0.316	0.516	0.669	0.312	1	
总磷	0.776	0.561	0.191	−0.053	0.264	0.216	0.043	1

（1）叶绿素 a 浓度反演模型

洪泽湖是藻型湖泊，叶绿素 a 是水体中浮游植物生物量的综合指标，分析其含量与动态，可以了解生物量状况、变化趋势及洪泽湖的营养状态。反射率叶绿素 a 的相关系数如图 5-28 所示。可以看出，705nm 附近为相关系数稳定状态时的最高峰，此后逐渐下降，至 800nm 为一低谷，此后又有所上升，705nm 前有两个小高峰，分别位于 585nm、650nm 附近，有 3 个低谷，分别位于 510nm、625nm、675nm 附近。总体上看，单波段反射率与叶绿素 a 浓度的相关系数较小，说明非色素悬浮物与黄色物质对反射光谱的影响较大。

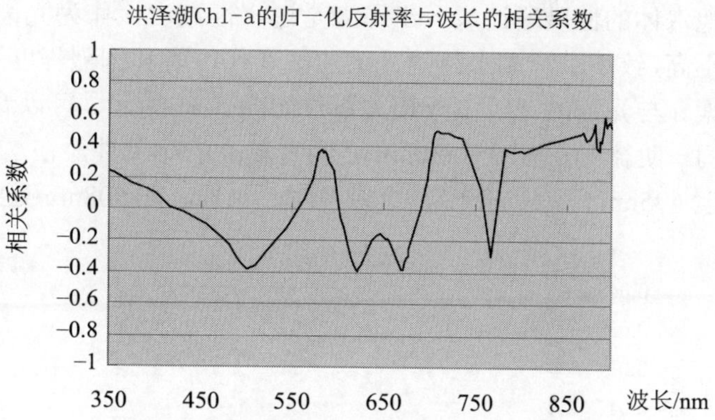

图 5-28　归一化反射率与叶绿素 a 的相关系数

光谱微分技术是高光谱遥感中一种常用的技术手段，它包括对反射光谱进行数学模拟和计算不同阶数的微分（差分）值以迅速地确定光谱弯曲点及最大最小反射率的波长位置。光谱微分处理强调曲线的变化和压缩均值影响。对光谱进行微分处理可去除线性或接近线性的背景、噪声对目标光谱的影响。例如，Rundquist 等通过大量的现场数据研究证明，690nm 附近反射率的一阶微分值与叶绿素 a 浓度相关系数大，而与浑浊度变化相关系数小，适合于在其他水质组分存在时用来估算叶绿素 a 浓度。当叶绿素 a 浓度较高时，利用 690nm 处反射率微分估算叶绿素 a 浓度效果最佳，且一阶微分算法的估算精度总体上要高于比值法的估算精度。由于采集的光谱反射率值是离散的，对 15 个采样点的反射光谱求微分，一阶和二阶微分分别用下式求算：

$$R(\lambda_i)'=[R(\lambda_i+1)-R(\lambda_i-1)]/(\lambda_i+1-\lambda_i-1) \tag{5-37}$$

$$R(\lambda_i)''=[R(\lambda_i+1)'-R(\lambda_i-1)]/(\lambda_i+1-\lambda_i-1) \tag{5-38}$$

式中，λ_i+1 和 λ_i-1——相邻波长；

$R(\lambda_i)'R(\lambda_i)''$——为波长 λ_i 的一阶微分和二阶微分光谱。

根据实测数据计算绘制的光谱一阶微分和二阶微分如图 5-29 和图 5-30 所示。

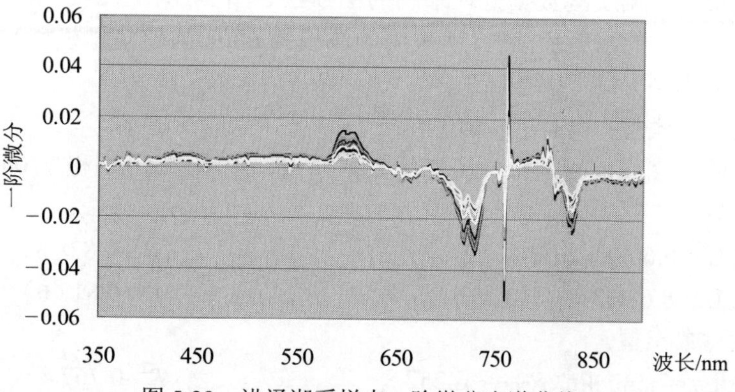

图 5-29　洪泽湖采样点一阶微分光谱曲线

从图 5-29 和图 5-30 可以看出，洪泽湖水体光谱的一阶和二阶微分曲线形状与前人的研究成果相似，但曲线变化剧烈的波段与前人的成果有所不同，这可能是洪泽湖水体的性质有别于其他水体的性质所造成。洪泽湖是过水性湖泊，作为光谱反映强烈的水体中叶绿素的含量不高，致使洪泽湖水体的光谱曲线变化位置和剧烈程度不同于其他水体。洪泽湖水体叶绿素 a 与光谱的一阶微分相关系数如图 5-31 所示。可以看出，洪泽湖水体叶绿素 a 与光谱的一阶微分在 660～730nm 之间有较高的相关性，在 720nm 附近最大，而不是 690nm，但 695nm 附近也有较高的相关性，此外，在 508nm 处的相关性也很高。

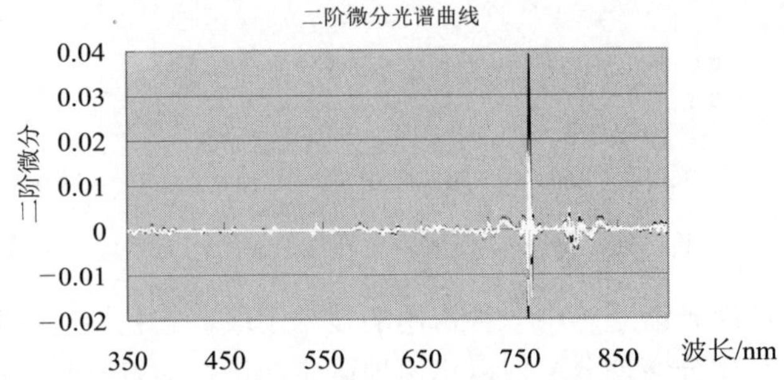

图 5-30　洪泽湖采样点二阶微分光谱曲线

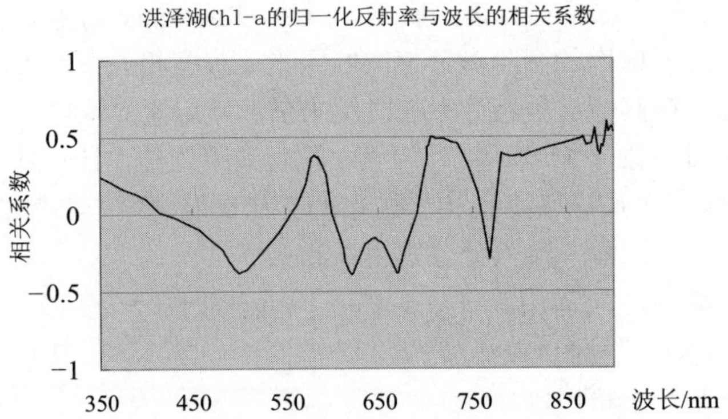

图 5-31　洪泽湖水体叶绿素 a 浓度与光谱一阶微分的相关系数曲线

以 12 个采样点为建模数据，另外 3 个采样点为检验数据，建立多种模型。综合考虑前人的研究成果和根据实测数据处理绘制的图 5-27、图 5-28、图 5-29 和图 5-31 的情况，洪泽湖水体叶绿素 a 的浓度反演时，所采用的波段为 680nm（比值型模型）、705nm、720nm 和 690nm（微分模型）。

①单波段线性模型：

根据前人的研究成果并结合本研究的数据特点，采用 705nm 和 720nm 处的归一化反射率为自变量。

$$Chl\text{-}a(\mu g/L)=6.603R_{705}-2.407\,1 \quad (R^2=0.828\,3) \quad (5\text{-}39)$$

$$Chl\text{-}a(\mu g/L)=8.626\,3R_{720}-2.553\,4 \quad (R^2=0.812\,6) \quad (5\text{-}40)$$

②单波段对数模型：

$$Chl\text{-}a(\mu g/L)=7.540\,4\ln(R_{705})+6.252\,8 \quad (R^2=0.767\,4) \quad (5\text{-}41)$$

$$Chl\text{-}a(\mu g/L)=7.607\,4\ln(R_{720})+4.353\,5 \quad (R^2=0.808\,3) \quad (5\text{-}42)$$

③单波段二次函数模型：

$$Chl\text{-}a(\mu g/L)=1.937\,R_{705}^2+1.904\,4\,R_{705}+0.285 \quad (R^2=0.823\,7) \quad (5\text{-}43)$$

$Chl\text{-}a(\mu g/L)=6.757\,8\,R_{720}^{2}-4.061\,2\,R_{720}+3.106\,5$　　（R^2=0.837 2）　　（5-44）

④单波段幂函数模型：

$Chl\text{-}a$（μg/L）$=4.100\,6\,R_{705}^{1.461\,8}$　　（R^2=0.849 6）　　（5-45）

$Chl\text{-}a$（μg/L）$=5.898\,R_{720}^{1.432\,1}$　　（R^2=0.788）　　（5-46）

⑤单波段指数函数模型：

$Chl\text{-}a$（μg/L）$=1.147e^{1.248\,1}R_{705}$　　（R^2=0.807 7）　　（5-47）

$Chl\text{-}a$（μg/L）$=1.139\,5e^{1.612\,1}R_{720}$　　（R^2=0.842 4）　　（5-48）

⑥波段比值模型。根据吕恒的总结和试验数据特点，选择 R_{705}/R_{680} 和 R_{720}/R_{680} 2 个比值作为自变量。

$Chl\text{-}a$（μg/L）$=26.183\,R_{705}/R_{680}-22.343$　　（R^2=0.862 6）　　（5-49）

$Chl\text{-}a$（μg/L）$=3.993\,R_{720}/R_{680}+2.219\,3$　　（R^2=0.863 6）　　（5-50）

⑦光谱一阶微分模型：

$Chl\text{-}a$（μg/L）$=2\,998.7R'_{690}+11.33$　　（R^2=0.931 3）　　（5-51）

$Chl\text{-}a$（μg/L）$=601.76\,R'_{720}+16.815$　　（R^2=0.922 9）　　（5-52）

以上各个模型均有较高的决定系数 R^2，说明模型本身对数据的模拟程度较好，对以上各个模型用剩余的 3 个数据进行检验，方法同前面介绍的悬浮物浓度反演模型的检验。经过对比发现，模型 39、模型 45、模型 49、模型 50、模型 51 的平均相对误差和方差都比较小，这一结果印证了前人的结论：对于单波段反演叶绿素 a 浓度，705nm 为最佳选择，通过比值和微分处理，可部分消除背景、噪声的影响，提高反演精度，$R_{700\,左右}/R_{670\,左右}$为比值型模型的最佳选择，690nm 附近反射率的一阶微分值与叶绿素 a 浓度相关系数较大，是反演模型优先考虑的波段。与前人研究成果不同的是，本次试验数据的二阶微分没有达到提高反演精度的作用，这可能与数据量较少有关。本研究推荐使用 39、45、49、50、51 这几个模型。模型的最终确定需要多的实测数据才能最终确定。实际应用时可根据个人爱好选择。

（2）悬浮物浓度反演模型

洪泽湖水体中悬浮物的浓度较高，是主要的水质参数之一。根据前人的研究成果和数据情况，使用归一化光谱反射率的单波段、单波段对数、单波段的一阶导数建立洪泽湖中悬浮物的反演模型。悬浮物浓度与归一化反射率和光谱的一阶微分相关系数如图 5-32 和图 5-33 所示。因同属淮河流域，且淮河是洪泽湖的重要入湖水源，同淮河一样，仍采用 585nm、695nm、745nm 和 808nm 为建模波段。

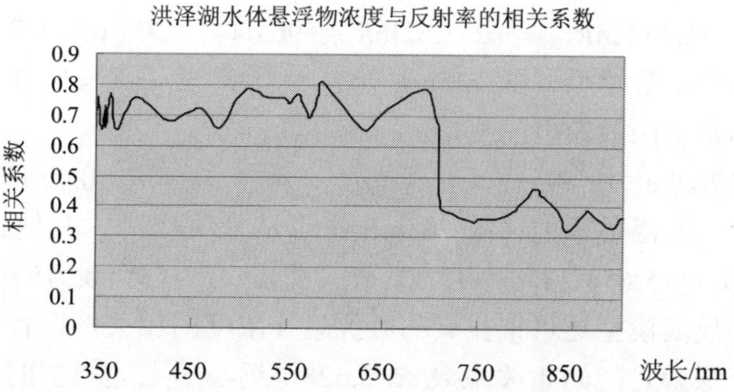

图 5-32　洪泽湖悬浮物浓度与归一化反射率之间的相关系数

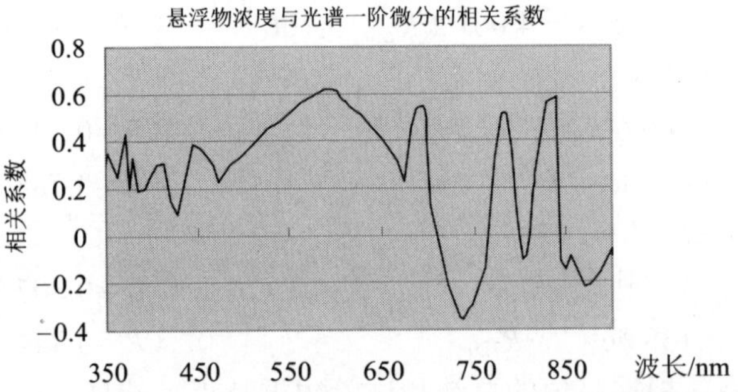

图 5-33 洪泽湖水体悬浮物浓度与光谱一阶微分的相关系数曲线

①单波段线性模型：

$susp(\text{mg/L})=128.76R_{585}-83.446$ （R^2=0.858 8） （5-53）

$susp(\text{mg/L})=107.55R_{695}-72.076$ （R^2=0.862 5） （5-54）

$susp(\text{mg/L})=200.42R_{745}-78.445$ （R^2=0.887 3） （5-55）

$susp(\text{mg/L})=140.48R_{808}-49.73$ （R^2=0.866 3） （5-56）

②二次函数模型：

$susp(\text{mg/L})=186.85R_{585}^2-254.2\,R_{585}+102.75$ （R^2=0.922 3） （5-57）

$susp(\text{mg/L})=4.124\,8R_{695}^2+97.684\,R_{695}-66.578$ （R^2=0.862 6） （5-58）

$susp(\text{mg/L})=434.56R_{745}^2-332.61\,R_{745}+75.917$ （R^2=0.964 3） （5-59）

$susp(\text{mg/L})=270.14R_{808}^2-255.64\,R_{808}+81.452$ （R^2=0.923 6） （5-60）

③反射率的对数函数模型：

$susp(\text{mg/L})=124.12\ln R_{585}+48.291$ （R^2=0.810 4） （5-61）

$susp(\text{mg/L})=122.27\ln R_{695}+38.585$ （R^2=0.851 1） （5-62）

$susp(\text{mg/L})=133.27\ln R_{745}+102.74$ （R^2=0.821） （5-63）

$susp(\text{mg/L})=95.28\ln R_{808}+87.058$ （R^2=0.818） （5-64）

④幂函数模型（除 745nm 处的 R^2 较高以外，其他 3 处均较低）

$susp(\text{mg/L})=176.9\,R_{745}^{3.212\,5}$ （R^2=0.920 7） （5-65）

⑤反射率的对数二次函数模型：

$susp\,(\text{mg/L})=255.87\,(\ln R_{585})^2+137.29\,\ln R_{585}+35.48$ （R^2=0.92） （5-66）

$susp\,(\text{mg/L})=67.176\,(\ln R_{695})^2+107.41\,\ln R_{695}+35.023$ （R^2=0.862 2） （5-67）

$susp\,(\text{mg/L})=190.97(\ln R_{745})^2+325.99\ln R_{745}+151.03$ （R^2=0.862 2） （5-68）

$susp\,(\text{mg/L})=176.34(\ln R_{808})^2+231.62\ln R_{808}+96.044$ （R^2=0.918 7） （5-69）

⑥反射率的对数指数模型（除 745nm 处的 R^2 较高以外，其他 3 处均较低。此外，对数指数模型实际是幂函数模型的变形）

$susp(\text{mg/L})=176.9\,e^{3.212\,5}R_{745}$ （R^2=0.920 7） （5-70）

⑦浓度的对数二次函数模型（除 745nm 处的 R^2 较高以外，其他 3 处均较低）：

$\ln(susp)(\text{mg/L})=-5.654\,2\,R_{745}^2+12.334\,R_{745}-1.806\,7$ （R^2=0.915 9） （5-71）

悬浮物浓度的反演模型还可根据其与叶绿素 a 浓度的相关性进行确定，但根据表 5-6 可知，悬浮物与叶绿素之间的相关系数 R=0.628，远小于上述模型的 R，因此不考虑根据污染物相关性来确定悬浮物浓度的反演模型。光谱反射率的一阶和二阶导数与悬浮物浓度间的相关性不高，也不予考虑。

以上各个模型均有较高的决定系数 R^2，说明模型本身对数据的模拟程度较好，对以上各个模型用剩余的 3 个数据进行检验，方法与对悬浮物模型的检验一样。经过对比发现，模型 55、模型 59、模型 65、模型 70 的平均相对误差和方差都比较小，其中，模型 65 与模型 70 为同一模型的不同方式。因计算简便，推荐使用模型 55。

（3）高锰酸盐指数反演模型

一般来说，我国受污染的内陆水体也同时存在富营养化的情况，叶绿素 a 与高锰酸盐指数、TN、TP 等之间存在着很高的相关性。尹球等在研究太湖水体污染遥感监测时发现，叶绿素 a 与高锰酸盐指数之间的相关性很高，相关系数可达 0.957 3，线性统计公式为：$(COD)_{\mathrm{Mn}}=0.054\,7\ Chl\text{-}a + 4.468\,8$。本次试验对数据的处理分析得到了相似的结论，洪泽湖水体中，高锰酸盐指数与叶绿素 a 浓度的相关性也很高，为 0.892，因此建立高锰酸盐指数与叶绿素 a 浓度之间的线性公式模型：

$$(COD)_{\mathrm{Mn}}=0.377\,9\ Chl\text{-}a + 3.215\,5 \qquad (R^2=0.795\,5) \tag{5-72}$$

（4）TP 反演模型

段洪涛等尝试用光谱反射率建立 TP 反演模型，本研究也做了初步探讨。TP 与归一化反射率的相关系数如图 5-34 所示。

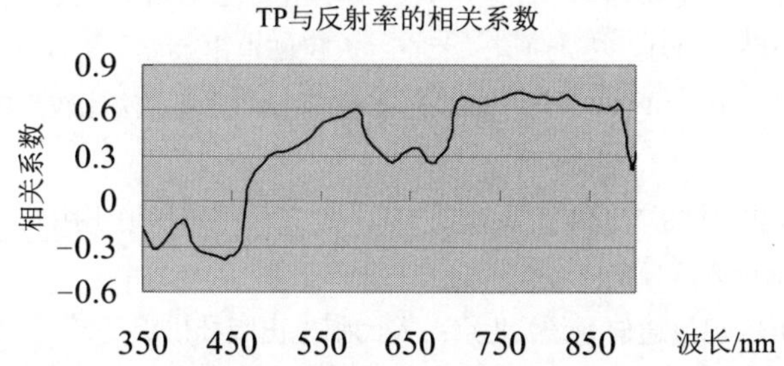

图 5-34　洪泽湖 TP 浓度与归一化反射率之间的相关系数

可以看出，705～890nm，TP 与反射率的相关系数较高，在 0.7 左右，最大值在 774nm 处，为 0.72，540～600nm 也有较高的正相关性，470nm 以前为负相关，其中，446nm 处是负相关的最大值，为 0.386。根据前人的成果，本文用 446nm、705nm 和 890nm 处的反射率对 TP 进行反演。模型如下：

$$TP(\mathrm{mg/L})=-1.094\,4R_{446}+0.796\,6 \qquad (R^2=0.732) \tag{5-73}$$

$$TP(\mathrm{mg/L})=0.355\,1\ R_{705}-0.343\,5 \qquad (R^2=0.603\,2) \tag{5-74}$$

$$TP(\mathrm{mg/L})=2.222\,2\ R_{890}-0.564\,5 \qquad (R^2=0.649\,8) \tag{5-75}$$

TP 与叶绿素 a 之间的相关系数为 0.775，可根据相关性建立 TP 的反演模型：

$$TP(\mathrm{mg/L})=0.053\,6\ Chl\text{-}a-0.180\,7 \qquad (R^2=0.603\,4) \tag{5-76}$$

经检验数据检测，模型 73 和模型 76 的平均相对误差和方差都比较小，因此，此两个模型的精度较高。

（5）其他水质参数的反演模型

从表 5-6 中可以看出，高锰酸盐指数与氨氮、溶解氧与 pH 值、溶解氧与五日生化需氧量、总磷与悬浮物、高锰酸盐指数与五日生化需氧量、氨氮与溶解氧之间有较好的相关性，可根据实测数据建立它们之间的统计公式模型。

$$NH_3\text{-}N(\text{mg/L})=0.353\,9\,COD_{Mn}^2-2.939\,9\,COD_{Mn}+6.122\,9 \quad (R^2=0.795\,1) \tag{5-77}$$

$$BOD_5(\text{mg/L})=0.082\,4e^{0.377\,3\,COD_{Mn}} \quad (R^2=0.704\,6) \tag{5-78}$$

$$DO(\text{mg/L})=4.187\,8\,BOD_5+5.090\,1 \quad (R^2=0.444\,2) \tag{5-79}$$

$$\text{pH}=-0.015\,1\,DO^2+0.356\,8\,DO+5.773\,4 \quad (R^2=0.468\,3) \tag{5-80}$$

参考文献

陈超. 2009. 遥感数据融合智能化处理方法研究[D]. 山东科技大学.

高博. 2008. 刘闯：30 年闯出数据共享路[N]. 科技日报.

柯清超. 2005. 基于 COM/DCOM 组件技术的 Web-based 视频教学软件的设计，电化教育研究.

黎洪松. 1997. 数字视频技术及其应用. 北京：清华大学出版社.

李保铨. 2001. 基于 PC 平台的视频通信软件的研究和实现（学位论文）. 中科院空间中心，X6.

李明峰. 2001. 基于卫星链路的双向实时数据和图像传输系统及接口电路研究（学位论文）. 中科院空间中心，6.

李仁杰，高分辨. 2010. AR 图像目标三维特征提取与建模[D]. 国防科学技术大学.

陆杰，赵忠旭. 2003. 图像质量评价的发展. 计算机工程，26（11）.

罗迪著. 2002. 卫星通信. 张更新等译. 北京：人民邮电出版社.

吕海寰，蔡剑铭，甘仲民. 1991. 卫星通信. 北京：人民邮电出版社.

亓兴兰，胡宗庆，刘健. 2011. SPOT-5 全色与多光谱遥感影像融合方法比较” [J]. 北华大学学报（自然科学版），02.

王秉钧，金万超，王少勇. 1998. VSAT 卫星通信工程. 北京：中国铁道出版社.

吴诗其，李兴. 2003. 卫星通信导论. 北京：电子工业出版社.

中国通信学会主编. 2002. 卫星通信系统. 北京：人民邮电出版社出版.

[美]Corry 等著. 2001. COM/DCOM 编程指南. 刘云等译. 北京：清华大学出版社.

Maier H R，Dandy G C. 1996. The use of artificial neural networks for the prediction of water quality parameters [J]. Water Resources Research，32（4）：1013-1022.

MSDN Library，Platform SDK. 2001. Networking and Distributed Services，Telephony Application Programming Interface （TAPI）.

Zhou Wan.Objective Image/Video Quality Measurement-A literature Survey, EE 381K：Multidimensional Digital Signal Processing.

第 6 章　多源水利信息快速获取与处理应用实践

6.1　863“信息快速获取与处理”专题的一些科研成果

6.1.1　星载合成孔径雷达研制

星载合成孔径雷达的成功研制，开创了我国星载合成孔径雷达及其应用的新局面，实现“863”计划与主战场的无缝衔接，为我国第一颗雷达卫星立项奠定了核心技术基础；为国民经济建设和国防建设提供了重要保障；使我国的航天雷达对地观测技术实现了零的突破，成像雷达具有全天候、全天时和一定穿透能力的特点。合成孔径雷达应用范围十分广泛，可为地质工作者提供地形构造信息，为水利监测人员提供水利设施和水文信息，为导航人员提供海洋状况分布图，为军事作战提供侦察和目标探测信息等。雷达卫星升空后有广泛的应用前景，如进行灾情预报，假如能减少 10%的损失，相当于每年就可以为国家节省上百亿元。1996 年 8 月，由孙家栋等 6 位院士参加组成的验收委员会认为:“星载合成孔径雷达模样机研制成功是一项突破性的重要成果，填补了国内空白，为我国第一颗合成孔径雷达卫星的研制在技术上和队伍建设上奠定了重要基础，亦为国家高技术计划与主战场的有机衔接探索了可贵的经验。合成孔径雷达万方数据卫星在灾害监测、资源勘察、军事侦察、测绘等领域有广阔的应用前景。”星载合成孔径雷达系统在 1998 年夏天长江流域的洪灾监测和灾情评估中大显身手。目前我国的合成孔径雷达系统分辨率可达到 0. 25m 甚至更高。

6.1.2　固态有源相控阵雷达技术

空间技术是 20 世纪人类最伟大的工程技术成果之一。今天，在地球这个人类家园周围的空间中，布满了成千上万个人造空间飞行体。随着人类空间活动的发展，人为空间飞行体的数量越来越多，如何对这些近地空间飞行体进行探测、监视、管理、控制和利用是人类空间活动的重大课题。我国从 20 世纪 80 年代中期开始，在国家有关计划的支持下，瞄准国际上最前沿的技术和空间探测任务的需求，广泛开展了固态有源相控阵技术的研究和开发，开辟了国内有源相控阵技术研究的新领域，缩短了与世界先进水平的差距，使我国跻身世界先进行列。有源相控阵技术已获得广泛应用，产生了巨大的经济效益和社会效益。

6.1.3　成像光谱仪系统

成像光谱仪包括数百波段实用型模块化成像光谱仪系统和数百波段宽视场超光谱成

像仪。高分辨率高性能成像光谱仪的研制成功标志着我国在该领域处于国际先进水平。成像光谱仪应用领域很广，目前在城市应用、地矿资源调查、农业应用、荒漠化监测、水污染监测、目标识别等方面获得应用。成像光谱仪系统配以稳定平台可以装在飞机和卫星上。实用型模块化成像光谱仪系统是科技部“九五”重大项目之一，已于 2000 年 11 月 28 日通过了国家科技部组织的验收。实用型模块化成像光谱仪系统研制完成不同光谱配置的 OMIS-I/II 型（128/68 波段）成像光谱仪，建立了地面回放，预处理系统及实验室光谱定标和辐射定标装置。仪器在大口径光机扫描成像系统，高光谱分辨率分光计设计，焦平面探测器应用，高速大容量图像数据的实时采集和记录，机载实时姿态校正及定位系统研制,成像光谱数据定量化和系统的可操作性等关键技术上均有较大突破。实际试验结果表明：整套成像光谱仪系统设计合理，形成了配置齐全，性能先进，工作稳定，功能完备的实用化机载成像光谱系统，能提供适应不同用户的标准化数据产品。经过多种类型典型应用飞行试验，获取了大量实用的观测数据，显示出广阔的应用前景和应用潜力。

目前，我国研制的成像光谱仪系统在分辨率和性能指标上都已接近或达到了国际先进水平，有些技术指标甚至超过了国外同等仪器的水平。

6.1.4 自适应光学望远镜技术

自适应光学望远镜技术开创了我国自适应光学研究的新领域，使我国在该领域一直处于国际先进行列，早在 1998 年之前，我国就研制出了“2. 16m 望远镜红外自适应光学观测系统”和“1. 2m 望远镜可见光高分辨率自适应光学系统”，其技术不但应用于我国的基础研究，还应用于其他大型工程，同时也为我国空间目标的高分辨率观测奠定了坚实的技术基础。其中，单元技术，如超轻型反射镜也已成功地在资源二号卫星上得到应用，产生并将继续产生重大的经济和社会效益。其技术的延伸“人眼视网膜成像自适应光学系统”实现了自适应光学的小型化，使我国成为继美国之后，在世界上第二个利用自适应光学技术实现人眼视网膜高分辨力成像的国家。视网膜成像可发现人体病变，这是自适应光学技术的重大突破。适应航天仪器温度变化自适应调整的轻小型自适应光学系统研制也取得了重大突破。1998 年 12 月，中国科学院对“2. 16m 望远镜红外自适应光学系统”项目进行了鉴定。以王大珩院士为主任委员的 14 位专家组成的鉴定委员会认为:“该系统的研制成功，使北京天文台 2. 16m 望远镜这一东亚最大的望远镜装备了世界上为数不多的，实用的近红外波段的自适应光学观测系统。这标志着我国自适应光学高分辨率观测技术和红外天文成像观测技术走向实用，是我国自适应光学技术和天文观测技术的一个重大进展，同时也为我国空间目标的高分辨率观测建立了技术基础。”该系统于 1999 年 8 月在科技部副部长李学勇的主持下，正式移交给中国科学院北京天文台使用。

目前，自适应光学望远镜技术的研究在国内外已经有迅猛的发展，比如美国研究的 30m 望远镜项目（TMT），是目前世界上正在研制的最大的天文望远镜之一，其灵敏度要比哈勃望远镜高 100 多倍，能够捕捉到 130 亿光年外的宇宙景象，清晰度也是哈勃望远镜的 10 多倍。同时，它也能为探寻太阳系外有无生命提供技术保障。近年来，自适应光学望远镜技术在我国的研究已涉及多项国家重大专项任务、大科学工程项目和国家战略高技术项目，中国也申请参与 30m 望远镜项目（TMT）国际合作项目的研究，这将是我国天文界有史以来最大的国际合作项目，将进一步推动中国望远镜技术的发展。

6.2　微波对地实时观测处理系统

6.2.1　航空遥感实时对地观测系统的原理

实时对地观测系统的总体示意图如图 6-1 所示。

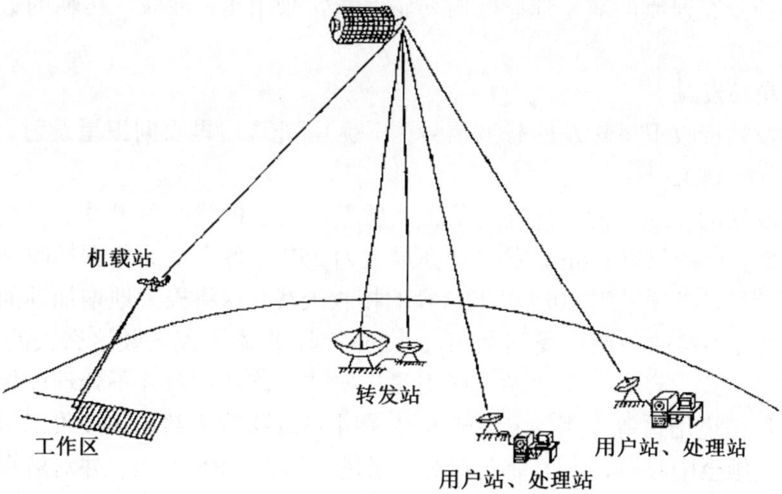

图 6-1　实时对地观测系统示意图

该系统采用“机一星一地”模式，以单工双跳方式工作，由合成孔径雷达 SAR 及成像器、机载站、卫星转发站、地面数据接收站和高速图像处理工作站以及其他用户终端组成，系统对图像数据进行压缩、加密、调制、上变频，然后通过天线发射到卫星，再经转发站两跳之后，由地面站接收并进行解调恢复为中频数字信号。地面处理单元对其进行解密、解压缩及校正工作，再由图像处理单元实现图像的实时显示，并可同时进行数据的存储和图像的打印。由此实现了自然灾害的全天候实时监测。

系统各主要部分的功能分别叙述如下。

（1）SAR 及雷达实时成像处理器

系统使用的 SAR 是 3m 分辨率的合成孔径雷达，其 3m 分辨率 SAR 信号有两种模式：6m 分辨率/全测绘带宽和 3m 分辨率/半测绘带宽。

SAR 实时成像器把 SAR 信号实时处理成表征地形地物特征的雷达图像数据，由预处理与控制单元、固定目标单元和图像显示与控制单元组成。它能同时提供三种产品：视频图像显示、数字数据磁带和可供通信系统接收和传送的数字数据流。预处理与控制单元完成对雷达输出的视频信号的滤波、模一数转换、方位预制、距离压缩等功能；固定目标单元完成对雷达输出的视频信号进行方位压缩、速度校正、斜视一地视转换、向辅助接口输出数据等功能，它发送的数字数据流即为机载站收到的图像数据；图像显示与控制单元完成 SAR 图像的低分辨率视频显示。

（2）机载站

机载站用于对成像器输出的数据进行接收、处理和调制，并将调制后的数据变频、功率放大，经机载自跟踪发射天线向通信卫星发出。它包括数据处理单元、卫星数据调制器、上变频器、功率放大器和机载自跟踪发射天线。数据处理单元采用高性能工业计算机，配有成像器数据接口板、加密板、卫星数据通信板和GPS数据复合板等板卡，能实时接收成像器输出的图像数据，进行高倍率的数据压缩，之后与GPS数据复合，再加密、打包，通过卫星数据通信板发送给卫星调制解调器进行信道编码和中频调制。在“八五”期间研制的航空遥感实时传输系统，卫星数据传输采用C波段，传输的数据速率为64Kbps，目前正在研制的航空遥感实时传输系统，采用Ku波段，传输的数据速率可达2Mbps。

（3）卫星转发站

卫星转发站接收卫星转发的载波信号（一跳），处理后再次向卫星发射，由地面数据接收站接收（二跳）。

卫星转发站的设立是为了提高通信链路质量。由于机载的卫星发射天线受到飞机安装尺寸的限制，口径只有0.6m，发射功率最大为25W。各个地面数据接收站如果直接接收一跳链路信号，必须采用10m以上口径的接收天线，这将极大地增加地面接收站的设备投资，并且许多接收站由于受到空间尺寸的限制，根本不能安装这么大的天线。为此，系统采用双跳方式，设立一个主站，即卫星转发站，该站本身并不处理图像信息，主要起到提高卫星信道增益等作用。卫星转发站采用13m接收天线，它接收卫星转发下来的载波信号，变频至中频后，由卫星调制解调器进行解调、RS解码，并对解调后的基带信号进行整形放大，其后，对基带信号重新进行中频调制，经上变频、功率放大器、天线，向通信卫星发射。信号经过卫星转发站转发后功率很大，各个地面数据接收站只需采用较小口径的接收天线就能接收到信噪比很高的信号。

（4）地面数据接收站

地面数据接收站主要用于图像数据的实时接收、处理、显示及传送等，包括接收天线、低噪声放大器、下变频器、卫星数据接收机和数据处理单元。由于系统采用了双跳模式，接收站的天线直径只需3m或更小。数据处理单元采用的是高性能工业计算机，该计算机配有数据接收卡、解密板和用户终端接口卡等板卡。经压缩和加密的数据被接收后，通过解密板进行解密，解密后的数据再通过解压缩软件完成解压，从而得到图像数据和GPS数据，这样地面数据接收站就可以完成图像的实时显示、记录和向用户终端实时传送数据等功能，其软件的工作平台是Windows操作系统。

（5）高速图形处理工作站

高速图形处理工作站（或其他用户终端）用于图像的实时显示、记录和其他后处理工作，如图像校正、像素的灰度调节、条带拼接、实时地理位置注记、灾情评估、实时打印等。

6.2.2 航空遥感实时对地观测系统的应用设计

6.2.2.1 卫星通信地球站的组成

地球站是卫星通信系统的主要组成部分，是地面分系统，所有的用户终端将通过它们接入人造卫星线路。根据地球站的大小和用途不同，它的组成也有所不同。典型的地球站一般包括天馈设备、接收发射系统、终端设备、天线跟踪系统以及电源设备等。地球站组成示意图如图 6-2 所示，这是一个同时具有发送接收功能的地球站。

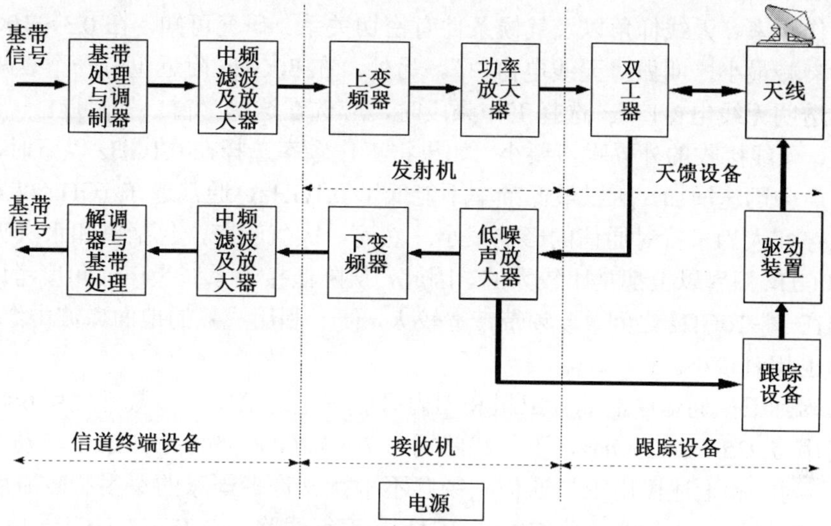

图 6-2　地球站组成示意图

考虑到地球站设备的特点，有时把收发系统分为三部分：大功率发射机、低噪声接收机和信道终端设备（主要包括中频放大器、调制器、解调器以及基带处理设备等）。

（1）天馈设备：其主要作用是将发射机的射频信号经天线向卫星方向辐射，同时把接收卫星转发的信号送往接收机。通常由于收、发系统共用一副天线，为了使收、发信号隔离开，还必须接入一只双工器。

（2）发射机：其主要作用是将已调制的中频信号，经上变频器变为射频信号，并放大到一定电平，经馈线送至天线向卫星发射。

（3）接收机：其主要作用是接收来自卫星的有用信号，经下变频器变为中频信号，送至解调器。由于接收到的信号极其微弱，为了减少噪声和其他干扰的影响，接收机输入端必须使用低噪声放大器。为了减小由于馈线损耗带来的噪声影响，一般都将低噪声放大器配置在天线上。

（4）信道终端设备：它的主要作用是将用户终端送来的信息加以处理（通常为复用、压缩、加密等），称为基带信号，对中频进行调制；同时对接收到的中频已调信号进行解调以及已经进行与发端相反的处理（通常为解密、解压缩、解复用等），输出基带信号，然后送往用户终端。

（5）跟踪设备：主要是用来校正地球站天线的方位和仰角，以保证天线随时都对准卫星。跟踪设备通常有手动跟踪和自动跟踪两种方式，根据使用场合和要求确定。

（6）电源设备：是所用设备工作的能源，有交流直流之分（直流电源大部分由交流电源产生）。

6.2.2.2　卫星通信工作频段选择

卫星通信工作频段的选择是一个很重要的问题，因为它将影响到系统的传输容量、地球站与转发器的发射功率、天线尺寸的大小和设备的复杂程度以及成本的高低等。

选择工作频段时，首先要求电波传播衰减及其他衰减要小。当电波在地球站与卫星之间传播时，要穿过地球周围的大气层，会受到电离层中自由电子和离子的吸收，还会受到对流层中的氧、水汽和雨、雪、雾的吸收和散射，并产生一定的衰减。这种衰减的大小与工作频率、天线仰角以及气候条件有密切关系。研究可知，在 0.3～10GHz 频段，大气吸收衰减最小，叫做“无线电窗口”。另外，在 30GHz 附近也有一个衰减的低谷，叫做“半透明无线电窗口”。选择工作频段时，应选在这些“窗口”附近。

其次，天线接收的外界噪声要小。如果将工作频率选择在 0.1GHz 以下时，宇宙（银河系）噪声会迅速增加，所以最低频率不能低于 0.1GHz，通常选在 1GHz 以上工作，这时宇宙噪声和人为干扰对通信的影响很小。然而，大气噪声，包括氧和水汽吸收引起的噪声在 10GHz 频率以上都是比较大的。因此，从降低接收系统噪声的角度考虑，工作频段最好选在 1～10GHz 之间，该频带带宽较大，便于利用成熟的地面微波中继通信技术，天线尺寸也相对较小。

目前国际卫星通信中的商业卫星和国内区域卫星通信中大多数都使用 6/4GHz 频段，上行线路用 5.925～6.425GHz，下行线路用 3.7～4.2GHz 的频率，卫星转发器带宽可达 500MHz。为了和上述民用卫星通信系统互不干扰，许多国家的军用和政府用卫星通信使用 8/7GHz 频段，上行线路为 7.9～8.4GHz，下行线路为 7.25～7.75GHz 频率。

另外，随着通信卫星业务量的大幅增加，1～10GHz 的“无线电窗口”日益拥挤，从而开发使用了 14/11GHz 频段。即上行线路采用 14～14.5GHz，下行线路采用 10.95～11.2GHz、11.45～11.7GHz、11.7～12.2GHz 等频率。

根据国际电信联盟 ITU（International Telecommunications Union）在 1979 年的世界无线电行政大会文件中的规定，6/4GHz 频段称为 C 频段，14/11GHz 频段称为 Ku 频段。

综合比较 C 频段和 Ku 频段，在相同的地球站和天线尺寸情况下，Ku 频段发射增益和接收增益都比 C 频段大，波束宽度小，可以增加赤道上排列的卫星密度，这是 Ku 频段的优点；但是，Ku 频段受雨衰影响要比 C 频段大得多，并且设备成本也比 C 频段高，此外，C 频段带宽较大，便于利用成熟的地面微波中继通信技术，稳定可靠，成本也较低。因此，本系统采用 C 频段。

6.2.2.3　卫星通信链路计算

卫星通信的一个显著特点是电波传播路径非常长，电磁波在传播过程中将受到极大衰减。譬如静止卫星与地球站之间约有 40 000km 的路径，当工作频率为 6GHz 时，仅自由空间传播损耗就有 200dB 之多。因而卫星或地球站收到的信号非常微弱，地球站收到的来自卫星的信号强度一般只有几个微微瓦。所以卫星通信中噪声的影响是一个非常突出的问题。

决定一条卫星通信线路传输质量最主要的指标是接收系统输入端的载波功率与噪声功率之比值，简称载噪比。对于模拟制卫星通信系统来说，载噪比决定了系统输出端信噪比；对于数字制通信系统来说，载噪比决定了系统输出端的信号误比特率。信噪比和误比特率分别是这两类通信系统的关键性能指标，所以，载噪比的计算就显得尤为重要。而这又涉及工作频率、发射端的发射功率与天线增益、传输过程中的各种损耗、传输过程中所引入的各种噪声与干扰及接收系统的天线增益、噪声性能等因素。

卫星链路的计算设计比较复杂，下面将逐步详细地列出计算过程。

在下列的计算中，多使用 dB 值，为了表示方便，使用方括号表示 dB 值，符号本身表示真值。例如 C 表示载波功率真值，$[C]$表示载波功率的 dB 值，其关系为：

$$[C]=10\log_{10}C \tag{6-1}$$

（1）计算概述

根据上面所述的第二种设计方式，即先假定设备的性能参数，然后计算其是否满足设计要求的设计方式，还需要通过已知的设备参数（包括天线口径、工作效率、发射机功率等）计算出可能得到的实际指标，并与要求的功能指标想对比，如果高于要求的指标，则是合理设计，否则为不合理设计。

设计的关键是卫星通信链路的载噪比，如果采用假定设备设计所得的载噪比大于系统要求的载噪比（即门限载噪比，也即通信系统正常工作所要求的最小载噪比），则设计合理。

门限载噪比可以根据设计要求的传输速率、误码率等计算而得；系统实际载噪比则需要先计算载波接收功率和噪声功率。而载波接收功率则需要先知道定向天线增益、传播损耗和有效全向辐射功率等参数；噪声功率则可通过接收机等效噪声温度和天线等效噪声温度得到。在实际计算时，还会涉及交调噪声和地球站品质因数等指标，并且需要注意卫星通信链路分为上行线路和下行线路两部分。

下面各部分将逐一计算。

（2）载波接收功率

载波接收功率的计算需要先计算定向天线增益、链路传播损耗和有效全向辐射功率的数据，下面分别列出。

①定向天线增益：

如果一个天线各个方向均匀地辐射电磁能，这种辐射叫做各向同性辐射，这种天线称为无方向性天线；在卫星通信中，一般使用定向天线，它把电磁能聚集在某一特定方向上辐射，其增益与天线的口径、效率及工作频率有关。

$$[G]=-39.63+20\log_{10}D+10\log_{10}\eta+20\log_{10}F \tag{6-2}$$

式中，D——线口径（2.4m）；

η——天线效率（取 60%）；

F——工作频率（6 083/3 857.8MHz）。

- 发射天线增益

$$\begin{aligned}[G_T]&=-39.63+20\log_{10}D+10\log_{10}\eta+20\log_{10}F_T\\&=-39.63+20\log_{10}2.4+10\log_{10}(60\%)+20\log_{10}6\,083\\&=-39.63+7.60-2.22+75.68\\&=41.43\text{dB}\end{aligned}$$

- 接收天线增益

$$\begin{aligned}[G_R]&=-39.63+20\log_{10}D+10\log_{10}\eta+20\log_{10}F_R\\&=-39.63+20\log_{10}2.4+10\log_{10}(60\%)+20\log_{10}3\,857.8\\&=-39.63+7.60-2.22+71.73\\&=37.48\text{dB}\end{aligned}$$

②传播损耗：

电磁波在传播过程中必不可免要有所损耗，造成损耗的原因有多种，其中最重要的就是自由空间传播损耗，这是由于自由空间传播距离非常长，占整个传播距离的绝大部分；另外，还有大气层传播损耗、跟踪误差损耗以及极化误差损耗等。

自由空间传播损耗除与自由空间的距离有关外，还与工作频率有关。在一般计算中，传播距离可以取值为 40 000km。

$$[L]=92.44+20\log_{10}d+20\log_{10}F \tag{6-3}$$

其中：d——传播距离（km）；

F——工作频率（GHz）。

- 上行线路传播损耗

$$\begin{aligned}[L_U]&=92.44+20\log_{10}d+20\log_{10}F_T\\&=92.44+20\log_{10}40\ 000+20\log_{10}6.083\\&=92.44+92.04+15.68\\&=200.16\text{dB}\end{aligned}$$

考虑到大气损耗 $[L_a]=0.2\text{dB}$

跟踪误差 $[L_{Tr}]=0.1\text{dB}$

极化误差 $[L_P]=0.2\text{dB}$

所以，上行线路的总损耗为：

$$\begin{aligned}[L_U]&=200.16+0.2+0.1+0.2\\&=200.66\text{dB}\end{aligned}$$

- 下行线路传播损耗

$$\begin{aligned}[L_D]&=92.44+20\log_{10}d+20\log_{10}F_D\\&=92.44+20\log_{10}40\ 000+20\log_{10}3.857\ 8\\&=92.44+92.04+11.73\\&=196.21\text{dB}\end{aligned}$$

考虑到大气损耗 $[L_a]=0.1\text{dB}$

跟踪误差 $[L_{Tr}]=0.1\text{dB}$

极化误差 $[L_P]=0.2\text{dB}$

所以，下行线路的总损耗为：

$$\begin{aligned}[L_U]&=196.21+0.1+0.1+0.2\\&=196.61\text{dB}\end{aligned}$$

③有效全向辐射功率：

卫星通信中，常常用有效全向辐射功率 EIRP（Effective Isotropic Radiated Power）来代表地球站或通信卫星发射系统的发射能力，它表明了定向天线在最大辐射方向实际所辐射的功率，即在定向天线发射情况下，为使接收天线接收到相同的功率，要求一个各向同性天线必须发射的等效功率。

$$[EIRP]=[P_T]-[L_F]+[G_T]$$

式中，P_T——发射机输出功率；

L_F——馈线损耗；

G_T——发射天线增益。

$$\begin{aligned}[EIRP]&=[P_T]-[L_F]+[G_T]\\&=10\log_{10}5-0.2+41.43\\&=6.99-0.2+41.43\\&=41.9\text{dBW}\end{aligned}$$

这里的有效全向辐射功率是发送端地球站的参数，是卫星通信链路中上行线路参数，它不对接收端地球站的载波接收功率有直接作用，而是对卫星的载波接收有直接作用。因为本通信系统不是设计卫星而是设计地球站，所以本小节的载波接收功率是指地球站的指标，从而所需要的有效全向辐射功率是相对于接收端地球站的，即应该是卫星的有效全向辐射功率，在下面马上就会用到。这里的 *EIRP* 值相对于卫星转发器而言已经足够大了。

④载波接收功率：

载波接收功率即为地面接收站实际接收到的载波功率。

$$[C]=[EIRP]-[L]+[G_R]$$

式中，*EIRP*——卫星有效全向辐射功率；

L——天线传输总损耗；

G_R——接收天线增益。

（说明：卫星 *EIRP* 为当时使用卫星的正常工作时之值，由手册查之北京地区为 37dB。）

$$\begin{aligned}[C]&=[EIRP]-[L]+[G_R]\\&=37-196.61+37.48\\&=-122.13\text{dBW}\end{aligned}$$

（3）噪声功率（接收机输入端的系统等效噪声温度）

噪声是不可避免的，当接收天线收到卫星传来的信号同时，还收到大量的噪声。其中，有些是天线从周围的辐射源辐射中收到的，如宇宙噪声、大气噪声、降雨噪声、太阳噪声、天电噪声、地面噪声等，这些噪声与天线本身的热噪声一起统称为天线噪声；在接收机中，线性或准线性部件放大器、变频器等会产生热噪声、散弹噪声，线路的电阻损耗会引起热噪声，这些都是接收机内部的噪声；在天线与接收机之间的馈线通常是波导或同轴电缆，它们是有耗的，也会引起噪声。

从研究通信的角度来看，天线噪声、馈线噪声及接收机引起的噪声都可以作为等效热噪声来处理，其中有些本身就是热噪声，从而引入等效噪声温度的概念。

卫星或地球站的接收系统通常以接收机输入端作为参考点，将天线等效噪声温度、馈线等效噪声温度折算到该点和接收机的等效噪声温度相加，作为整个接收系统的等效噪声温度。

$$T_S=T_r+T_a/L_F+T_0(1-1/L_F)$$

其中，T_r——接收机的等效噪声温度；

T_a——天线的等效噪声温度；

L_F——馈线损耗（真值）；

T_0——常温 293K。

说明：接收机的等效噪声温度即为 LNB 的噪声温度，查 LNB 指标值为 55K；天线等效噪声温度查天线手册为 30K（最坏情况）；馈线损耗为 0. 2dB，真值为 1. 047。

$$\begin{aligned} T_S &= T_r + T_a / L_F + T_0(1 - 1 / L_F) \\ &= 55 + 30 / 1.047 + 293(1 - 1 / 1.047) \\ &= 55 + 28.65 + 13.15 \\ &= 98.6\text{K} \end{aligned}$$

（4）载噪比

载噪比的计算，除了需要知道基本的载波接收功率和噪声功率外，还要知道地球站的品质因数以及载波功率和交调噪声功率比，然后才能计算总的载噪比。

①地球站品质因数：

地球站的品质因数是地球站天线的接收增益与馈源输入端系统等效噪声温度的比值（或接收系统某一界面处有效天线增益与接收系统等效噪声温度之比），它是描述地球站接收系统性能好坏的参数，所以叫做地球站品质因数，其值越大，地球站接收系统性能越好，其值越小，地球站接收系统性能越差。

$$[G / T] = [G_R] - [L_F] - [T_S]$$

式中，G_R——接收天线增益；

L_F——馈线损耗；

T_S——系统等效噪声温度。

$$\begin{aligned} [G / T] &= [G_R] - [L_F] - [T_S] \\ &= 37.48 - 0.2 - 10\log_{10} 98.6 \\ &= 37.48 - 0.2 - 19.94 \\ &= 17.4\text{dB} / \text{K} \end{aligned}$$

②载波接收功率与噪声功率比：

载噪比是决定一条卫星通信线路传输质量最主要的指标，定义为接收系统输入端的载波功率与噪声功率之比值。

上行线路：$[C / T]_{UM} = [W_S] - 10\log_{10}(4\pi / \lambda^2) - [BO]_I + [G / T]_S$

下行线路：$[C / T]_{DM} = [EIRP]_S - [BO]_O - [L_D] + [G / T]_E$

式中，$[W_S]$——卫星转发器饱和通量密度；

$[BO]_I$——输入补偿；

$[BO]_O$——输出补偿；

$[G / T]_S$——卫星转发器品质因数；

$[EIRP]_S$——卫星转发器单波饱和输出 EIRP 分贝数；

$[G / T]_E$——地球站品质因数。

说明：由使用的卫星手册查之北京地区各值分别为$[W_S]$=–87dBW/m^2；$[BO]_I$取 7dB；$[BO]_O$则按公式$[BO]_O$=0.82（$[BO]_I$–4.5）= 2.05dB；$[G/T]_S$=3dB/K；$[EIRP]_S$=33.8dBW。

- 上行线路

$$\begin{aligned} [C / T]_{UM} &= [W_S] - 10\log_{10}(4\pi / \lambda^2) - [BO]_I + [G / T]_S \\ &= -87 - 10\log_{10}[4\pi / (3\times10^8 / 6083\times10^6)^2] - 7 + 3 \\ &= -87 - 37.13 - 7 + 4 \\ &= -128.13\text{dBW} / \text{K} \end{aligned}$$

- 下行线路

$$\begin{aligned}[C/T]_{DM} &= [EIRP]_S - [BO]_O - [L_D] + [G/T]_E \\ &= 33.8 - 2.05 - 196.61 + 17.4 \\ &= -147.46\text{dBW/K}\end{aligned}$$

③载波功率与互调噪声功率比：

除系统本身等效噪声外，还有互调噪声。在输入多个载波信号时，载波之间由于卫星转发器非线性饱和区的存在会相互调制产生新的频率成分，落入信号频带内形成干扰，即为互调噪声，在计算系统实际载噪比时需将其计算在内。

$$[C/T]_{IM\cdot M} = -150 + 2[BO]_O$$

$$\begin{aligned}[C/T]_{IM\cdot M} &= -150 + 2[BO]_O \\ &= -150 + 2\times 2.05 \\ &= -145.9\text{dBW/K}\end{aligned}$$

④卫星信道总载噪比：

这里的卫星信道总载噪比即为卫星信道实际提供的载噪比。

$$(C/T)_{tM} = \frac{1}{\dfrac{1}{(C/T)_{UM}} + \dfrac{1}{(C/T)_{DM}} + \dfrac{1}{(C/T)_{IM\cdot M}}}$$

式中，$(C/T)_{tM}$——卫星信道总载噪比真实值；

$(C/T)_{UM}$——卫星信道上行线路载噪比真实值；

$(C/T)_{DM}$——卫星信道下行线路载噪比真实值；

$(C/T)_{IM\cdot M}$——卫星信道互调载噪比真实值。

$$\begin{aligned}(C/T)_{tM} &= \frac{1}{\dfrac{1}{(C/T)_{UM}} + \dfrac{1}{(C/T)_{DM}} + \dfrac{1}{(C/T)_{IM\cdot M}}} \\ &= \frac{1}{10^{12.813} + 10^{14.746} + 10^{14.59}} \\ &= \frac{1}{(6.501 + 557.186 + 389.045)\times 10^{12}} \\ &= 1.05\times 10^{-15}\text{W/K}\end{aligned}$$

（5）门限载噪比：

门限载噪比即为卫星信道所要求的最小载噪比。

$$[C/T]_{th} = [E_b/N_0] + [R_b] + [k]$$

式中，E_b/N_0——门限点电平；

R_b——信号速率；

k——波尔兹曼常数（Boltzman）$10\log_{10}k = -228.6\text{dBW/HzK}$。

说明：在数字传输中，常以误比特率作为系统性能的关键指标，而误比特率与门限电平之间有一定的对应关系：

$$P_b = \frac{1}{2}\left(1 - erf\sqrt{\frac{E_b}{N_0}}\right)$$

其中，

$$erf(x)=\frac{2}{\sqrt{\pi}}\int_0^x e^{-u^2}\mathrm{d}u$$

在本系统中，主要侧重于传输的实时性，对于准确性的要求不是很高，所以 $P_b=10^{-7}$ 即可满足要求，相应的$[E_b/N_0]$为 7.5dB。信号速率为 64Kbps。

$$\begin{aligned}[C/T]_{th}&=[E_b/N_0]+[R_b]+[k]\\&=7.5+10\log_{10}64000-228.6\\&=7.5+48.06-228.6\\&=-173.10\mathrm{dBW/K}\end{aligned}$$

（6）设计结果

接收机所必须得到的最低载波功率与噪声功率的比称为门限载噪比，这是系统正常工作的最低要求，从上面的计算中可以看出，系统实际的载噪比$[C/T]_{tM}$远大于门限载噪比$[C/T]_{th}$，裕量为

$$(-149.8\mathrm{dBW/K})-(-173.04\mathrm{dBW/K})=23.24\mathrm{dBW/K}$$

由此可见，在传输速率 64Kbps，误比特率 10^{-4} 的条件下，使用 2.4m 天线，发射机发射 5W 功率即可完全满足工作要求。

上面的计算中，卫星有关参数取自中国通信广播卫星公司的所使用的卫星手册；天线有关参数取自生产厂家的《卫星通信 2.4mC/Ku 波段天线》安装使用与维护手册；发射机有关参数取自生产厂家的《SC-006R C 波段 VSAT 射频系列设备》操作手册；接收机有关参数取自 NII Norsat International Inc.的《3000 系列 C 波段商用数字高频高 PLL LNB》指标说明。

附：地球站对使用卫星的俯仰及方位角计算

地球站对星过程的第一步就是要大致确定天线对星的俯仰和方位，已知卫星的经度位置，利用空间几何学可计算出大致的对星角度。下面仅列出相应公式和对于本系统所使用的卫星的计算，公式推导如有兴趣请自行参考相关书籍。

仰角：

$$\Phi_e=\operatorname{arctg}[\frac{\cos\theta_1\cos\varphi-0.151}{\sqrt{1-(\cos\theta_1\cos\varphi)^2}}]$$

式中，θ_1——地球站纬度；

φ——地球站与卫星的经度差。

（说明：所使用卫星的经度位置为 125°E；北京的经度为 116.46°E，经度差φ为 8.54°；纬度θ_1为 39.92°N。）

$$\begin{aligned}\Phi_e&=\operatorname{arctg}[\frac{\cos\theta_1\cos\varphi-0.151}{\sqrt{1-(\cos\theta_1\cos\varphi)^2}}]\\&=\operatorname{arctg}[\frac{\cos39.92^\circ\cos8.54^\circ-0.151}{\sqrt{1-(\cos39.92^\circ\cos8.54^\circ)^2}}]\\&=\operatorname{arctg}[\frac{0.607\ 4}{0.651\ 8}]\\&=42.98^\circ\end{aligned}$$

方位角：

$$
\begin{aligned}
\Phi_a &= \mathrm{arctg}[\frac{\mathrm{tg}\varphi}{\sin\theta_1}] \\
&= \mathrm{arctg}[\frac{\mathrm{tg}8.54}{\sin 39.92}] \\
&= \mathrm{arctg}[\frac{0.149\ 0}{0.641\ 7}] \\
&= 13^\circ
\end{aligned}
$$

这个方位角是以正南为0°起点，如果以正北为0°起点的话，则方位角为：

$$
\begin{aligned}
\Phi_a &= 180^\circ - 13^\circ \\
&= 167^\circ
\end{aligned}
$$

6.3　CCD 数字相机实时采集系统

6.3.1　CCD 数字相机实时采集系统原理

该 CCD 数字相机实时采集系统，采用了 1 024×1 024 像元数的全数字式 CCD 摄像机，采用高速 PCI 接口芯片和 CPLD 逻辑控制芯片，将采集到的 CCD 相机数据以 DMA 方式直接传送到计算机内存，有效地实现了 CCD 数字相机与 PCI 总线间的海量数据实时传输。其系统结构如图 6-3 所示。

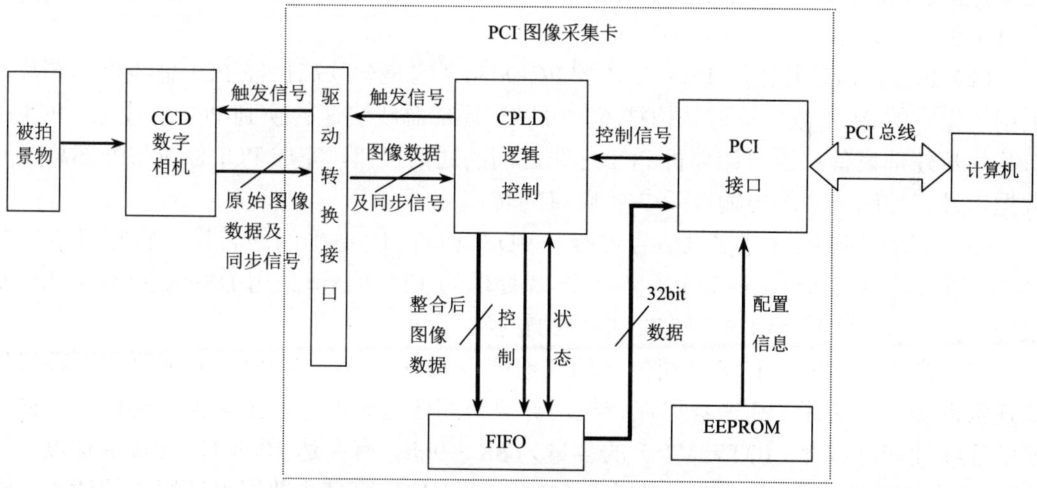

图 6-3　CCD 相机图像实时采集系统框图

该 CCD 数字相机实时采集系统，工作原理如下：CCD 数字相机输出的高速图像数据及同步信号首先经过驱动转换接口的电平转换处理后进入到 PCI 图像采集卡，然后经 CPLD 逻辑控制电路，将数据整合成与 PCI 总线宽度一致的图像数据，暂存在 FIFO 中。然后在计算机的控制下，PCI 接口芯片从 FIFO 中读出数据，经由 PCI 总线，以 DMA 方式将图像数据快速送入计算机的内存缓冲区，由应用程序根据需要提供对其进行单帧图像采集、连续帧图像采集和在计算机屏幕上实时显示等功能。

6.3.2 CCD 数字相机实时采集系统的设计

6.3.2.1 系统的组成

CCD 数字相机实时采集系统由 CCD 数字相机、PCI 图像采集卡、计算机、硬件连接、设备驱动程序以及应用程序组成。其中，PCI 图像采集卡直接插在计算机的 PCI 插槽上，CCD 数字相机由数据总线连接到 PCI 图像采集卡上，将拍摄到的图像数据送给 PCI 图像采集卡；PCI 图像采集卡在逻辑控制芯片的控制下实时采集、整理相机数据并送给计算机；计算机通过设备驱动程序实现与 PCI 图像采集卡的软件接口，通过应用程序实现用户所需要的实时显示、实时存盘等操作。

PCI 图像采集卡是 CCD 数字相机实时采集系统中的核心部分，它的功能是实现 CCD 数字相机与计算机之间的数据的高速采集和传输。它由 PCI 接口芯片、CPLD 逻辑控制芯片、高速缓存（FIFO）、驱动转换接口和配置 E2PROM 组成，各部分相连关系如下：驱动转换接口的一端与 CCD 数字相机通过数据总线相连，另一端与 CPLD 逻辑控制芯片相连；CPLD 逻辑控制芯片与高速缓存（FIFO）相连，也与 PCI 接口芯片相连；高速缓存（FIFO）与 PCI 接口芯片相连接；配置 E2PROM 与 PCI 接口芯片相连；最后，PCI 接口芯片通过 PCI 总线与计算机相连接。

下面分别对各组成部分进行描述。

（1）CCD 数字相机采用 DALSA 公司生产的 1M30P 高清晰度数字 CCD 相机，它负责提供整个采集系统的数据源。该相机的空间分辨率为 1 024×1 024，输出 12bit 的数字图像，提供 4096 级清晰灰度，在全分辨率下最大帧频可达 30 帧/s，数据率 320Mbps，具有出色的分辨率、灰度等级和高速特性。

（2）PCI 接口芯片采用 PLX 公司的 PCI9054，它是一款高性能 PCI 总线接口芯片，采用了先进的 PLX 数据管道结构技术，可以使局部总线快速转换到 PCI 总线上。PCI 接口芯片是外部设备总线与计算机 PCI 总线之间的通信接口，完成 PCI 总线与外部总线间数据信号、控制信号的传输以及 PCI 协议的转换。

（3）驱动转换接口对相机信号进行 LVDS 和 TTL 电平间的转换，将相机输出的 LVDS 信号转换成适合 CPLD 逻辑控制芯片处理的 TTL 信号。采用 DS90C32 作为 LVDS 接口转换芯片，实现 LVDS 到 TTL 信号的转换。

（4）高速缓存采用 IDT 公司生产的高速同步 FIFO IDT72V251，它为采集过程提供高速数据缓存，保证了高速数据在相机与计算机间传送时不会发生丢失，确保了数据传输的连续性和可靠性。IDT72V251 的容量为 8K×9bit，有高达 100MHz 的读取速度。该 FIFO 具有标准的“满”（FF）、“空”（EF）标志位，可禁止数据继续写入或读出。同时，还有“可编程的快满”（PAF）标志以及“可编程的快空”（PAE）标志。系统可以根据这些标志位来控制对 FIFO 的读写操作。由于不需要地址译码，因此对 FIFO 的读写操作比较简单。

（5）配置 E2PROM 用于在开机时初始化配置 PCI 接口芯片的内部寄存器，选用美国国家半导体公司的串行 E2PROM 93C56，它的容量为 2KB，其中存储了厂家标志、设备标志以及本地总线的基地址空间、I/O 空间、中断控制信号等信息。

（6）CPLD 逻辑控制芯片采用 ALTERA 公司 MAX7000 系列的芯片 EPM7192，实现了对 CCD 数字相机的控制、对 FIFO 的控制以及对 PCI 接口芯片的应答。EPM7192 具有灵活的现场可更改性和可再配置能力，使系统具有极强的灵活性和适应性。

（7）计算机是 CCD 数字相机图像数据的接收终端。其中，设备驱动程序提供计算机到 PCI 图像采集卡的软件接口，完成计算机应用程序与底层硬件设备的交互，包括：对设备的初始化、对端口的读写操作、对中断的设置、对中断的响应、对中断的调用、对内存的访问、DMA 处理等。应用程序是整个 CCD 数字相机实时采集系统与用户见面的最终结果，它提供了方便的操作界面，用户只需通过简单的鼠标点击操作即可实现对相机图像的单帧采集、连续采集、实时显示、实时存盘等操作。

6.3.2.2 系统软硬件设计

系统设计包括硬件和软件两部分。硬件设计主要是指 CCD 相机图像实时采集卡的电路设计和 CPLD 的逻辑控制功能设计，其功能是实现对 CCD 图像数据的实时采集；软件设计包括底层的设备驱动程序设计和上层的应用程序设计，其功能是控制硬件电路实现对 CCD 图像数据的采集、存储和显示。

（1）硬件部分

CPLD 的控制逻辑是图像采集卡的设计重点，逻辑流程图如图 6-4 所示。CPLD 逻辑控制芯片主要进行了以下几项操作：

①对 CCD 数字相机的控制。对于 CCD 数字相机，CPLD 负责提供一个触发信号来触发相机开始采集数据并输出。但如果相机被配置为自动运行模式，相机则以内部设定好的帧率和积分时间自动运行，不需要 CPLD 再提供外部触发信号了。

②对 FIFO 的控制。相机将采集到的像元灰度值源源不断地传递给 CPLD，CPLD 需要对这些数据进行数据整合处理，将其变成适合于 PCI 总线传输的数据格式，然后存入 FIFO 中。对于从相机来的数据，当帧同步信号由低变高时，表示一个有效的数据帧开始。在每帧数据的开头，CPLD 首先要置 FIFO 复位，同时设置“可编程快满”偏移量和“可编程快空”偏移量。然后等待行同步信号由低变高，这时相机开始输出一行有效数据。CPLD 对有效的像元数据进行整合处理，具体操作为：CPLD 先将每两个像元的数据整合成一组，放到 FIFO 输入数据线上，同时可以设定 FIFO 的写允许信号 WEN 有效，并给出 WCLK 信号，在 WCLK 信号的上升沿，把 FIFO 输入数据线上的数据存入 FIFO。当本行的数据传输完毕时，行同步信号就变低，CPLD 将等待行同步信号再次变高，即下一行有效数据到来时再开始对下一行像元数据进行同样的操作。这里置 WEN 信号有效与否要受 FIFO 满信号控制，如果 FIFO 已满则 WEN 信号无效，即只有在 FIFO 不满的情况下才允许数据写入。当帧同步信号和行同步信号都变低时，表示一帧数据传输完毕。当帧同步信号再次变高，CPLD 就可以如上所述开始采集下一帧图像了。

③对 PCI 接口芯片的应答。

若计算机要读数据，则由 PCI 接口芯片发起一次 DMA 读操作，同时计算机也给 PCI 总线一个地址来标志进行某种特定的操作，CPLD 将根据此时 PCI 总线上的地址值判断进行以下哪种操作：读 FIFO 中数据到计算机；读 FIFO 状态到计算机；读行数到计算机。若要读 FIFO 中数据到计算机，则 CPLD 置读允许信号 REN 有效，输出允许信号 OE 有效，同时给出 RCLK，在 RCLK 的每一个上升沿，FIFO 会把内部存储器中的相机数据顺序输出到 PCI 接口芯片的数据线上，经由 PCI 总线，将相机图像数据送入计算机的内存缓冲区，最后由计算机端的应用程序决定对相机图像进行单帧采集、连续采集或实时显示在计算机屏幕上，这里 RCLK 信号地给出与否要受 FIFO 空信号的控制，如果 FIFO 已空，则 RCLK 信号不应给出，即只有在 FIFO 非空的情况下才能将其中数据读出。若要读 FIFO 状态到计算机，则 CPLD 直接将此时 FIFO 的四个状态（FULL、Almost_FULL、EMPTY、Almost_EMPTY）发送给 PCI 接口芯片，经由 PCI 总线送入计算机；若要读行数到计算机，则 CPLD 将此刻正在采集的像素所在的行数发送给 PCI 接口芯片，经由 PCI 总线送入计算机。

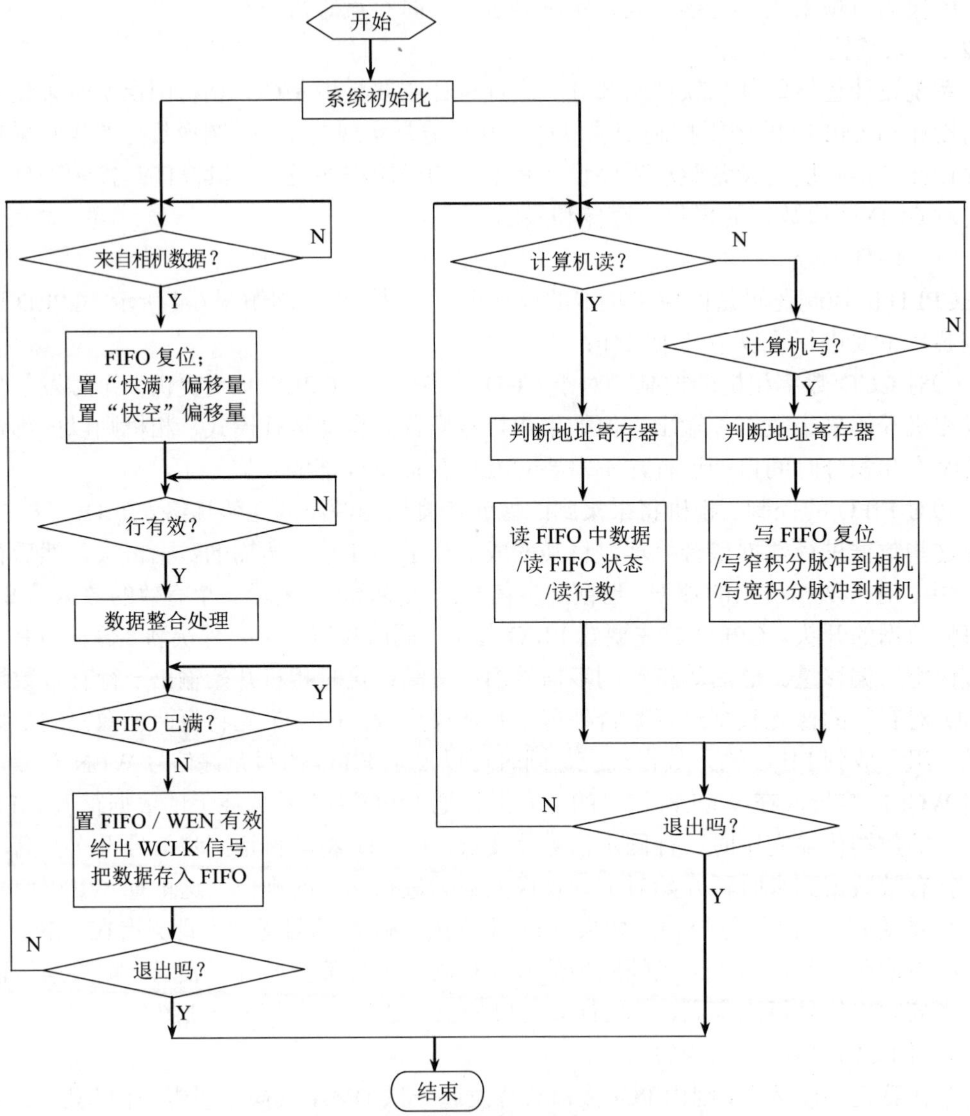

图 6-4　CCD 相机实时采集系统硬件逻辑流程图

若计算机要写数据，则由 PCI 接口芯片发起一次 DMA 写操作，同时计算机也给 PCI 总线一个地址来标志进行某种特定的操作，CPLD 将根据此时 PCI 总线上的地址值判断进行以下哪种操作：写 FIFO 复位；写窄积分脉冲到相机；写宽积分脉冲到相机。若要写 FIFO 复位，则计算机发出一个复位信号，经过 PCI 总线和 PCI 接口芯片，到 FIFO。若要写窄积分脉冲到相机，则由计算机给出一个窄积分脉冲的脉冲宽度值，经过 PCI 总线和 PCI 接口芯片送到 CPLD，CPLD 根据这个脉冲宽度值输出一个窄积分脉冲到相机端。若要写宽积分脉冲到相机，则由计算机给出一个宽积分脉冲的脉冲宽度值，经过 PCI 总线和 PCI 接口芯片送到 CPLD，CPLD 根据这个脉冲宽度值输出一个宽积分脉冲到相机端。

（2）软件部分

系统的软件包括两部分：底层的设备驱动程序和上层的应用程序。

设备驱动程序提供连接到 PCI 板卡的软件接口，其核心是如何完成硬件操作，它主要完成以下工作：对设备的初始化、对端口的读写操作、对中断的处理、对内存的访问、对 DMA 的处理等。在目前主流的操作系统 Windows XP 中，设备驱动程序一般根据 Windows 驱动程序模型（WDM）设计。开发 WDM 驱动程序的主要工具为微软提供的开发软件包 Device Driver Kits（DDK）和一些第三方为方便开发用户而提供的开发工具。在本系统中，开发、编译和调试设备驱动程序使用的是 NuMega 公司的 DriverStudio 工具包。其中的 DriverWorks 以面向对象的方式，将 WDM 和 NT 下编写驱动程序所需的对内核的访问及对硬件的访问封装成类，再加上功能强大的驱动程序代码生成向导，简化了驱动程序开发的难度，缩短了开发周期。同时，DriverWorks 被嵌入到 VC 中也大大方便了开发。

应用程序是用 visual c++6.0 进行开发的单文档界面应用程序，它提供了良好的用户界面，用户可以方便地实现对数据采集工作的控制、对传输通信的控制、对存储以及显示的控制。对于采集到计算机内存的数据，用户可以根据需要，选择对相机图像数据进行存盘或实时显示在计算机屏幕上。

结合系统的工作过程，程序流程如图 6-5 所示。

6.3.2.3　串行 EEPROM 的配置

EERPOM 用于在开机时初始化配置 PCI9054 的内部寄存器。系统选用美国国家半导体公司的 93C56 芯片，其中存储的是厂家标志、设备标志以及局部总线的基地址空间、I/O 空间、中断控制信号等信息，如表 6-1 所示。

表 6-1　EEPROM（部分）配置信息

EEPROM 偏移地址	对应值	寄存器描述
00h	905410B5	设备号 ID 和制造商号 ID
04h	06800000	类型号
0Ah	00000001	中断
14h	FFC00000	局部地址空间 0 范围寄存器
18h	00000001	局部地址空间 0 基址寄存器
1Ch	01000000	DMA 仲裁寄存器
2Ch	4B430043	局部地址空间 0 描述符
44h	905410B5	子设备号 ID 和子制造商号 ID

续表

EEPROM 偏移地址	对应值	寄存器描述
48h	00000000	局部地址空间 1 范围寄存器
4Ch	00000000	局部地址空间 1 基址寄存器
50h	00000140	局部地址空间 1 描述符

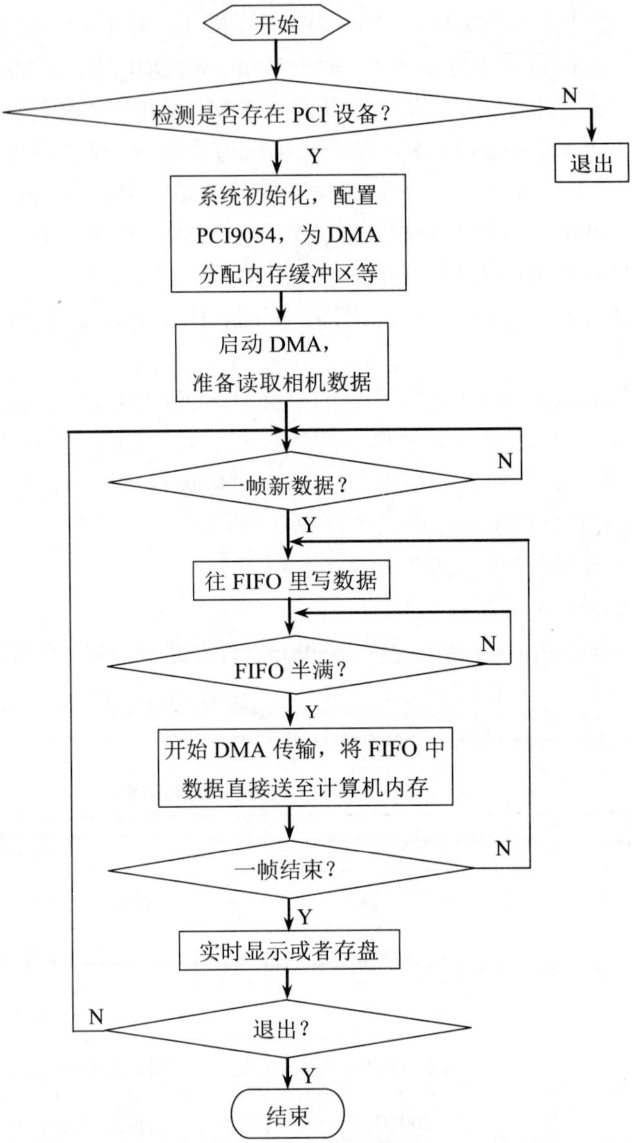

图 6-5　CCD 相机实时采集系统软件程序流程图

配置信息预先置入 EEPROM 中，上电后 PCI9054 将依次读取 EEPROM 的内容来初始化内部寄存器。在编写 EEPROM 配置时，要注意各属性寄存器和控制寄存器的设置不要前后矛盾，地址范围和基址寄存器的设置要符合要求。EEPROM 的内容很重要，它直接关系到 PCI 图像采集卡能否正常工作。

6.3.2.4　PCB 板布线注意事项

（1）电路电源线、地线宽度应在 0.5mm 以上。

（2）布线不能走直角，避免产生信号反射。

（3）对于高速数据传输，在进行 PCB 设计时必须考虑信号的完整性，它主要包括反射、振铃、串扰等。在设计的过程中就应当借助于 EDA 辅助软件对信号完整性问题进行有效的控制。

（4）由于 PCI 总线的信号采用反射波方式，在电路板制作上对信号走线有严格要求：从 PCI 插槽到 PCI9054，数据线长度应小于 1.5 英寸，CLK 信号走线长度为 2.5 英寸±0.1 英寸，而且应在同面排布。否则会导致信号不稳定甚至总线冲突，无法开机。

（5）由于 PCI 板卡直接插在计算机 PCI 插槽中，为防止电流冲击烧坏芯片，在设计电路时，电源两端务必要加滤波及退耦电容。PCI9054 周围的高频滤波电容不小于 0.1μF，其他外围电路的电容不小于 0.01μF。

CCD 数字相机实时采集系统可以实现对分辨率 1 024×768、帧率 30 帧/s 的数字图像的实时采集、显示和存储，最高传输速率可达 480Mbps，而且工作稳定可靠。

6.4　水利信息快速获取与处理平台

6.4.1　水利信息快速获取与处理平台的组成

图 6-6 所示为“水利信息快速获取与处理平台”的示意图。本系统利用现代信息技术、遥感技术、地面监测技术和信息融合技术，集信息采集系统、信息传输系统、系统综合数据库、水灾害监测系统为一体，对所采集到的水灾、旱灾、水污染等信息进行快速处理、传输和标定，快速预警水灾害的发展趋势和结果。

“水利信息快速获取与处理平台”的设计思路是，充分利用现有高新技术，突出系统的创新，其主要技术是将基于遥感的水灾害监测技术和基于地面的水灾害监测技术相融合，以先进计算机技术为基础，以卫星通信、无线通信和地面网络为传输手段，以数据库为支撑，以快速处理软件为平台，实现对水灾害的快速监测与快速预警。

“水利信息快速获取与处理平台”由信息采集、信息传输、综合数据库、预警与评估和信息上报 5 个分系统组成。

6.4.1.1　信息采集系统

信息采集系统包括气象和水文信息采集、水质信息采集、地理信息采集、遥感信息采集和生态环境信息采集 5 部分内容。

（1）气象和水文信息

包括气象站实时气温信息，雨量预报和气候预报，水库及湖泊水位、蓄水量、入库（湖）流量和下泄流量信息，河流断面水位、流量，地下水位等信息。

（2）水质信息

包括水中的温度、pH、电导率、浊度、溶解氧、氨氮、高锰酸盐指数等常规参数，也可根据需要增加对总有机碳、总磷、总氮等参数的采集。

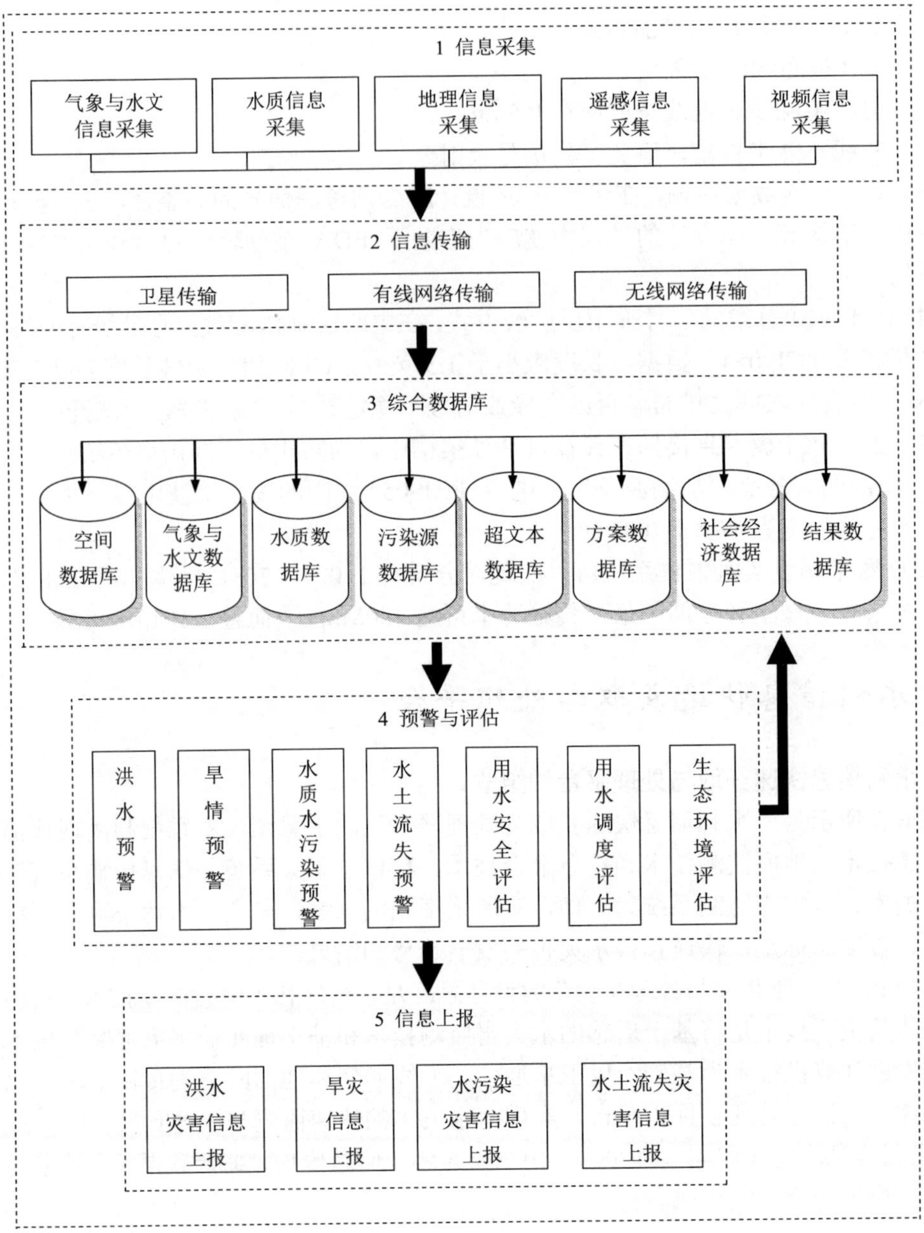

图 6-6　水利信息快速获取与处理平台示意图

（3）地理信息

包括相关区域的行政区划信息、水系（河流、湖泊、水库等）信息、相关区域的山丘和平原面积信息、植被覆盖面积信息、耕地面积信息、水量调度及流向信息等。

（4）遥感信息

遥感信息由包括同步气象卫星遥感资料处理信息（温度过程、太阳辐射、日照时数等）、NOAA 极轨气象卫星遥感资料处理信息（几何纠正、大气纠正、反照率、植被指数和地面温度等）、MODIS 极轨卫星遥感资料处理信息（几何纠正、大气纠正、反照率、植被指数和地面温度等）、风云极轨气象卫星遥感资料处理（几何纠正、大气纠正、反照率、植被指数和地面温度等）。

（5）视频信息

包括见光、热红外和高光谱等信息，其信息可采用固定采集站和移动采集站获取。

6.4.1.2　信息传输系统

信息传输包括卫星传输、有线网络传输和无线网络传输 3 种传输方式。

（1）卫星传输

卫星传输由水利部建立的“新一代水利卫星系统”提供，水利卫星转发器采取 Ku + C 的方案，选择亚洲 5 号 Ku 波段转发器（22.2 MHz）和亚太 6 号 C 波段转发器（5 MHz）；卫星系统采用星形/网状混合组网的方式，其中星形网主要用于传输数据、语音业务，网状网主要用于流域机构、省水利厅和重点水利工程单位传输宽带视频实时业务；卫星通信技术采用目前流行的 DVB-S2 技术体制及 VSAT 系统。

（2）有线网络传输

利用现有的网络通信网设施，包括专网和公网。

（3）无线网络传输

包括无线短波传输和 GPRS 传输，传输可以采用交流电源，可以利用太阳能电池供电。

本项目传输部分采用卫星传输和网络传输相兼容的方式，即根据传输距离和要求可选择卫星传输或者网络传输，从而实现天地一体化的无缝信息传输。

VSAT 系统综合了诸如分组信息传输与交换、多址协议以及频谱扩展等多种先进技术，可以进行数据、语音、视频图像、图文传真等多种信息的传输。通常情况下，星形网以数据通信为主兼容话音业务，网状网和混合网以话音通信为主兼容数据传输业务。

如同一般卫星通信一样，VSAT 的一个基本优点是可利用共同的卫星实现多个地球站之间的同时通信，称作“多址连接”。实现多址连接的关键，是各地球站所发信号经过卫星转发器混合与转发后，能为相应的对方所识别，同时各站信号之间的干扰要尽量的小。实现多址连接的技术基础是信号分割。只要各信号之间在某一参量上有差别（如信号频率不同、信号出现的时间不同等），就可以将它们分割开来。为达到此目的，需要采用一定的多址连接方式。

6.4.1.3　综合数据库

综合数据库包括 8 类专用数据，即：空间数据、气象与水文数据、水质数据、污染源数据、超文本数据、方案数据、社会经济数据和结果数据，并可分别建立 8 类专用数据的概念模型。

综合数据库可以采用基础地理信息（GIS）系统软件提供的接口建立空间数据库进行管理。

对于结构化数据，可用自主开发的管理程序，通过关系数据表实现对数据的管理。

对于文本、图像、声音、视频等多媒体信息，可按规范统一编码，通过文件方式进行管理。

综合数据库可对涉及的各类监测数据进行录入、编辑、整编和加工处理，并具有数据保密和维护等基本功能，可以完成统计分析、查询等功能，分析结果可以以图表和专题图形式表达和输出。

（1）空间数据

空间数据库包括信息系统中所有空间要素的数据层面，如图 6-7 所示，空间数据库包括以下几类。

①基础地理数据库，包括流域边界图、行政区划图、水系图（河流、湖泊、水库）、居民地分布图、交通等。

②监测点专题图层，这一类包括水文站点分布图、水质监测站位置图等。

③遥感影像专题图，包括遥感影像、水质遥感监测结果图等。

④模型计算结果空间图层，如水质评价结果图层、模型计算结果图层等。

⑤其他空间图层，如断面图层等。

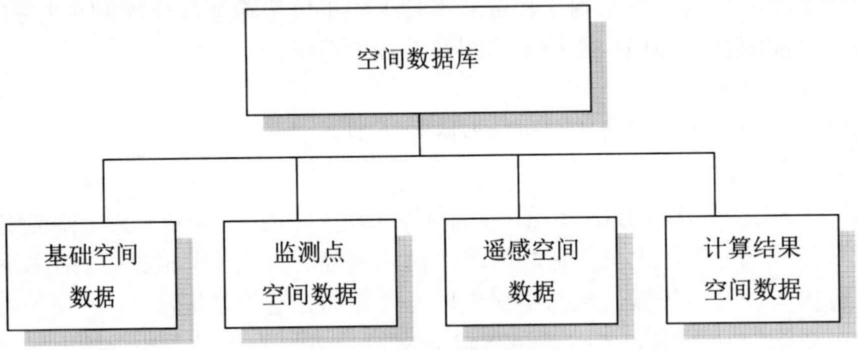

图 6-7　空间数据库逻辑图

在系统建设期间，矢量数据以 ARCVIEW 的*.shp 文件格式存储，影像数据以 Erdas 的*.img 文件格式（有地理坐标）或*.jpg 格式（无地理坐标）存储。

（2）气象与水文数据库

气象与水文数据库包括：降雨数据、蒸发数据、河道流量水位数据、闸门流量水位数据、水库流量数据等实时雨水情数据。

降雨数据包括雨量站测站代码、监测时间、时段降雨量、日降雨量、降雨历时等。

蒸发数据包括蒸发站测站代码、监测时间、日蒸发量等。

河道流量水位数据包括河道站测站代码、监测时间、监测流量、监测水位、测试方法等。

闸门流量水位数据包括闸门测站代码、监测时间、闸上水位、闸下水位、总过闸流量等。

闸门启闭情况数据包括闸门测站代码、监测时间、开启孔数、开启高度、过闸流量等。

水库流量数据包括水库测站代码、监测时间、水库流量、库水位等。

（3）水质数据库

水质数据是水污染突发事件模拟和预报及水质评价的重要基础，考虑因素比较多，按不同的分类列举如下。

按数据来源可分为：自动监测站数据、遥感反演数据、移动车监测数据等。

按应用情况可分为：常规监测和应急监测。

按监测成分可分：常规组分（包括物理指标）、微量组分及有机组分等。

水质数据库参照水利部“水质数据库表结构和标识符标准”，并结合本项目的实际情况建立。水质监测数据库逻辑图如图 6-8 所示。

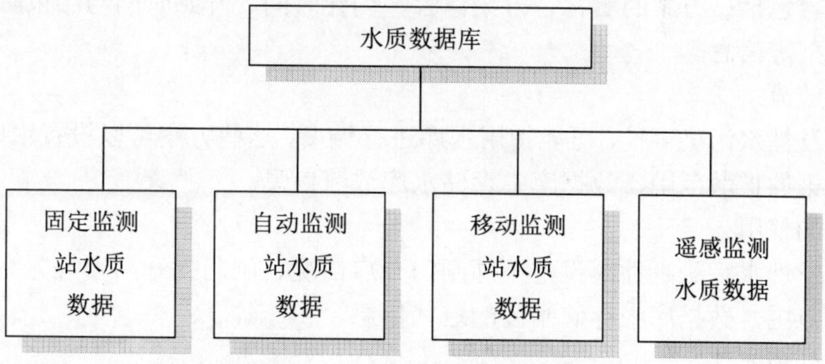

图 6-8　水质监测数据库逻辑图

（4）污染源数据库

污染源数据库包括：各污染源所在河段代码、排污口名称、排污口代码、经纬度、至河口距离、废水排放量、COD 排放量、BOD_5 排放量、NH_3-N 排放量、排污总量等排污负荷比、污染源项目等。图 6-9 所示为污染源数据库逻辑图。

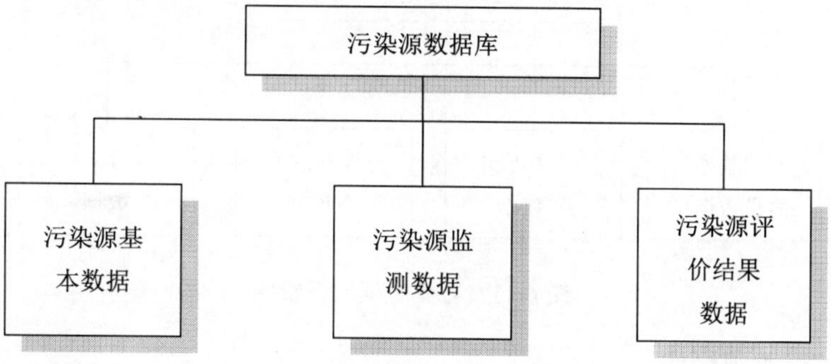

图 6-9　污染源数据库逻辑图

（5）超文本数据库

超文本数据库主要包括一些 Word 文档、PDF 文件、图片以及一些视频文件等。对视频传输的数据进行存储。图 6-10 所示为超文本数据库逻辑图。

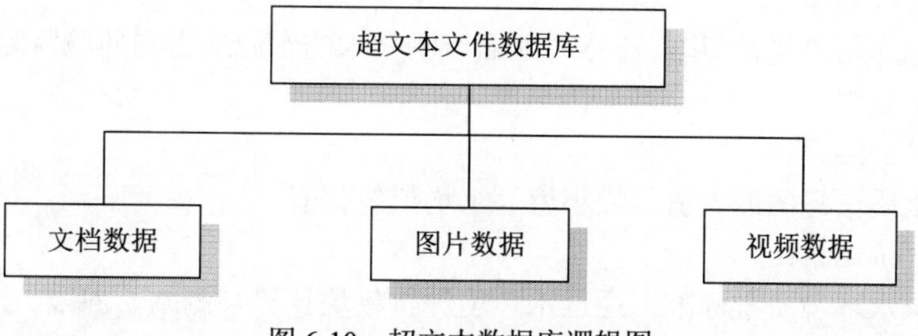

图 6-10　超文本数据库逻辑图

（6）方案数据库

方案数据库主要考虑在灾害事件应急反应决策中，情景模拟要设定不同的情况，包括：

①方案信息：

设置内容包括：方案的名称、方案作者、创建时间、开始时间与结束时间、输出信息、方案模型等信息。

②水库放流：

针对突发性水污染事件，可能使用水库进行调度，这些方案可以设置水库放流过程，来预测水污染的扩散范围，数据库中存储水库放流信息。

③闸门的使用：

针对突发性水污染事件，设定不同闸门开启情况、闸门提升高度等方案，来模拟水污染的扩散范围，数据库中存储闸门的这些信息。

④化学处理方法：

针对突发性水污染事件，可能采取化学处理方法，化学处理方案中设定化学处理方案化学物品的加入量、加入时间等，来模拟水污染的扩散范围，数据库中存储相应的这些信息。

方案数据库逻辑图如图 6-11 所示。

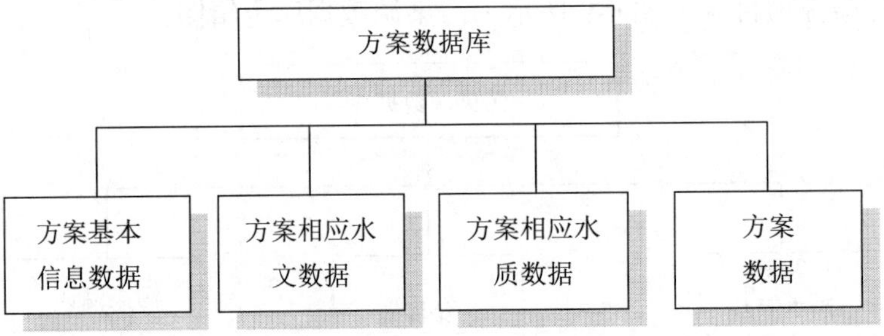

图 6-11　方案数据库逻辑图

（7）社会经济数据库

社会经济数据库主要为生态影响评价提供基础数据，包括行政区划、分行政区划的土地面积、耕地面积、灌溉面积、人口（城镇、农村）、人口密度、产业结构类型、工农业总产值、国民生产总值、固定资产、房屋、厂矿、企业分布、交通（公路，铁路，水运）情况、文化教育设施、文物古迹和旅游设施等情况。

（8）结果数据库

结果数据库用来保存“基于遥感与地面监测技术的水源地生态环境监测与预警系统”中的一些结果数据。

①一般统计结果：

如统计水质信息的最大值、最小值、平均值等信息。

②水质评价结果：

采用国家水环境质量标准，通过水环境评价模块计算某测站、河段、河流在某个时期的水环境类别，即Ⅰ类、Ⅱ类、Ⅲ类、Ⅳ类、Ⅴ类、劣Ⅴ类。

③水量模拟结果：

水量模拟后测站的流量、水位信息。

④水污染突发事件模拟结果：

水质模拟后断面的水质信息等。

⑤情景模拟结果

不同情景模拟结果，包括断面水质等信息。

6.4.1.4　预警与评估系统

预警与评估系统采用相应的洪水、旱情和水环境等数学模型，对洪水走向、旱情持续时间、水土流失状况、各种污染源排放条件变化的水质响应进行预报和评估。如果某个或某些水环境质量因子的发展趋势向着生态环境质量恶化的方向发展，并接近生态环境可允许的边缘时，通过发出警报，使人们能够及时采取措施预防和治理。

预警与评估系统包括 4 类预警模块和 3 类评估模块。预警模块分别为洪水预警、旱情预警、水质水污染预警和水土流失预警。评估模块分别为用水安全评估、用水调度评估和生态环境评估。

（1）洪水预警

可对洪水淹没范围、水库和湖泊水位进行实时监测，并通过所建立的洪水预报模型和气象数据，对洪峰进行监测和跟踪，评估和计算洪峰的流量、洪峰预计到达的位置和洪峰持续时间。

（2）旱情预警

可每 10 天或 15 天生成一张试验区的旱情分布图，实现对试验区大面积快速的动态监测，并按照行政单元统计耕地的干旱等级面积。

（3）水质水污染预警

可对水库和河流的水质和水污染事件进行监测和跟踪，评估和计算水库和湖泊的纳污能力和水污染事件的扩散范围和影响程度。

（4）水土流失预警

可对水源地的人畜数量和作用影响、植被覆盖范围及种类分布、水源地不同地区的蒸散量等进行分析和评估，每季度（特殊情况下每月）发布水源地用水土流失评价报告。

（5）用水安全评估

可对水源地的地下水储藏量及分布、地表水来源及分布、人畜和工业用水量及作用影响、人畜和工业的排污量、农业生产所产生的面污染（主要是使用化肥所产生的面污染）、植被落叶对水体产生的污染状况等进行分析和评估，每季度（特殊情况下每月）发布水源地用水调度评价报告。

（6）用水调度评估

可对人畜饮水量、工业用水量、地下水开采量、冲污用水量、灌溉用水量、水库储水量等进行分析和评估，每月（特殊情况下每 10 天）发布水源地用水调度评价报告。

（7）生态环境评估

可对水源地的人畜饮水量及作用范围、水库和湖泊分布状况、工厂和居民区分布及作用范围、农田面积和灌溉用水量、植被覆盖范围及种类分布、水土流失状况及水源地的蒸散量，水库储水量等进行分析和评估，每季度（特殊情况下每月）发布水源地用水调度评估报告。

6.4.1.5 信息上报

信息上报系统包括4类信息，即：洪水灾害信息、旱灾信息、水污染信息和生态环境信息。信息上报系统核心特点是通过层级式的信息管理，实现信息分布式报送收集，统一汇总编辑、审核，最终自动发布信息。信息发布系统基于B/S架构设计，具有网络智能多媒体，其信息发布基于 TCP/IP 网络平台，实现分布式远程管理，基于策略多种智能控制模式；支持播放视频和图片宣传类信息，通告致词等文字信息，也具有基于Web页面自定义节目模板制作，屏幕区域自由分割，节目内容自由组合随意修改。其总体架构如图6-12所示。

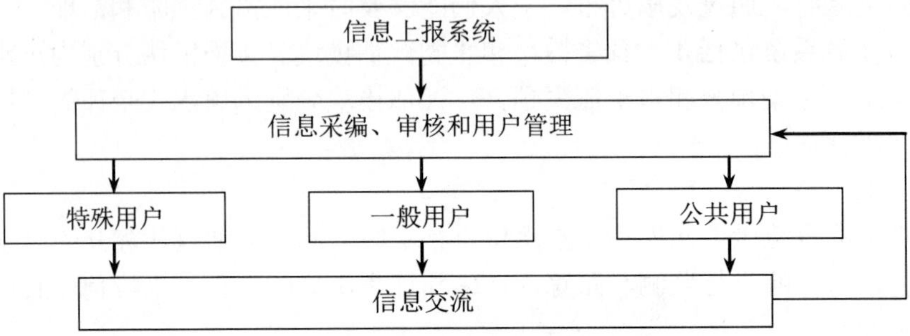

图6-12 信息上报系统流程示意图

信息上报系统具有以下功能。

（1）信息报送

根据用户权限，实现各级单位之间的新闻、简报、专报、文件等信息的下发与上报，并可以实时查询信息报送情况和信息采用情况。

（2）信息采编

信息采编人员可对报送上来的信息进行采用或退回操作，对信息进行处理加工。

（3）信息审核

审核采集整理过的信息，需要信息编辑人员和领导反复修改审核的，只有审核过的信息才能报送到签发人。

（4）信息发布

可根据设置的用户权限，将信息自动或手动直接发布到专网不同的栏目，提供各类用户浏览查询。

（5）统计分析

各类信息的采用情况可以反馈给信息报送单位，进一步生成各类信息统计信息，并根据信息的数量、类别、权重等条件，生成可视化的信息报送报表和信息反馈表。

（6）用户管理

创建用户、用户组。为用户、用户组分配权限。

（7）信息检索

对信息标题或内容进行检索，包括高级检索（按照标题、发布部门、关键字、主题词、归档人、归档时间等查询所有归档信息）。

（8）信息交流

可通过有效的权限管理为各单位提供直接开放的业务交流、信息发布的网上论坛。

（9）日志管理

主要对系统内部用户如信息采集、管理、审核、发布进行操作情况的记录，便于管理员对人员工作状况、工作业绩的监控和比较。

6.4.2　水利信息快速获取与处理平台的数据库设计

系统综合数据库的设计依据概念设计、逻辑设计、数据库表结构设计、代码设计、物理设计的步骤进行。设计过程中要参照国家或行业已有的规范和标准。

6.4.2.1　概念设计

概念结构设计是将需求分析得到的用户需求抽象为信息结构即概念模型的过程。概念结构设计是整个数据库设计的关键。采用自顶向下的概念结构设计策略。概念结构设计是根据用户需求设计的数据库模型，所以称它为概念模型。概念模型可以用实体–联系模型（E-R 模型）表示。

6.4.2.2　逻辑设计

逻辑设计，即将数据按一定的分类、分组系统和逻辑层次组织起来，是面向用户的。数据库设计时需要综合企业各个部门的存档数据和数据需求，分析各个数据之间的关系，按照 DBMS 提供的功能和描述工具，设计出规模适当、正确反映数据关系、数据冗余少、存取效率高、能满足多种查询要求的数据模型。

为了实施对象的分布，必须事先建立系统分类。数据库中逻辑对象也必须根据它们使用的方式及其物理结构对数据库的影响进行分类。根据“基于 3S（GIS、GPS、RS）技术的江河流域水污染自动化测报和应急处理系统研发与应用”所需信息的性质，为便于数据的分类组织及数据库维护界面树状信息的管理，系统对所设计的数据表进行分类编号。

6.4.2.3　数据库表结构设计

数据库逻辑设计要把 E-R 图的实体–联系模型，转换成选定的数据库管理系统 DBMS 支持的数据类型。数据表的逻辑结构包括：属性名称、类型、表示形式、缺省值、校验规则、是否关键字、可否为空等。本系统关系型数据库的数据表设计尽量按关系规范化要求进行数据库设计，但为使效率高，规范化程度根据具体的应用环境和条件来决定。数据表设计不仅能满足数据存储的要求，还增加了一些如反映有关信息、操作责任、中间数据的字段或临时数据表。

将实体转换成数据表以后，还要将实体之间的联系用数据表的主、外键标示出来。

数据库表结构设计主要遵循一下原则。

（1）在保证查询速度的条件下，适当放宽存储空间的要求。

（2）为提高查询速度，适当放宽规范化和冗余度的要求。

（3）关系型数据库多表连接运算可能引起效率降低，因此对连接频率比较高的相关表，对范式要求适当降低。

（4）表结构的设计符合有关技术标准，代码和标识符的定义，尽量向国家标准、行业标准或流域标准靠拢。

6.4.2.4　代码设计

代码设计是建立信息系统的一项重要的基础工作。代码设计的目的是为了能更有效、更方便地使用计算机处理信息。

有两种情况需要考虑编制数据代码。第一种情况是当数据本身不为英文或数字，但却需作为主码值时，则我们对其全部编码，并尽量采用层次数字码，并称其为第一类数据代码。第二种情况是数据字段虽然不是主码，但数据具有较多的不定长文字描述时，我们视需要而定是否编码，若对其进行编码，则称为第二类数据代码。

如果有国家或部颁标准的一般代码，尽量使用这些编码。

6.4.2.5 物理设计

数据库物理设计的主要任务是在数据库逻辑设计的基础上，对数据库中数据在物理设备上的存放结构和存取方法进行设计，使得数据库上的事务能够高效率的运行。数据库物理结构依赖于给定的计算机系统，而且与具体选用的数据库管理系统 DBMS 密切相关。

6.4.2.6 运用设计

运用设计包括数据字典设计和安全保密设计。

对数据库设计中涉及到各种项目，如数据项、记录、系、文卷、模式、子模式等一般要建立起来数据字典，以说明它们的标识符、同义名及有关信息，并说明对此数据字典设计的基本考虑。

6.4.3 水利信息快速获取与处理平台的水质灾害预警系统

对于图 6-6 所示的水利信息快速获取与处理平台示意图中的预警与评估系统，在前面的讨论中仅就各部分的功能做了介绍。实际上对水灾害的预警是一个复杂的系统工程，由于篇幅的限制，本书仅对基于遥感的水质灾害预警系统进行讨论，水质灾害预警系统由水质灾害遥感分析与评价、污染源和水质评价、水质灾害模拟与动态仿真、水质灾害预警 4 个模块组成。

6.4.3.1 水质灾害遥感分析与评价模块

水质灾害遥感分析与评价模块能够提供水质灾害变量的空间分布，弥补了传统的站点监测和数学模型模拟的缺陷。随着计算机和空间技术的发展，RS 与 GPS 技术已能够同时获取大量的不同分辨率多谱段的可见光、红外、微波辐射和高光谱数据。遥感在水质灾害指标中的研究应用，从最初单纯的水域识别发展到对水质灾害指标进行遥感监测、制图和预测。随着对物质光谱特征研究的深入、算法的改进以及传感器技术的进步，遥感监测水质灾害从定性发展到定量，比如对水质监测的指标已经从定性发展到定量，其定量指标包括悬浮物含量、水体透明度、叶绿素 a 浓度、溶解性有机物、水中入射与出射光的垂直衰减系数以及一些综合污染指标，如营养状态指数等。水质灾害遥感分析与评价模块的监测内容、监测指标和监测精度可以根据用户要求和环境条件进行增减和修改。

6.4.3.2 污染源和水质评价模块

污染源和水质评价模块根据水环境质量标准及其他专业水质标准，对水污染状况进行评价。目前，用于水质综合评价的方法主要有单因子评价法、综合指数评价法、模糊综合评价法、灰色关联度法、神经网络评价等。由于影响水环境的因素很多，加之影响因素与环境质量等级之间关系复杂，致使水环境质量评价结果存在一定的不确定性。由于人工神经网络在处理非线性复杂关系上具有独特的优势，污染源和水质评价模块中采用了人工神经网络新技术。

目前，人工神经网络算法有 40 余种。按运行方式可分前馈式（feed forward）网络和后馈式（recurrent feedback）网络。依学习策略可分为：有监督式网络（Supervised learning network）、无监督式网络（Unsupervised learning network）、联想式网络（Associate learning network）和最优应用网络（Optimization application network）。典型的神经网络有误差反向传播神经网络、Hopfield 神经网络、遗传算法神经网络、群体（群集）智能神经网络等。

本项目所使用的神经网络系统为径向基函数神经网络 RBF（Radial Basis Function Network），它是一种以函数逼近理论为基础而构造的常用前馈型神经网络。这种网络的特点是：只有一个隐层，隐层单元采用径向基函数作为网络的激活函数（又称为激励函数或传递函数）；输入层到隐层之间的权值固定为 1；输出节点为线性求和单元，隐层到输出节点之间的权值可调，因此输出为隐层的加权求和。

所谓径向基函数，就是某种沿径向对称的标量函数。通常定义为空间中任一点 x 到某一中心 t 之间欧氏距离的单调函数，可记作 $k(\|x-t\|)$，其作用往往是局部的，即当 x 远离 t 时 f 数取值很小。最常用的径向基函数是高斯函数，形式为：

$$k(\|x-t\|)=\exp\left|-\frac{\|x-t\|^2}{2\sigma^2}\right|$$

一个典型的径向基函数神经网络如图 6-13 所示。

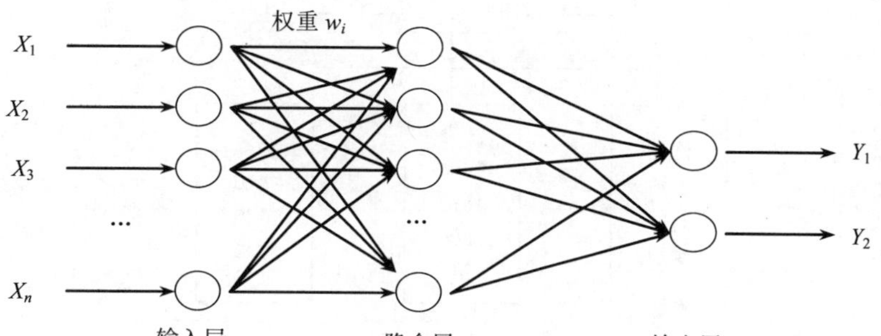

图 6-13　典型的径向基函数神经网络模型

神经网络的学习也称为训练，指的是神经网络在外界环境的刺激作用下调整网络参数，并以新的方式来响应外部环境的过程。能够从外界环境中学习并在学习中提高自身性能是神经网络最有意义的性质，神经网络在每一次重复学习后，使得它对外界环境有了更多的了解并提高了适应性。网络训练结束，模型就随之建立起来，可用于预测和评价。

人工神经网络模型参数均由学习所得，因此，与传统水质评价方法相比，网络因而评价结果更客观、更合理。运用这种方法评价水质污染问题是水质评价工作的改进。

6.4.3.3　水质灾害模拟与动态仿真模块

水质灾害模拟与动态仿真模块是水质灾害预警软件系统中的重要模块。根据不同的水质灾害种类，依托不同的水质灾害评价模型和水动力学模型，结合数据库和 GIS 技术，建立水质灾害事件模拟与动态仿真模型。比如对于水污染的监测，水污染模拟与动态仿真模块可以模拟分析污染水团规模、运动特征、浓度峰值出现和持续时间、污染物入江河或湖库的总量、污染物河流输送通量、污染物滞留沉积量等信息，能够为管理决策人员进行水污染控制规划、水环境时空变化情景分析、水污染治理措施效果预测、水环境调度预测分析等提供科学有效的技术支持手段。水污染模拟的设计方法如图 6-14 所示。动态仿真的设计方法如图 6-15 所示。

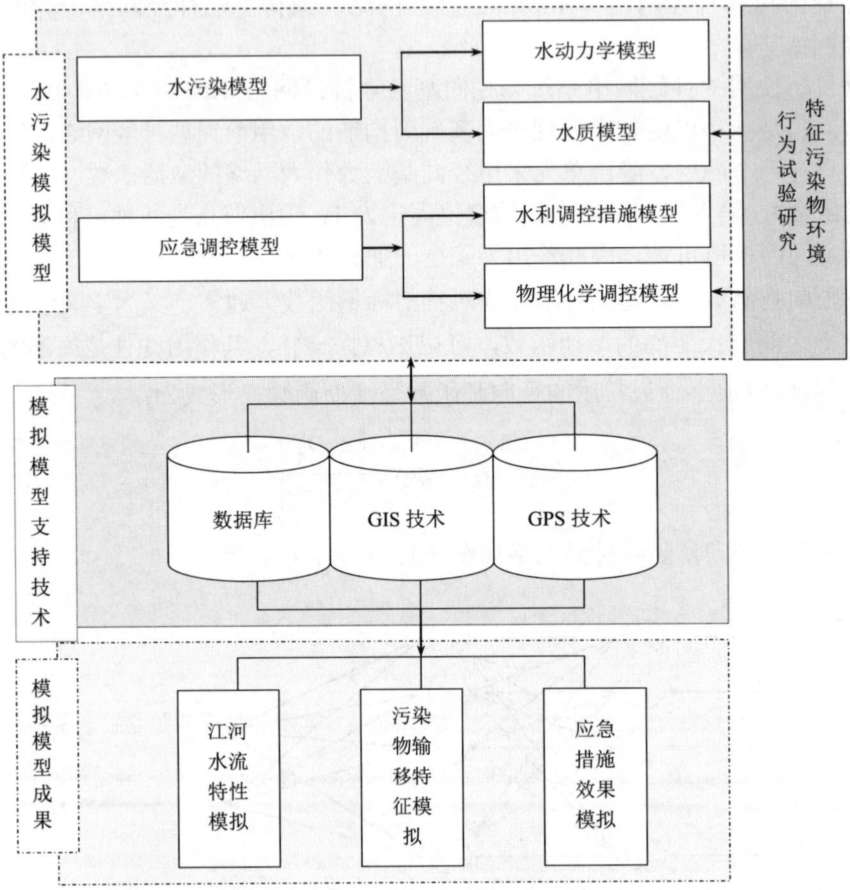

图 6-14　水量水质情景模拟体系结构

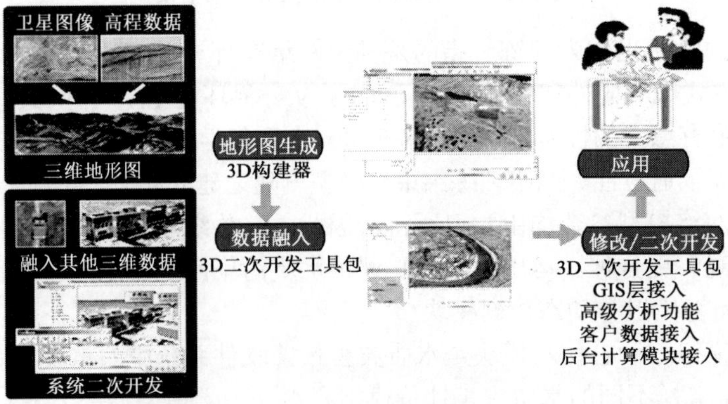

图 6-15　三维仿真系统构建技术路线

6.4.3.4　水质灾害预警模块

水质灾害预警模块是依据国家及有关部门对于不同种类水质灾害的分类等级和分类标准，针对灾害事件的级别，报告相关的决策管理部门。使人们能够及时采取措施预防和治理。

水质灾害监测的目标是采用快捷、有效的应急监测布控技术，迅速、准确地查明灾害的来源、种类、程度、范围，为控制灾害蔓延，采取应急处理措施提供正确的信息和依据。由于突发性水质灾害事故的不确定性，应急监测需要制定各种监测方案应对各种情况。

为了能在尽可能短的时间内查明灾害的来源、危害程度等重要信息，实现及时准确的水质灾害预报预警，必须借助先进技术，迅速开展应急监测，并充分利用遥感来提供实时或准实时、多源、多尺度、不同种类的目标及其环境监测信息；地面传感器或设备提供点源监测信息；移动或某些固定监测时可利用 GPS 来实时定位，GIS 可对这些空间和地面信息及时地进行数据更新。同时，借助于遥感又可以指导现场数据的采集，优化传感器的动态分布，减少测点，进而缩短传输线路和减少传输容量。

水质灾害预警还应该结合决策支持系统，同时借助 GIS 的可视化技术，利用三维真实感图形生成技术模拟灾害发生、发展趋势的三维真实场景，进而模拟通过人为干预以减少灾害发生的可能性，由此确定隔离范围、防护范围、安全距离（区域），并及时显示出制定好的灾害应急预案与防治对策。水质灾害预警模块的设计方案框图如图 6-16 所示。

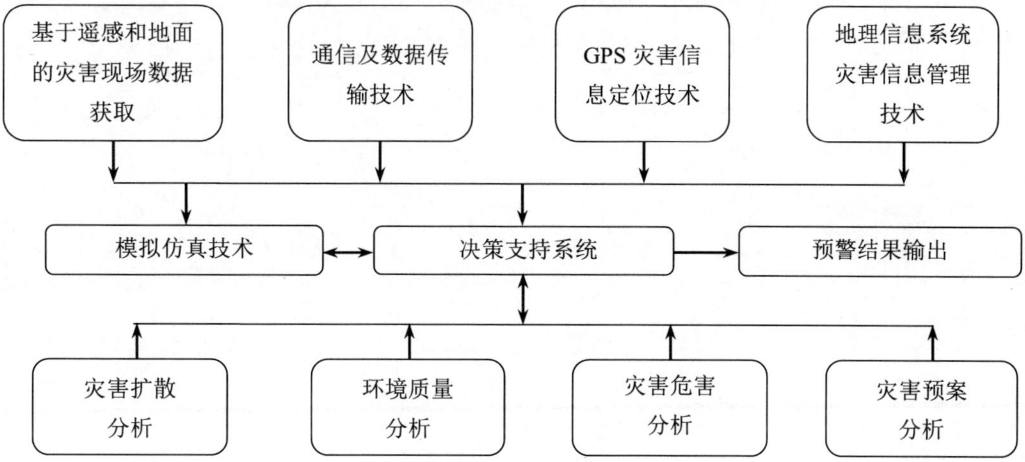

图 6-16　水灾害预警模块的设计方案框图

参考文献

蔡阳，詹全忠，周维续，等. 2010. 水利信息系统运行保障平台关键技术研究[J]. 水利水电技术，02.

蔡阳. 2009. 现代信息技术与水利信息化[J]. 水利水电技术，08.

程玉平. 2000. 机载 SAR 数据的成像研究[J]. 统工程与电子技术（7）.

何学辉. 2004. 机载合成孔径雷达成像实时信号处理研究. 西安电子科技大学硕士论文.

贺彩琴. 2000. 实时多任务操作系统及其在机载相控阵雷达系统中的开发应用[J]. 代雷达（2）.

李茂堂，姜永生. 2009. 基于 3S 的江河水污染监测与应用. 北京：现代教育出版社.

李茂堂. 2007. 航空遥感实时传输系统及应用. 北京：兵器工业出版社.

李振格. 1992. Borland C++ & Turbo C++程序员手册. 北京：航天航空大学出版社.
林亨利，陈维兴. 1992. 面向对象的程序设计系统 Turbo C++应用教程. 北京：清华大学出版社.
刘玉机，徐少立. 2010. 基于“3S”技术的河流污染事故监控与应急处理系统研究[A]. 中国遥感应用协会 2010 年会暨区域遥感发展与产业高层论坛论文集[C].
吴优，王树海，王祖印. 2009. 基于 Internet 网络水利信息化管理平台的设计与研究[J]. 水利规划与设计，05.
张婷婷. 2011. 遥感技术概论. 黄河水利出版社.
张毅，彭德慧，陈静. 2012. 试析水利信息化技术应用现状及其发展前景[J]. 科技创新导报，10.
张云华，许可，李茂堂，等. 1999. 星载三维成像雷达高度计研究[J]. 遥感技术与应用（1）.
张载鸿. 1992. 微型机（PC 系列）接口控制教程. 北京：清华大学出版社.
邹逢兴. 1993. 微型计算机接口原理与技术[M]. 北京：国防科技大学出版社.
Kris Jamsa（美）著. 1995. DOS 编程大全[M]. 钟显宏，郑城荣，寇国华译. 北京：电子工业出版社.

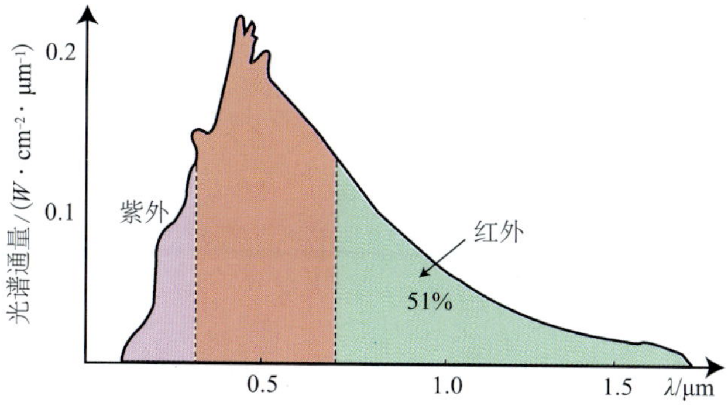

图 2-5 太阳能量分布

图 3-2 海南岛亚龙湾 Landsat 图像

图 3-4 SPOT-5 图像示例

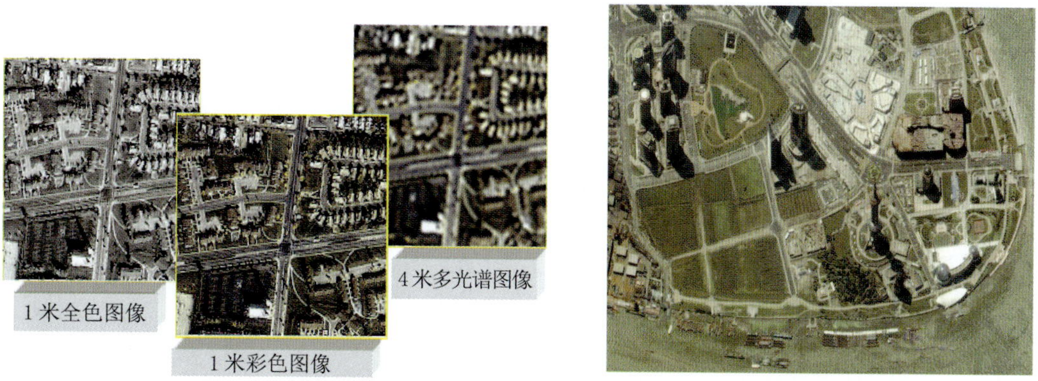

(a)

(b)

图 3-7 IKONOS 影像示例

图 3-8　Quick Bird 影像

图 3-9　江西地区 CBERS 影像（5 4 3 波段，局部）

图 3-10　JERS 影像示例

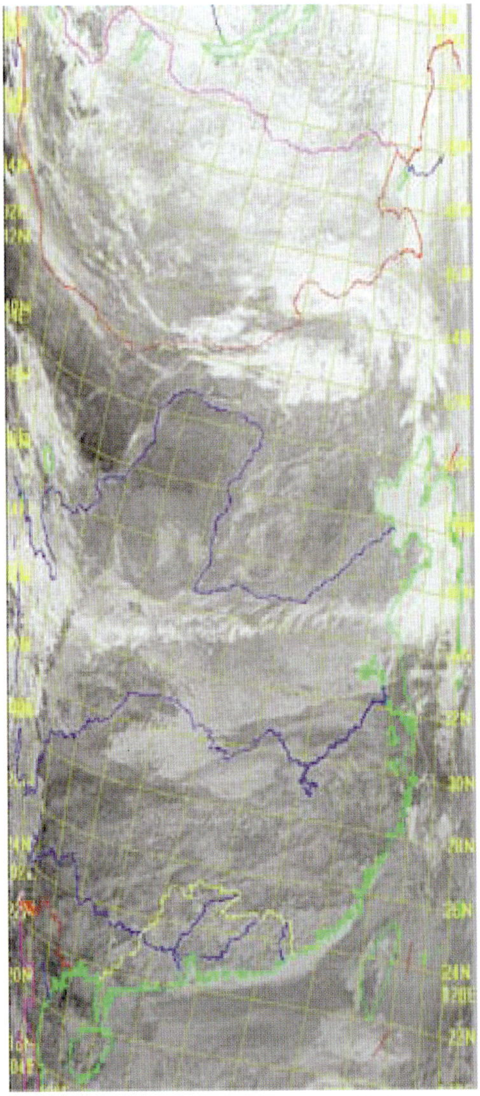

图 3-12　NOAA-AVHRR 数据

图 3-13　NOAA-16 监测沙尘暴

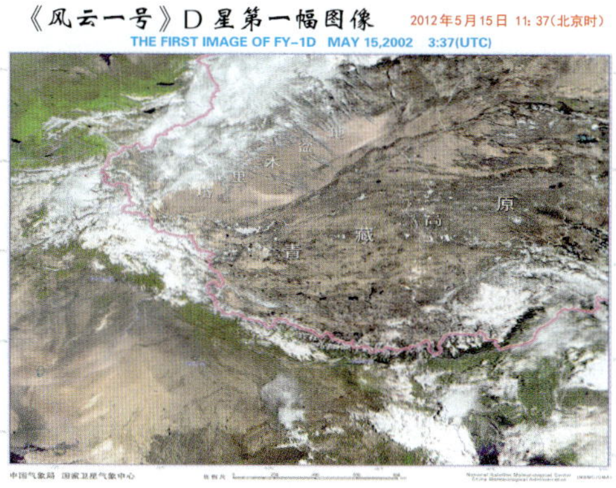

(a)

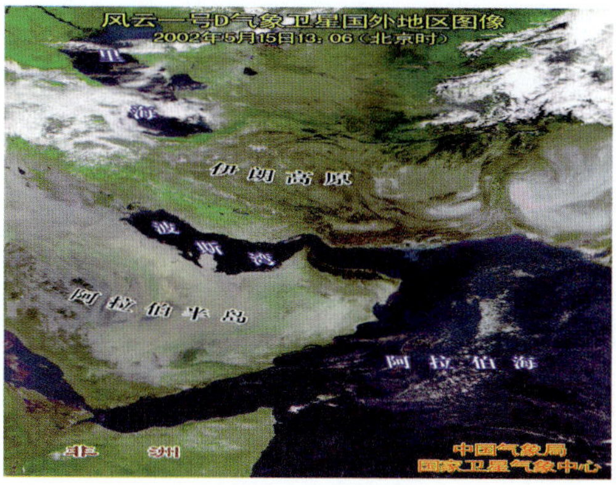

(b)

图 3-14　FY-1D 的接收图像示例［（a）FY-1D 的第一幅图像，（b）国外地区图像］

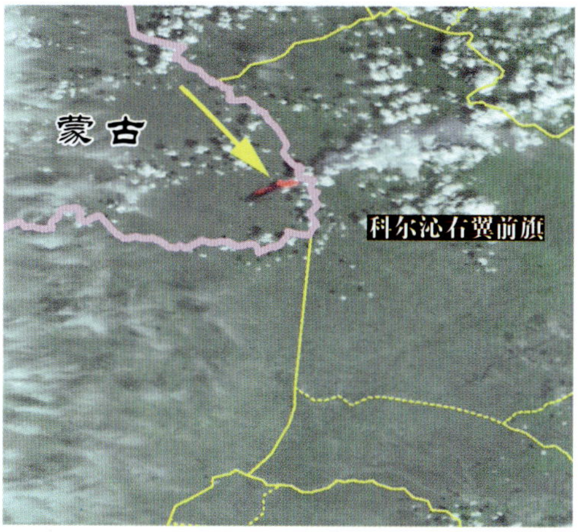

图 3-17　利用 MODIS 对蒙古国火情进行监测
（北京时间 2003 年 5 月 21 日 11 时 29 分）

图 3-18　淮河流域 MODIS 水情监测
（北京时间 2003 年 7 月 23 日 11 时）

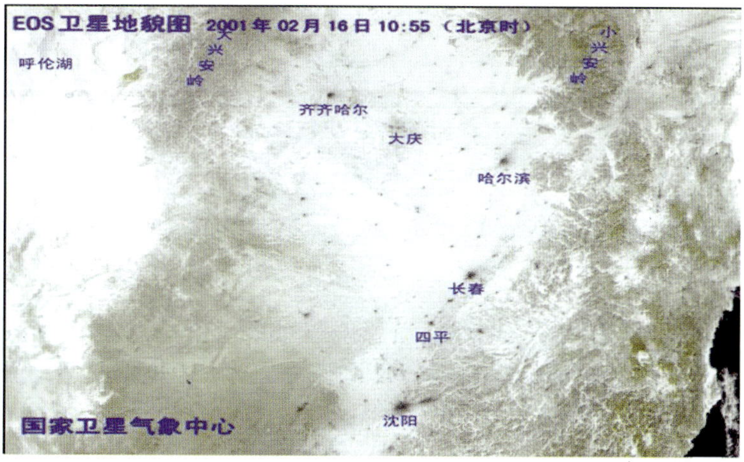

图 3-19 MODIS 监测到的我国东北地区的一次降雪
（北京时间 2001 年 2 月 16 日 10 时 55 分）

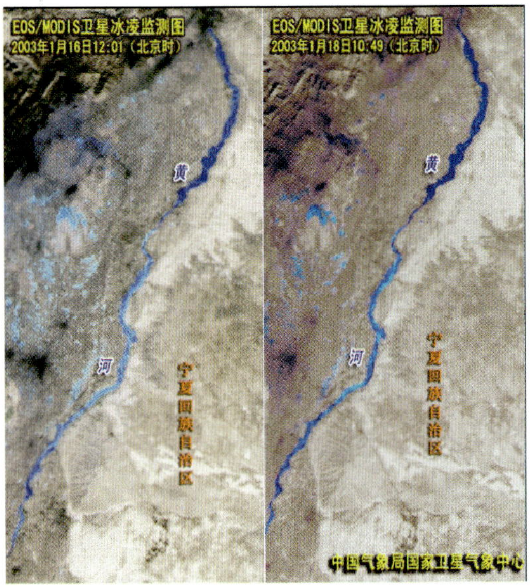

图 3-20　MODIS 监测到的冰情
（左图为北京时间 2003 年 1 月 16 日 12 时 01 分，右图为 18 日 10 时 49 分）

图 3-26　GMS 接收的遥感图像示例

图 3-27　MTSAT 卫星接收的遥感图像示例
（2013 年 4 月 22 日 14 时 03 分）

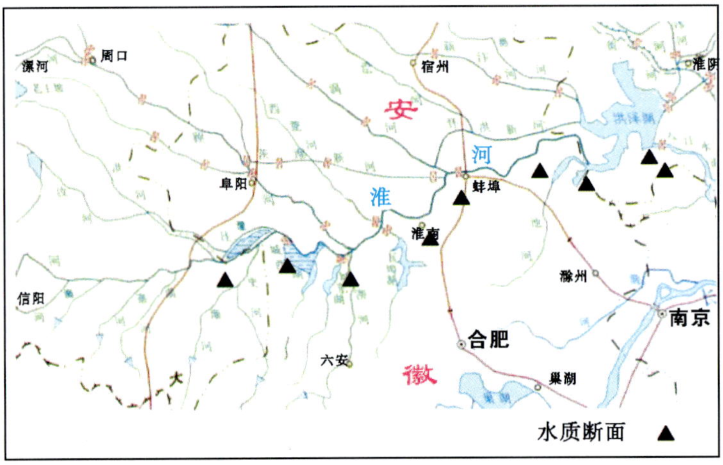

图 5-20　河中游干流及水质断面点布置

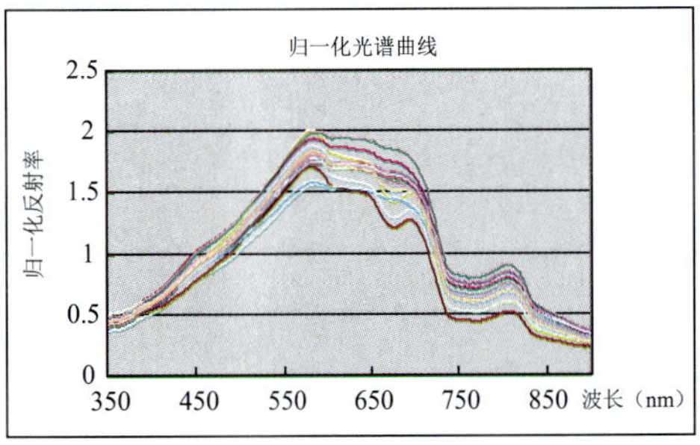

图 5-24　淮河水体的光谱曲线

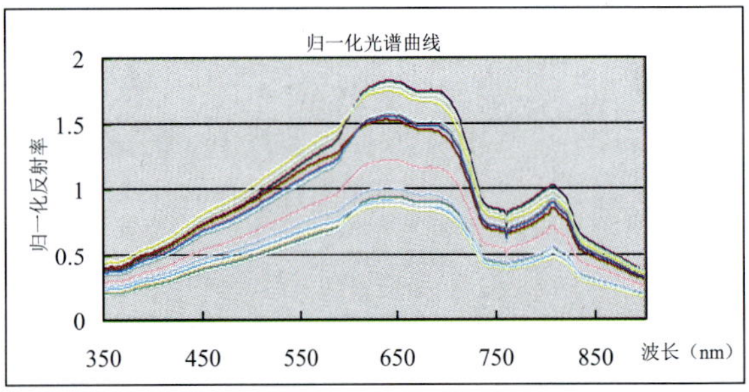

图 5-27　洪泽湖水体的光谱曲线